高等教育自学考试系列辅导丛书

丛书组编 四川英华教育文化传播有限公司
Sichuan Yinghua Education & Culture Communication Co.,Ltd
编写依据 《学前儿童保育学》（林宏主编 高等教育出版社）

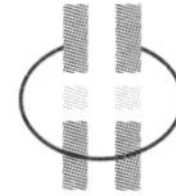

学前儿童保育学模拟试题集

（学前教育专业）

高等教育自学考试《学前儿童保育学》辅导资料

主编 英华教育自考命题研究组

课程代码
30001

西南财经大学出版社
Southwestern University of Finance & Economics Press
中国·成都

图书在版编目(CIP)数据

学前儿童保育学模拟试题集/英华教育自考命题研究组主编．—成都：西南财经大学出版社,2018.11

ISBN 978-7-5504-3839-2

Ⅰ.①学… Ⅱ.①英… Ⅲ.①学前教育—高等教育—自学考试—习题集 Ⅳ.①G61-44

中国版本图书馆 CIP 数据核字(2018)第 266598 号

学前儿童保育学模拟试题集

XUEQIAN ERTONG BAOYUXUE MONI SHITIJI

主　编　英华教育自考命题研究组

责任编辑:李特军
封面设计:张姗姗
责任印制:朱曼丽

出版发行	西南财经大学出版社(四川省成都市光华村街 55 号)
网　　址	http://www.bookcj.com
电子邮件	bookcj@foxmail.com
邮政编码	610074
电　　话	028-87352211　87352368
照　　排	四川胜翔数码印务设计有限公司
印　　刷	郫县犀浦印刷厂
成品尺寸	185mm×260mm
印　　张	9.5
字　　数	171 千字
版　　次	2018 年 12 月第 1 版
印　　次	2018 年 12 月第 1 次印刷
印　　数	1— 2500 册
书　　号	ISBN 978-7-5504-3839-2
定　　价	35.80 元

丛书前言

依靠自己的力量，在有限的时间里学习一门新学科，从不懂到懂，从不会到会，从不理解到理解，从容易遗忘到记忆深刻，从不会应用到熟练应用，从模仿到创新，把书本知识内化为自己的知识，是一个艰难的过程。在这个过程中，自学者不仅需要认真钻研考试大纲，刻苦学习教材和辅导书，还应该做适量的练习，把学和练有机地结合起来，否则就不能达到预定的学习目标。“纸上得来终觉浅，绝知此事要躬行。”这是每一位自学者都应遵循的信条。

编写模拟试题，同样是不容易的事。它对编写者提出了相当高的要求：

- 有较深的学术造诣。
- 有较丰富的教学经验。
- 对高等教育自学考试有深刻的理解并有一定的辅导自学者的经历。
- 对考试大纲、教材、辅导书有深入的了解，对书中的重点、难点、相互联系等有准确的理解。
- 对自学者的学习需要和已有的知识基础有一定的了解。

只有把这些因素融汇在一起，编写者才能编写出高质量的，有利于举一反三、事半功倍的模拟试题。

基于学习目标的考虑，我们把模拟试题大致分为以下四个步骤：

第一，单项练习：针对一个知识点而设计的练习题。其目的在于帮助自学者理解和记忆基本概念和理论。

第二，创造性练习：提供一些案例、事实、材料，使自学者应用所学的理论、观点、方法创造性地解决问题。这类问题可能没有统一的答案，只有一些参考性的思路。其目的很明显，就是培养自学者的创新意识和能力。

第三，综合自测练习：在整个学科范围内设计练习题，尽量参考考试大纲要求的题型，组成类似考卷的练习题。其目的在于使自学者及时检测全部学习状况，帮助自学者做好迎接统一考试的知识及心理准备。

第四，历届试题练习：旨在帮助自学者能按正规考试要求进行学习效果的测试。

子曰："学而时习之，不亦乐乎。"一边学，一边练，有节奏、有规律地复习，不仅提高了学习效率，也会给艰难的学习过程带来不少的快乐。圣人能够体会到这一点，我们每一位自学者同样能体会到。如果通过这样的学习过程，实现了学习目标，实现了人生的理想，实现了对自我的不断超越，那么我们说这种学习其乐无穷也毫不夸张。

高等教育自学考试系列辅导丛书的编写和出版工作是一项艰巨而复杂的文化系统工程，需要付出很多的时间与精力来完成。立足现状，不骄不馁；展望未来，任重道远。我们满怀信心，肩负教育事业赋予文化企业的使命，承担科教兴国的中国教育梦，责无旁贷，无怨无悔。我们坚信只要怀有对文化教育事业的诚挚热爱，心系考生，情牵教育，胜利与成功一定属于付出努力的人。

英华教育自考命题研究组

2017 年 9 月

编写说明

《学前儿童保育学模拟试题集》系全国高等教育自学考试学前教育专业（专科）必修课程学前儿童保育学的配套参考用书。学前儿童保育学是系统研究保护和促进学前儿童身心健康的学科。本学科为学习学前教育专业其他课程提供了重要的理论基础。学习本课程的目的是提高学前教育工作者对学前儿童身心健康重要性的认识，提供系统的学习，掌握促进学前儿童身心健康的理论知识和专业技能。

本课程自开考以来，尚未出版一本以供考生练习使用的复习资料，而该课程内容多、难度大，且是一门实用性、科学性、理论性、操作性较强的学科。为此，考生在复习迎考时常觉得无从下手。为了满足广大考生复习备考之要求，我们根据长期从事高等教育自学考试教学和管理的经验，历时一年之久，精心编写了本书。

在编写时，我们依据全国高等教育自学考试委员会公布的《学前儿童保育学自学考试大纲》和高等教育出版社出版的《学前儿童保育学》（林宏主编）以及历年考试试卷，并结合学前教育理论的不断创新、科技成果的不断涌现，以模拟试题形式组织编写了本书。编写时，力求做到重点突出，内容全面，既有针对性又有较强的实用性。本书列举的考试题型包括单项选择题、名词解释题、简答题、论述题、案例分析题等常规考试题型。模拟试卷及近年自考试卷，均配有较为完整的参考答案，以供考生练习使用。

模拟试题毕竟不是真正的考试题，有其局限性，希望考生在认真研读教材、大纲的基础上去练习，不可本末倒置，置教材、大纲于不顾，而一味地做题、猜题、押题。相信考生能理解我们编写此书的良苦用心。“书山有路勤为径，学海无涯苦作舟。”辅导书固然好，但也只是一个助手，在通往成功之路上，更多的需要自学者的勤奋和努力。

“梅花香自苦寒来”，考生在学习学前儿童保育学课程的过程中，只有掌握恰当的学习方法，熟悉所学内容，多做练习，才能学好这门课程，取得优异的成绩，实现梦想。

知识随时在更新，我们会根据新形势、新情况，应广大考生要求，编写出更多、更新、更适合自考、更符合自考规律的辅导书。

在编写本书时，我们吸收了国内同行的许多经验和优秀教学成果，并得到主考院校西南科技大学、四川大学、四川旅游学院、成都信息工程大学以及四川科技职业学院、成都航空职业技术学院、四川交通职业技术学院等单位的大力支持，在此一并表示感谢。

由于编者水平有限，错误与疏漏在所难免，希望考生和助学教师根据使用中发现的问题提出批评和建议，我们将会在再版时，进行更新与修改。

英华教育自考命题研究组

2018 年 11 月于成都

目 录

第一编　单元模拟试题

第二编　综合模拟试卷

第三编　近年自考试题选登

第一编
单元模拟试题

第一章　学前儿童保育概述模拟试题

一、单项选择题（在每小题列出的四个备选项中只有一个是符合题目要求的，请将其代码填写在题后的括号内，错选、多选或未选均无分。）

1. 下列关于健康的理解正确的是（　　）。

A. 身体、心理和社会适应方面的良好状态

B. 不生病

C. 不虚弱

D. BMI 值正常

2. 下列选项中，不属于学前儿童保育内容的是（　　）。

A. 安全保障和安全教育

B. 培养学前儿童良好的生活习惯和卫生习惯

C. 为学前儿童建立科学、合理的生活制度

D. 为学前儿童提供医疗服务

3. 保育的本质是（　　）。

A. 对儿童健康的保障　　B. 对儿童身体的保障

C. 对儿童心理的保障　　D. 对儿童认知的保障

4. 现代保育观的核心思想是（　　）。

A. 以儿童为本，保障和促进学前儿童的身心全面、和谐地发展

B. “保教结合”

C. 保障和促进学前儿童的心理健康发展

D. “保教并重”

5. 学前儿童的保育主要针对（　　）。

A. 0~1 岁儿童　　B. 0~3 岁儿童

C. 0~6 岁儿童　　D. 3~6 岁儿童

6. 我国真正意义上的幼儿教育开始于（　　）。

A. 19 世纪中叶　　B. 19 世纪末

C. 20 世纪初　　D. 20 世纪中叶

7. 现代保育的首要任务是（　　）。

A. 保障学前儿童的心理健康

B. 保障学前儿童的身心健康

C. 保障学前儿童的身体健康

D. 保障学前儿童德、智、体、美、劳全面发展

8.《幼儿园工作规程》明确要求，幼儿园实行的原则为（　　）。

A. 保育和教育相结合　　B. 卫生和保健相结合

C. 以儿童为本　　D. 重教轻保

9. 宋庆龄、何香凝、邓颖超等为名誉理事的保育院为（　　）。

A. 延安保育院　　B. 湖北保育院

C. 延安第二保育院　　D. 北平保育院

10. 我国《3~6 岁儿童学习与发展指南》明确指出，健康是指（　　）。

A. 身体、心理和社会适应方面的良好状态

B. 身体、智力和社会适应方面的良好状态

C. 智力、心理和社会适应方面的良好状态

D. 智力、心理和身体方面的良好状态

二、名词解释题

1. 学前儿童保育学

2. 学前儿童保育

3. 健康

三、简答题

1. 简述保育与教育的关系。

2. 简述学前儿童保育的内容。

3. 简述保育的作用。

第二章　学前儿童身体发育与保育模拟试题

一、单项选择题（在每小题列出的四个备选项中只有一个是符合题目要求的，请将其代码填写在题后的括号内，错选、多选或未选均无分。）

1. 足弓的作用不包括（　　）。

A. 增加人站立的稳定性　　B. 保护脚底的神经和血管

C. 保护脚底的穴位　　D. 减少地面对身体的冲击力

2. 下列不属于消化系统的保育要点的是（　　）。

A. 至少要在进餐前半个小时吃零食　B. 不要吃汤泡饭

C. 饭前饭后不做剧烈运动　　D. 餐前不可责罚儿童

3. 人体生理功能的主要调节机构是（　　）。

A. 呼吸系统　　B. 循环系统

C. 内分泌系统　　D. 神经系统

4. 骨的结构不包括（　　）。

A. 骨膜　　B. 骨质

C. 骨髓　　D. 骨干

5. 神经系统活动的基本方式是（　　）。

A. 反射弧　　B. 反射

C. 运动　　D. 新陈代谢

6. 下列关于学前儿童的骨骼的说法，错误的是（　　）。

A. 蛋白质少　　B. 有机物多

C. 钙磷少　　D. 受压容易变形弯曲

7. 下列关于学前儿童呼吸器官的发育，说法错误的一项是（　　）。

A. 鼻腔对空气的清洁、湿润和加温的作用差

B. 咽鼓管短、粗、位置水平，鼻咽部的感染和炎症很容易通过咽鼓管流入中耳从而导致中耳炎

C. 肺泡数量少，含气量少，肺容量小，组织的弹性比较差，易感染肺炎

D. 呼吸节律齐整

8. 学前儿童腕部的骨骼发育不完善，其钙化完成是在（　　）。

A. 4~6 岁　　B. 7~10 岁

C. 10~13 岁　　D. 18 岁

9. 影响学前儿童身体发育的环境因素不包括下列哪个方面？（　　）

A. 营养因素　　B. 疾病因素

C. 先天因素　　D. 生活制度

10. 下列关于学前儿童的肌肉的说法，错误的是（　　）。

A. 肌肉较柔软

B. 肌腱宽、短

C. 肌肉中蛋白质、脂肪、糖和无机盐较少，能量储备较差

D. 肌肉收缩力较好，不易疲劳和损伤

二、名词解释题

1. 保护性抑制

2. 反射

3. 非条件反射

4. 动力定型

5. 始动调节

三、简答题

1. 简述学前儿童神经系统的特点。

2. 学前儿童神经系统的保育要点有哪些?

3. 简述现代保育观念的具体表现。

4. 简述学前儿童动作发展的保育要点。

5. 简述学前儿童消化系统的保育要点。

第三章　学前儿童心理发展与保育模拟试题

一、单项选择题（在每小题列出的四个备选项中只有一个是符合题目要求的，请将其代码填写在题后的括号内，错选、多选或未选均无分。）

1. 下列关于不同年龄段孩子的心理保育重点的说法，错误的是（　　）。

　A. 对于初入园孩子的分离焦虑要科学应对

　B. 对于中班攻击性行为要合理评价和引导

　C. 大班要注意幼小衔接阶段的心理保育

　D. 大班要注意告状行为的心理保育

2. 新生儿期是指从出生到（　　）。

　A. 3 个月　　B. 6 个月

　C. 12 个月　　D. 24 个月

3. 在日常生活中，孩子经常机械重复做过的动作、说过的话等，甚至一些简单易做的事情都要持续操作许多遍的行为是（　　）。

　A. 焦虑症的表现　　B. 强迫症的表现

　C. 多动症的表现　　D. 恐惧症的表现

4. 多动症又称（　　）。

　A. 认知缺陷障碍　　B. 情绪缺陷障碍

　C. 思维缺陷障碍　　D. 注意缺陷障碍

5. 下列关于学前儿童心理发展的主要特征表述，错误的是（　　）。

　A. 视听感知觉和注意力日益完善　　B. 无意记忆和机械记忆为主

　C. 有意想象和再造想象为主　　D. 词汇量和口语表达能力发展迅速

6. 下列关于创设充满童趣的游戏环境的说法，错误的是（　　）。

　A. 环境中提供的材料应能够满足孩子的好奇心

B. 环境的色彩一般以红、绿、蓝三原色为主

C. 符合学前儿童的年龄特征

D. 杜绝庸俗的电视节目

7. 口吃行为的高发时期是（　　）。

A. 婴儿期　　B. 学前期

C. 学龄期　　D. 少年期

8. 智商在 25 到 40 之间的儿童属于（　　）。

A. 一级智力残疾　　B. 二级智力残疾

C. 三级智力残疾　　D. 四级智力残疾

9. 我们常说的自闭症也就是（　　）。

A. 多动症　　B. 孤独症

C. 恐惧症　　D. 焦虑症

10. 智商在 40 到 55 之间的儿童属于（　　）。

A. 一级智力残疾　　B. 二级智力残疾

C. 三级智力残疾　　D. 四级智力残疾

二、名词解释题

1. 焦虑症

2. 口吃

3. 孤独症

4. 多动症

三、简答题

1. 简述孩子不同心理发展阶段的特殊需求。

2. 为什么智力落后是一种心理异常？

3. 简述学前儿童的心理异常问题。

四、论述题

1. 试述学前儿童心理保育的要点。

2. 结合智力落后儿童的表现与成因，谈谈如何对智力落后儿童进行保育。

五、案例分析题

1. 萌萌今年3岁了，是小班的孩子，刚刚入园一周。每天早上父母送她上幼儿园后要离开时，萌萌总是大哭大叫，无所适从，只有老师把她抱在怀里才能使她逐渐安静下来，而且她一整天都紧跟在老师身边，手里拿着妈妈的衣服，喋喋不休地唠叨着妈妈什么时候来接她回家。

根据以上材料分析：

（1）萌萌出现了什么问题？试分析其原因。

（2）如果你是萌萌的老师，你会采取什么措施帮助萌萌？

2. 幼儿园小朋友萱萱，生性活泼好动，四岁以后表现得更加明显，一会儿摸爸爸的鼻子、一会儿扯妈妈的帽子、一会儿抓爷爷的胡子，从来不懂得收拾玩具，在幼儿园老师组织活动时很少认真听并回答问题，做任何事情都无法控制自己。

根据以上材料分析：

（1）萱萱有什么问题？

（2）保育老师应如何对她进行心理保育？

第四章　托幼机构生活活动中的保育工作模拟试题

一、单项选择题（在每小题列出的四个备选项中只有一个是符合题目要求的，请将其代码填写在题后的括号内，错选、多选或未选均无分。）

1. 3岁以内的学前儿童单次饮水量一般不要超过（　　）。

A. 50ml　　B. 100ml

C. 150ml　　D. 200ml

2. 保教人员在学前儿童午睡起床后的整理交接工作不包括（　　）。

A. 督促每一位学前儿童吃点零食以补充能量

B. 给女孩梳头

C. 在学前儿童全部穿好衣服并离开寝室后，保教人员要开窗通风

D. 详细告知教师当日学前儿童的午睡情况

3. 保育工作实施的首选途径是（　　）。

A. 托幼机构的生活活动　　B. 家庭生活活动

C. 社会集体生活活动　　D. 医疗机构的宣传教育

4. 对幼儿进餐的保育要点的描述，不正确的是（　　）。

A. 进餐的环境应安静、整洁

B. 提醒幼儿细嚼慢咽

C. 及时纠正用左手拿筷子或勺子的幼儿

D. 不允许幼儿吃汤泡饭

5. 下列选项中，关于在生活活动中对学前儿童进行保育的意义的说法错误的是（　　）。

A. 是父母与学前儿童建立亲密关系的最佳途径

B. 可以帮助学前儿童熟悉并掌握班级的生活常规

C. 促进学前儿童生活自理能力、自我保护意识及能力的发展

D. 为学前儿童健康成长提供保障

6. 下列选项中，不属于学前儿童晨间活动的保育要点的是（　　）。

A. 准备好跌打损伤药品

B. 帮助学前儿童脱衣、换衣

C. 注意安全问题，引导学前儿童遵守活动规则

D. 根据需要为学前儿童垫上吸汗巾

7. 对幼儿睡眠活动的保育要求是（　　）。

A. 及时纠正吸吮手指等不良习惯　　B. 保证光线明亮

C. 可以趴着睡　　D. 保温不开窗

8. 每个学前儿童在托幼机构的饮水量一般不少于（　　）。

A. 500ml　　B. 600ml

C. 650ml　　D. 800ml

9. 托幼机构教育区别于其他阶段教育的重要特征，也是学前教育专业性的重要体现是（　　）。

A. 注重生活活动　　B. 注重游戏活动

C. 注重开发智力　　D. 注重身心健康

10. 一般说来，保教人员在学前儿童来园之前就要完成以下哪项工作？（　　）

A. 饮用水准备　　B. 早饭准备

C. 第二天的备课准备　　D. 校车准备

11. 下列关于盥洗环节的保育要点，表述错误的是（　　）。

A. 漱口水为生水或温开水

B. 用流动水洗手

C. 准备好消毒毛巾

D. 帮助他们掌握洗手、漱口的基本技能

12. 父母与学前儿童建立亲密关系的最佳途径是（　　）。

A. 在生活活动中对学前儿童进行保育

B. 为学前儿童提供娱乐环境

C. 与学前儿童一起做游戏

D. 对学前儿童进行安全保育

二、名词解释题

1. 晨检

2. 生活活动

三、简答题

1. 简述晨间接待的意义。

2. 简述晨间接待的保育要点。

3. 简述培养学前儿童良好进餐行为的意义。

四、论述题

1. 试述在生活活动中进行保育的意义。

2. 试述离园环节的保育工作。

五、案例分析题

1. 现象一：马上要离园了，孩子们特别兴奋和激动，教师在桌子上放了几篮胶粒，没有提醒孩子们玩胶粒时应遵守的规则就直接让孩子们随意地玩。孩子们纷纷坐到桌子旁，有的孩子抢了好多胶粒放在自己的座位前，有的孩子大声叫道"老师，他抢我的胶粒……"有的孩子什么也不玩，坐在自己的座位上"安静"地等待……

现象二：离园时间到了，老师稳定好孩子们的情绪后，按照家长来的先后顺序请孩子们逐个离园。刚开始的时候，教室里还比较安静，但没坚持多久，班级里就吵闹起来：有的孩子离开位置开始互相追逐打闹；有的孩子在大声地开玩笑；还有的孩子没有看到自己的家长，顿时情绪烦躁，甚至哭了起来……此时，老师更是忙得不可开交，一边叫家长已经来了的孩子快速离园，一边制止打闹的孩子以免发生意外，还要匆忙地回答个别家长的问题，那情形真像"打仗"一样。

问题：（1）如何避免以上现象的发生？

（2）结合实际谈谈离园环节的保育工作要点。

第五章　托幼机构教育活动中的保育工作模拟试题

一、单项选择题（在每小题列出的四个备选项中只有一个是符合题目要求的，请将其代码填写在题后的括号内，错选、多选或未选均无分。）

1. 对幼儿进行全面发展教育的重要形式是（　　）。

A. 游戏　　B. 德育

C. 美育　　D. 智育

2.《幼儿园工作规程》中明确指出，幼儿户外活动的时间在正常情况下每天不得少于（　　）。

A. 1小时　　B. 1.5小时

C. 2小时　　D. 2.5小时

3. 托幼机构教学的主要途径是（　　）。

A. 教育活动的开展

B. 保育活动的开展

C. 保教活动的开展

D. 体育活动的开展

4. 保育员要保证游戏材料的清洁，游戏材料应多久消毒一次？（　　）

A. 1天　　B. 3天

C. 1周　　D. 1~2周

5.《幼儿园工作规程》中明确指出，在正常情况下，寄宿制幼儿园的幼儿户外活动的时间每天不得少于（　　）。

A. 1小时　　B. 1.5小时

C. 2小时　　D. 3小时

二、名词解释题

1. 学前儿童教育活动

2. 区域活动

3. 集中教育活动

三、简答题

组织集中教育活动时，保教人员应注重从哪几方面对学前儿童进行指导？

四、论述题

1. 试述教育活动中保育的意义。

2. 试述不同年龄班游戏活动的保育要点。

第六章　托幼机构膳食安排与保育模拟试题

一、**单项选择题**（在每小题列出的四个备选项中只有一个是符合题目要求的，请将其代码填写在题后的括号内，错选、多选或未选均无分。）

1. 人体最主要、最经济、最合理的热量来源是（　　）。

A. 脂肪　　B. 碳水化合物

C. 蛋白质　　D. 矿物质

2. 怀孕前 3 个月内缺乏下列哪种维生素可导致胎儿神经管发育缺陷？（　　）

A. 钙　　B. 铁

C. 叶酸　　D. 镁

3. 下列关于学前儿童特殊膳食需要，表述正确的是（　　）。

A. 普食不适用于疾病恢复期的儿童

B. 软食适用于有消化道疾病的儿童

C. 半流质饮食适用于刚退烧不久、尚有轻微低热的儿童

D. 流质饮食适用于有急性消化道炎症的儿童

4. 儿童出生时的体重约为（　　）。

A. 2.5 千克　　B. 3 千克

C. 3.3 千克　　D. 3.5 千克

5. 现代营养学认为，学前儿童身体健康的重要保证是（　　）。

A. 酸碱平衡　　B. 体重身高增长标准

C. 五谷有节　　D. 平衡膳食

6. 3~6 岁学前儿童每天需要的蛋白质为（　　）。

A. 30~40 克　　B. 35~40 克

C. 40~50 克　　D. 45~55 克

7. 以下哪个选项中的饱和脂肪酸的含量较高，不宜长期食用？（　　）

A. 植物油　　B. 调和油

C. 动物性油　　D. 芝麻油

8. 暂时的营养不良表现为（　　）。

A. 发育迟缓　　B. 发育停滞

C. 脑的发育落后于正常儿童　　D. 体重下降

9. 下列选项中不属于蛋白质的功能的是（　　）。

A. 构成机体的材料，更新、修复组织

B. 保护机体的脏器

C. 合成酶、激素和其他化合物，调节生理机能

D. 供给热量

10. 正常的体重指数是（　　）。

A. 16~18.4　　B. 18.5~24.9

C. 25~29.9　　D. 30~34.9

11. 下列选项中不属于合理膳食标准的是（　　）。

A. 多样性　　B. 天然性

C. 充分性　　D. 控制热量

12. 组成脂肪的主要成分是（　　）。

A. 脂肪酸　　B. 碳水化合物

C. 脂肪粒　　D. 脂肪组织

13. 含碘量最高的食物是（　　）。

A. 肉　　B. 海产品

C. 蛋　　D. 奶

14. 脑细胞的数量处于增长状态是在（　　）。

A. 1~2 岁　　B. 1 岁

C. 2~3 岁　　D. 3~4 岁

15. 能够降低胆固醇，预防高血压、心脏病、动脉硬化，调节血脂，促进血液循环，预防心脑血管疾病的是（　　）。

A. 脂肪酸　　B. 不饱和脂肪酸

C. 饱和脂肪酸　　D. 脂肪

16. 缺乏维生素 C 可患（　　）。

A. 佝偻病　　　　B. 脚气病
C. 口角炎　　　　D. 坏血病

二、名词解释题

1. 食物特殊动力作用

2. 蛋白质的互补作用

3. 维生素

4. 脂类

三、简答题

1. 简述蛋白质的功能。

2. 简述叶酸的作用。

3. 简述脂类的功能。

4. 简述碳水化合物的功能。

四、论述题

1. 试述学前儿童饮食行为习惯培养。

2. 试述托幼机构膳食安排中膳食平衡的要求。

第七章　学前儿童疾病预防与保育模拟试题

一、单项选择题（在每小题列出的四个备选项中只有一个是符合题目要求的，请将其代码填写在题后的括号内，错选、多选或未选均无分。）

1. 流行性乙型脑炎的主要传染源是（　　）。

A. 人　　B. 蚊虫

C. 猪　　D. 狗

2. 下列关于肺炎的表述错误的是（　　）。

A. 多发于秋冬季

B. 患有佝偻病或感染麻疹、百日咳的学前儿童易发生肺炎

C. 是由细菌、病毒或某些疾病引起的肺部炎症

D. 学前儿童所患肺炎多为支气管肺炎

3. 为预防龋齿需要定期进行口腔检查，学前儿童至少应多久检查一次？（　　）

A. 一个月　　B. 三个月

C. 半年　　D. 一年

4. 下列关于水痘的说法错误的是（　　）。

A. 主要传播途径为空气飞沫、接触、母婴传播

B. 易感者接触后 80% 发病

C. 多发生于冬春两季

D. 病后终身免疫

5. 佝偻病是因为缺乏（　　）。

A. 维生素 A　　B. 维生素 B

C. 维生素 C　　D. 维生素 D

6. 水痘的主要传播途径不包括（　　）。

A. 空气飞沫　　B. 接触

C. 母婴传播　　D. 虫媒传播

7. 对细菌性痢疾的护理不正确的是（　　）。

A. 及时送医治疗

B. 饮食以多渣、有营养的食物为主

C. 排便后，用温水清洗臀部

D. 若出现脱肛现象，应及时将脱出之物用手托回

8. 肺炎是小儿常见病，多发于（　　）。

A. 春秋季　　B. 冬春季

C. 冬秋季　　D. 春夏季

9. 下列关于腹泻的表述错误的是（　　）。

A. 多发生于夏秋季节

B. 腹痛，可伴有发热

C. 严重者会发生昏迷，但不会危及生命

D. 可造成学前儿童营养不良，影响生长发育

10. 传染病前驱期一般为（　　）。

A. 12 小时　　B. 1 天

C. 1~2 天　　D. 1 周

11. 下列对学前儿童腹泻的护理，不正确的是（　　）。

A. 口服补液盐，预防脱水　　B. 禁食

C. 腹部保暖　　D. 温水洗屁股

12. 凡是体重超过标准体重多少以上者即可被称为肥胖？（　　）

A. 10%　　B. 15%

C. 20%　　D. 25%

13. 下列哪一项不属于我国儿童保健重点防治的“小儿四病”？（　　）

A. 维生素 D 缺乏性佝偻病　　B. 缺铁性贫血

C. 肺炎　　D. 小儿麻痹症

14. 下列关于手足口病的表述错误的是（　　）。

A. 多见于冬季　　B. 5 岁以下儿童多发

C. 潜伏期为 4~6 天　　D. 由柯萨奇病毒感染引起

15. 下列选项中，关于佝偻病的表述错误的是（　　）。

A. 早产儿、低体重儿、双胞胎易患佝偻病

B. 出牙迟，且出牙顺序颠倒

C. 智力发育落后

D. 初期症状为患儿神经兴奋性降低

二、名词解释题

1. 疾病

2. 预防接种

3. 恢复期

4. 腹泻

5. 肥胖症

6. 传染病

三、简答题

1. 简述手足口病的预防和护理措施。

2. 简述传染病的特性。

3. 简述缺铁性贫血的预防与护理。

四、论述题

1. 试述学前儿童生病的迹象。

2. 试述学前儿童疾病预防的重要性。

五、案例分析题

1. 某一个十个月大的患儿，出现高烧、寒战、头痛、背痛、乏力、眼结膜充血等症状，进而出现流鼻涕、流泪、咳嗽等症状。

请根据以上症状判断患儿得的什么病，并说明预防和护理要点。

第八章　学前儿童安全问题与保育模拟试题

一、单项选择题（在每小题列出的四个备选项中只有一个是符合题目要求的，请将其代码填写在题后的括号内，错选、多选或未选均无分。）

1. 下列关于狂犬病的说法错误的是（　　）。

A. 死亡率为 100%　　B. 属于人畜共患的传染病

C. 潜伏期为 3 个月　　D. 又称恐水病

2. 眼睛受化学伤害后，冲洗时间应不少于（　　）。

A. 5 分钟　　B. 10 分钟

C. 15 分钟　　D. 20 分钟

3. 煤气中毒主要是指（　　）。

A. 一氧化碳中毒　　B. 天然气中毒

C. 沼气中毒　　D. 一氧化硫中毒

4. 国际上公认的铅中毒标准是儿童体内血铅含量超过（　　）。

A. 每升 10 微克　　B. 每升 50 微克

C. 每升 100 微克　　D. 每升 200 微克

5. 当儿童出现面色潮红、心率快、大量出汗、体温升高等现象，很有可能是（　　）。

A. 中暑　　B. 抽风

C. 中毒　　D. 哮喘

6. 下列关于烧（烫）伤的急救措施不正确的是（　　）。

A. 立即消除致伤因素

B. 快速用冰水浸泡或冲洗患处

C. Ⅰ度烧（烫）伤应立即送往医院

D. 送医途中可以给患儿饮用少量淡水

7. 下列选项中，不属于学前儿童安全事故发生的特点的是（　　）。

A. 突然性　　B. 原因的复杂性

C. 场所的单一性　　D. 性别差异性

8. 下列关于蜂蜇伤的急救措施，错误的是（　　）。

A. 拔出蜂刺

B. 应吸出毒液，但不可用嘴将伤口内的毒液吸出

C. 若为蜜蜂蜇伤，可用肥皂水涂抹伤口

D. 若为黄蜂蜇伤，可用食醋涂洗伤处

9. 伤口边缘较整齐，多呈直线，出血量较多的是（　　）。

A. 擦伤　　B. 刺伤

C. 切割伤　　D. 挫伤

10 下列关于胸外心脏按压术的表述，错误的是（　　）。

A. 当患儿出现心跳微弱或停止时，应采用该方法

B. 对新生儿频率为每分钟 120 次左右

C. 对 3 岁以下的孩子频率为每分钟 80 次左右

D. 对较大学前儿童频率为每分钟 65~90 次

11. 下列关于眼内异物的急救措施，错误的是（　　）。

A. 切勿让患儿揉搓眼睛

B. 若异物为生石灰，应立即直接用水冲洗

C. 若异物为强酸强碱等化学物品，应及时除去眼内化学物质

D. 若异物为铁屑，应让幼儿轻轻闭眼，不要转动眼球

12. 学前儿童发生骨折一般为（　　）。

A. 青枝骨折　　B. 粉碎性骨折

C. 裂缝骨折　　D. 压缩性骨折

13. 将无菌纱布或干净的毛巾、手巾等覆盖在出血处，再用宽布带或三角巾进行加压包扎。松紧适当，以伤口不出血为止的止血法是（　　）。

A. 指压止血法　　B. 加压包扎止血法

C. 加垫屈肢包扎止血法　　D. 止血带止血法

二、名词解释题

1. 脱臼

2. 煤气中毒

三、简答题

1. 消除安全隐患，营造安全的环境具体应包括哪几个方面?

2. 简述地震的急救措施。

3. 简述安全事故发生的特点。

4. 简述骨折的急救措施。

四、案例分析题

豆豆是一个活泼可爱的男孩子，他喜欢和小朋友一起奔跑、打闹。在一次奔跑中，豆豆不小心跌倒在地，随即哇哇大哭起来。班主任李老师闻声赶过来，扶起了豆豆并查看他的伤处，经查看，发现孩子的手掌、膝盖和肘部都有不同程度的擦伤，伤口表皮擦破，许多小血点和组织液从伤口表面渗出。

问：该老师应该怎么处理孩子的伤口？

第九章　托幼机构保育管理模拟试题

一、单项选择题（在每小题列出的四个备选项中只有一个是符合题目要求的，请将其代码填写在题后的括号内，错选、多选或未选均无分。）

1. 初步学会穿脱衣服、整理衣服是对哪个阶段学前儿童的要求？（　　）

A. 小班　　B. 中班

C. 大班　　D. 学前班

2. 下列关于托幼机构房舍布局的表述错误的是（　　）。

A. 包括托儿所、幼儿园的整体环境中的房舍安排、设施设备、室内外空间设计

B. 供应用房包括喂奶室、消毒室、烧水间、洗衣房及库房等

C. 严禁将幼儿生活用房设在地下室或半地下室

D. 一般托幼机构户外活动场地应为人均 3 平方米的大小

3. 在班级保育管理常规里，晨间与离园环节中不正确的是（　　）。

A. 主动向周围的人问好　　B. 可带少量零食入园

C. 不带危险品入园　　D. 主动跟保教人员和同伴道别

4. 紧急疏散通道是一个重要的户外环境设置细节，在幼儿安全疏散和经常出入的通道上，不应设有台阶。必要时可设防滑坡道，其坡度不应大于（　　）。

A. 1∶5　　B. 1∶8

C. 1∶10　　D. 1∶12

5. 托幼机构安全和健康管理的规范要求卫生保健老师每日到班级巡视的次数为（　　）。

A. 2 次　　B. 3 次

C. 4 次　　D. 5 次

二、名词解释题

1. 班级保育中的家园沟通

2. 托幼机构的保育环境

三、简答题

1. 简述保教人员的职业守则。

2. 简述保教人员如何做好班级心理环境的营造者。

3. 简述班级保育中的家园沟通的主要特点。

四、论述题

1. 试述托幼机构保育员的职责。

2. 结合实际，试述在班级保育工作中家园沟通的特点和措施。

第十章　托幼机构保育技能模拟试题

一、单项选择题（在每小题列出的四个备选项中只有一个是符合题目要求的，请将其代码填写在题后的括号内，错选、多选或未选均无分。）

1. 下列哪一项属于保教人员的卫生管理技能？（　　）

A. 组织进餐技能　　B. 保管物品技能

C. 家长工作保育技能　　D. 日常消毒技能

2. 有耐心是保教人员与家长交流沟通中哪种沟通技巧的要求？（　　）

A. 语言技巧　　B. 情绪技巧

C. 思维技巧　　D. 动作技巧

3. 托幼机构在冬季，室内温度应保持在（　　）。

A. 10℃~15℃　　B. 16℃~18℃

C. 20℃左右　　D. 22℃~25℃

4. 在托幼机构，空气应多久消毒一次？（　　）

A. 每天　　B. 三天

C. 每周　　D. 半个月

5. 在托幼机构，夏季使用空调时，应进行开窗通风，每半日一次，每次（　　）。

A. 10~15 分钟　　B. 5 分钟

C. 20 分钟　　D. 30 分钟

6. 常用的消毒方法不包括（　　）。

A. 天然消毒法　　B. 煮沸法

C. 酒精消毒法　　D. 化学消毒法

7. 下列选项中，不属于制定托幼机构清洁卫生制度原则的是（　　）。

A. 可操作性原则　　B. 全面性原则

C. 灵活性原则　　D. 多样化原则

8. 最简便、有效的消毒方法是（　　）。

A. 天然消毒法　　B. 煮沸法

C. 酒精消毒法　　D. 化学消毒法

9. 发生肝炎时，消毒用的过氧乙酸的浓度为（　　）。

A. 0.1%　　B. 0.2%

C. 0.5%　　D. 0.8%

10. 发生菌痢时，消毒用的过氧乙酸的浓度为（　　）。

A. 0.1%　　B. 0.2%

C. 0.5%　　D. 0.8%

11. 托幼机构学前儿童使用的被褥至少应多久清洗一次？（　　）

A. 每周　　B. 半个月

C. 每个月　　D. 两个月

12. 杀死甲型或乙型肝炎病毒需要煮沸的时间为（　　）。

A. 1~2 分钟　　B. 30 分钟

C. 一个小时　　D. 两个小时

13. 肠道传染病人的粪便可用石灰乳剂（10%~20%浓度）进行消毒，消毒时间为（　　）。

A. 一个小时　　B. 两个小时

C. 三个小时　　D. 四个小时

14. 保教人员保育技能不包括（　　）。

A. 卫生教育技能　　B. 生活管理技能

C. 教育活动保育技能　　D. 安全工作技能

15. 保教人员与家长交流沟通中，保教人员应做到（　　）。

A. 热情、耐心、开朗

B. 耐心、开朗、健谈

C. 耐心、开朗 、细致

D. 热情、耐心、含蓄

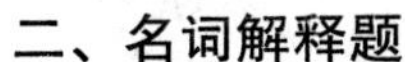

二、名词解释题

1. 蒸汽消毒法

2. 日晒法

3. 天然消毒法

三、简答题

1. 常用的消毒方法有哪些？

2. 保教人员在入职后提升保育技能的途径有哪些？

3. 要做好班级保育中的家园沟通，保教人员要做好哪些工作？

4. 简述保教人员组织睡眠技能的内容。

5. 如何为活动创设轻松、愉快的心理环境？

6. 简述室外教育活动保育技能的操作要求。

四、案例分析题

小王老师主要负责班里的保育工作，每天早上，她总是很早到幼儿园。为迎接孩子们的到来，她需要进行晨间的卫生消毒工作，力求给孩子们创设一个干净、整洁的环境。孩子们入园后，她先微笑着和孩子们打招呼，然后又开始了自己忙碌的工作，她要做哪些事情呢？拖地，擦拭桌椅，清洗毛巾，给玩具、日常用具消毒，组织孩子盥洗等，这些事情看似简单，却对幼儿的健康尤为重要。而小王老师每天重复着这些工作却不觉得累或烦躁，她觉得只要孩子们能健康成长，她的工作就很有价值了。幼儿园里还有很多像小王老师那样的保教人员，她们兢兢业业地工作着，只为了能给孩子们一个清洁、舒适的环境。

问：作为保教人员到底需要哪些技能呢？

单元模拟试题参考答案

第一章　学前儿童保育概述模拟试题

一、单项选择题

1. A　2. D　3. A　4. A　5. C　6. C　7. C
8. A　9. A　10. A

二、名词解释题

1. 答：学前儿童保育学是以学前儿童保育实践活动中的具体现象作为研究对象，发现并探讨学前儿童保育活动开展的基本规律，从而提高学前儿童保育工作实践的科学性的一门学科。

2. 答：学前儿童保育主要是指成人为0~6岁学前儿童的生存与发展提供必要的条件和良好的环境，给予他们精心的保护和养育，促进他们身心方面的正常发育和健康成长的一系列活动。

3. 答：健康是指人在身体、心理和社会适应方面的良好状态。发育良好的身体、愉快的情绪、强健的体质、协调的动作、良好的生活习惯和基本生活能力是幼儿身心健康的重要标志，也是其他领域学习与发展的基础。

三、简答题

1. 答：保育和教育之间是辩证的关系。首先，保育是教育的基础，保育工作是为托幼机构的教育、教学服务的。其次，保育本身具有教育的职能，它是托幼机构教育工作的有机组成部分。

2. 答：（1）为学前儿童的生活提供良好的环境和必要的条件。

（2）为学前儿童建立科学、合理的生活制度。

（3）培养学前儿童良好的生活习惯和卫生习惯。

（4）做好学前儿童的卫生保健工作。

（5）安全保障和安全教育。

（6）教学和其他活动中的保育。

3. 答：（1）保育为学前儿童的生存与发展提供了必要的条件和有效的保障，幼儿时期是他们身体生长发育迅速、心智逐步发展成熟的重要阶段，保育工作将有利于他们身心的良好发展，使他们获益终身。

（2）保育对学前儿童全方位的照顾，也是对他们独立生活能力的培养。

（3）幼儿园是学前儿童接触社会，进入集体生活的第一个主要场所，保育的一部分职责就是帮助他们融入这个社会。

第二章　学前儿童身体发育与保育模拟试题

一、单项选择题

1. C　2. A　3. D　4. D　5. B　6. A　7. D
8. C　9. C　10. D

二、名词解释题

1. 答：保护性抑制是指活动过度，超过了大脑皮质的工作能力界限，使皮质神经细胞出现抑制现象，这是一种生理性保护机能。

2. 答：反射是人体对外界和内部各种刺激发生的反应。

3. 答：非条件反射是先天形成的本能行为，是与生俱来的，反射弧比较固定，是一种低级的神经活动。

4. 答：若一系列的刺激总是按照一定的时间、顺序，先后出现并重复多次后，那么这种顺序和时间就会在大脑皮质上固定下来，每到一定时间大脑就自然地重现这一系列的活动，并提前做好准备，这种大脑皮质活动的特性就是动力定型。

5. 答：始动调节是指某项活动开始时，大脑皮质工作能力较低，然后逐步提高这一现象。

三、简答题

1. 答：（1）中枢神经系统发育迅速。

（2）大脑皮质活动遵循始动调节和优势原则。

（3）动力定型。

（4）镶嵌式活动。

（5）保护性抑制。

2. 答：（1）为学前儿童安排丰富、适宜的活动，刺激其神经系统的发育。

（2）保证充足的睡眠以促进神经系统发育的进一步完善。

（3）消除引起大脑紧张的因素和不良刺激，保证大脑有效地工作。

（4）根据大脑活动的规律，合理制定生活制度、安排各项活动。

（5）合理的营养供应有利于神经系统的正常发育。

3. 答：（1）现代保育观念应该是科学的。

（2）现代保育观念应该是人性化的。

（3）现代保育观念应该是动态的、发展的。

（4）现代保育观念应该是综合的、全面的。

4. 答：（1）根据学前儿童动作、运动发展特点，合理组织户外活动和体育锻炼，要注意运动的全面性和多样性。

（2）加强营养，为学前儿童运动系统的发育提供充足的物质供应。

（3）注意让儿童养成正确的坐、立、行走姿势，正确的坐、立、行走姿势有利于儿童形成正常的形体。

（4）注意安全，防止意外事故和意外伤害。

（5）保证衣服、鞋子的宽松度，避免过度束缚。

（6）有针对性地设计学习活动。

（7）为学前儿童安排合理的睡眠时间和睡眠次数。

5. 答：（1）保教人员要做好学前儿童牙齿的保护工作。

（2）托幼机构要建立合理的饮食制度。

（3）培养儿童定时排便的习惯。

（4）保教人员要教育儿童注意饮食卫生，防止病从口入。

（5）保教人员要为儿童创设愉快的进餐环境，并加强进餐礼仪教育，培养幼儿良好的饮食行为习惯。

第三章　学前儿童心理发展与保育模拟试题

一、单项选择题

1. D　2. C　3. B　4. D　5. C　6. B　7. B　8. B　9. B　10. C

二、名词解释题

1. 答：焦虑症是一种以紧张不安和恐惧的情绪反应为特征的情绪障碍。患有焦虑症的孩子焦虑情绪持续时间较长，甚至没有太多的诱因也会产生无缘无故的焦虑，这种情绪问题从婴儿期开始就会发生。

2. 答：口吃又称“结巴”，主要表现为说话时发音重复、节律异常、语言表达不流畅。

3. 答：孤独症即自闭症，是一类以严重孤独、缺乏情感反应、语言发育障碍、刻板重复动作和对环境缺乏反应为特征的疾病，在心理学上也称为综合性精神发育障碍。

4. 答：多动症即多动综合征，是一种常见的儿童行为异常问题，又称为脑功能轻微失调、轻微脑功能障碍综合征、注意缺陷障碍等。

三、简答题

1. 答：(1) 婴幼儿期要建立富有安全感的亲子依恋关系。

(2) 正确认识孩子的自我意识发展。

(3) 把握不同年龄段的心理保育重点。

2. 答：智力落后指智力发展明显低于同年龄儿童平均水平并有适应行为障碍的儿童，又称智力落后儿童、弱智儿童、智能不足儿童、智力残缺儿童和低常儿童。如果一个孩子出生后，感知、注意、记忆、想象、思维、语言等方面没有随着年龄的增长获得相应的发展，那么他就无法具备与其年龄阶段相适应的各种认知水平，自然无法接受相应的教育、适应相应的生活需要。智力落后属于常见的精神发育障碍。

3. 答：(1) 心理发育问题。

(2) 情绪异常问题。

(3) 多动症。

(4) 孤独症。

(5) 智力落后现象。

四、论述题

1. 答：

(1) 创设健康的生活环境。

①创设安全卫生的物质环境。

②创设充满爱心的心理环境。

③创设充满童趣的游戏环境。

(2) 关注孩子的心理表现。

①注意观察学前儿童在新环境中的饮食、睡眠、游戏等方面的情况，及时发现问题，并采取相应的措施帮助他们尽快适应新环境。

②要有意识地经常带孩子接触不同的人，如让孩子多和不熟悉的小朋友玩以较快适应新的人际关系。

(3) 针对心理发展中的特殊需求。

①针对不同心理发展阶段的特殊需求：a. 婴幼儿期要建立富有安全感的亲子依恋关系。b. 正确认识孩子的自我意识发展。c. 把握不同年龄段的心理保育重点。

②针对不同心理异常症状的特殊需求：a. 针对出现情绪问题的儿童。b. 针对智力落后儿童。c. 针对确实存在精神疾病的孩子。

2. 答：(1) 智力落后儿童在幼儿园会表现出学习品质低下、学习能力欠缺、学习效果差的现象，在集体生活中可能在听说读写方面滞后。

(2) 智力落后儿童的成因很复杂，主要有两个方面：①先天原因——造成学前儿童智力落后的先天原因可能是先天遗传原因，也可能是先天非遗传原因；②后天原因——引起学前儿童智力落后的后天原因主要是出生之后的外在原因，包括生活环境和心理环境方面的原因。

(3) 作为父母或监护人，要认真分析引起孩子智力落后的主客观原因，对于器质性脑损伤或出生缺陷引起的智力落后，既要接受现实，又不能放弃对孩子的保育和教育，应尽早将他们送到专业矫治机构学习或进行康复治疗；智力落后儿童虽然不能像正常孩子那样接受教育，但仍然可以针对其特点进行补偿性教育，训练他们的生活自理能力；保教人员要对孩子的具体情况进行鉴别，耐心细致地帮助他们。

五、案例分析题

1. 答：（1）萌萌出现了分离焦虑。新入园的孩子一般都会对自己熟悉的家庭环境和陌生的幼儿园环境进行比较，强烈的情绪反应在所难免，甚至每次上学都号啕大哭。

（2）宽容、接纳、理解萌萌的情绪反应，着重从积极情绪的培养入手，尽快让萌萌从老师和同伴中获得安全感。要用爱心和细心让萌萌感受到幼儿园的老师和小朋友都很爱她。

2. 答：（1）萱萱患有多动症。

（2）保育老师应持续地关注萱萱。多动症可能是由脑部感染引起的，需要有效控制感染源并增加营养，加强中枢神经系统的刺激训练。多动症还可能由不良心理社会环境引起，需要找出环境中的有害刺激并消除负面影响。

第四章　托幼机构生活活动中的保育工作模拟试题

一、单项选择题

1. B　2. A　3. A　4. C　5. A　6. A　7. A
8. B　9. A　10. A　11. A　12. A

二、名词解释题

1. 答：晨检是幼儿在踏进班级教室前由托幼机构的保健医生进行的专业检查。

2. 答：生活活动指满足学前儿童基本生活需要的活动。其主要包括入园、进餐、睡眠、盥洗、如厕、整理、离园等环节。

三、简答题

1. 答：晨间接待对学前儿童、家长的影响是非常大的。它不仅是学前儿童一日愉悦情绪的开始，也是师生个别化互动以及对学前儿童进行礼貌教育、健康教育、行为习惯培养的有效途径，更是建立良好家园关系的宝贵契机。良好的晨间接待能够了解学前儿童的情况、排除事故隐患，进而维护学前儿童的健康和安全，还能增强家庭和幼儿园的沟通、促进托幼机构保教质量的提高。

2. 答：

（1）安抚好学前儿童的情绪。

（2）把握教育契机，培养儿童的生活自理能力。

（3）有效进行家园沟通。

3. 答：幼儿期是儿童生长发育的重要时期，及时为儿童提供所需要的营养是促进其生长发育的重要物质保证，良好的进餐习惯是营养合理摄入的重要前提。要使儿童保持旺盛的食欲，良好的进餐习惯是必不可少的。进餐是托幼机构一日生活中非常重要的环节，也是学前儿童健康的重要保障。培养儿童养成良好的进餐行为不仅有助于纠正其不良的饮食习惯、促进良好进餐习惯的形成，而且进餐环节的各项常规要求可以使孩子们掌握一定的自我服务技能，这也是锻炼生活自理能力的重要时机。此外，进餐常规是班级常规的重要组成部分，培养良好的进餐行为、构建良好的班级进餐秩序是构建班级良好生活常规的重要内容。同时，这样做可以让他们懂得爱惜食物、按需摄取食物并感激为他们提供食物的人，从而有助于学前儿童的社会性发展，对他们今后的学习和整个人生的发展也将产生积极深远的影响。

四、论述题

1. 答：（1）在生活活动中对学前儿童进行保育，是保教人员与学前儿童建立亲密关系的最佳途径。保教人员可以在潜移默化中建立学前儿童对托幼机构的归属感和安全感，这是学前儿童在集体生活中获得愉快体验的重要基础。

（2）在生活活动中进行保育可以帮助学前儿童熟悉并掌握班级的生活常规，并且在这个过程中逐步养成良好的生活习惯，促进学前儿童生活自理能力、自我保护意识及能力的发展，进一步适应集体生活。

（3）在生活活动中进行保育，可以直接对学前儿童的生长发育产生影响，从入园的晨间检查的开展，到饮食进餐环节营养均衡的考虑，到睡眠盥洗环节卫生安全的强调，一日生活的每个环节都能为学前儿童的健康成长提供保障。

2. 答：（1）清理学前儿童衣物用品，做好学前儿童离园的整理工作。在离园活动中，保教人员要引导、帮助学前儿童对一天的集体生活和自己的物品进行整理，引导和帮助学前儿童将自己的物品放进书包内，整理着装，提醒学前儿童安静地在教室里进行离园前的活动，等待家长的到来。

（2）稳定学前儿童情绪，开展形式多样的游戏活动。盥洗和整理活动结束后，保教人员要与学前儿童进行亲切的互动，帮助他们回顾一天中快乐的事情，稳定他们的情绪，鼓励他们所取得的点滴进步，让他们获得愉悦的情绪和成功的体验。

（3）主动与家长交流当日学前儿童的在园情况，把好离园最后一关。在离园时间，保教人员可以有针对性地主动告诉家长孩子的相关信息，这样既提高了沟通的有效性，还能照顾到更多的孩子。

（4）做好个别特殊学前儿童的交接。保教人员要主动向生病的、当天表现异常的学前儿童家长描述他们在园的生活及活动情况，并提出希望得到家长们配合与支持的要求和具体方法。个别家长因为特殊原因或突发状况不能及时来园接孩子的，保教人员要做好学前儿童的安抚工作，陪伴他们或跟他们玩一些小游戏，分散他们的注意力，以免他们产生焦虑情绪。保教人员还要关注迟接的学前儿童的个别活动与交往，必要时应及时介入，给予适时指导，帮助他们解决小冲突。

（5）做好次日各项活动准备。待全部孩子离园后，保教人员可以开始第二天的准备工作。

（6）做好离园前的检查工作。保教人员在离园之前，要做好相应的记录，还要确保班级门、窗、水电全部都已关好，贵重物品的放置安全妥当。

五、案例分析题

1. 答：（1）首先，保教人员要把离园活动看作一日生活环节的重要组成部分。要充分认识离园活动的教育价值，不能随意应付。其次，离园活动的组织要有计划性，教师要根据本班学前儿童的实际情况，做好计划和安排，通过各种形式的活动来丰富本班的离园活动。最后，保教人员要分工配合，特别是家长来接孩子时，保教人员之间要事先约定好谁负责接待家长、谁负责组织学前儿童，从而避免人多时场面混乱或发生安全事故。

（2）离园环节的保育工作要点：

①清理学前儿童衣物用品，做好学前儿童离园的整理工作。

②稳定学前儿童情绪，开展形式多样的游戏活动。

③主动与家长交流当日学前儿童的在园情况，把好离园最后一关。

④做好个别特殊学前儿童的交接。

⑤做好次日各项活动准备。

⑥做好离园前的检查工作。

第五章　托幼机构教育活动中的保育工作模拟试题

一、单项选择题

1. A　　2. C　　3. A　　4. D　　5. D

二、名词解释题

1. 答：学前儿童教育活动指的是在托幼机构一日生活中进行的除生活活动外的其他活动，是教师有目的、有计划地在一定时间内组织的专门的教育活动，主要包括游戏活动、集中教育活动、区域活动和户外活动。

2. 答：区域活动也称活动区活动，它指教育者以幼儿感兴趣的活动材料和活动类型为依据，将活动室的空间相对划分为不同区域，让他们自主选择活动区域，在其中通过与材料、环境、同伴的充分互动而获得学习和发展。

3. 答：集中教育活动，即保教人员有目的、有计划地组织全体学前儿童参加的教育活动，是托幼机构教学的重要途径之一。

三、简答题

答：(1) 引导学前儿童学会倾听，并大胆表达自己的想法与要求；

(2) 引导学前儿童学会遵守活动规则，并能做到适当的自律，逐步提高活动专注力和自我控制能力；

(3) 引导学前儿童集中学习某方面的知识与技能，提高认知水平，促进社会性发展等。

四、论述题

1. 答：保教并重是学前教育的基本原则，在教育活动中注重对学前儿童的保育是非常重要且必要的。在教育活动中对学前儿童进行保育，可增加学前儿童对自身和环境的认识，促进学前儿童社会性和独立性的发展，提高学前儿童的社会适应能力，同时在教育中潜移默化地培养学前儿童良好的个性心理品质、学习品质和行为习惯，促进学前儿童自我服务能力、自我保护意识及能力的提高。教育活动的开展是托幼机构教学的主要途径，保教人员在教育活动中的积极配合能使学前儿童教育活动的准备更充分、内容更丰富，从而使保教工作相互渗透、自然融合。开展教育活动时，教师工作的要求较多，保育员要承担起指导个别特殊儿童的工作，使保教工作能顺利地、高质量地开展。因此，在学前儿童教育活动开展的整个过程中，更需要全体保教人员积极有效的配合。

在教育活动中做好保育工作，对提高托幼机构的教育质量有着深远的意义。学前儿童的成长离不开保育工作，保育工作规范化、标准化、科学化是托幼机构保教质量的重要标志。保教质量是托幼机构办园水平的直接体现，科学合理的保育工作是托幼机构最基本的保育要求。

2. 答：(1) 小班学前儿童。

大多处于独自游戏、平行游戏时期，矛盾的焦点集中在学前儿童与物品的冲突上。因此小班学前儿童游戏时，教师的观察重点应放在观察学前儿童使用物品的情况上。

①教师在指导时，可通过重复操作、适当提醒等方式帮助他们将游戏继续开展下去，同时引导小班学前儿童相互之间的交往，促进其交往能力的提高。

②教师还要根据学前儿童的生活经验为他们提供充足的玩具，避免争抢玩具的情况发生，满足他们平行游戏的需要。

③教师还要把握好介入游戏的时机与方式，在与学前儿童游戏的过程中达到指导的目的。

④最后，还要注重规则意识的培养，让学前儿童在游戏中逐步学会独立，并能遵守游戏的活动常规。

(2) 中班学前儿童。

大多处于联合游戏阶段，但交往技能较欠缺。他们时常与同伴发生纠纷，教师需要抓住游戏中的每一个教育契机，适时地加以引导教育。在指导中班学前儿童进行游戏时，教师要重点观察学前儿童之间的交往情况。

①鼓励他们根据自己的生活经验进行游戏。

②仔细分析学前儿童游戏的情节及发生纠纷的原因，把握时机用适当的方式介入，帮助他们进一步与同伴交往，学会在游戏中自己解决问题。

③游戏结束后，通过讲评游戏、交流与分享等方式引导学前儿童分享游戏的

经验，进一步丰富游戏的主题和内容。

（3）大班学前儿童。

大多处于合作游戏阶段。游戏时，教师要重点观察学前儿童在游戏中运用已有经验进行创新的情况和同伴间相互交往、合作、解决矛盾的情况。

①教师在指导大班学前儿童进行游戏时，要注重培养学前儿童的独立性，鼓励他们在游戏中有自己独特的想法，并付诸实践。

②在讲评与交流分享环节，让他们充分讨论、拓展思路，不断提高他们的游戏水平。

在指导游戏时，教师要有正确的游戏观、儿童观。要正确处理好学前儿童游戏中的主客体关系，明确学前儿童是游戏的主体，不能指挥或代替学前儿童去游戏。教师也不能对学前儿童的游戏放任自流，不关心学前儿童的游戏过程，只关注学前儿童是否遵守秩序，对学前儿童具体是怎么游戏的不闻不问。在指导游戏时，教师要注意避免以上情况的发生。

第六章　托幼机构膳食安排与保育模拟试题

一、单项选择题

1. B　2. C　3. D　4. B　5. D　6. D　7. C
8. D　9. B　10. B　11. B　12. A　13. B　14. C
15. B　16. D

二、名词解释题

1. 答：食物特殊动力作用是指人体摄食过程中引起的能量消耗，即在摄食后产生一系列消化、吸收、合成、转化营养素及代谢产物活动的能量消耗。

2. 答：对于一些吸收利用率较低的蛋白质，可以通过多种食物的混合食用、相互取长补短来提高蛋白质的营养价值，这种作用称为蛋白质的互补作用。

3. 答：维生素又名维他命，是维持人体生命活动必需的一类有机物质，也是保持人体健康的重要活性物质。

4. 答：脂类是人体的重要成分，是不溶于水而溶于有机溶剂的一类化合物。脂肪包括脂和油，常温下呈固态者称脂，呈液态者称油。

三、简答题

1. 答：(1) 构成机体的材料，更新、修复组织。

(2) 合成免疫物质，增强机体抵抗力。

(3) 合成酶、激素和其他化合物，调节生理机能。

(4) 供给热量。

(5) 运输营养物质。

2. 答：(1) 抗肿瘤作用。

(2) 对婴幼儿的神经细胞与脑细胞发育有促进作用。

(3) 叶酸可作为精神分裂症病人的辅助治疗剂，它对此病有显著的缓解作用。此外，叶酸还有其他功能。

3. 答：

(1) 供给和储存能量。

(2) 保护机体的脏器，维持体温。

(3) 构成组织细胞的成分。

(4) 促进脂溶性维生素的吸收。

(5) 提供必需脂肪酸，促进脂肪代谢，预防脂肪肝，预防治疗糖尿病，预防心血管疾病。

(6) 提高食物的感官性状，增进食欲。

(7) 增加饱腹感，吃脂肪含量高的食物，不易饥饿。

4. 答：(1) 构成机体组织。

(2) 供给能量。

(3) 保肝、解毒作用。

(4) 防止体内发生酸中毒以及节约蛋白质的作用。

四、论述题

1. 答：(1) 建立合理的饮食制度，培养儿童认真吃正餐的习惯。要保证学前儿童一日三次正餐，上下午各加餐一次。各餐的热量分配要均衡。对食量小的儿童要减少零食的供给，零食、正餐若分配不当，将影响儿童的消化吸收功能和进餐的食欲。在儿童吃好正餐的前提下才能满足他们的零食要求，否则，就要限制零食的供给。

（2）学前儿童饮食要定时定点定量。进餐定时主要是指，依据学前儿童的消化特点和对不同种类食物的排空时间，按时为儿童提供餐点。要培养儿童在座位上安静进餐的习惯。不能听凭孩子边走边吃或边看电视边吃饭。尤其要防止儿童在遇到爱吃的食物时吃得过饱，遇到不爱吃的食物又吃得过少，以致饥饱不均，造成胃肠道消化功能紊乱。

（3）要细嚼慢咽，不要狼吞虎咽。要教育儿童养成细嚼慢咽的好习惯，不要给儿童吃汤泡饭、水泡饭。

（4）要养成饮食多样化，不挑食、不偏食的习惯。若儿童从小养成尝试各种食物的习惯则不易偏食。由于学前儿童“易受暗示”和“模仿性”的特点，成人在饮食上的习惯和言行对幼儿有很大影响，因此成人在饮食方面要为学前儿童树立好的榜样。

（5）注意饮食卫生，讲究进餐礼仪。要求学前儿童进餐前做好准备，餐前洗手，帮助擦桌子、摆碗筷。咀嚼、喝汤时不发出大的声响，不在饭菜中挑挑拣拣，不浪费食物。吃饭时不大声说话、不玩闹，不把自己不喜欢的食物放在其他小朋友的碗里。餐后要将自己的碗筷放在规定的地方。餐后提示他们擦嘴、漱口、洗手。

（6）鼓励学前儿童独立进餐，不催促他们进餐，提醒他们在用餐时间内吃完自己的食物，指导他们正确使用餐具并保持桌面的清洁。把儿童在进餐中存在的问题告诉家长，取得家长的配合，给家长一些具体的建议，共同指导儿童的用餐行为，巩固儿童良好的饮食行为习惯。

2. 答：膳食计划的制订、各种营养素的合理供应、三餐和点心的食物种类搭配及热量分配等均应符合膳食平衡的要求。制订膳食计划的依据是儿童的年龄特点，他们对营养的需要，饮食习惯，还有气候条件、市场情况等。制订膳食计划时，在尊重当时当地饮食习惯的基础上，要根据儿童膳食费用标准，从市场供应的实际情况出发，选购营养丰富、价格合理的食品，进行优化组合，善于利用营养价值相近的食品替代缺乏的食物品种，建立合理的膳食制度。托幼机构膳食平衡的要求应考虑以下几个方面：

（1）合理安排膳食。根据不同年龄儿童的需要安排膳食。对学前儿童来说，优质蛋白质应占蛋白质总量的1/2或1/2以上。一日三餐的热量分配要合理，切不可忽视了早餐的热量供应和营养成分的保障，也要考虑晚餐的热量供应，避免长期晚餐营养过剩给儿童带来隐性危害。膳食配制应根据《中国居民膳食指南》中多样、平衡、适量的原则进行搭配。

（2）烹调方法的采用。烹调方法要适合学前儿童的消化吸收能力，增进儿童食欲。

（3）食物的选择。保证食物新鲜、优质，避免变质、被污染。食物的采购应选择具有资质的供应场所，在信誉良好的摊点购买新鲜的蔬菜、水果。这些食物应该经过相关部门的检验和确认，一些可存放的配料食品则应该注意其保质期和性状。

第七章　学前儿童疾病预防与保育模拟试题

一、单项选择题

1. C　2. A　3. C　4. B　5. D　6. D　7. B　8. B　9. C　10. C　11. B　12. C　13. D　14. A　15. D

二、名词解释题

1. 答：疾病是指因某些原因使得人体正常形态与功能发生偏离的一种状态。

2. 答：预防接种是指用人工的方法使人体提高对某种传染病的免疫能力，是为了控制和消灭传染病，保护儿童身体健康的重要措施。

3. 答：恢复期即病原体在患者体内完全或基本消灭，传染病的特有症状逐渐消失，生理功能和组织损伤逐渐恢复的时期。

4. 答：腹泻俗称“拉肚子”，是学前儿童常见病，多发生于夏秋季节，是指学前儿童大便次数增多，粪便稀薄，可有黏液、脓血等。

5. 答：肥胖症是一种热能代谢障碍，是指因长期能量摄入超过消耗，导致体内脂肪积聚过多而造成的疾病。

6. 答：传染病是由各种病原体引起的能在人与人、动物与动物或人与动物之间相互传播的一类疾病。

三、简答题

1. 答：(1）预防。在手足口病流行期间，托幼机构要加强对学前儿童的晨、午检。

(2）护理。①患儿发烧时应卧床休息，多饮水，多吃有营养、易消化的流质、半流质食物。②保持口腔清洁。③做好隔离消毒工作。④病情较重者及时送医寻求帮助。

2. 答：(1）病原体的作用。

(2）传染性。

(3）流行性。

(4）免疫性。

(5）可预防性。

3. 答：(1）注意孕母的营养，多吃含铁丰富的食物。

(2）提倡母乳喂养，合理添加辅食。

(3）合理安排学前儿童饮食，培养良好的饮食习惯，养成不偏食、不挑食的习惯。

(4）早产儿、双胞胎儿应补充铁剂。

(5）及时治疗各种肠道疾病和寄生虫病。

(6）合理安排患儿的休息和活动，以不感到疲劳为宜。

四、论述题

1. 答：(1）精神方面。学前儿童生病时可能表现出精神差、烦躁不安、易怒、不爱玩等症状。

(2）表情方面。生病时，学前儿童可能出现眼神发呆，似凝视远方的现象。

(3）脸色方面。生病时，学前儿童面色苍白、发黄，颊部、口唇、鼻尖等处颜色异常。

(4）饮食方面。患病学前儿童可能食欲不振，同时伴有恶心、呕吐、脸色苍白，可能出现异食癖，还可能出现食欲亢进，发生吃得多、喝得多的症状。

(5）大小便方面。患病儿童出现大便异常、粪便带血的情况或大便呈“红果酱样”、灰白色等；尿色及排尿次数异常，尿红、尿黄或尿呈乳白色等，排尿次数较平时明显增多或减少。

（6）睡眠方面。患病学前儿童出现入睡困难或嗜睡症状，睡眠不安，夜惊、夜啼等。

（7）体温方面。若出现低烧或高烧，伴有头痛、恶心、呕吐、皮肤出血等症状，表明该儿童生病了。

2. 答：学前儿童的身体发育不成熟，生理机能还不完善，他们的抵抗力相对低下，容易产生疾病，因此特别需要成人的照顾和呵护。成人的精心照顾是使孩子远离疾病、避免疾病危害的重要屏障，若成人照顾不周，周围环境的变化也可能成为孩子生病的源头。

（1）预防疾病有利于提高学前儿童的健康水平。首先，预防疾病可以使学前儿童正常发育、身体健康。其次，预防疾病可以使学前儿童心情愉快、心理健康。我们在保证学前儿童身体不受疾病侵害的情况下，也要关注学前儿童的心理，进行必要的疏导，使其真正地健康快乐成长。

（2）有利于增强保教人员对学前儿童疾病的防范意识和应对能力。

①有利于增强保教人员对学前儿童疾病的防范意识。

②有利于增强保教人员对学前儿童疾病的应对能力。

（3）有利于更好地服务家长，提高托幼机构的保教质量。保证学前儿童健康是托幼机构保教工作的首要任务，因此，预防学前儿童疾病，让学前儿童健康、快乐，可以使家长放心、安心，解除家长的后顾之忧，从而更好地服务家长。

五、案例分析题

1. 答：该患儿患的是流行性感冒。

（1）预防。①接种流感病毒疫苗。②注重户外活动和体育锻炼，加强营养，提高学前儿童的抵抗能力。③流感流行期间，减少学前儿童外出次数。

（2）护理：①保持室内空气新鲜，光照充足，温度、湿度适宜。②患儿应卧床休息。饮食应清淡、易消化、有营养，多让患儿饮水。③高烧时，应采取措施为患儿进行降温。④结合药物治疗。如可给患儿服用金银花、黄连、连翘、板蓝根等药物。⑤护理者戴口罩，护理患儿后洗手。

第八章　学前儿童安全问题与保育模拟试题

一、单项选择题

1. C　2. D　3. A　4. C　5. A　6. C　7. C
8. B　9. C　10. D　11. B　12. A　13. B

二、名词解释题

1. 答：脱臼又称关节脱位，是指关节面脱离正常的对合关系，也就是说骨与骨之间的连接完全或部分地脱离了原来正常的位置。

2. 答：煤气中毒主要是指一氧化碳中毒，煤、炭、天然气、液化石油气等在燃烧不完全时会产生大量的一氧化碳，加之通风不良或排烟不畅，很容易出现中毒现象。

三、简答题

1. 答：（1）活动场所应符合安全要求。

（2）生活用品应符合安全要求。

（3）玩具、教具应符合安全要求。

（4）药物和危险、有毒物品应妥善保管。

（5）食物应符合安全要求。

（6）经常对园内各设施、设备或物品进行检查、维修。

（7）注意学前儿童一日生活各个环节的安全工作。

2. 答：（1）较好的应急方法是震时就近躲避，震后迅速撤离到安全的地方。

（2）地震时，保教人员应该沉着冷静，组织幼儿就近躲避，切勿让学前儿童到处乱跑或跳楼。

（3）地震一旦停止，应组织幼儿快速、有序地沿安全通道撤离到空旷、安全的地方。

（4）如果被埋在废墟下，要想办法进行自救。

3. 答：（1）突然性。

（2）原因的复杂性。

（3）场所的多样性。

（4）性别差异性。

4. 答：（1）简要观察伤口和全身情况，注意伤口是否出血，有无昏迷、休克现象，呼吸道是否阻塞等。

（2）防止休克。

（3）止血、包扎、止疼。

（4）就地固定。

（5）请求救助，及时送医。

四、案例分析题

答：老师应先安抚豆豆，用凉开水冲洗伤口以除去污物，再用酒精进行消毒，随后送医。

第九章　托幼机构保育管理模拟试题

一、单项选择题

1. B　　2. B　　3. B　　4. D　　5. B

二、名词解释题

1. 答：班级保育中的家园沟通主要是指保教人员或幼儿家长针对孩子在幼儿园、在家的行为表现进行信息互通，促进孩子的健康成长。

2. 答：托幼机构的保育环境就是指托幼机构提供的与学前儿童的成长直接或间接相关的一切外部条件的总和。

三、简答题

1. 答：（1）爱岗敬业，热爱幼儿。

（2）为人师表，遵纪守法。

（3）积极进取，开拓创新。

（4）尊重家长，热情服务。

（5）文明礼貌，团结协作。

2. 答：(1) 关注并满足学前儿童的基本需要。

(2) 对学前儿童要有宽容的态度。

(3) 做到对所有学前儿童一视同仁。

(4) 支持孩子的同伴交往。

(5) 与家长形成良好的沟通。

3. 答：(1) 沟通的主体是孩子的主要教育者。

(2) 沟通的内容具有针对性。

(3) 沟通的方式多样化。

四、论述题

1. 答：(1) 负责本班房舍、设备、环境的清洁工作。做到每天小扫除，每周大扫除，经常保持活动室内空气的流通，保证学前儿童有一个舒适、干净的环境。

(2) 按照消毒制度的规定，认真做好水杯、毛巾、碗、筷的消毒工作，认真做好水杯架和饭前餐桌的消毒工作。每天要定时冲洗厕所，做到厕所槽内无污垢，保持厕所内清洁无臭味。

(3) 在教师指导下，组织好学前儿童每日的生活，做好保中有教，全面了解学前儿童的饮食、睡眠情况，保持幼儿仪表整洁，精心护理幼儿生活。

(4) 在医务人员和本班教师指导下严格执行幼儿园安全、卫生保健制度，夏天做好防暑降温和防蚊、蝇工作，保证学前儿童的开水供应，每天擦净凉席。冬季做好防寒保暖工作，定时拆洗和翻晒被褥、枕套，定期清洗、消毒玩具，保持睡具、玩具的清洁卫生。

(5) 妥善保管学前儿童的衣物和本班的设备、用具，防止霉烂、损坏、丢失。

(6) 根据本班教育教学要求做好配班工作。

2. 答：(1) 特点：①沟通的主体是孩子的主要教育者。②沟通的内容具有针对性。③沟通的方式多样化。

(2) 措施：①积极观察孩子在班级活动中存在的问题。②采用合理的表达方式与家长沟通。③构建班级的家园沟通制度。

第十章 托幼机构保育技能模拟试题

一、单项选择题

1. D 2. B 3. B 4. C 5. A 6. C 7. D
8. B 9. C 10. B 11. C 12. B 13. D 14. A
15. A

二、名词解释题

1. 答：蒸汽消毒法即是将被消毒物品放进蒸汽消毒柜中进行消毒的方法，适用于耐高温的餐具或物品等。

2. 答：日晒法是指利用阳光中的紫外线消毒灭菌，适用于玩具、图书、被褥、衣服等物品的消毒。

3. 答：天然消毒法即利用自然条件进行消毒，常见的包括通风换气和日晒法。

三、简答题

1. 答：（1）天然消毒法。
（2）消毒灯消毒法。
（3）煮沸法。
（4）蒸汽消毒法。
（5）化学消毒法。

2. 答：（1）自我提升。
（2）教研活动。
（3）培训与学习。

3. 答：（1）积极观察孩子在班级生活中存在的问题。
（2）采用合理的表达方式与家长沟通。
（3）构建班级的家园沟通制度。

4. 答：（1）做好睡前准备工作，为学前儿童营造良好的睡眠环境。
（2）帮助并指导学前儿童正确穿脱衣服、整理床铺，掌握穿脱衣服、整理床铺的程序和注意事项。

（3）培养学前儿童独立就寝的能力以及良好的睡眠习惯。了解学前儿童睡眠的安全知识，掌握培养良好睡眠习惯的相关知识，发现并纠正婴幼儿的不良睡姿。

（4）根据个别孩子的排尿规律及时提醒其排尿。掌握遗尿发生的原因和预防方法。

（5）及时发现学前儿童睡眠中的身体和行为异常。

5. 答：（1）了解心理环境创设的要求。

（2）建立良好的师生关系。

（3）引导学前儿童建立良好的同伴关系。

6. 答：（1）做好室外活动的准备工作和活动结束的整理工作。

（2）根据户外温度和活动量的变化随时提醒学前儿童增减衣服。

（3）照顾体弱儿童。

（4）照顾肥胖儿童。

四、案例分析题

答：保教人员需要掌握的保育技能主要包括卫生管理技能、生活管理技能、教育活动保育技能和安全工作技能。保教人员的卫生管理技能主要包括环境清洁技能和日常消毒技能。保教人员的生活管理技能主要针对学前儿童的健康检查、进餐、饮水、盥洗、睡眠、物品保管等方面。教育活动中的保育技能主要是保教人员为了配合或保证各类教育活动的顺利开展所具备的相关保育技能。安全工作技能主要包括发现可能造成学前儿童意外伤害的安全隐患、严格执行托幼机构的安全制度、处理常见的安全问题。

第二编
综合模拟试题

第二章

[illegible]

全国高等教育自学考试
学前儿童保育学模拟试卷（一）

（课程代码　30001）

（考试时间：150 分钟）

第Ⅰ部分　选择题（20 分）

一、单项选择题（本大题共 20 小题，每小题 1 分，共 20 分。在每小题列出的四个备选项中只有一个是符合题目要求的，请将其代码填写在题后的括号内，错选、多选或未选均无分。）

1. 我国创办的第一所幼儿园是（　　）。

A. 湖北幼稚园　　B. 上海幼稚园

C. 湖南幼稚园　　D. 广州幼稚园

2. 下列关于保育和教育的关系的说法，表述错误的是（　　）。

A. 教育是保育的基础

B. 保育本身具有教育的职能

C. 保育是托幼机构教育工作的组成部分

D. 保育工作是为托幼机构的教育、教学服务的

3. 人体的肌肉有（　　）。

A. 100 多块　　B. 200 多块

C. 300 多块　　D. 600 多块

4. 某项活动开始时，大脑皮质工作能力较低，然后逐步提高，这一现象称为（　　）。

A. 始动调节　　B. 优势兴奋原则

C. 动力定型　　D. 优势半球原则

5. 托幼机构最基本的保育要求是（　　）。

A. 科学合理的卫生工作　　B. 科学合理的保育工作

C. 科学合理的保健工作　　D. 科学合理的教育工作

6. 保教人员与学前儿童建立亲密关系的最佳途径是（　　）。

A. 在生活活动中对学前儿童进行保育

B. 注重学前儿童的身心健康

C. 在游戏活动中对学前儿童进行保育

D. 在开发智力的过程中对学前儿童进行保育

7. 合成 DNA 的必要物质包括（　　）。

A. 碘　　B. 钙

C. 锌　　D. 铁

8. 学前儿童的第一反抗期出现在（　　）。

A. 1~2 岁　　B. 2~3 岁

C. 3~4 岁　　D. 4~5 岁

9. 学前儿童身高、体重的增长速度最为迅速的时期是（　　）。

A. 1~2 岁　　B. 0~1 岁

C. 2~3 岁　　D. 3~4 岁

10. 下列关于学前儿童的消化特点，表述错误的是（　　）。

A. 消化系统的功能还比较薄弱

B. 一岁以内的婴儿最好母乳喂养

C. 到了将近一岁时，可以开始尝试肉末蔬菜粥、猪肝蛋菜粥、高汤线面等

D. 三至四岁的学前儿童开始进入以固体食物为主的饮食阶段

11. 下列不属于组织学前儿童喝水好时机的是（　　）。

A. 下午离园前

B. 10 点左右

C. 午睡前

D. 上午户外活动后

12. 半岁以内的婴儿每天的哺乳和喂养次数为（　　）。

A. 3 次　　B. 4~5 次

C. 6~7 次　　D. 7~8 次

13. 下列可通过虫媒传播的疾病是（　　）。

A. 百日咳　　B. 乙型肝炎
C. 痢疾　　D. 乙型脑炎

14. 当儿童出现面色潮红、心率快、大量出汗、体温升高等现象，很有可能是（　　）。

A. 抽风　　B. 中暑
C. 哮喘　　D. 冻伤

15. 下列关于乙型肝炎的表述，错误的为（　　）。

A. 潜伏期为 2~6 个月
B. 多为黄疸型肝炎，无黄疸型较少
C. 传播途径可以是医源性传播、接触传播、母婴传播
D. 可接种乙型肝炎疫苗预防

16. 患者会出现恶心、呕吐、意识模糊、口唇呈樱桃红色等症状的是（　　）。

A. 细菌性食物中毒　　B. 有毒动植物性中毒
C. 煤气中毒　　D. 蛇咬伤中毒

17. 蒸汽消毒法一般蒸多长时间消毒效果最佳？（　　）

A. 30 分钟　　B. 40 分钟
C. 50 分钟　　D. 一个小时

18. 班级保育中最直接的家园沟通方式是（　　）。

A. 家长接送孩子的时候与保教人员进行沟通
B. QQ 群沟通
C. 微信沟通
D. 家访

19. 下列选项中，不属于制定托幼机构清洁卫生制度依据的是（　　）。

A. 相关法律法规文件　　B. 学前儿童健康成长的需要
C. 实际情况　　D. 家长一些不太合理的要求

20. 下列关于惊厥（抽风）、晕厥的急救措施，错误的是（　　）。

A. 保持镇定
B. 将患儿平卧
C. 及时清除患儿鼻咽腔的分泌物
D. 用手指重压或用针刺人中穴以控制惊厥

第Ⅱ部分　非选择题（80 分）

二、名词解释题（本大题共 5 小题，每小题 3 分，共 15 分。）

21. 保育

22. 生活活动

23. 维生素 D 缺乏性佝偻病

24. 生活作息程序化

25. 保育员

三、**简答题**（本大题共7小题，每小题5分，共35分。）

26. 简述正确擤鼻涕的方法。

27. 简述学前儿童心理发展的主要特征。

28. 简述饮水环节的保育要点。

29. 简述游戏活动结束部分的保育要点。

30. 简述学前儿童膳食营养的重要性。

31. 简述传染病预防的三环节。

32. 简述如何建立健全安全管理制度。

四、论述题（本大题共 2 小题，每小题 10 分，共 20 分 o）

33. 试述不同年龄段的心理保育重点。

34. 试述编制食谱应注意的问题。

五、案例分析题（本大题共 1 小题，共 10 分。）

35. 芳芳 5 岁了，她的身高和体重明显低于同龄儿童。平时，她食欲差，睡眠不好，夜间常常惊醒并伴有磨牙，还经常肚子痛。幼儿园老师和家长都很担心。

根据以上材料分析：芳芳生了什么病？托幼儿机构应如何护理？

全国高等教育自学考试
学前儿童保育学模拟试卷（一）
参考答案

（课程代码　30001）

一、单项选择题

1. A　2. A　3. D　4. A　5. B　6. A　7. C
8. B　9. B　10. D　11. C　12. D　13. A　14. B
15. B　16. C　17. B　18. A　19. D　20. B

二、名词解释题

21. 答：保育一般是指成人对儿童的保护和养育。

22. 答：生活活动指满足学前儿童基本生活需要的活动。它主要包括入园、进餐、睡眠、盥洗、如厕、整理、离园等环节。

23. 答：维生素 D 缺乏性佝偻病简称佝偻病，俗称软骨病，是指由于儿童体内缺乏维生素 D，引起全身钙、磷代谢失常的一种慢性营养性疾病。

24. 答：生活作息程序化主要是指按照时间顺序，对孩子从早上入园到下午离园的一天的所有生活和活动内容做出安排，以形成相对固定的环节与内容程序。

25. 答：保育员是指幼儿园或托儿所里负责照管儿童生活的人员，又称生活教师。

三、简答题

26. 答：压住一侧鼻翼，轻轻擤另一侧鼻子，然后换另外一边，用力过大或者过猛，都会使鼻内的毛细血管破裂，导致鼻出血。

27. 答：（1）视听感知觉和注意力日益完善。

（2）以无意记忆和机械记忆为主。

（3）以无意想象和再造想象为主。

（4）词汇量和口语表达能力发展迅速。

（5）情绪情感日趋稳定，自我意识逐步发展。

28. 答：

（1）为学前儿童提供健康、足量、温度适宜的水。

（2）通过多种形式，引导学前儿童了解喝水的重要性。

（3）培养学前儿童自主喝水的习惯，建立饮水常规。

（4）组织托班儿童饮水时要特别注意的问题，如不愿意主动喝水，因拥挤而发生碰撞等。

（5）饮水环节需要注意的其他问题。

29. 答：结束游戏时，保教人员要尽量用游戏的方式或用适当的语言或动作提醒学前儿童游戏结束，使学前儿童愉快地结束游戏，提醒学前儿童收拾整理游戏材料时要注意的问题和应遵守的规则，必要时应协助学前儿童收拾整理游戏场地和游戏材料。在收拾整理游戏材料时，学前儿童有的会比较兴奋，有的会乱扔游戏材料或收拾时故意发出很大的声音，这时保教人员要提醒他们有序、安静地收拾整理。保教人员还要清点玩具，看是否摆放整齐，是否有遗失或损坏。清点玩具时，保教人员可组织学前儿童一起参与，以培养学前儿童善始善终的良好品德，增强学前儿童爱护玩具的意识。

游戏结束后，教师要组织学前儿童洗手、如厕、饮水等。保育员则要做好盥洗室的清洁与准备工作，协助教师组织学前儿童洗手、如厕、饮水等。

30. 答：

（1）膳食营养是学前儿童身体发育的保障。

（2）膳食营养有利于保证学前儿童的大脑发育。

（3）膳食营养有利于调节学前儿童的生理机能。

（4）膳食营养有利于保障学前儿童的能量供给。

31. 答：（1）控制传染源。控制传染源应做到“三早”，即早发现、早隔离、早治疗。

（2）切断传播途径。

（3）提高易感人群的抵抗力。

32. 答：（1）要建立健全各项安全管理制度，做到有章可循。

（2）宣传各项安全管理制度，保证该制度广为周知。

（3）应严格执行各项安全管理制度。

（4）还应认真落实安全工作责任制。

（5）加强监督，保证安全制度落实到位。

四、论述题

33. 答：托幼机构的孩子在不同年龄段表现出来的典型心理特征不同，保教人员有必要把握不同年龄段的心理保育重点。

（1）对于初入园孩子的分离焦虑要科学应对。托幼机构的保教人员和家长都要科学应对孩子的分离焦虑，帮助他们尽快熟悉和认可幼儿园生活。要尽快建立班级的生活常规和教育常规，有意识地创造一些能发挥孩子特长和优势的机会。科学应对分离焦虑的一个有效策略就是“淡化消极、强化积极”。

（2）对于中班攻击性行为和告状行为要合理评价和引导。作为教育者，保教人员要合理评价中班孩子这些典型心理需要和特点，在不伤害孩子自尊心的情况下，保护他们的表现欲，肯定他们正确的表达行为，当出现攻击性行为时应有效引导他们寻求正确的解决办法。

（3）大班要注意幼小衔接阶段的心理保育。这个阶段的心理保育首先要循序渐进地帮助孩子认识小学生的生活，让学前儿童的生活节奏逐步与小学同步，从而使其在升入小学时不会出现严重的心理适应障碍。要注意培养孩子管理学习用品、管理时间以及各项自我服务的能力，在学习习惯和能力上做好升入小学的准备。

34. 答：编制食谱应考虑多方面的问题，既要营养丰富、合理搭配，又要符合学前儿童的饮食需要和消化吸收特点。

（1）热量的供应与各类营养素要合理搭配。通过定期的营养计算，可以了解一周食谱中每天的热量供应情况，各类营养素的供应至少应该达到建议供给量的 80%。

（2）保证食物种类的多样性和一日三餐分配的合理性。在每天的食物供给中，尽可能为学前儿童提供 20 种或 20 种以上的食物品种。

（3）根据季节变化调整食谱。夏季天气比较炎热，儿童的食欲会有所下降，食谱中应体现清淡、多汤汁、多蔬菜水果的特点，有利于清热解暑。冬季天气寒冷，儿童食欲较好，对热量的需要量有所增加，可适当增加高热量、高蛋白食物。儿童食谱中一般不宜选用过分粗糙、生硬、油腻、带刺激性的食品，有些食品应避免使用，如辣椒、胡椒等。

（4）一周的营养成分分配要均衡。幼儿园要全面考虑学前儿童一周中每一天膳食安排的平衡，避免出现时而清淡、时而油腻的情况，减少因膳食安排不均衡而使儿童消化不良的现象。

（5）既要注意营养又要经济实惠。对食物品种的选择首先应考虑营养供应的充分性问题，同时，也可选择物美价廉、营养丰富的食物来替代价格高昂的食物，如用豆类食品替代肉类食品，在营养价值相近的情况下，可以减少脂肪的摄入。

五、案例分析题

35. 答：芳芳生了蛔虫病。得了蛔虫病的患儿肚脐周围出现阵发性疼痛，片刻可自行缓解。可造成患儿营养不良、贫血。蛔虫排出的毒素，可引起患儿低烧、多汗、夜惊、磨牙等。

托幼机构应给患儿服用驱蛔虫药物，并于9~10月集体驱蛔，因为6~7月最容易感染蛔虫卵，9~10月已经长为成虫。常用驱虫药为驱蛔灵、肠虫清。

全国高等教育自学考试
学前儿童保育学模拟试卷（二）

（课程代码　30001）

（考试时间：150 分钟）

第Ⅰ部分　选择题（20 分）

一、单项选择题（本大题共 20 小题，每小题 1 分，共 20 分。在每小题列出的四个备选项中只有一个是符合题目要求的，请将其代码填写在题后的括号内，错选、多选或未选均无分。）

1. 下列关于现代保育观的表述错误的是（　　）。

A. 现代保育观念应该是人性化的

B. 现代保育观念应该是动态的、发展的

C. 现代保育观念首先应该是科学的

D. 现代保育观念应该是专一的

2. 下列选项中，不属于《3~6 岁儿童学习与发展指南》中儿童身心健康方面的是（　　）。

A. 情绪安定愉快

B. 具有健康的体态

C. 具有一定的适应能力

D. 具有基本的生活自理能力

3. 下列哪项不属于美国幼儿保育的借鉴？（　　）

A. 理性的教育目标和明确的培养方向

B. 保育机构的多元化

C. 政府主导和立法保障

D. 市场调节

4. 骨的间接连接叫（　　）。

A. 骨膜　　B. 颅骨

C. 关节　　D. 脊椎骨

5. 婴儿有真正意义上的抓握动作大约是在（　　）。

A. 3 个月时　　B. 6 个月时

C. 9 个月时　　D. 12 个月时

6. 下列关于儿童眼睛的表述错误的是（　　）。

A. 8 岁以后眼球发育较快

B. 3 岁前是视觉发育的敏感期

C. 2 岁时能辨认红、黄、蓝、绿等基本颜色

D. 新生儿视力较差

7. 下列属于学前儿童常见的情绪问题的是（　　）。

A. 强迫症　　B. 智力落后

C. 多动症　　D. 孤独症

8. 保教人员在学前儿童如厕时的帮助与指导不正确的是（　　）。

A. 分批组织如厕

B. 观察学前儿童大小便情况

C. 大便完后，保教人员要帮助学前儿童擦屁股

D. 在小班，保教人员要教孩子擦屁股的方法

9. 游戏材料应做到多久消毒一次？（　　）

A. 每天　　B. 1~2 周

C. 2~3 周　　D. 每月

10. 为了使学前儿童具有较强的适应能力，教育者不能做下列哪一方面的工作？（　　）

A. 及时发现学前儿童在新环境中的饮食问题，并采取相应措施

B. 及时发现学前儿童在新环境中的睡眠问题，并采取相应措施

C. 注意观察学前儿童在新环境中的游戏情况，并采取相应措施

D. 要有意识地经常让学前儿童一个人玩

11. 下列关于进餐环节保育要点描述错误的是（　　）。

A. 鼓励学前儿童独立进餐　　B. 鼓励学前儿童加快速度进餐

C. 要求学前儿童细嚼慢咽　　　　D. 及时纠正不正确的就餐姿势

12. 占人体总重量最多的是（　　）。

A. 水　　　　B. 肌肉

C. 脂肪　　　　D. 骨骼

13. 在人体内吸收速度最快的是（　　）。

A. 脂肪　　　　B. 蛋白质

C. 维生素　　　　D. 葡萄糖

14. 下列关于蛋白质的需求说法错误的是（　　）。

A. 学前儿童对蛋白质的需要量最大

B. 男性比女性需要量更多

C. 疾病恢复期需要更多蛋白质

D. 体弱者需要更多蛋白质

15. 消化道传染病传播的主要方式是（　　）。

A. 空气飞沫传播　　　　B. 饮食传播

C. 接触传播　　　　D. 土壤传播

16. 毒蛇咬伤所引起的中毒症状是不一样的，呼吸麻痹是以下哪种毒液所引起的中毒表现？（　　）

A. 血循环毒　　　　B. 神经毒

C. 组织液毒　　　　D. 混合毒

17. 下列选项中关于龋齿的表述错误的是（　　）。

A. 牙齿排列不齐是导致龋齿的一大原因

B. 学前儿童的乳牙患龋齿的概率较低

C. 早期龋齿无明显症状

D. 龋齿影响正确发音

18. 若有小昆虫进入儿童外耳道，以下做法不正确的是（　　）。

A. 向耳内滴白酒

B. 向耳内吹香烟

C. 向耳内滴香油

D. 向耳内滴蜡

19. 一般托幼机构户外活动场地的人均面积为（　　）。

A. 2 平方米　　　　B. 3 平方米

C. 4 平方米　　　　　　　　D. 6 平方米

20. 下列描述不正确的一项是（　　）。

A. 保教人员要对学前儿童进行教育和保育

B. 保育工作是托幼机构教育工作的重要组成部分

C. 掌握保育技能、做好保育工作是保育员的职责，和教师无关

D. 保教结合原则一直是我国学前教育所遵循的一项重要原则

第Ⅱ部分　非选择题（80 分）

二、名词解释题（本大题共 5 小题，每小题 3 分，共 15 分。）

21. 多动症

22. 晨检

23. 蛋白质

24. 弱视

25. 煮沸法

三、**简答题**（本大题共 7 小题，每小题 5 分，共 35 分。）

26. 简述呼吸系统的保育要点。

27. 简述学前儿童的心理健康标志。

28. 简述合理膳食的标准。

29. 简述佝偻病的病因。

30. 简述安全事故发生时的处理措施。

31. 如何做到生活作息的程序化？

32. 简述日常消毒技能的内容。

四、论述题（本大题共 2 小题，每小题 10 分，共 20 分。）

33. 论述学前儿童对能量需求包括的内容。

34. 试述如何应对学前儿童走失。

五、案例分析题（本大题共 1 小题，共 10 分）

35. 一天起床时间，老师发现小燕一直躺在床上，她已经醒了，但就是不肯起床。这时，老师轻轻地走到她床边问："怎么了?" 小燕很小声地说："老师，我流汗了，只湿了一点点。" 看到小燕紧张又有点害羞的样子，老师马上意识到，小燕可能是尿床了，但又不好意思对老师说，真是个聪明的孩子。老师马上轻轻地对她说："没关系的，起来吧，把弄湿了的衣服裤子换了，然后老师帮你把被子晾干就好了，你现在先去小便吧。"

根据以上材料试分析该老师的做法。

全国高等教育自学考试
学前儿童保育学模拟试卷（二）
参考答案

（课程代码 30001）

一、单项选择题

1. D	2. D	3. D	4. C	5. B	6. C	7. A
8. D	9. B	10. D	11. B	12. A	13. D	14. A
15. B	16. B	17. B	18. D	19. B	20. C	

二、名词解释题

21. 答：多动症即多动综合征，是一种常见的儿童行为异常问题，又称为脑功能轻微失调、轻微脑功能障碍综合征、注意缺陷障碍等。

22. 答：晨检是幼儿在踏进班级教室前由托幼机构的保健医生进行的专业检查。

23. 答：蛋白质是一类大分子有机物，由氨基酸组成，包括必需氨基酸和非必需氨基酸。

24. 答：弱视是指视觉系统没有器质性病变（器质性病变即机体某一器官或某一组织发生永久性损伤），在经过矫正后仍达不到正常视力的疾病，它属于视觉系统发育障碍性疾病。

25. 答：煮沸法是指把被消毒物品全部放入水中，加热煮沸，以达到消毒的目的，适用于各种耐热物品、金属器皿和餐具等消毒。

三、简答题

26. 答：（1）保教人员要注意室内的通风换气，保持室内空气新鲜。

（2）保教人员要教会儿童擤鼻涕的正确方法。

（3）教育儿童要爱护好自己的嗓子。

（4）培养儿童良好、健康的生活习惯。

（5）保教人员要教育儿童保持良好的个人卫生习惯。

27. 答：（1）智力符合常态。

（2）情绪稳定而愉快。

（3）意志健全与行为协调。

（4）性格和自我意识良好。

（5）人际交往和谐。

28. 答：（1）多样性。

（2）充分性。

（3）平衡性。

（4）控制热量。

（5）适度性。

29. 答：（1）接触日光不足。

（2）生长过快。

（3）疾病的影响。

（4）饮食不合理。

30. 答：（1）及时救治。

（2）及时与家长沟通。

（3）对外发布客观的信息。

31. 答：（1）要合理安排好各类活动时间。

（2）围绕托幼机构生活作息程序的安排，保育员的工作内容也应相应地规范，根据不同时间和安排进行日常的卫生保育和护理工作。

32. 答：（1）定期对学前儿童活动场所、设施进行消毒。

（2）定期对日常物品、玩具、文具、教具进行消毒。

（3）在保健医生的指导下，配制常用的消毒液，进而尝试独立配制常用的消毒液。

（4）针对常见的传染病选择消毒方法，并进行消毒。

四、论述题

33. 答：（1）基础代谢。基础代谢是维持人体最基本生命活动所必需的能量消耗，即用于维持体温、心跳、呼吸、各组织器官和细胞基本功能等最基本的生命活动的能量消耗。婴幼儿生长发育快，基础代谢高，随年龄的增长其基础代谢率逐渐下降。一般成年人的基础代谢率低于儿童。基础代谢的能量消耗约占总体能量代谢的60%左右。

（2）活动消耗能量。体力活动消耗的能量是构成人体总能量消耗的重要部分。学前儿童的活动与成人的体力活动不同，以游戏、室内学习活动、户外活动等形式为主，每日从事各种活动消耗的能量，主要取决于活动的强度和持续时间。

（3）食物特殊动力作用。它是指人体摄食过程中引起的能量消耗，即在摄食后产生一系列消化、吸收、合成、转化营养素及代谢产物活动的能量消耗。消化蛋白质需要的食物特殊动力作用最大。

（4）生长发育需要消耗能量。婴幼儿、儿童、青少年的生长发育需要的能量，主要包括机体生长发育时形成新的组织需要的能量、新生成的组织进行新陈代谢时所需要的能量。

（5）排泄活动带走少量能量。

34. 答：针对学前儿童走失这一现象，应该以预防为主，但如果发现学前儿童走失，要做到：

（1）不要惊慌失措，要保持镇定。

（2）快速、全面分析走失的原因。根据具体的原因判断走失的大概方向，决定应采取的策略。

（3）立即寻找学前儿童。在园内走失，先在幼儿园里找。如果找不到，马上报告给园领导，发动大家一起找。在园外活动中走失，可按原路返回寻找。如果找不到，应寻求各方帮助。需要注意的是，在寻找时还应保障其他小朋友的安全以防走失更多的学前儿童。

（4）联系家长和附近的派出所，以便尽快找到学前儿童。必要时，要尽快联系家长和警察，寻求他们的帮助，不能因怕承担责任而隐瞒不报，导致错过寻找的最佳时机。

（5）联系家长并道歉，同时吸取教训，不断改进。

五、案例分析题

35. 答：学前儿童年龄小，需要成人的呵护，也需要成人的尊重。保育工作不仅是对学前儿童进行生活上的照顾，还需要理解、尊重他们。保教人员在照顾学前儿童时，不仅要注重学前儿童生理需要的满足，还要注重他们心理需要的满足，要尊重学前儿童。这个案例中，老师发现孩子尿床后并没有点破，她接纳了孩子的说法，同时也发现了孩子的机智之处，保护了孩子的自尊心，并努力为孩子提供一个安全的心理环境，给予了孩子“身心”双方面的关怀。

全国高等教育自学考试
学前儿童保育学模拟试卷（三）

（课程代码　30001）

（考试时间：150 分钟）

第Ⅰ部分　选择题（20 分）

一、单项选择题（本大题共 20 小题，每小题 1 分，共 20 分。在每小题列出的四个备选项中只有一个是符合题目要求的，请将其代码填写在题后的括号内，错选、多选或未选均无分。）

1. 成立于 1938 年，由宋美龄担任理事长的是（　　）。

A. 陕甘宁边区分会第一保育院　　B. 延安保育院

C. 湖北幼稚园　　D. 战时儿童保育会

2. 在儿童生活的环境中，声音达到多少分贝，对幼儿的听力就是一种伤害，且会影响孩子的睡眠？（　　）

A. 40　　B. 45

C. 60　　D. 65

3. 实现动作发展的基本途径是（　　）。

A. 运动　　B. 模仿

C. 学习　　D. 边学边练

4. 下列选项中，不属于日本的学前教育在世界上处于领先地位的原因的是（　　）。

A. 举全国之力发展幼教事业　　B. 保育宗旨和目标具体明确

C. 保育机构的多元化　　D. 极其重视幼儿教师的培养和提高

5. 下列选项中不属于学前儿童心理发育问题的是（　　）。

A. 异食癖　　B. 遗尿症

C. 强迫症　　D. 口吃

6. 下列选项中，不属于患有电视孤独症的表现的是（　　）。

A. 不让看电视会焦虑不安　　B. 性格孤僻

C. 看电视时不让人打扰　　D. 情绪波动不大

7. 脂溶性维生素不包括（　　）。

A. 维生素 A　　B. 维生素 E

C. 维生素 C　　D. 维生素 K

8. 3~6 岁儿童每日钙的推荐供给量为（　　）。

A. 400 毫克　　B. 600 毫克

C. 800 毫克　　D. 1000 毫克

9. 在区域活动开展时，如果活动室较为宽敞，可以开设 6 个左右的区域，每个区域的最佳活动人数是（　　）。

A. 3 人　　B. 3~5 人

C. 5~7 人　　D. 10 人

10. 唐氏综合征会造成孩子（　　）。

A. 呆小症　　B. 巨人症

C. 智力落后　　D. 身体残疾

11. 细菌性食物中毒发病的时间为（　　）。

A. 0.5 小时至 24 小时　　B. 0.5 小时至 14 小时

C. 2 小时至 48 小时　　D. 2 小时至 5 小时

12. 下列关于托幼机构膳食平衡的要求说法错误的是（　　）。

A. 在蔬菜搭配中，绿色、红色、黄色蔬菜应该多选用

B. 多样、平衡、适量进行搭配膳食

C. 在做饭、煮粥和制作面食时不要加碱

D. 用小火慢炖，蔬菜中营养素损失就较少

13. 呼吸道传染病主要的传播途径是（　　）。

A. 空气飞沫传播

B. 虫媒传播

C. 饮食传播

D. 接触传播

14. 流行性乙型肝炎的潜伏期为（ ）。

A. 1个月　　B. 2~6个月

C. 5~15天　　D. 2~3周

15. 最好的补水方式是（ ）。

A. 喝白开水　　B. 喝粥

C. 喝饮料　　D. 喝汤

16. 下列活动场所中不符合安全要求的是（ ）。

A. 楼梯为学前儿童设扶手

B. 宜用上下床

C. 不宜装置易碎玻璃门、弹簧门

D. 建筑用房不宜过高，四层以下最好

17.《城市幼儿园建筑面积定额（试行）》中规定，绿化用地每生不小于（ ）。

A. 1平方米　　B. 2平方米

C. 4平方米　　D. 6平方米

18. 下列关于狗咬伤的急救措施，错误的是（ ）。

A. 立即冲洗伤口

B. 冲洗后用98%的酒精对伤口进行消毒

C. 冲洗后用双氧水对伤口进行消毒

D. 注射免疫血清和狂犬疫苗

19. 在阳光下曝晒多少小时可将附着在物品上的病原体（如流感、百日咳、流脑、麻疹等病原体）杀死（ ）。

A. 2~3小时　　B. 3~4小时

C. 3~5小时　　D. 3~6小时

20. 下列关于幼儿园活动室、寝室清洁频率的表述不正确的是（ ）。

A. 桌椅每天应清洁若干次　　B. 灯具每周至少应清洁1~2次

C. 地板每天应清洁一次　　D. 床单至少每月清洗一次

第Ⅱ部分 非选择题（80 分）

二、名词解释题（本大题共 5 小题，每小题 3 分，共 15 分。）

21. 学前儿童保育学

22. 疾病

23. 预防接种

24. 恢复期

25. 班级保育中的家园沟通

三、简答题（本大题共 7 小题，每小题 5 分，共 35 分。）

26. 简述孩子不同心理发展阶段的特殊需求。

27. 简述晨间接待的意义。

28. 简述蛋白质的功能。

29. 简述缺铁性贫血的预防与护理。

30. 简述骨折的急救措施。

31. 简述班级保育中的家园沟通的主要特点。

32. 常用的消毒方法有哪些？

四、论述题（本大题共2小题，每小题10分，共20分。）

33. 试述教育活动中保育的意义。

34. 试述学前儿童饮食行为习惯培养。

五、案例分析题（本大题共1小题，共10分。）

35. 幼儿园小朋友花花，生性活泼好动，四岁以后表现更加明显，一会儿摸爸爸的鼻子、一会儿扯妈妈的帽子、一会儿抓爷爷的胡子，从来不懂得收拾玩具，在幼儿园老师组织活动时很少认真听并回答问题，做任何事情都无法控制自己。

根据以上材料分析：

（1）花花有什么问题？

（2）保育老师如何对她进行心理保育？

全国高等教育自学考试
学前儿童保育学模拟试卷（三）
参考答案

（课程代码　30001）

一、单项选择题

1. D	2. C	3. A	4. C	5. C	6. D	7. C
8. C	9. C	10. C	11. A	12. D	13. A	14. C
15. A	16. B	17. B	18. B	19. C	20. D	

二、名词解释题

21. 答：学前儿童保育学是以学前儿童保育实践活动中的具体现象作为研究对象，发现并探讨学前儿童保育活动开展的基本规律，从而提高学前儿童保育工作实践的科学性的一门学科。

22. 答：疾病是指由于某些原因使得人体正常形态与功能发生偏离的一种状态。

23. 答：预防接种是指用人工的方法使人体提高对某种传染病的免疫能力，是为了控制和最后达到消灭传染病的目的，以保护儿童身体健康的重要措施。

24 答：恢复期即病原体在患者体内完全或基本消灭，传染病的特有症状逐渐消失，生理功能和组织损伤逐渐恢复的时期。

25. 答：班级保育中的家园沟通主要是指保教人员或幼儿家长针对孩子在园、在家的行为表现进行信息互通，促进孩子的健康成长。

三、简答题

26. 答：(1) 婴幼儿期要建立富有安全感的亲子依恋关系。

(2) 正确认识孩子的自我意识发展。

(3) 把握不同年龄段的心理保育重点。

27. 答：晨间接待对学前儿童、家长的影响是非常大的。它不仅是学前儿童一日愉悦情绪的开始，也是师生个别化互动以及对学前儿童进行礼貌教育、健康教育、行为习惯培养的有效途径，更是建立良好家园关系的宝贵契机。良好的晨间接待能够了解学前儿童的情况、排除事故隐患，进而维护学前儿童的健康和安全，还能增加家庭和幼儿园的沟通、促进托幼机构保教质量的提高。

28. 答：(1) 构成机体的材料，更新、修复组织。

(2) 合成免疫物质，增强机体抵抗力。

(3) 合成酶、激素和其他化合物，调节生理机能。

(4) 供给热量。

(5) 运输营养物质。

29. 答：(1) 注意孕母的营养，多吃含铁丰富的食物。

(2) 提倡母乳喂养，合理添加辅食。

(3) 合理安排学前儿童饮食，培养良好的饮食习惯，养成不偏食、不挑食的习惯。

(4) 早产儿、双胞胎儿应补充铁剂。

(5) 及时治疗各种肠道疾病和寄生虫病。

(6) 合理安排患儿的休息和活动，以不感到疲劳为宜。

30. 答：(1) 简要观察伤口和全身情况，注意伤口是否出血，有无昏迷、休克现象，呼吸道是否阻塞等。

(2) 防止休克。

(3) 止血、包扎、止疼。

(4) 就地固定。

(5) 请求救助，及时送医。

31. 答：(1) 沟通的主体是孩子的主要教育者。

(2) 沟通的内容具有针对性。

(3) 沟通的方式多样化。

32. 答：

（1）天然消毒法。

（2）消毒灯消毒法。

（3）煮沸法。

（4）蒸汽消毒法。

（5）化学消毒法。

四、论述题

33. 答：保教并重是学前教育的基本原则，在教育活动中注重对学前儿童的保育是非常重要且必要的。在教育活动中对学前儿童进行保育，可增加学前儿童对自身和环境的认识，促进学前儿童社会性和独立性的发展，提高学前儿童的社会适应能力，同时在教育中潜移默化地培养学前儿童良好的个性心理品质、学习品质和行为习惯，促进学前儿童自我服务能力、自我保护意识及能力的提高。教育活动的开展是托幼机构教学的主要途径，保教人员在教育活动中的积极配合能使学前儿童教育活动的准备更充分、内容更丰富，从而使保教工作相互渗透、自然融合。教育活动开展时，教师工作面向全体要求较多，保育员要承担起指导个别特殊儿童的工作，使保教工作能顺利地、高质量地开展。因此，在学前儿童教育活动开展的整个过程中，更需要全体保教人员积极有效的配合。

在教育活动中做好保育工作，对提高托幼机构的教育质量有着深远的意义。学前儿童的成长离不开保育工作，保育工作规范化、标准化、科学化是托幼机构保教质量的重要标志。保教质量是托幼机构办园水平的直接体现，科学合理的保育工作是托幼机构最基本的保育要求。

34. 答：（1）建立合理的饮食制度，培养儿童认真吃正餐的习惯。要保证学前儿童一日三次正餐，上下午各加餐一次。各餐的热量分配要均衡。对食量小的儿童要减少零食的供给，零食、正餐若分配不当，将影响儿童的消化吸收功能和进餐的食欲。在儿童吃好正餐的前提下才能满足他们的零食要求，否则，就要限制零食的供给。

（2）学前儿童饮食要定时定点定量。进餐定时主要是指依据学前儿童的消化特点和对不同种类食物的排空时间，按时为儿童提供餐点。要培养儿童在座位上安静进餐的习惯，不能听凭孩子边走边吃或边看电视边吃饭。尤其要防止儿童在遇到爱吃的食物时吃得过饱，遇到不爱吃的食物又吃得过少，以致饥饱不均，造成胃肠道消化功能紊乱。

（3）要细嚼慢咽，不要狼吞虎咽。要教育儿童养成细嚼慢咽的好习惯，不要给儿童吃汤泡饭、水泡饭。

（4）要培养儿童养成饮食多样化，不挑食、不偏食的习惯。儿童若从小养成尝试各种食物的习惯则不易偏食。由于学前儿童“易受暗示”和“模仿性”的特点，成人在饮食上的习惯和言行对幼儿有很大影响。成人在饮食方面要为学前儿童树立好的榜样。

（5）注意饮食卫生，讲究进餐礼仪。要求学前儿童进餐前做好准备，餐前洗手，帮助擦桌子、摆碗筷。咀嚼、喝汤时不发出大的声响，不在饭菜中挑挑拣拣，不浪费食物。吃饭时不大声说话、不玩闹，不把自己不喜欢的食物放在其他小朋友的碗里。餐后要将自己的碗筷放在规定的地方，并提示他们擦嘴、漱口、洗手。

（6）鼓励学前儿童独立进餐，不催促他们进餐，提醒他们在用餐时间内吃完自己的食物，指导他们正确使用餐具并保持桌面的清洁。把儿童在进餐中存在的问题告诉家长，取得家长的配合，给家长一些具体的建议，共同指导儿童的用餐行为，巩固儿童良好的饮食行为习惯。

五、案例分析题

35. 答：（1）花花应患有多动症。

（2）保育老师应持续地关注花花。多动症可能是由脑部感染引起，需要有效控制感染源并增加营养，同时加强中枢神经系统的刺激训练。多动症还可能由不良心理社会环境引起，需要找出环境中的有害刺激并消除负面影响。

全国高等教育自学考试
学前儿童保育学模拟试卷（四）

（课程代码　30001）

（考试时间：150 分钟）

第Ⅰ部分　选择题（20 分）

一、单项选择题（本大题共 20 小题，每小题 1 分，共 20 分。在每小题列出的四个备选项中只有一个是符合题目要求的，请将其代码填写在题后的括号内，错选、多选或未选均无分。）

1. 下列关于健康的理解正确的是（　　）。

A. 身体、心理和社会适应方面的良好状态

B. 不虚弱

C. BMI 值正常

D. 不生病

2. 下列选项中，不属于学前儿童保育的内容是（　　）。

A. 为学前儿童建立科学、合理的生活制度

B. 培养学前儿童良好的生活习惯和卫生习惯

C. 安全保障和安全教育

D. 为学前儿童提供医疗服务

3. 足弓的作用不包括（　　）。

A. 增加人站立的稳定性　　B. 保护脚底的神经和血管

C. 保护脚底的穴位　　D. 减少地面对身体的冲击力

4. 保教人员在学前儿童午睡起床后的整理交接工作不包括（　　）。

A. 督促每一位学前儿童吃点零食以补充能量

B. 给女孩梳头

C. 在学前儿童全部穿好衣服并离开寝室后，保教人员要开窗通风

D. 详细告知教师当日学前儿童的午睡情况

5. 下列关于不同年龄段的心理保育重点的说法错误的是（　　）。

A. 对于初入园孩子的分离焦虑要科学应对

B. 对于中班攻击性行为要合理评价和引导

C. 大班要注意幼小衔接阶段的心理保育

D. 大班要注意告状行为的心理保育

6. 3 岁内的学前儿童单次饮水量一般不要超过（　　）。

A. 50ml　　B. 100ml

C. 150ml　　D. 200ml

7. 下列不属于消化系统的保育要点的是（　　）。

A. 至少要在进餐前半个小时吃零食　　B. 不要吃汤泡饭

C. 饭前饭后不做剧烈运动　　D. 餐前不可责罚儿童

8. 人体最主要、最经济、最合理的热量来源是（　　）。

A. 蛋白质　　B. 碳水化合物

C. 矿物质　　D. 脂肪

9. 怀孕前 3 个月内缺乏下列哪种维生素可导致胎儿神经管发育缺陷？（　　）

A. 铁　　B. 镁

C. 叶酸　　D. 钙

10. 下列关于学前儿童特殊膳食需要，表述正确的是（　　）。

A. 普食不适用于疾病恢复期的儿童

B. 软食适用于有消化道疾病的儿童

C. 半流质饮食适用于刚退烧不久、尚有轻微低热的儿童

D. 流质饮食适用于有急性消化道炎症发高烧的儿童

11. 下列关于肺炎的表述错误的是（　　）。

A. 多发于秋冬季

B. 学前儿童所患肺炎多为支气管肺炎

C. 患有佝偻病或感染麻疹、百日咳的学前儿童易发生肺炎

D. 是由细菌、病毒或某些疾病引起的肺部炎症

12. 流行性乙型脑炎的主要传染源是（　　）。

A. 人　　B. 蚊虫

C. 猪　　D. 狗

13. 下列关于狂犬病的说法错误的是（　　）。

A. 死亡率为 100%　　B. 属于人畜共患的传染病

C. 潜伏期为 3 个月　　D. 又称恐水病

14. 为预防龋齿需要定期进行口腔检查，学前儿童至少应多久检查一次？（　　）

A. 一个月　　B. 三个月

C. 半年　　D. 一年

15. 下列关于水痘的说法错误的是（　　）。

A. 主要传播途径为空气飞沫、接触、母婴传播

B. 多发生于冬春两季

C. 易感者接触后 80% 发病

D. 病后终身免疫

16. 眼睛受化学伤害后，冲洗时间应不少于（　　）。

A. 5 分钟　　B. 10 分钟

C. 15 分钟　　D. 20 分钟

17. 初步学会穿脱衣服、整理衣服是对哪个阶段学前儿童的要求？（　　）

A. 小班　　B. 中班

C. 大班　　D. 学前班

18. 托幼机构学前儿童使用的被褥至少应多久清洗一次？（　　）

A. 每周　　B. 半个月

C. 每个月　　D. 两个月

19. 杀死甲型或乙型肝炎病毒需要煮沸的时间为（　　）。

A. 1～2 分钟　　B. 30 分钟

C. 一个小时　　D. 两个小时

20. 肠道传染病病人的粪便可用石灰乳剂（10%～20% 浓度）进行消毒，消毒时间为（　　）。

A. 一个小时　　B. 两个小时

C. 三个小时　　D. 四个小时

第Ⅱ部分　非选择题（80分）

二、名词解释题（本大题共5小题，每小题3分，共15分。）

21. 始动调节

22. 孤独症

23. 碳水化合物

24. 免疫性

25. 外伤性骨折

三、简答题（本大题共 7 小题，每小题 5 分，共 35 分。）

26. 简述学前儿童保育的作用。

27. 简述如何给孩子创设充满童趣的游戏环境。

28. 简述矿物质铁对人体的作用。

29. 简述肥胖症的预防及护理。

30. 简述学前儿童安全保障的重要性。

31. 简述对保教人员的安全教育要达到的目的。

32. 简述托幼机构保育技能的重要性。

四、论述题（本大题共2小题，每小题10分，共20分。）

33. 试述环境因素对学前儿童身体发育的影响。

34. 试述小、中、大班保育工作的重点。

五、案例分析题（本大题共 1 小题，共 10 分。）

35. 2008 年 5 月 12 日，汶川发生震惊全球的八级大地震，在所有 4 624 万受灾人口中，中小学生、幼儿园学生的伤亡数量特别多。

问：幼儿园在遇到地震时应做哪些应急措施？

全国高等教育自学考试
学前儿童保育学模拟试卷（四）
参考答案

（课程代码　30001）

一、单项选择题

1. A	2. D	3. C	4. A	5. D	6. B	7. A
8. B	9. C	10. D	11. A	12. C	13. C	14. C
15. C	16. D	17. B	18. C	19. B	20. D	

二、名词解释题

21. 答：始动调节是指某项活动开始时，大脑皮质工作能力较低，然后逐步提高这一现象。

22. 答：孤独症即自闭症，是一类以严重孤独、缺乏情感反应、语言发育障碍、刻板重复动作和对环境缺乏反应为特征的疾病，在心理学上也称为综合性精神发育障碍。

23. 答：碳水化合物又称为糖，主要来源于植物。糖类有甜味，是人们容易接受的一类物质。

24. 答：免疫性是指传染病痊愈后，人体对同一种传染病病原体产生不感受性。

25. 答：外伤性骨折是指因外力因素而使骨骼的完整性或连续性遭到破坏。

三、简答题

26. 答：首先，保育为学前儿童的生存与发展提供了必要的条件和有效的保障。

其次，保育是对学前儿童饮食起居全方位的照顾，也是对他们独立生活能力的培养。

最后，幼儿园是学前儿童接触社会、进入集体生活的第一个主要场所，保育的一部分职责就是帮助他们融入这个社会。

总之，保育工作是琐碎、具体而又平凡的，但它对学前儿童的作用是十分重要的，对他们的影响是持久而深远的。

27. 答：（1）环境要为孩子所喜欢，环境中提供的材料要能够满足他们的好奇心，能够激发他们的探索、操作欲望，环境的色彩主调要干净、明朗，一般以红、黄、蓝三原色为主。

（2）学前儿童的游戏环境要符合其年龄特征，避免成人化。

（3）充满童趣的游戏环境要杜绝庸俗电视节目或电子游戏的污染，尤其要避免暴力打斗内容。

28. 答：（1）促进生长发育。

（2）增强对疾病的抵抗力，保证机体的活动能力。

（3）预防疲劳。

（4）预防贫血。

（5）使视力的清晰度提高，减少白内障的发病率。

（6）使皮肤恢复良好血色。

（7）预防寒冷。

29. 答：（1）适当的运动量。

（2）注意饮食结构。

（3）解除心理负担。

（4）定期进行体重监测。

（5）不可乱用药物。

30. 答：（1）学前儿童身心健康成长需要安全保障。

（2）家庭幸福需要保障学前儿童安全。

（3）提高办园质量需要安全保障。

31. 答：（1）增强保教人员的安全意识。

（2）增加保教人员的安全知识。

（3）提高保教人员的安全事故急救能力。

32. 答：（1）学前儿童身心发展的需要。

（2）保教人员专业化的需要。

（3）高质量的托幼机构的需要。

四、论述题

33. 答：身体发育不是孤立自发的过程，环境因素决定着身体发育的现实性。影响学前儿童身体发育的环境因素主要包括以下几个方面。

（1）营养因素。营养是保证学前儿童身体发育的物质基础。营养素缺乏或不合理的膳食不仅会影响儿童身体发育，而且会导致各种营养缺乏症。

（2）疾病因素。急慢性疾病对儿童身体发育都可能发生直接、间接、潜在的影响，影响程度取决于病变涉及的部位、病程的长短和疾病的严重程度。长期慢性疾病均可能影响儿童的身体发育。

（3）生活制度。合理安排生活作息制度，做到有规律、有节奏地安排一日生活，保证学前儿童进餐、睡眠、户外活动、学习活动的合理安排，对促进他们的生长发育有良好的作用。

（4）医疗卫生服务因素。能否为学前儿童提供较高水平的医疗保健服务，影响着他们的生长发育水平和健康状况。医疗保健网络是否健全、分布是否合理、医务人员的专业水平和责任心高低、卫生经费是否充足等方面的问题都是影响儿童健康的重要因素。

（5）其他环境因素。包括自然环境因素，如区域、气候、季节、空气污染、水污染、土壤污染、食品污染等；社会环境因素，如政治、社会经济关系、伦理道德、宗教信仰、文化变迁、民间习俗、社会福利保障、医疗卫生条件、教育、人际关系等。

34. 答：（1）小班保育工作的重点。了解盥洗的顺序，初步掌握洗手、刷牙的基本方法；学习穿脱衣服；会使用手帕或纸巾；养成坐、站、行、睡的正确姿势；能及时排便；有良好的作息习惯。进食时保持愉快的情绪，愿意独立进食；认识最常见的食物，爱吃各种食物，主动饮水。了解身体的外形结构，认识并学习保护五官；能积极配合疾病预防与治疗。知道过马路、乘坐交通工具、玩大型运动器械时要注意安全，了解日常生活中的安全常识。知道自己的性别。

（2）中班保育工作的重点。初步学会穿脱衣服、整理衣服；学习整理活动用具，能保持玩具清洁；有初步的生活自理能力。结合品尝经验，进一步认识各类常见食物，爱吃各类食物的同时，懂得要科学合理地进食，逐步形成良好的饮食习惯。进一步认识身体的主要器官，逐步形成接受疾病预防与治疗的积极态度和行为；在成人帮助下学习处理常见外伤的最简单的方法，知道快乐有益于健康。认识有关安全标志，能够在成人提醒下遵守交通规则；不接触危险物品；遇到危险时能告诉成人，有初步的自我保护意识。愿与父母分床而眠。

（3）大班保育工作的重点。保持个人卫生，关心周围环境的卫生；进一步提高独立生活能力，初步养成良好的学习习惯。初步理解不同的食物有不同的营养，身体需要各种营养；会使用筷子；进一步养成独立进餐的习惯。进一步认识身体的主要器官及重要功能并懂得简单的保护方法；了解有关预防龋齿及换牙的知识；注意用眼卫生。初步了解应付意外事故（如火灾、雷击、地震、台风等）的常识，具有粗浅的求生技能。知道男女厕所，初步具有性别角色意识。

五、案例分析题

35. 答：（1）较好的应急方法是震时就近躲避，震后迅速撤离到安全的地方。

（2）地震时，保教人员应该沉着冷静，组织幼儿就近躲避，切勿让学前儿童到处乱跑或跳楼。如果在户外活动，让学前儿童保护好头部，避开危险之处。如果此时师幼正在活动室内开展活动，应迅速指挥学前儿童抱头、闭眼、蹲到坚实的课桌下、小床下、讲台旁，或者躲避在跨度小、刚度强、开间小的室内，如厨房、卫生间等处。

（3）地震一旦停止，应组织幼儿快速、有序地沿安全通道撤离到空旷、安全的地方。撤离时要注意：让学前儿童保护头部，可让学前儿童用枕头等软物将头部护住，以免被碎玻璃、屋顶上的砖瓦、广告牌等砸伤；切勿靠近水泥预制板墙、门柱等，谨防其倒塌。

（4）如果被埋在废墟下，要想办法进行自救。自己不能惊慌，应有生存的信心，相信会有人来救自己。同时，还要安抚学前儿童的情绪，让他们不要哭喊、大叫，因为这样只会消耗体力。保持呼吸道畅通，挪开头上、胸上的杂物，若受伤流血，还应想办法包扎止血。发出求救信号，如用石块敲击能发出声响的物体，以寻求救援人员的帮助。

第三编
近年自考试题选登

2014年10月全国高等教育自学考试
学前儿童保育学试卷

（课程代码　30001）

第Ⅰ部分　选择题（20分）

一、单项选择题（本大题共20小题，每小题1分，共20分）

在每小题列出的四个各选项中只有一个是符合题目要求的，请将其选出并将“答题卡”的相应代码涂黑。未涂、错涂或多涂均无分。

1. 现代保育的首要任务是保障学前儿童的（　　）。

A. 心理健康　　B. 身体健康

C. 情绪健康　　D. 认知健康

2. 学前儿童的保育主要是针对（　　）。

A. 0~1岁儿童　　B. 0~3岁儿童

C. 0~6岁儿童　　D. 3~6岁儿童

3. 人体生理功能的主要调节机构是（　　）。

A. 循环系统　　B. 内分泌系统

C. 神经系统　　D. 生殖系统

4. 多动症又称（　　）。

A. 认知缺陷障碍　　B. 情绪缺陷障碍

C. 思维缺陷障碍　　D. 注意缺陷障碍

5. 下面属于学前儿童常见的情绪问题的是（　　）。

A. 强迫症　　B. 多动症

C. 孤独症　　D. 智力落后

6. 对幼儿睡眠活动的保育要求是（　　）。

A. 及时纠正吸吮手指等不良习惯　　B. 保证光线明亮

C. 可以趴着睡　　D. 保温不开窗

7. 关于幼儿进餐的保育要点的描述，不正确的是（　　）。

A. 进餐的环境应安静、清洁

B. 提醒幼儿细嚼慢咽

C. 及时纠正用左手拿筷子或勺子的幼儿

D. 不允许幼儿汤泡饭

8. 儿童在出生时的正常身长约为（　　）。

A. 30 厘米　　B. 40 厘米

C. 50 厘米　　D. 60 厘米

9. 以下哪类蛋白质成分是人体不能合成而必须从食物中获取的？（　　）

A. 必需氨基酸　　B. 酶

C. 激素　　D. 非必需氨基酸

10. 以下哪个选项中的饱和脂肪酸含量最高，不宜长期食用？（　　）

A. 橄榄油　　B. 植物油

C. 动物性油　　D. 调和油

11. 现代营养学认为，学前儿童身体健康的重要保证是（　　）。

A. 酸碱平衡　　B. 体重稳定

C. 五谷有节　　D. 平衡膳食

12. 下列对幼儿腹泻的护理，不正确的是（　　）。

A. 口服补液盐，预防脱水　　B. 禁食

C. 腹部保暖　　D. 温水洗屁股

13. 下列属于虫媒传播的疾病是（　　）。

A. 百日咳　　B. 乙型肝炎

C. 痢疾　　D. 乙型脑炎

14. 肺炎是小儿常见病，多发于（　　）。

A. 春秋季　　B. 冬春季

C. 冬秋季　　D. 春夏季

15. 当儿童出现面色潮红、心率快、大量出汗、体温升高，很有可能是（　　）。

A. 冻伤　　B. 中暑

C. 抽风　　D. 哮喘

16. 若有小昆虫进入儿童外耳道，以下做法不正确的是（　　）。

A. 向耳内吹香烟　　B. 向耳内滴香油

C. 向耳内滴白酒　　D. 向耳内滴蜡

17. 毒蛇咬伤后所引起的中毒症状是不一样的，呼吸麻痹是以下哪个选项的中毒表现？（　　）

A. 血循环毒　　B. 神经毒

C. 组织液毒　　D. 混合毒

18. 煤气中毒主要是指以下哪种化学物质中毒？（　　）

A. 一氧化碳　　B. 天然气

C. 液化气　　D. 沼气

19. 保教人员的职责不包括保证本班的哪项卫生？（　　）

A. 房舍　　B. 设备

C. 幼儿　　D. 环境

20. 下列哪一选项一直是我国学前教育所遵循的重要原则？（　　）

A. 保教结合　　B. 全面发展

C. 安全第一　　D. 生活管理

二、名词解释（本大题共5小题，每小题3分，共15分）

21. 保育

22. 肥胖症

23. 烧（烫）伤

24. 生活作息程序化

25. 蛋白质的互补作用

三、简答题（本大题共7小题，每小5分，共35分）

26. 学前儿童保育观念的更新和发展应体现在哪些方面?

27. 如厕环节的保育可以从哪些方面着手?

28. 简述佝偻病的病因。

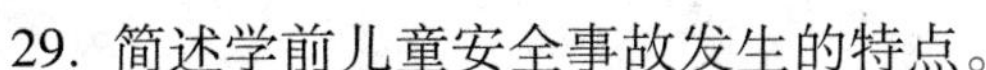

29. 简述学前儿童安全事故发生的特点。

30. 学前儿童合理膳食的标准是什么?

31. 简述晨间与离园班级保育管理的常规。

32. 室外教育活动保育技能的操作要求有哪些?

四、论述题（本大题共2小题，每小题10分，共20分）

33. 试述环境因素对学前儿童身体发育的影响。

34. 试述不同年龄班游戏活动的保育要求。

五、案例分析题（10 分）

35. 朵朵 3 岁，是小班的孩子，刚刚入园一周。每天早上入园后父母离开时，朵朵总是大哭大叫，无所适从，只有老师抱在怀里才能逐渐使她安静下来，而且朵朵一整天都紧跟在老师身边，手里拿着妈妈的衣服，喋喋不休地唠叨着妈妈什么时候来接她回家。

根据以上材料分析：

（1）朵朵出现了什么问题？试分析其原目。

（2）如果你是朵朵的老师，你会采取什么措施帮助朵朵？

2014年10月全国高等教育自学考试
学前儿童保育学试卷
参考答案

（课程代码　30001）

一、单项选择题（本大题共20小题，每小题1分，共20分）

1. B	2. C	3. C	4. D	5. A	6. A	7. C
8. C	9. A	10. C	11. D	12. B	13. D	14. B
15. B	16. D	17. B	18. A	19. C	20. A	

二、名词解释（本大题共5小题，每小题3分，共15分）

21. 答：保育一般是指成人对儿童的保护和养育。

22. 答：肥胖症是一种热能代谢障碍，是指因长期能量摄入超过消耗，导致体内脂肪积聚过多而造成的疾病。

23. 答：烧（烫）伤是指高温（热水、蒸汽、火焰等）、电以及化学物质作用于人体而造成的特殊性损伤，是一种常见的学前儿童安全事故。

24. 答：生活作息程序化主要是指按照时间顺序，对孩子从早上入园到下午离园的一天的所有生活和活动内容做出安排，以形成相对固定的环节与内容程序。

25. 答：对于一些吸收利用率较低的蛋白质，可以通过多种食物的混合食用，相互取长补短来提高蛋白质的营养价值，这种作用称为蛋白质的互补作用。

三、简答题（本大题共7小题，每小5分，共35分）

26. 答：（1）现代保育观念首先应该是科学的。

（2）现代保育观念应该是人性化的。

（3）现代保育观念应该是动态的、发展的。

（4）现代保育观念应该是综合的、全面的。

27. 答：（1）如厕前的准备工作。

（2）教会学前儿童如厕的正确方法。

（3）如厕时的帮助与指导。

（4）如厕后的清洁与整理工作。

（5）其他应注意的问题。

28. 答：（1）接触日光不足。人体所需要的维生素 D 的来源有两种，一种是从食物中摄取，另一种是由皮肤接受紫外线照射后产生。如果学前儿童接触日光不足或未能接受足够的紫外线照射，那么就易缺乏维生素 D，从而导致佝偻病。

（2）生长过快。早产儿、低体重儿、双胞胎出生后生长速度较快，对维生素 D 的需求较多，易患佝偻病。

（3）疾病的影响。某些疾病，如慢性呼吸道感染、胃肠道疾病等会影响学前儿童对维生素 D 和钙、磷的吸收利用，从而导致佝偻病的发生。

（4）饮食不合理。若食物中的钙、磷含量不足或比倒不当，也不利于学前儿童对钙、磷的吸收利用，易患此病。

29. 答：（1）突然性。

（2）原因的复杂性。

（3）场所的多样性。

（4）性别差异性。

30. 答：（1）多样性。

（2）充分性。

（3）平衡性。

（4）控制热量。

（5）适度性。

31. 答：（1）高高兴兴入园，主动向周围的人问好，愉快接受晨检，按号数插好自己的晨检牌。

（2）不带危险品、零食入园。将自己的物品放在指定的地方。先入园的小朋友帮助排好桌椅、玩具，整理活动室。

（3）离园前带好自己的物品，自觉整理好自己的仪表，把自己的小椅子轻轻地搬到桌上。不跟陌生人走，主动跟保教人员和同伴道别。

32. 答：（1）做好室外活动的准备工作和活动结束的整理工作。

（2）根据户外温度和活动量的变化随时提醒学前儿童增减衣服。

（3）照顾体弱儿童。

（4）照顾肥胖儿童。

四、论述题（本大题共2小题，每小题10分，共20分）

33. 答：身体发育不是孤立自发的过程，环境因素决定身体发育的现实性。影响学前儿童身体发育的环境因素主要包括以下几个方面。

（1）营养因素。营养是保证学前儿童身体发育的物质基础。营养素缺乏或不合理的膳食不仅会影响身体发育，而且会导致各种营养缺乏症。

（2）疾病因素。急慢性疾病对儿童身体发育都可能发生直接、间接、潜在的影响，影响程度取决于病变涉及的部位、病程的长短和疾病的严重程度。长期慢性疾病均可能影响儿童的身体发育。

（3）生活制度。合理安排生活作息制度，做到有规律、有节奏地安排一日生活，保证学前儿童进餐、睡眠、户外活动、学习活动的合理安排，对促进他们的生长发育有良好的作用。

（4）医疗卫生服务因素。能否为学前儿童提供较高水平的医疗保健服务，影响着他们的生长发育水平和健康状况。医疗保健网络是否健全、分布是否合理、医务人员的专业水平和责任心高低、卫生经费是否充足等方面的问题都是影响儿童健康的重要因素。

（5）其他环境因素。包括自然环境因素，如区域因素、气候因素、季节因素、空气污染、水污染、土壤污染和食品污染等；以及社会环境因素，如政治、社会经济关系、伦理道德、宗教信仰、文化变迁、民间习俗、社会福利保障、医疗卫生条件、教育、人际关系等。

34. 答：（1）小班学前儿童。

大多处于独自游戏、平行游戏时期，矛盾的焦点集中在学前儿童与物品的冲突上。因此小班学前儿童游戏时，教师的观察重点应放在观察学前儿童使用物品的情况上。

①教师在指导时，可通过重复操作、适当提醒等方式帮助他们将游戏继续开展下去，同时引导小班学前儿童相互之间的交往，促进其交往能力的提高。

②教师还要根据学前儿童的生活经验为他们提供充足的玩具，避免争抢玩具

的情况发生，满足他们平行游戏的需要。

③教师还要把握好介入游戏的时机与方式，在与学前儿童游戏的过程中达到指导的目的。

④最后，还要注重规则意识的培养，让学前儿童在游戏中逐步学会独立，并能遵守游戏的活动常规。

（2）中班学前儿童。

大多处于联合游戏阶段，但交往技能较欠缺。他们时常与同伴发生纠纷，教师需要抓住游戏中的每一个教育契机，适时地加以引导教育。在指导中班学前儿童进行游戏时，教师要重点观察学前儿童之间的交往情况。

①鼓励他们根据自己的生活经验进行游戏。

②仔细分析学前儿童游戏的情节及发生纠纷的原因，把握时机用适当的方式介入，帮助他们进一步与同伴交往，学会在游戏中自己解决问题。

③游戏结束后，通过讲评游戏、交流与分享等方式引导学前儿童分享游戏的经验，进一步丰富游戏的主题和内容。

（3）大班学前儿童。

大多处于合作游戏阶段。游戏时，教师要重点观察学前儿童在游戏中运用已有经验进行创新的情况和同伴间相互交往、合作、解决矛盾的情况。

①教师在指导大班学前儿童进行游戏时，要注重培养学前儿童的独立性，鼓励他们在游戏中有自己独特的想法，并付诸实践。

②在讲评与交流分享环节，让他们充分讨论、拓展思路，不断提高他们的游戏水平。

在指导游戏时，教师要有正确的游戏观、儿童观。要正确处理好学前儿童游戏中的主客体关系，明确学前儿童是游戏的主体，不能指挥或代替学前儿童去游戏。教师也不能对学前儿童的游戏放任自流，不关心学前儿童的游戏过程，只关注学前儿童是否遵守秩序，对学前儿童具体是怎么游戏的不闻不问。在指导游戏时，教师要注意避免以上情况的发生。

五、案例分析题（10 分）

35. 答：（1）朵朵出现了分离焦虑。新入园的孩子一般都会对自己熟悉的家庭环境和陌生的幼儿园环境进行比较，强烈的情绪反应在所难免，甚至每次上学都号啕大哭。

（2）宽容、接纳、理解朵朵的情绪反应，着重从积极情绪的培养入手，尽快让朵朵从老师和同伴中获得安全感。要用爱心和细心让朵朵感受到，在幼儿园的老师和小朋友都很爱她。要尽快建立班级的生活常规和教育常规，让朵朵知道在不同的环节中要做什么，这是适应集体生活的必要前提，有意识地创造一些能发挥朵朵特长和优势的机会，让她直接从幼儿园活动中获得成就感从而得到开心的体验。总之，科学应对分离焦虑的一个有效策略就是“淡化消极、强化积极”。

2017年10月全国高等教育自学考试
学前儿童保育学试卷

（课程代码　30001）

第Ⅰ部分　选择题（20分）

一、单项选择题（本大题共20小题，每小题1分，共20分。在每小题列出的四个备选项中只有一个是符合题目要求的，请将其代码填写在题后的括号内。错选、多选或未选均无分。）

1. 学前儿童保育中的"育"即教育儿童使之获得相应的生活自理技能和（　　）。

A. 社会适应技能　　B. 情绪调节技能

C. 行为自控技能　　D. 安全自护技能

2. 周围神经系统包括自主神经、脊神经和（　　）。

A. 中枢神经　　B. 脑神经

C. 传入神经　　D. 传出神经

3. 影响学前儿童身体发育的环境因素是（　　）。

A. 身高　　B. 体重

C. 体形　　D. 营养

4. 口吃行为的高发时期是（　　）。

A. 婴儿期　　B. 学前期

C. 学龄期　　D. 少年期

5. 智商在25~40的儿童属于（　　）。

A. 一级智力残疾　　B. 二级智力残疾

C. 三级智力残疾　　D. 四级智力残疾

6. 保教人员有目的、有计划地组织全体学前儿童参加的教育活动，是托幼机构中的（　　）。

A. 游戏活动　　B. 区域活动

C. 户外活动　　D. 集中教育活动

7. 学前儿童每日在托幼机构的饮水量应保证每人不少于（　　）。

A. 200ml　　B. 500ml

C. 600ml　　D. 1 000ml

8. 手足口病的潜伏期一般为（　　）。

A. 1~3 天　　B. 4~6 天

C. 7~14 天　　D. 13~17 天

9. 我们常说的自闭症也就是（　　）。

A. 多动症　　B. 孤独症

C. 恐惧症　　D. 焦虑症

10. 水痘的传染性极强，易感者接触后 90%发病，多发生于（　　）。

A. 春秋季　　B. 夏秋季

C. 秋冬季　　D. 冬春季

11. 儿童出生时正常体重约为（　　）。

A. 2 千克　　B. 3 千克

C. 4 千克　　D. 5 千克

12. 学前儿童生长发育迅速和活泼好动的特点，要求食物中比成人摄入更多的高蛋白和（　　）。

A. 高钙质　　B. 高脂肪

C. 高糖分　　D. 高铁质

13. 常用的退烧方法中，最安全的降温方法是（　　）。

A. 物理降温　　B. 药物降温

C. 打针退烧　　D. 吃药

14. 晨检中的“一摸”是指（　　）。

A. 摸额头、颈部、手心　　B. 摸额头、颌下、腮部

C. 摸腋下、颌下、肚子　　D. 摸腋下、腹股沟、额头

15. 以下哪种外伤一旦发病，无特殊药物可治，死亡率为 100%（　　）。

A. 狂犬病　　　　B. 蛇咬伤

C. 蚊虫叮伤　　　　D. 蜂蜇伤

16. 儿童口中有明显的金属味，这可能是（　　）。

A. 毒蕈中毒　　　　B. 汞中毒

C. 鱼胆中毒　　　　D. 症状性铅中毒

17. 对咽部异物的急救措施，以下做法正确的是（　　）。

A. 喝醋软化　　　　B. 用镊子将异物取出

C. 大口喝水　　　　D. 吞咽食物

18. 幼儿园的环境创设主要是指（　　）。

A. 购买大型玩具

B. 配备地塑

C. 合格的物质条件和良好的精神环境

D. 选择较清静的场所

19. 下列哪一项一直是我国学前教育所遵循的重要原则？（　　）

A. 保教结合　　　　B. 全面发展

C. 安全第一　　　　D. 生活管理

20. 在阳光下曝晒多久可将附着在物品上的病原体杀死？（　　）

A. 1 个小时　　　　B. 3~6 个小时

C. 12 小时　　　　D. 24 小时

第Ⅱ部分　非选择题（80 分）

二、名词解释题（本大题共 5 小题，每小题 3 分，共 15 分。）

21. 多动症

22. 条件反射

23. 生活活动

24. 进餐定时

25. 学前儿童安全保障

三、简答题（本大题共 7 小题，每小题 5 分，共 35 分。）

26. 简述学前儿童保育的内容。

27. 简述学前儿童神经系统的保育要点。

28. 简述游戏活动准备环节的保育要点。

29. 简述区域活动准备环节的保育要点。

30. 简述维生素 A 的功能。

31. 学前儿童鼻出血时应如何处理？

32. 制定托幼机构清洁卫生制度的原则有哪些？

四、论述题（本大题共2小题，每小题10分，共20分。）

33. 结合智力落后儿童的表现与成因，谈谈如何对智力落后儿童进行保育。

34. 结合实际，试述在班级保育工作中家园沟通的特点和措施。

五、案例分析题（本大题共 1 小题，共 10 分。）

35. 现象一：马上要离园了，孩子们特别兴奋和激动，教师在桌子上放了几篮胶粒，没有提醒孩子们玩胶粒时应遵守的规则就直接让孩子们随意地玩。孩子们纷纷坐到桌子旁，有的孩子抢了好多胶粒放在自己的座位前，有的孩子大声叫道“老师，他抢我的胶粒……”有的孩子则什么也不玩，只是坐在自己的座位上“安静”地等待……

现象二：离园时间到了，老师稳定好孩子们的情绪后，按照家长来的先后顺序请孩子们逐个离园。刚开始的时候，教室里还比较安静，但没坚持多久，班级里就吵闹起来：有的孩子离开位置开始追逐打闹了；有的孩子在大声地开玩笑；还有的孩子没有看到自己的家长，顿时情绪烦躁，甚至哭了起来……此时，老师更是忙得不可开交，一边叫家长已经来了的孩子快速离园，一边制止打闹的孩子，以免发生意外，还要匆忙地回答个别家长的问题，那情形真像“打仗”一样。

问题：（1）如何避免以上现象的发生？

（2）结合实际谈谈离园环节的保育工作要点。

2017 年 10 月全国高等教育自学考试
学前儿童保育学试卷
参考答案

（课程代码　30001）

一、单项选择题（本大题共 20 小题，每小题 1 分，共 20 分）

1. D　　2. B　　3. D　　4. B　　5. B　　6. D　　7. C
8. B　　9. B　　10. D　　11. B　　12.　　13. A　　14. A
15. A　　16. D　　17. B　　18. C　　19. A　　20. B

二、名词解释题（本大题共 5 小题，每小题 3 分，共 15 分。）

21. 答：多动症即多动综合征，是一种常见的儿童行为异常问题，又称脑功能轻微失调、轻微脑功能障碍综合征、注意缺陷障碍等。

22. 答：条件反射是后天获得、在生活过程中通过一定条件形成的，是在非条件反射的基础上建立起来的，是反射弧不固定的、临时的高级神经活动。

23. 答：生活活动是指满足学前儿童基本生活需要的活动，它主要包括入园、进餐、睡眠、盥洗、如厕、整理、离园等环节。

24. 答：进餐定时主要是指依据学前儿童的消化特点和对不同种类食物的排空时间，按时为儿童提供餐点。

25. 答：学前儿童安全保障是指通过各种手段以避免学前儿童受到损伤。

三、简答题（本大题共 7 小题，每小题 5 分，共 35 分。）

26. 答：（1）为学前儿童的生活提供良好的环境和必要的条件；

（2）为学前儿童建立科学、合理的生活制度；

（3）培养学前儿童良好的生活习惯和卫生习惯；

（4）做好学前儿童的卫生保健工作；

（5）安全保障和安全教育；

（6）教学和其他活动中的保育。

27. 答：（1）为学前儿童安排丰富、适宜的活动，刺激其神经系统的发育；

（2）保证充足的睡眠，促进神经系统发育的进一步完善；

（3）消除引起大脑紧张的因素和不良刺激，保证大脑有效地工作；

（4）根据大脑活动的规律，合理制定生活制度、安排各项活动；

（5）合理的营养供应有利于神经系统的正常发育。

28. 答：（1）保教人员要制订出目标明确、适合本班学前儿童的游戏活动计划，并根据计划做好准备工作；

（2）保教人员应检查学前儿童的衣着，以方便进行游戏活动为宜；

（3）保育员要确保活动室地面清洁卫生、无杂物，保持室内良好的通风以及适宜的光照；

（4）保育员要保证游戏材料的清洁；

（5）保育员应配合教师，根据幼儿年龄特点、实际需要、游戏特点及活动场地的条件等设置好游戏活动区。

29. 答：（1）确定当日区域活动的内容；

（2）确定需要开放的区域；

（3）了解本次区域活动的重点观察与指导内容；

（4）检查区域场地是否存在安全隐患，材料是否安全；

（5）保证活动材料充足、安全。

30. 答：（1）维持正常的视觉功能；

（2）促进生长发育；

（3）增强生殖力；

（4）维护上皮细胞、皮肤等的功能；

（5）预防和治疗多种癌症。

31. 答：（1）让幼儿头略低，张口呼吸；

（2）捏住鼻翼，一般压迫 10 分钟可止血，或用湿毛巾冷敷幼儿鼻部和前额；

（3）出血较多时，可用脱脂棉卷一卷塞入鼻腔，填塞紧才具有止血作用。

32. 答：（1）可操作性原则；

（2）全面性原则；

（3）灵活性原则。

四、论述题（本大题共2小题，每小题10分，共20分。）

33. 答：（1）智力落后儿童在幼儿园会表现出学习品质低下、学习能力欠缺、学习效果差的现象，在集体生活中可能在听说读写方面滞后。

（2）智力落后儿童的成因很复杂，主要有两个方面：先天原因—造成学前儿童智力落后的先天原因可能是先天遗传原因，也可能是先天非遗传原因；后天原因—引起学前儿童智力落后的后天原因主要是出生之后的外在原因，包括生活环境和心理环境。

（3）作为父母或监护人，要认真分析引起孩子智力落后的主客观原因，对于器质性脑损伤或出生缺陷引起的智力落后，既要接受现实，又不能放弃对孩子的保育和教育，尽早将他们送到专业矫治机构学习或进行康复治疗；智力落后儿童虽然不能像正常孩子那样接受教育，但仍然可以针对其特点进行补偿性教育，训练他们的生活自理能力；保教人员要对孩子的具体情况进行鉴别，耐心细致地帮助他们。

34. 答：（1）特点。①沟通的主体是孩子的主要教育者；②沟通的内容具有针对性；③沟通的方式多样化。

（2）措施。①积极观察孩子在班级活动中存在的问题；②采用合理的表达方式与家长沟通；③构建班级的家园沟通制度。

五、案例分析题（10分）

35. 答：（1）首先，保教人员要把离园活动看作一日生活环节的重要组成部分。要充分认识离园活动的教育价值，不能随意应付。其次，离园活动的组织要有计划性，教师要根据本班学前儿童的实际情况做好计划和安排，通过各种形式的活动来丰富本班的离园活动。最后，保教人员要分工配合，特别是家长来接孩子时，保教人员之间要事先约定好谁负责接待家长、谁负责组织学前儿童，从而避免人多时场面混乱或发生安全事故。

（2）离园环节的保育工作要点：①清理学前儿童衣物用品，做好学前儿童离园的整理工作。②稳定学前儿童情绪，开展形式多样的游戏活动。③主动与家长交流当日学前儿童在园情况，把好离园最后一关。④做好个别特殊学前儿童的交接。⑤做好次日各项活动准备。⑥做好离园前的检查工作。

图书在版编目（CIP）数据

中国特色小镇建设政策汇编/本书编委会编．—2版．—北京：经济管理出版社，2017.11
ISBN 978-7-5096-5443-9

Ⅰ.①中…　Ⅱ.①本…　Ⅲ.①城乡建设—经济政策—汇编—中国　Ⅳ.①F299.2

中国版本图书馆CIP数据核字（2017）第256404号

责任编辑：晓　白
责任印制：司东翔
责任校对：雨　千

出版发行：经济管理出版社
（北京市海淀区北蜂窝8号中雅大厦A座11层　100038）
网　　址：www.E-mp.com.cn
电　　话：（010）51915602
印　　刷：玉田县昊达印刷有限公司
经　　销：新华书店
开　　本：787mm×1092mm/16
印　　张：24.75
字　　数：527千字
版　　次：2018年1月第1版　　2018年1月第1次印刷
书　　号：ISBN 978-7-5096-5443-9
定　　价：98.00元

编委会名单

序

2015年底，中央作出重要批示，“抓特色小镇、小城镇建设大有可为，对经济转型升级、新型城镇化建设，都具有重要意义”。随后，国家发展改革委、住房城乡建设部、财政部等部委明确提出要在全国范围内开展特色小镇培育工作，到2020年，培育1000个左右各具特色、富有活力的休闲旅游、商贸物流、现代制造、教育科技、传统文化、美丽宜居等特色小镇。可以说，特色小镇建设事业在全国进入了蓬勃发展时期。

结合自身的特点，各地对特色小镇的建设进行了大量有益的探索，取得了一定的成绩。“创新、协调、绿色、开放、共享”的发展理念是特色小镇建设的基本指导思想，是保证特色小镇事业持续发展的关键所在。通过政府的支持和自身优势的发挥，大量资本、技术、人才等稀缺要素聚集在了特色小镇，资源的集中为小镇的建设打下了坚实的基础。

结合自身优势，特色小镇的发展必须以突出特色为主，一个具有吸引力的特色小镇必须在相关制度、产业和功能上，形成突出的风格和优势。但是，在特色小镇建设中面临着一些观念的挑战，模糊和混淆了特色小镇建设的方向，这些问题包括把特色小镇建设等同于特色小城镇建设、等同于老市区的新城建设、等同于各类园区的建设，把特色小镇建设当作景区开发，甚至把美丽乡村建设与特色小镇建设混为一体。这些问题的出现极大地削弱了特色小镇建设的优势，会导致特色小镇建设的平庸化和模式化。如何处理好特色小镇建设中出现的诸多问题，考验着各级政府部门的智慧。

为了配合国家战略的落实，加快特色小镇建设的步伐，中央各部委出台了一系列政策来指导相关工作；而在结合地区特点和自身资源优势的基础上，各省市区也纷纷出台了具体规划或行动计划。特色小镇建设是一项系统工程，涉及方方面面，既有国家层面的政策制定，又有地方层面的政策执行；既有整体规划布局，又有具体行动方案；既有法律法规涉及，又有案例经验借鉴。由于中国宽广的地域、复杂的民情，导致特色小镇建设在中央意见总的指导下，各地的政策都必须结合自身特点，呈现出各不相同的侧重点。只有全面综合理解把握这些政策、意见，才能真正对中国特色小镇建设有一个全面的理解和把握。

为了方便相关政策制定者和研究人员能全面了解全国各地在特色小镇建设中的政策和意见，经济管理出版社专门组织专家学者编纂了《中国特色小镇建设政策汇编》一书，汇集了全国地市级以上的行政单位发布的相关政策、规划，希望能为全国特色小镇建设与研究提供指导和借鉴。本书出版后得到了业内人士的热烈欢迎，出版社在第一版的基础上进行了增补和调整，希望能为相关建设和研究人员提供最新的政策和规划。

曹 靖

2017 年 11 月 18 日

目 录

国务院办公厅
关于县域创新驱动发展的若干意见

国办发〔2017〕43号

各省、自治区、直辖市人民政府，国务院各部委、各直属机构：

实施创新驱动发展战略，基础在县域，活力在县域，难点也在县域。新形势下，支持县域开展以科技创新为核心的全面创新，推动大众创业、万众创新，加快实现创新驱动发展，是打造发展新引擎、培育发展新动能的重要举措，对于推动县域经济社会协调发展、确保如期实现全面建成小康社会奋斗目标具有重要意义。经过多年努力，我国县域科技创新取得了长足进步，对县域经济社会发展的支撑作用显著增强，但总体仍然比较薄弱，区域发展不平衡等现象突出。为贯彻落实全国科技创新大会精神，全面实施《国家创新驱动发展战略纲要》，推动实现县域创新驱动发展，现提出以下意见。

一、总体要求

（一）指导思想。

全面贯彻党的十八大和十八届三中、四中、五中、六中全会精神，深入贯彻习近平总书记系列重要讲话精神和治国理政新理念、新思想、新战略，按照党中央、国务院决策部署，统筹推进“五位一体”总体布局和协调推进“四个全面”战略布局，牢固树立和贯彻落实新发展理念，发挥科技创新在县域供给侧结构性改革中的支撑引领作用，强化科技与县域经济社会发展有效对接，打通从科技强、产业强到经济社会发展强的通道。以建设创新型县（市）和创新型乡镇为抓手，深入推动大众创业、万众创新，整合优化县域创新创业资源，构建多层次、多元化县域创新创业格局，推动形成县域创新创业新热潮，以创业带动就业，培育新动能、发展新经济，促进实现县域创新驱动发展。

（二）基本原则。

——创新驱动。坚持创新是引领发展的第一动力，加强创新资源共享，完善创业培育服务，激发全社会创新创业活力，推动大众创业、万众创新向更大范围、更高层次、更深程度发展，加快形成具有县域特色的创新驱动发展路径。

——人才为先。坚持把人才作为支撑县域创新发展的第一资源，实施更加积极的创新创业激励和人才吸引政策，优化县域人才环境，加快培育集聚创新创业人才队伍。

——需求导向。紧扣县域经济社会发展内在需求，提高科技创新供给质量和效率，集聚各类创新资源，促进产学研用结合，加快先进适用科技成果向县域转移转化，做大做强县域特色产业。

——差异发展。坚持分类指导、精准施策，结合县域经济社会发展水平和定位，因地制宜确定县域创新驱动发展的目标和任务，加快经济发展方式转变和社会转型，推动实现县域差异化、可持续发展。

（三）主要目标。

到2020年，县域创新驱动发展环境显著改善，创新驱动发展能力明显增强，全社会科技投入进一步提高，公民科学素质整体提升，大众创业、万众创新的氛围更加浓厚，形成经济社会协调发展的新格局，为我国建成创新型国家奠定基础。

到2030年，县域创新驱动发展环境进一步优化，创新驱动发展能力大幅提升，创新创业活力有效释放，产业竞争力明显增强，城乡居民收入显著提高，生态环境更加友好，为跻身创新型国家前列提供有力支撑。

二、重点任务

（四）加快产业转型升级。

落实区域发展总体战略和主体功能区规划，支持城镇化地区整合各类创新资源，推动制造、加工等传统产业改造升级，加大新一代信息网络、智能绿色制造等产业关键技术推广应用，培育具有核心竞争力的产业集群。支持农产品主产区加快发展农业高新技术产业，促进农业与旅游休闲、教育文化、健康养生等产业深度融合，发展观光农业、体验农业、创意农业、电子商务、物流等新业态，推动商业模式创新，走产出高效、产品安全、资源节约、环境友好的现代农业发展道路，带动农民增收致富。实施农业产业竞争力提升科技行动，建设国家现代农业产业科技创新中心。支持重点生态功能区以保护自然生态为前提、以资源承载能力和环境容量为基础，科学有度有序开发，促进人口、经济、资源环境均衡发展。结合地方资源禀赋和发展基础，发展知识产权密集型产业，促进县域特色主导产业绿色化、品牌化、高端化、集群化发展。

（五）培育壮大创新型企业。

找准县域创新驱动发展的着力点，加强企业技术创新平台和环境建设，在有条件的县（市）培育一批具有较强自主创新能力和国际竞争力的高新技术企业。加快实施《促进科技成果转移转化行动方案》，指导县域内企业加强与高等学校、科研院所的产学研合作，支持有条件的县（市）加强基础研究成果转化和产业化。引导金融机构支持县域科技创新，提升县域科技资源配置和使用效率。支持符合条件的高成长性科技企业上市，引导企业有效利用主板、中小板、创业板、新三板、区域性股权交易市场等多层次资本市场融资。鼓励有条件的县（市）设立科技成果转化基金、创业投资引导基金等，引导社会资本投资初创期、种子期科技型中小企业。鼓励有条件的县（市）采取科技创新券等科技经费后补助措施，支持小微企业应用新技术、新工艺、新材料，发展新服务、新模式、新业态，培育一批掌握行业“专精特新”技术的科技“小巨人”企业。

（六）集聚创新创业人才。

发挥企业家在县域创新驱动发展中的关键作用，营造有利于创新型企业家发展的良好环境，支持企业家整合技术、资金、人才等资源，加快企业创新发展。深入推进科技特派员制度，支持科技领军人才、高技能人才、专业技术人才等到县域开展创业服务，引导高校毕业生到县域就业创业，推进农村大众创业、万众创新。推广“科技镇长团”、“博士服务团”等模式，发挥乡土人才等农村实用人才作用，提升县域人才集聚和创新管理服务能力。落实《中华人民共和国促进科技成果转化法》、《实施〈中华人民共和国促进科技成果转化法〉若干规定》，通过股权期权激励等措施，让创新人才在科技成果转移转化过程中得到合理回报，激发各类人才的创新创业活力。加强农民就业创业培训，培育新型职业农民，推动农村劳动力转移就业。

（七）加强创新创业载体建设。

科学编制县城总体规划，支持有条件的县（市）高起点规划、高标准建设高新技术产业开发区、农业科技园区、火炬特色产业基地等创新创业平台，并将相关园区纳入县城总体规划统一管理，引领县域创新驱动发展。推动符合条件的科技园区升级为国家高新技术产业开发区，建设若干国家农业高新技术产业开发区。在有条件的县（市）建设创新型县（市）、创新型乡镇。结合县域需求实际，依托科技园区、高等学校、科研院所等，加快发展“互联网+”创业网络体系，建设一批低成本、便利化、全要素、开放式的众创空间、“星创天地”，降低创业门槛，促进创业与创新、创业与就业、线上与线下相结合。鼓励国家（重点）实验室、国家工程（技术）研究中心、高等学校新农村发展研究院等各类创新平台在县域开展应用示范，实现开放共享，为大众创业、万众创新提供有力支撑。推动县域生产力促进中心建设，提升知识产权代理、交易、咨询、评估等服务水平。

（八）促进县域社会事业发展。

加大大气污染防治、土壤治理、水环境保护、资源高效利用等领域核心关键技术转化应用力度，强化重点地区生态保护与修复。围绕重大慢性病防控、人口老龄化应对等人口健康重大问题，加强疾病防治技术普及推广，加快临床医学研究中心协同创新网络向县域发展，推进健康中国建设。开展集生产生活、文化娱乐、科技教育、医疗卫生等多种服务功能于一体的社区综合技术集成与应用，推动科技成果更多惠及民生改善。加快实施“雪亮工程”，推进县域公共安全视频监控建设和联网应用，加强县乡村三级综合治理信息化建设，提高县域社会治安综合治理科技化水平，建设平安中国。充分发挥市场主体作用，结合地方特色产业基础和发展潜力，加大对经济发达镇、特色小镇、专业小镇、技术创新专业镇等的支持力度，建设美丽乡村。

（九）创新驱动精准扶贫、精准脱贫。

实施科技扶贫行动，强化科技创新对精准扶贫、精准脱贫的支撑引领作用，瞄准县域脱贫攻坚中存在的科技和人才短板，动员全社会科技资源投身脱贫攻坚，提升县域发展的内生动力。精准对接贫困地区发展的科技需求，加强先进、成熟、适用技术的应用推广和集成示范，支持发展优势特色产业。推进创业式扶贫，激发贫困地区的创新创业热情，提高农民技能素质，以创业式扶贫带动产业发展，帮助建档立卡贫困户脱贫致富。

（十）加大科学普及力度。

把县域科学普及摆在与科技创新同等重要的位置，深入开展农业科技教育培训和农村科普活动，切实提高农民科学素质。以社会主义核心价值观为引领，着重在县域普及科学知识、弘扬科学精神、传播科学思想、倡导科学方法，推动形成讲科学、爱科学、学科学、用科学的良好氛围。充分发挥县级学会、企业科协、农技协开展农村科普的独特优势和科技社团促进科技成果转移转化的纽带作用，面向县域有针对性地开展科学普及和信息服务。提高县域中小学科普教育质量，为青少年提供更多参加科普活动的机会。

（十一）抓好科技创新政策落地。

加强国家与地方科技创新政策衔接，加大普惠性科技创新政策落实力度，落实企业研发费用税前加计扣除、高新技术企业所得税优惠等创新政策。加大创新产品和服务采购力度，鼓励采用首购、订购等方式支持县域企业发展。面向县域企业等创新主体加强政策培训解读，建立县域科技创新政策落实督查机制，帮助企业更好享受优惠政策。

三、保障措施

（十二）加强组织领导。

推动部省市县联动，建立适应县域创新驱动发展的组织领导体制和工作推进体系，科学谋划创新发展工作格局。强化县（市）科技管理队伍建设，提高县（市）科技部门管理和服务能力，加强对乡镇科技工作的指导。支持有条件的县（市）制定创新发展规划，在科技管理、知识产权运用和保护、人才吸引等方面探索先行先试改革措施。

（十三）加大支持力度。

国务院各有关部门要加强对县域创新驱动发展的政策扶持，通过技术创新引导专项

（基金）、人才支持计划等，支持县域开展科技创新创业。各地要积极支持县域开展科技创新活动，确保一定比例的科技创新项目、一定数量的科技创新平台和载体在县域落地。

（十四）开展监测评价。

实施国家创新调查制度，开展县（市）创新能力监测，加强县（市）创新驱动发展战略研究，优化区域创新布局。指导有条件的地方参照国家创新调查制度开展各具特色的区域创新调查工作。

（十五）做好宣传总结。

在推动县域创新驱动发展中及时发现新典型、总结新模式、探索新机制，按照国家有关规定对先进单位、先进个人进行奖励和表彰。宣传推广各地成功经验和做法，形成全社会支持县域创新驱动发展的良好局面。

国务院办公厅

2017 年 5 月 11 日

中国国民经济和社会发展第十三个五年规划纲要（节选）

第八篇 推进新型城镇化

坚持以人的城镇化为核心、以城市群为主体形态、以城市综合承载能力为支撑、以体制机制创新为保障，加快新型城镇化步伐，提高社会主义新农村建设水平，努力缩小城乡发展差距，推进城乡发展一体化。

第三十三章 优化城镇化布局和形态

加快构建以陆桥通道、沿长江通道为横轴，以沿海、京哈京广、包昆通道为纵轴，大中小城市和小城镇合理分布、协调发展的“两横三纵”城市化战略格局。

第三节 加快发展中小城市和特色镇

以提升质量、增加数量为方向，加快发展中小城市。引导产业项目在中小城市和县城布局，完善市政基础设施和公共服务设施，推动优质教育、医疗等公共服务资源向中小城市和小城镇配置。加快拓展特大镇功能，赋予镇区人口10万以上的特大镇部分县级管理权限，完善设市设区标准，符合条件的县和特大镇可有序改市。因地制宜发展特色鲜明、产城融合、充满魅力的小城镇。提升边境口岸城镇功能。

第三十四章　建设和谐宜居城市

转变城市发展方式，提高城市治理能力，加大“城市病”防治力度，不断提升城市环境质量、居民生活质量和城市竞争力，努力打造和谐宜居、富有活力、各具特色的城市。

第一节　加快新型城市建设

根据资源环境承载力调节城市规模，实行绿色规划、设计、施工标准，实施生态廊道建设和生态系统修复工程，建设绿色城市。加强现代信息基础设施建设，推进大数据和物联网发展，建设智慧城市。发挥城市创新资源密集优势，打造创业乐园和创新摇篮，建设创新城市。提高城市开放度和包容性，加强文化和自然遗产保护，延续历史文脉，建设人文城市。加强城市空间开发利用管制，建设密度较高、功能融合、公交导向的紧凑城市。

第三十六章　推动城乡协调发展

推动新型城镇化和新农村建设协调发展，提升县域经济支撑辐射能力，促进公共资源在城乡间均衡配置，拓展农村广阔发展空间，形成城乡共同发展新格局。

第一节　发展特色县域经济

培育发展充满活力、特色化、专业化的县域经济，提升承接城市功能转移和辐射带动乡村发展能力。依托优势资源，促进农产品精深加工、农村服务业及劳动密集型产业发展，积极探索承接产业转移新模式，融入区域性产业链和生产网络。引导农村二三产业向县城、重点乡镇及产业园区集中。扩大县域发展自主权，提高县级基本财力保障水平。

第二节　加快建设美丽宜居乡村

推进农村改革和制度创新，增强集体经济组织服务功能，激发农村发展活力。全面改善农村生产生活条件。科学规划村镇建设、农田保护、村落分布、生态涵养等空间布局。加快农村宽带、公路、危房、饮水、照明、环卫、消防等设施改造。开展新一轮农网改造升级，农网供电可靠率达到99.8%。实施农村饮水安全巩固提升工程。改善农村办学条件和教师工作生活条件，加强基层医疗卫生机构和乡村医生队伍建设。建立健全农村留守儿童和妇女、老人关爱服务体系。加强和改善农村社会治理，完善农村治安防控体系，深入推进平安乡村建设。加强农村文化建设，深入开展“星级文明户”、

"五好文明家庭"等创建活动，培育文明乡风、优良家风、新乡贤文化。开展农村不良风气专项治理，整治农村非法宗教活动等突出问题。开展生态文明示范村镇建设行动和农村人居环境综合整治行动，加大传统村落和民居、民族特色村镇保护力度，传承乡村文明，建设田园牧歌、秀山丽水、和谐幸福的美丽宜居乡村。

国务院
关于深入推进实施新一轮东北振兴战略加快推动东北地区经济企稳向好若干重要举措的意见（节选）

国发〔2016〕62号

各省、自治区、直辖市人民政府，国务院各部委、各直属机构：

为深入推进实施党中央、国务院关于全面振兴东北地区等老工业基地的战略部署，按照立足当前、着眼长远、标本兼治、分类施策的原则，现就积极应对东北地区经济下行压力、推动东北地区经济企稳向好提出以下意见。

二、推进创新转型，培育发展动力

（五）支持资源枯竭、产业衰退地区转型。加快推进黑龙江龙煤集团、吉林省煤业集团、阜新矿业集团等重点煤炭企业深化改革，有序退出过剩产能，在专项奖补资金安排等方面给予重点支持。（三省人民政府负责，国家发展改革委、财政部、工业和信息化部指导支持）以黑龙江省鸡西、鹤岗、双鸭山、七台河四大煤城为重点，实施资源型城市产业转型攻坚行动计划，研究通过发展新产业转岗就业、易地安置转移等方式统筹安排富余人员。（黑龙江省人民政府负责，国家发展改革委、财政部、人力资源社会保障部等部门指导支持）将东北地区国有林区全部纳入国家重点生态功能区，支持开展生态综合补偿和生态移民试点，尽快落实停止天然林商业性采伐相关支持政策。支持林区发展林下经济。结合林场布局优化调整，建设一批特色宜居小镇。全面推进城区老工业区和独立工矿区搬迁改造，支持开展城镇低效用地再开发试点和工矿废弃地治理。中央预算内投资设立采煤沉陷区综合治理专项。（国家发展改革委、财政部、国土资源部、国家林业局按职责分工负责，三省一区人民政府组织实施）

加快推动东北地区经济企稳向好，对于促进区域协调发展、维护全国经济社会大局稳定，意义十分重大。各有关方面要切实增强责任意识和忧患意识，充分调动中央和地方的积极性，拿出更有力措施，打一场攻坚战，闯出一条新形势下老工业基地振兴发展新路，努力使东北地区在改革开放中重振雄风。

国务院

2016 年 11 月 1 日

国务院办公厅
关于印发《东北地区与东部地区部分省市对口合作工作方案》的通知
（节选）

国办发〔2017〕22 号

各省、自治区、直辖市人民政府，国务院各部委、各直属机构：

《东北地区与东部地区部分省市对口合作工作方案》已经国务院同意，现印发给你们，请认真贯彻执行。

国务院办公厅

2017 年 3 月 7 日

东北地区与东部地区部分省市对口合作工作方案
（节选）

组织东北地区与东部地区部分省市建立对口合作机制，是《国务院关于深入推进实施新一轮东北振兴战略加快推动东北地区经济企稳向好若干重要举措的意见》（国发〔2016〕62 号）中的明确要求，是实施新一轮东北地区等老工业基地振兴战略的重要举措，是推进东北振兴与“三大战略”对接融合的有效途径，也是发挥我国制度优势促进跨区域合作的创新举措，对于充分发挥中央和地方两个积极性，形成共同推进东北地区实现全面振兴的合力具有重要意义。为稳步推进东北地区与东部地区部分省市对口合作，制定以下工作方案。

一、总体要求

（三）主要目标。到 2020 年，东北地区与东部地区部分省市对口合作取得重要实质性成果，建立起横向联动、纵向衔接、定期会商、运转高效的工作机制，构建政府、企业、研究机构和其他社会力量广泛参与的多层次、宽范围、广领域的合作体系，形成常态化干部交流和人才培训机制，在东北地区加快复制推广一批东部地区行之有效的改革创新举措，共建一批产业合作园区等重大合作平台，实施一批标志性跨区域合作项目，形成一套相对完整的对口合作政策体系和保障措施。

二、对口合作关系

在鼓励支持东北地区与东部地区开展全方位合作的基础上，综合考虑相关省市资源禀赋、产业基础、发展水平以及合作现状等因素，明确以下对口合作关系：

——东北三省与东部三省：辽宁省与江苏省，吉林省与浙江省，黑龙江省与广东省。

——东北四市与东部四市：沈阳市与北京市，大连市与上海市，长春市与天津市，哈尔滨市与深圳市。

支持内蒙古自治区主动对接东部省市，探索建立相应合作机制。鼓励中西部老工业城市和资源型城市主动学习东部地区先进经验做法。

三、重点任务

（四）搭建合作平台载体，探索共赢发展新路。

3. 重点城市合作。鼓励东北地区与东部地区在对口合作框架下，加强重点城市间合作，在推进新型城镇化和城市群协调发展，解决“大城市病”，建设宜居、智慧、低碳城市，以及加强城市规划建设管理等方面学习互鉴，引导东北地区学习东部地区在老工业基地调整改造、资源型城市转型、棚户区改造、产城融合发展和特色小镇建设、城镇行政区划优化设置等方面的先进经验做法。

国务院
关于深入推进新型城镇化建设的若干意见

国发〔2016〕8号

各省、自治区、直辖市人民政府，国务院各部委、各直属机构：

新型城镇化是现代化的必由之路，是最大的内需潜力所在，是经济发展的重要动力，也是一项重要的民生工程。《国家新型城镇化规划（2014~2020年）》发布实施以来，各地区、各部门抓紧行动、改革探索，新型城镇化各项工作取得了积极进展，但仍然存在农业转移人口市民化进展缓慢、城镇化质量不高、对扩大内需的主动力作用没有得到充分发挥等问题。为总结推广各地区行之有效的经验，深入推进新型城镇化建设，现提出如下意见。

一、总体要求

全面贯彻党的十八大和十八届二中、三中、四中、五中全会以及中央经济工作会议、中央城镇化工作会议、中央城市工作会议、中央扶贫开发工作会议、中央农村工作会议精神，按照“五位一体”总体布局和“四个全面”战略布局，牢固树立创新、协调、绿色、开放、共享的发展理念，坚持走以人为本、四化同步、优化布局、生态文明、文化传承的中国特色新型城镇化道路，以人的城镇化为核心，以提高质量为关键，以体制机制改革为动力，紧紧围绕新型城镇化目标任务，加快推进户籍制度改革，提升城市综合承载能力，制定完善土地、财政、投融资等配套政策，充分释放新型城镇化蕴藏的巨大内需潜力，为经济持续健康发展提供持久强劲动力。

坚持点面结合、统筹推进。统筹规划、总体布局，促进大中小城市和小城镇协调发展，着力解决好“三个1亿人”城镇化问题，全面提高城镇化质量。充分发挥国家新型城镇化综合试点作用，及时总结提炼可复制经验，带动全国新型城镇化体制机制创新。

坚持纵横联动、协同推进。加强部门间政策制定和实施的协调配合，推动户籍、土地、财政、住房等相关政策和改革举措形成合力。加强部门与地方政策联动，推动地方加快出台一批配套政策，确保改革举措和政策落地生根。

坚持补齐短板、重点突破。加快实施“一融双新”工程，以促进农民工融入城镇为核心，以加快新生中小城市培育发展和新型城市建设为重点，瞄准短板，加快突破，优化政策组合，弥补供需缺口，促进新型城镇化健康有序发展。

二、积极推进农业转移人口市民化

（一）加快落实户籍制度改革政策。围绕加快提高户籍人口城镇化率，深化户籍制度改革，促进有能力在城镇稳定就业和生活的农业转移人口举家进城落户，并与城镇居民享有同等权利、履行同等义务。鼓励各地区进一步放宽落户条件，除极少数超大城市外，允许农业转移人口在就业地落户，优先解决农村学生升学和参军进入城镇的人口、在城镇就业居住5年以上和举家迁徙的农业转移人口以及新生代农民工落户问题，全面放开对高校毕业生、技术工人、职业院校毕业生、留学归国人员的落户限制，加快制定公开透明的落户标准和切实可行的落户目标。除超大城市和特大城市外，其他城市不得采取要求购买房屋、投资纳税、积分制等方式设置落户限制。加快调整完善超大城市和特大城市落户政策，根据城市综合承载能力和功能定位，区分主城区、郊区、新区等区域，分类制定落户政策；以具有合法稳定就业和合法稳定住所（含租赁）、参加城镇社会保险年限、连续居住年限等为主要指标，建立完善积分落户制度，重点解决符合条件的普通劳动者的落户问题。加快制定实施推动1亿非户籍人口在城市落户方案，强化地方政府主体责任，确保如期完成。

（二）全面实行居住证制度。推进居住证制度覆盖全部未落户城镇常住人口，保障居住证持有人在居住地享有义务教育、基本公共就业服务、基本公共卫生服务和计划生育服务、公共文化体育服务、法律援助和法律服务以及国家规定的其他基本公共服务；同时，在居住地享有按照国家有关规定办理出入境证件、换领补领居民身份证、机动车登记、申领机动车驾驶证、报名参加职业资格考试和申请授予职业资格以及其他便利。鼓励地方各级人民政府根据本地承载能力不断扩大对居住证持有人的公共服务范围并提高服务标准，缩小与户籍人口基本公共服务的差距。推动居住证持有人享有与当地户籍人口同等的住房保障权利，将符合条件的农业转移人口纳入当地住房保障范围。各城市要根据《居住证暂行条例》，加快制定实施具体管理办法，防止居住证与基本公共服务脱钩。

（三）推进城镇基本公共服务常住人口全覆盖。保障农民工随迁子女以流入地公办学校为主接受义务教育，以公办幼儿园和普惠性民办幼儿园为主接受学前教育。实施义务教育“两免一补”和生均公用经费基准定额资金随学生流动可携带政策，统筹人口流入地与流出地教师编制。组织实施农民工职业技能提升计划，每年培训 2000 万人次以上。允许在农村参加的养老保险和医疗保险规范接入城镇社保体系，加快建立基本医疗保险异地就医医疗费用结算制度。

（四）加快建立农业转移人口市民化激励机制。切实维护进城落户农民在农村的合法权益。实施财政转移支付同农业转移人口市民化挂钩政策，实施城镇建设用地增加规模与吸纳农业转移人口落户数量挂钩政策，中央预算内投资安排向吸纳农业转移人口落户数量较多的城镇倾斜。各省级人民政府要出台相应配套政策，加快推进农业转移人口市民化进程。

三、全面提升城市功能

（五）加快城镇棚户区、城中村和危房改造。围绕实现约 1 亿人居住的城镇棚户区、城中村和危房改造目标，实施棚户区改造行动计划和城镇旧房改造工程，推动棚户区改造与名城保护、城市更新相结合，加快推进城市棚户区和城中村改造，有序推进旧住宅小区综合整治、危旧住房和非成套住房（包括无上下水、北方地区无供热设施等的住房）改造，将棚户区改造政策支持范围扩大到全国重点镇。加强棚户区改造工程质量监督，严格实施质量责任终身追究制度。

（六）加快城市综合交通网络建设。优化街区路网结构，建设快速路、主次干路和支路级配合理的路网系统，提升城市道路网络密度，优先发展公共交通。大城市要统筹公共汽车、轻轨、地铁等协同发展，推进城市轨道交通系统和自行车等慢行交通系统建设，在有条件的地区规划建设市郊铁路，提高道路的通达性。畅通进出城市通道，加快换乘枢纽、停车场等设施建设，推进充电站、充电桩等新能源汽车充电设施建设，将其纳入城市旧城改造和新城建设规划同步实施。

（七）实施城市地下管网改造工程。统筹城市地上地下设施规划建设，加强城市地下基础设施建设和改造，合理布局电力、通信、广电、给排水、热力、燃气等地下管网，加快实施既有路面城市电网、通信网络架空线入地工程。推动城市新区、各类园区、成片开发区的新建道路同步建设地下综合管廊，老城区要结合地铁建设、河道治理、道路整治、旧城更新、棚户区改造等逐步推进地下综合管廊建设，鼓励社会资本投资运营地下综合管廊。加快城市易涝点改造，推进雨污分流管网改造与排水和防洪排涝设施建设。加强供水管网改造，降低供水管网漏损率。

（八）推进海绵城市建设。在城市新区、各类园区、成片开发区全面推进海绵城市建设。在老城区结合棚户区、危房改造和老旧小区有机更新，妥善解决城市防洪安全、雨水收集利用、黑臭水体治理等问题。加强海绵型建筑与小区、海绵型道路与广场、海绵型公园与绿地、绿色蓄排与净化利用设施等建设。加强自然水系保护与生态修复，切实保护良好水体和饮用水源。

（九）推动新型城市建设。坚持适用、经济、绿色、美观方针，提升规划水平，增强城市规划的科学性和权威性，促进“多规合一”，全面开展城市设计，加快建设绿色城市、智慧城市、人文城市等新型城市，全面提升城市内在品质。实施“宽带中国”战略和“互联网+”城市计划，加速光纤入户，促进宽带网络提速降费，发展智能交通、智能电网、智能水务、智能管网、智能园区。推动分布式太阳能、风能、生物质能、地热能多元化规模化应用和工业余热供暖，推进既有建筑供热计量和节能改造，对大型公共建筑和政府投资的各类建筑全面执行绿色建筑标准和认证，积极推广应用绿色新型建材、装配式建筑和钢结构建筑。加强垃圾处理设施建设，基本建立建筑垃圾、餐厨废弃物、园林废弃物等回收和再生利用体系，建设循环型城市。划定永久基本农田、生态保护红线和城市开发边界，实施城市生态廊道建设和生态系统修复工程。制定实施城市空气质量达标时间表，努力提高优良天数比例，大幅减少重污染天数。落实最严格水资源管理制度，推广节水新技术和新工艺，积极推进中水回用，全面建设节水型城市。促进国家级新区健康发展，推动符合条件的开发区向城市功能区转型，引导工业集聚区规范发展。

（十）提升城市公共服务水平。根据城镇常住人口增长趋势，加大财政对接收农民工随迁子女较多的城镇中小学校、幼儿园建设的投入力度，吸引企业和社会力量投资建学办学，增加中小学校和幼儿园学位供给。统筹新老城区公共服务资源均衡配置。加强医疗卫生机构、文化设施、体育健身场所设施、公园绿地等公共服务设施以及社区服务综合信息平台规划建设。优化社区生活设施布局，打造包括物流配送、便民超市、银行网点、零售药店、家庭服务中心等在内的便捷生活服务圈。建设以居家为基础、社区为依托、机构为补充的多层次养老服务体系，推动生活照料、康复护理、精神慰藉、紧急援助等服务全覆盖。加快推进住宅、公共建筑等的适老化改造。加强城镇公用设施使用安全管理，健全城市抗震、防洪、排涝、消防、应对地质灾害应急指挥体系，完善城市生命通道系统，加强城市防灾避难场所建设，增强抵御自然灾害、处置突发事件和危机管理能力。

四、加快培育中小城市和特色小城镇

（十一）提升县城和重点镇基础设施水平。加强县城和重点镇公共供水、道路交通、燃气供热、信息网络、分布式能源等市政设施和教育、医疗、文化等公共服务设施建设。推进城镇生活污水垃圾处理设施全覆盖和稳定运行，提高县城垃圾资源化、无害化处理能力，加快重点镇垃圾收集和转运设施建设，利用水泥窑协同处理生活垃圾及污泥。推进北方县城和重点镇集中供热全覆盖。加大对中西部地区发展潜力大、吸纳人口多的县城和重点镇的支持力度。

（十二）加快拓展特大镇功能。开展特大镇功能设置试点，以下放事权、扩大财权、改革人事权及强化用地指标保障等为重点，赋予镇区人口 10 万以上的特大镇部分县级管理权限，允许其按照相同人口规模城市市政设施标准进行建设发展。同步推进特大镇行政管理体制改革和设市模式创新改革试点，减少行政管理层级、推行大部门制，降低行政成本、提高行政效率。

（十三）加快特色镇发展。因地制宜、突出特色、创新机制，充分发挥市场主体作用，推动小城镇发展与疏解大城市中心城区功能相结合、与特色产业发展相结合、与服务“三农”相结合。发展具有特色优势的休闲旅游、商贸物流、信息产业、先进制造、民俗文化传承、科技教育等魅力小镇，带动农业现代化和农民就近城镇化。提升边境口岸城镇功能，在人员往来、加工物流、旅游等方面实行差别化政策，提高投资贸易便利化水平和人流物流便利化程度。

（十四）培育发展一批中小城市。完善设市标准和市辖区设置标准，规范审核审批程序，加快启动相关工作，将具备条件的县和特大镇有序设置为市。适当放宽中西部地区中小城市设置标准，加强产业和公共资源布局引导，适度增加中西部地区中小城市数量。

（十五）加快城市群建设。编制实施一批城市群发展规划，优化提升京津冀、长三角、珠三角三大城市群，推动形成东北地区、中原地区、长江中游、成渝地区、关中平原等城市群。推进城市群基础设施一体化建设，构建核心城市 1 小时通勤圈，完善城市群之间快速高效互联互通交通网络，建设以高速铁路、城际铁路、高速公路为骨干的城市群内部交通网络，统筹规划建设高速联通、服务便捷的信息网络，统筹推进重大能源基础设施和能源市场一体化建设，共同建设安全可靠的水利和供水系统。做好城镇发展规划与安全生产规划的统筹衔接。

五、辐射带动新农村建设

（十六）推动基础设施和公共服务向农村延伸。推动水电路等基础设施城乡联网。

推进城乡配电网建设改造，加快信息进村入户，尽快实现行政村通硬化路、通班车、通邮、通快递，推动有条件地区燃气向农村覆盖。开展农村人居环境整治行动，加强农村垃圾和污水收集处理设施以及防洪排涝设施建设，强化河湖水系整治，加大对传统村落民居和历史文化名村名镇的保护力度，建设美丽宜居乡村。加快农村教育、医疗卫生、文化等事业发展，推进城乡基本公共服务均等化。深化农村社区建设试点。

（十七）带动农村一二三产业融合发展。以县级行政区为基础，以建制镇为支点，搭建多层次、宽领域、广覆盖的农村一二三产业融合发展服务平台，完善利益联结机制，促进农业产业链延伸，推进农业与旅游、教育、文化、健康养老等产业深度融合，大力发展农业新型业态。强化农民合作社和家庭农场基础作用，支持龙头企业引领示范，鼓励社会资本投入，培育多元化农业产业融合主体。推动返乡创业集聚发展。

（十八）带动农村电子商务发展。加快农村宽带网络和快递网络建设，加快农村电子商务发展和“快递下乡”。支持适应乡村特点的电子商务服务平台、商品集散平台和物流中心建设，鼓励电子商务第三方交易平台渠道下沉，带动农村特色产业发展，推进农产品进城、农业生产资料下乡。完善有利于中小网商发展的政策措施，在风险可控、商业可持续的前提下支持发展面向中小网商的融资贷款业务。

（十九）推进易地扶贫搬迁与新型城镇化结合。坚持尊重群众意愿，注重因地制宜，搞好科学规划，在县城、小城镇或工业园区附近建设移民集中安置区，推进转移就业贫困人口在城镇落户。坚持加大中央财政支持和多渠道筹集资金相结合，坚持搬迁和发展两手抓，妥善解决搬迁群众的居住、看病、上学等问题，统筹谋划安置区产业发展与群众就业创业，确保搬迁群众生活有改善、发展有前景。

六、完善土地利用机制

（二十）规范推进城乡建设用地增减挂钩。总结完善并推广有关经验模式，全面实行城镇建设用地增加与农村建设用地减少相挂钩的政策。高标准、高质量推进村庄整治，在规范管理、规范操作、规范运行的基础上，扩大城乡建设用地增减挂钩规模和范围。运用现代信息技术手段加强土地利用变更情况监测监管。

（二十一）建立城镇低效用地再开发激励机制。允许存量土地使用权人在不违反法律法规、符合相关规划的前提下，按照有关规定经批准后对土地进行再开发。完善城镇存量土地再开发过程中的供应方式，鼓励原土地使用权人自行改造，涉及原划拨土地使用权转让需补办出让手续的，经依法批准，可采取规定方式办理并按市场价缴纳土地出让价款。在国家、改造者、土地权利人之间合理分配“三旧”（旧城镇、旧厂房、旧村庄）改造的土地收益。

（二十二）因地制宜推进低丘缓坡地开发。在坚持最严格的耕地保护制度、确保生态安全、切实做好地质灾害防治的前提下，在资源环境承载力适宜地区开展低丘缓坡地开发试点。通过创新规划计划方式、开展整体整治、土地分批供应等政策措施，合理确定低丘缓坡地开发用途、规模、布局和项目用地准入门槛。

（二十三）完善土地经营权和宅基地使用权流转机制。加快推进农村土地确权登记颁证工作，鼓励地方建立健全农村产权流转市场体系，探索农户对土地承包权、宅基地使用权、集体收益分配权的自愿有偿退出机制，支持引导其依法自愿有偿转让上述权益，提高资源利用效率，防止闲置和浪费。深入推进农村土地征收、集体经营性建设用地入市、宅基地制度改革试点，稳步开展农村承包土地的经营权和农民住房财产权抵押贷款试点。

七、创新投融资机制

（二十四）深化政府和社会资本合作。进一步放宽准入条件，健全价格调整机制和政府补贴、监管机制，广泛吸引社会资本参与城市基础设施和市政公用设施建设和运营。根据经营性、准经营性和非经营性项目的不同特点，采取更具针对性的政府和社会资本合作模式，加快城市基础设施和公共服务设施建设。

（二十五）加大政府投入力度。优化政府投资结构，安排专项资金重点支持农业转移人口市民化相关配套设施建设。编制公开透明的政府资产负债表，允许有条件的地区通过发行地方政府债券等多种方式拓宽城市建设融资渠道。省级政府举债使用方向要向新型城镇化倾斜。

（二十六）强化金融支持。专项建设基金要扩大支持新型城镇化建设的覆盖面，安排专门资金定向支持城市基础设施和公共服务设施建设、特色小城镇功能提升等。鼓励开发银行、农业发展银行创新信贷模式和产品，针对新型城镇化项目设计差别化融资模式与偿债机制。鼓励商业银行开发面向新型城镇化的金融服务和产品。鼓励公共基金、保险资金等参与具有稳定收益的城市基础设施项目建设和运营。鼓励地方利用财政资金和社会资金设立城镇化发展基金，鼓励地方整合政府投资平台设立城镇化投资平台。支持城市政府推行基础设施和租赁房资产证券化，提高城市基础设施项目直接融资比重。

八、完善城镇住房制度

（二十七）建立购租并举的城镇住房制度。以满足新市民的住房需求为主要出发点，建立购房与租房并举、市场配置与政府保障相结合的住房制度，健全以市场为主满足多层次需求、以政府为主提供基本保障的住房供应体系。对具备购房能力的常住人口，支持其购买商品住房。对不具备购房能力或没有购房意愿的常住人口，支持其通过住房租赁市场租房居住。对符合条件的低收入住房困难家庭，通过提供公共租赁住房或发放租赁补贴保障其基本住房需求。

（二十八）完善城镇住房保障体系。住房保障采取实物与租赁补贴相结合并逐步转向租赁补贴为主。加快推广租赁补贴制度，采取市场提供房源、政府发放补贴的方式，支持符合条件的农业转移人口通过住房租赁市场租房居住。归并实物住房保障种类。完善住房保障申请、审核、公示、轮候、复核制度，严格保障性住房分配和使用管理，健全退出机制，确保住房保障体系公平、公正和健康运行。

（二十九）加快发展专业化住房租赁市场。通过实施土地、规划、金融、税收等相关支持政策，培育专业化市场主体，引导企业投资购房用于租赁经营，支持房地产企业调整资产配置持有住房用于租赁经营，引导住房租赁企业和房地产开发企业经营新建租赁住房。支持专业企业、物业服务企业等通过租赁或购买社会闲置住房开展租赁经营，落实鼓励居民出租住房的税收优惠政策，激活存量住房租赁市场。鼓励商业银行开发适合住房租赁业务发展需要的信贷产品，在风险可控、商业可持续的原则下，对购买商品住房开展租赁业务的企业提供购房信贷支持。

（三十）健全房地产市场调控机制。调整完善差别化住房信贷政策，发展个人住房贷款保险业务，提高对农民工等中低收入群体的住房金融服务水平。完善住房用地供应制度，优化住房供应结构。加强商品房预售管理，推行商品房买卖合同在线签订和备案制度，完善商品房交易资金监管机制。进一步提高城镇棚户区改造以及其他房屋征收项目货币化安置比例。鼓励引导农民在中小城市就近购房。

九、加快推进新型城镇化综合试点

（三十一）深化试点内容。在建立农业转移人口市民化成本分担机制、建立多元化可持续城镇化投融资机制、改革完善农村宅基地制度、建立创新行政管理和降低行政成本的设市设区模式等方面加大探索力度，实现重点突破。鼓励试点地区有序建立进城落户农民农村土地承包权、宅基地使用权、集体收益分配权依法自愿有偿退出机制。有可能突破现行法规和政策的改革探索，在履行必要程序后，赋予试点地区相应权限。

（三十二）扩大试点范围。按照向中西部和东北地区倾斜、向中小城市和小城镇倾斜的原则，组织开展第二批国家新型城镇化综合试点。有关部门在组织开展城镇化相关领域的试点时，要向国家新型城镇化综合试点地区倾斜，以形成改革合力。

（三十三）加大支持力度。地方各级人民政府要营造宽松包容环境，支持试点地区发挥首创精神，推动顶层设计与基层探索良性互动、有机结合。国务院有关部门和省级人民政府要强化对试点地区的指导和支持，推动相关改革举措在试点地区先行先试，及时总结推广试点经验。各试点地区要制定实施年度推进计划，明确年度任务，建立健全试点绩效考核评价机制。

十、健全新型城镇化工作推进机制

（三十四）强化政策协调。国家发展改革委要依托推进新型城镇化工作部际联席会议制度，加强政策统筹协调，推动相关政策尽快出台实施，强化对地方新型城镇化工作的指导。各地区要进一步完善城镇化工作机制，各级发展改革部门要统筹推进本地区新型城镇化工作，其他部门要积极主动配合，共同推动新型城镇化取得更大成效。

（三十五）加强监督检查。有关部门要对各地区新型城镇化建设进展情况进行跟踪监测和监督检查，对相关配套政策实施效果进行跟踪分析和总结评估，确保政策举措落地生根。

（三十六）强化宣传引导。各地区、各部门要广泛宣传推进新型城镇化的新理念、新政策、新举措，及时报道典型经验和做法，强化示范效应，凝聚社会共识，为推进新型城镇化营造良好的社会环境和舆论氛围。

国务院

2016 年 2 月 2 日

中共中央　国务院
关于印发《国家新型城镇化规划（2014~2020 年）》的通知
（节选）

（2014 年 3 月 12 日　中发〔2014〕4 号）

国家新型城镇化规划（2014~2020 年）

第十二章　促进各类城市协调发展

第三节　有重点地发展小城镇

按照控制数量、提高质量、节约用地、体现特色的要求，推动小城镇发展与疏解大城市中心城区功能相结合、与特色产业发展相结合、与服务“三农”相结合。大城市周边的重点镇，要加强与城市发展的统筹规划与功能配套，逐步发展成为卫星城。具有特色资源、区位优势的小城镇，要通过规划引导、市场运作，培育成为文化旅游、商贸物流、资源加工、交通枢纽等专业特色镇。远离中心城市的小城镇和林场、农场等，要完善基础设施和公共服务，发展成为服务农村、带动周边的综合性小城镇。对吸纳人口多、经济实力强的镇，可赋予同人口和经济规模相适应的管理权。

第十四章　强化城市产业就业支撑

第一节　优化城市产业结构

根据城市资源环境承载能力、要素禀赋和比较优势，培育发展各具特色的城市产业体系。改造提升传统产业，淘汰落后产能，壮大先进制造业和节能环保、新一代信息技术、生物、新能源、新材料、新能源汽车等战略性新兴产业。适应制造业转型升级要求，推动生产性服务业专业化、市场化、社会化发展，引导生产性服务业在中心城市、制造业密集区域集聚；适应居民消费需求多样化，提升生活性服务业水平，扩大服务供给，提高服务质量，推动特大城市和大城市形成以服务经济为主的产业结构。强化城市间专业化分工协作，增强中小城市产业承接能力，构建大中小城市和小城镇特色鲜明、优势互补的产业发展格局。推进城市污染企业治理改造和环保搬迁。支持资源枯竭城市发展接续替代产业。

国家发展改革委　国家开发银行
关于开发性金融支持特色小（城）镇建设
促进脱贫攻坚的意见

发改规划〔2017〕102号

各省、自治区、直辖市及计划单列市发展改革委，新疆生产建设兵团发展改革委，国家开发银行各分行：

建设特色小（城）镇是推进供给侧结构性改革的重要平台，是深入推进新型城镇化、辐射带动新农村建设的重要抓手。全力实施脱贫攻坚、坚决打赢脱贫攻坚战是“十三五”时期的重大战略任务。在贫困地区推进特色小（城）镇建设，有利于为特色产业脱贫搭建平台，为转移就业脱贫拓展空间，为易地扶贫搬迁脱贫提供载体。为深入推进特色小（城）镇建设与脱贫攻坚战略相结合，加快脱贫攻坚致富步伐，现就开发性金融支持贫困地区特色小（城）镇建设提出以下意见。

一、总体要求

全面贯彻党的十八大和十八届三中、四中、五中、六中全会精神，统筹推进“五位一体”总体布局和协调推进“四个全面”战略布局，牢固树立和贯彻落实新发展理念，按照扶贫开发与经济社会发展相结合的要求，充分发挥开发性金融作用，推动金融扶贫与产业扶贫紧密衔接，夯实城镇产业基础，完善城镇服务功能，推动城乡一体化发展，通过特色小（城）镇建设带动区域性脱贫，实现特色小（城）镇持续健康发展和农村贫困人口脱贫双重目标，坚决打赢脱贫攻坚战。

——坚持因地制宜、稳妥推进。从各地实际出发，遵循客观规律，加强统筹协调，科学规范引导特色小（城）镇开发建设与脱贫攻坚有机结合，防止盲目建设、浪费资源、破坏环境。

——坚持协同共进、一体发展。统筹谋划脱贫攻坚与特色小（城）镇建设，促进特色产业发展、农民转移就业、易地扶贫搬迁与特色小（城）镇建设相结合，确保群众就业有保障、生活有改善、发展有前景。

——坚持规划引领、金融支持。根据各地发展实际，精准定位、规划先行，科学布局特色小（城）镇生产、生活、生态空间。通过配套系统性融资规划，合理配置金融资源，为特色小（城）镇建设提供金融支持，着力增强贫困地区自我发展能力，推动区域持续健康发展。

——坚持主体多元、合力推进。发挥政府在脱贫攻坚战中的主导作用和在特色小（城）镇建设中的引导作用，充分利用开发性金融融资、融智优势，聚集各类资源，整合优势力量，激发市场主体活力，共同支持贫困地区特色小（城）镇建设。

——坚持改革创新、务求实效。用改革的办法和创新的精神推进特色小（城）镇建设，完善建设模式、管理方式和服务手段，加强金融组织创新、产品创新和服务创新，使金融资源切实服务小（城）镇发展，有效支持脱贫攻坚。

二、主要任务

1. 加强规划引导

加强对特色小（城）镇发展的指导，推动地方政府结合经济社会发展规划，编制特色小（城）镇发展专项规划，明确发展目标、建设任务和工作进度。开发银行各分行积极参与特色小（城）镇规划编制工作，统筹考虑财税、金融、市场资金等方面因素，做好系统性融资规划和融资顾问工作，明确支持重点、融资方案和融资渠道，推动规划落地实施。各级发展改革部门要加强与开发银行各分行、特色小（城）镇所在地方政府的沟通联系，积极支持系统性融资规划编制工作。

2. 支持发展特色产业

一是各级发展改革部门和开发银行各分行要加强协调配合，根据地方资源禀赋和产业优势，探索符合当地实际的农村产业融合发展道路，不断延伸农业产业链、提升价值链、拓展农业多种功能，推进多种形式的产城融合，实现农业现代化与新型城镇化协同发展。二是开发银行各分行要运用“四台一会”（管理平台、借款平台、担保平台、公示平台和信用协会）贷款模式，推动建立风险分担和补偿机制，以批发的方式融资支持龙头企业、中小微企业、农民合作组织以及返乡农民工等各类创业者发展特色优势产业，带动周边广大农户，特别是贫困户全面融入产业发展。三是在特色小（城）镇产业发展中积极推动开展土地、资金等多种形式的股份合作，在有条件的地区，探索将“三资”（农村集体资金、资产和资源）、承包土地经营权、农民住房财产权和集体收益分配权资本化，建立和完善利益联结机制，保障贫困人口在产业发展中获得合理、稳定的收益，并实现城乡劳动力、土地、资本和创新要素高效配置。

3. 补齐特色小（城）镇发展短板

一是支持基础设施、公共服务设施和生态环境建设，包括但不限于土地及房屋的征收、拆迁和补偿；安置房建设或货币化安置；水网、电网、路网、信息网、供气、供热、地下综合管廊等公共基础设施建设；污水处理、垃圾处理、园林绿化、水体生态系统与水环境治理等环境设施建设以及生态修复工程；科技馆、学校、文化馆、医院、体育馆等科教文卫设施建设；小型集贸市场、农产品交易市场、生活超市等便民商业设施建设；其他基础设施、公共服务设施以及环境设施建设。二是支持各类产业发展的配套设施建设，包括但不限于标准厂房、孵化园、众创空间等生产平台；旅游休闲、商贸物流、人才公寓等服务平台建设；其他促进特色产业发展的配套基础设施建设。

4. 积极开展试点示范

结合贫困地区发展实际，因地制宜开展特色小（城）镇助力脱贫攻坚建设试点。对试点单位优先编制融资规划，优先安排贷款规模，优先给予政策、资金等方面的支持，鼓励各地先行先试，着力打造一批资源禀赋丰富、区位环境良好、历史文化浓厚、产业集聚发达、脱贫攻坚效果好的特色小（城）镇，为其他地区提供经验借鉴。

5. 加大金融支持力度

开发银行加大对特许经营、政府购买服务等模式的信贷支持力度，特别是通过探索多种类型的PPP模式，引入大型企业参与投资，引导社会资本广泛参与。发挥开发银行“投资、贷款、债券、租赁、证券、基金”综合服务功能和作用，在设立基金、发行债券、资产证券化等方面提供财务顾问服务。发挥资本市场在脱贫攻坚中的积极作用，盘活贫困地区特色资产资源，为特色小（城）镇建设提供多元化金融支持。各级发展改革部门和开发银行各分行要共同推动地方政府完善担保体系，建立风险补偿机制，改善当地金融生态环境。

6. 强化人才支撑

加大对贫困地区特色小（城）镇建设的智力支持力度，开发银行扶贫金融专员要把特色小（城）镇作为金融服务的重要内容，帮助派驻地（市、州）以及对口贫困县区域内的特色小（城）镇引智、引商、引技、引资，着力解决缺人才、缺技术、缺资金等突出问题。以“开发性金融支持脱贫攻坚地方干部培训班”为平台，为贫困地区干部开展特色小（城）镇专题培训，帮助正确把握政策内涵，增强运用开发性金融手段推动特色小（城）镇建设、促进脱贫攻坚的能力。

7. 建立长效合作机制

国家发展改革委和开发银行围绕特色小（城）镇建设进一步深化合作，建立定期会商机制，加大工作推动力度。各级发展改革部门和开发银行各分行要密切沟通，共同研究制定当地特色小（城）镇建设工作方案，确定重点支持领域，设计融资模式；建立特色小（城）镇重点项目批量开发推荐机制，形成项目储备库；协调解决特色小（城）镇建设过程中的困难和问题，将合作落到实处。

各级发展改革部门和开发银行各分行要支持贫困地区特色小（城）镇建设促进脱贫攻坚，加强合作机制创新、工作制度创新和发展模式创新，积极探索、勇于实践，确保特色小（城）镇建设取得新成效，打赢脱贫攻坚战。

国家发展改革委
国家开发银行
2017年1月13日

国家发展改革委　工业和信息化部　财政部　人力资源社会保障部　国土资源部　住房城乡建设部　交通运输部　农业部　商务部　人民银行关于同意河北省阜城县等116个县（市、区）结合新型城镇化开展支持农民工等人员返乡创业试点的通知

发改就业〔2016〕2640号

各省、自治区、直辖市发展改革委、工业和信息化（中小企业）主管部门、财政厅（局）、人力资源社会保障厅（局）、国土资源主管部门、住房城乡建设厅（委）、交通运输厅（委）、农业（农牧、农村经济）厅（委、局）、商务主管部门，中国人民银行上海总部、各分行、营业管理部、省会（首府）城市中心支行：

为贯彻落实《国家新型城镇化规划（2014~2020年）》《国务院关于进一步做好新形势下就业创业工作的意见》（国发〔2015〕23号）和《国务院办公厅关于支持农民

工等人员返乡创业的意见》（国办发〔2015〕47号）精神，按照《关于结合新型城镇化开展支持农民工等人员返乡创业试点工作的通知》（发改就业〔2015〕2811号）和《国家发展改革委办公厅关于做好第二批结合新型城镇化开展支持农民工等人员返乡创业试点地区申报工作的通知》（发改办就业〔2016〕1869号）要求，经评审，同意河北省阜城县等116个县（市、区）（以下简称试点地区）结合新型城镇化开展支持农民工等人员返乡创业试点。现就试点工作有关事项通知如下：

一、明确主要任务

各试点地区要按照《国务院办公厅关于支持农民工等人员返乡创业的意见》《关于结合新型城镇化开展支持农民工等人员返乡创业试点工作的通知》和《国家发展改革委办公厅关于做好第二批结合新型城镇化开展支持农民工等人员返乡创业试点地区申报工作的通知》的要求，积极探索优化鼓励返乡创业的体制机制环境，打造良好创业生态系统。围绕农民工等人员返乡创业面临的场地短缺、基础设施不完善、公共服务不配套以及融资难融资贵、证照办理环节多等突出问题，重点做好园区资源整合、服务平台和服务能力建设等工作。同时，结合本地实际，加快发展农村电商，培育特色产业集群，在以返乡创业促扶贫发展、转型脱困、化解产能、产城融合、特色小镇和重点镇建设等方面，积极探索新路径。积极与电子商务龙头企业等市场资源、公益性培训机构等社会资源加强对接。

二、健全组织保障

各试点地区要成立主要领导牵头的结合新型城镇化开展支持农民工等人员返乡创业试点工作领导小组，全面负责试点工作的推进实施，建立健全“主要领导亲自抓、分管领导具体抓、职能部门抓落实”的工作机制。各省级发展改革部门要会同有关部门做好指导工作，协助解决好试点工作中的困难问题。

三、强化工作落实

各试点地区要做好年度计划，细化分解年度任务，明确责任分工，倒排时间节点，确保试点工作扎实有序推进。年度计划要报省级发展改革部门备案，经省级发展改革部门会同有关部门审核同意后，通过适当形式向社会公开。

四、做好经验总结

各试点地区要及时总结试点工作进展情况、采取的主要做法、取得的成果经验、遇到的矛盾困难和下一步工作建议，形成半年度和年度总结报告报送省级发展改革部门，省级发展改革部门将各试点地区总结报告汇总后连同本省（区、市）试点工作情况报国家发展改革委。

五、开展创业就业监测

在返乡创业试点过程中，各试点地区要加强对创业就业的监测，及时掌握返乡创业就业等相关情况（包括创办的企业、所在行业、增加的岗位、创业人员及数量、吸纳就业人数、收入变化等信息），形成监测报告于每季度结束后10个工作日内报送省级发展改革部门，省级发展改革部门汇总后报送国家发展改革委。

六、注重宣传引导

各省（区、市）和试点地区要广泛宣传试点工作的理念要求、目标任务和政策措施，及时总结并宣传本地支持农民工等人员返乡创业的好经验、好做法和典型案例，提高试点工作的知晓率和参与率，形成全社会广泛参与的良好氛围。

七、加强监督考核

各省级发展改革部门要会同有关部门加强对各试点地区试点工作的监督考核和指导，及时向国家发展改革委反馈有关情况。国家发展改革委将会同有关部门加强评估考核，确保试点工作取得实效。

为更好地推动试点工作中的上下联动和沟通协作，保障工作顺畅高效开展，请各省级发展改革部门及各试点地区确定试点工作相关负责人和工作联系人员，各省级发展改革部门按照附件2汇总后于12月29日前报国家发展改革委。

附件：1. 第二批结合新型城镇化开展支持农民工等人员返乡创业试点地区名单（略）

2. 结合新型城镇化开展支持农民工等人员返乡创业试点工作联系人员信息表（略）

国家发展改革委

工业和信息化部

财政部

人力资源社会保障部

国土资源部

住房城乡建设部

交通运输部

农业部

商务部

人民银行

2016年12月13日

国家发展改革委　国家开发银行　中国光大银行　中国企业联合会　中国企业家协会　中国城镇化促进会　关于实施“千企千镇工程”推进美丽特色小（城）镇建设的通知

发改规划〔2016〕2604 号

各省、自治区、直辖市及计划单列市发展改革委、企业联合会、企业家协会，国家开发银行、中国光大银行各分行，新疆生产建设兵团发展改革委：

为深入贯彻落实习近平总书记、李克强总理等党中央、国务院领导同志关于加强特色小镇、小城镇建设的重要批示指示精神，按照《国家发展改革委关于加快美丽特色小（城）镇建设的指导意见》要求，在总结近年来企业参与城镇建设运营行之有效的经验基础上，国家发展改革委、国家开发银行、中国光大银行、中国企业联合会、中国企业家协会、中国城镇化促进会拟组织实施美丽特色小（城）镇建设“千企千镇工程”。有关事项通知如下：

一、主要目的

“千企千镇工程”是指根据“政府引导、企业主体、市场化运作”的新型小（城）镇创建模式，搭建小（城）镇与企业主体有效对接平台，引导社会资本参与美丽特色小（城）镇建设，促进镇企融合发展、共同成长。

实施“千企千镇工程”，有利于充分发挥优质企业与特色小（城）镇的双重资源优势，开拓企业成长空间，树立城镇特色品牌，实现镇企互利共赢；有利于培育供给侧小镇经济，有效对接新消费新需求，增强小（城）镇可持续发展能力和竞争力；有利于创新小（城）镇建设管理运营模式，充分发挥市场配置资源的决定性作用，更好发挥政府规划引导和提供公共服务等作用，防止政府大包大揽。

二、主要内容

牢固树立和贯彻落实创新、协调、绿色、开放、共享的发展理念，深入推进供给侧结构性改革，以建设特色鲜明、产城融合、充满魅力的美丽特色小（城）镇为目标，以探索形成政府引导、市场主导、多元主体参与的特色小（城）镇建设运营模式为方向，加强政企银合作，拓宽城镇建设投融资渠道，加快城镇功能提升。坚持自主自愿、互利互惠，不搞“拉郎配”，不搞目标责任制，通过搭建平台更多依靠市场力量引导企业等市场主体参与特色小（城）镇建设。

（一）聚焦重点领域。围绕产业发展和城镇功能提升两个重点，深化镇企合作。引导企业从区域要素禀赋和比较优势出发，培育壮大休闲旅游、商贸物流、信息产业、智能制造、科技教育、民俗文化传承等特色优势主导产业，扩大就业，集聚人口。推动“产、城、人、文”融合发展，完善基础设施，扩大公共服务，挖掘文化内涵，促进绿色发展，打造宜居宜业的环境，提高人民群众获得感和幸福感。

（二）建立信息服务平台。运用云计算、大数据等信息技术手段，建设“千企千镇服务网”，开发企业产业转移及转型升级数据库和全国特色小（城）镇数据库，为推动企业等社会资本与特色小（城）镇对接提供基础支撑。

（三）搭建镇企合作平台。定期举办“中国特色小（城）镇发展论坛”，召开多形式的特色小（城）镇建设交流研讨会、项目推介会等，加强企业等社会资本和特色小（城）镇的沟通合作与互动交流。

（四）镇企结对树品牌。依托信息服务平台和镇企合作平台，企业根据自身经营方向，优选最佳合作城镇，城镇发挥资源优势，吸引企业落户，实现供需对接、双向选择，共同打造镇企合作品牌。

（五）推广典型经验。每年推出一批企业等社会资本与特色小（城）镇成功合作的典型案例，总结提炼可复制、可推广的经验，供各地区参考借鉴。

三、组织实施

（一）强化协同推进。“千企千镇工程”由国家发展改革委、国家开发银行、中国光大银行、中国企业联合会、中国企业家协会、中国城镇化促进会等单位共同组织实施。中国城镇化促进会要充分发挥在平台搭建、信息交流、经验总结等方面的积极作用，承担工程实施的具体工作。

（二）完善支持政策。“千企千镇工程”的典型地区和企业，可优先享受有关部门关于特色小（城）镇建设的各项支持政策，优先纳入有关部门开展的新型城镇化领域试点示范。国家开发银行、中国光大银行将通过多元化金融产品及模式对典型地区和企业给予融资支持，鼓励引导其他金融机构积极参与。政府有关部门和行业协会等社会组织将加强服务和指导，帮助解决“千企千镇工程”实施中的重点难点问题。

（三）积极宣传引导。充分发挥主流媒体、自媒体等舆论引导作用，持续跟踪报道“千企千镇工程”实施情况，总结好经验、好做法，发现新情况、新问题，形成全社会关心、关注、支持特色小（城）镇发展的良好氛围。

四、工作要求

（一）各地发展改革部门要强化对特色小（城）镇建设工作的指导和推进力度，积极组织引导特色小（城）镇参与结对工程建设，做好本地区镇企对接统筹协调。

（二）国家开发银行、中国光大银行各地分行要把特色小（城）镇建设作为推进新型城镇化建设的突破口，对带头实施“千企千镇工程”的企业等市场主体和特色小（城）镇重点帮扶，优先支持。

（三）各地企业联合会、企业家协会要充分发挥社会组织的作用，动员和组织本地企业与特色小（城）镇结对，以市场为导向，以产城融合为目标，把企业转型升级与特色小（城）镇建设有机结合起来。

联系人及电话：

中国城镇化促进会　杨子健（010-68518601）

国家发展改革委

国家开发银行

中国光大银行

中国企业联合会

中国企业家协会

中国城镇化促进会

2016 年 12 月 12 日

国家发展改革委
关于加快美丽特色小（城）镇建设的指导意见

发改规划〔2016〕2125 号

各省、自治区、直辖市、计划单列市发展改革委，新疆生产建设兵团发展改革委：

特色小（城）镇包括特色小镇、小城镇两种形态。特色小镇主要指聚焦特色产业和新兴产业，集聚发展要素，不同于行政建制镇和产业园区的创新创业平台。特色小城镇是指以传统行政区划为单元，特色产业鲜明、具有一定人口和经济规模的建制镇。特色小镇和小城镇相得益彰、互为支撑。发展美丽特色小（城）镇是推进供给侧结构性改革的重要平台，是深入推进新型城镇化的重要抓手，有利于推动经济转型升级和发展动能转换，有利于促进大中小城市和小城镇协调发展，有利于充分发挥城镇化对新农村建设的辐射带动作用。为深入贯彻落实习近平总书记、李克强总理等党中央、国务院领导同志关于特色小镇、小城镇建设的重要批示指示精神，现就加快美丽特色小（城）镇建设提出如下意见。

一、总体要求

全面贯彻党的十八大和十八届三中、四中、五中全会精神，深入学习贯彻习近平总书记系列重要讲话精神，牢固树立和贯彻落实创新、协调、绿色、开放、共享的发展理念，按照党中央、国务院的部署，深入推进供给侧结构性改革，以人为本、因地制宜、突出特色、创新机制，夯实城镇产业基础，完善城镇服务功能，优化城镇生态环境，提升城镇发展品质，建设美丽特色新型小（城）镇，有机对接美丽乡村建设，促进城乡发展一体化。

——坚持创新探索。创新美丽特色小（城）镇的思路、方法、机制，着力培育供给侧小镇经济，防止“新瓶装旧酒”、“穿新鞋走老路”，努力走出一条特色鲜明、产城融合、惠及群众的新型小城镇之路。

——坚持因地制宜。从各地实际出发，遵循客观规律，挖掘特色优势，体现区域差异性，提倡形态多样性，彰显小（城）镇独特魅力，防止照搬照抄、“东施效颦”、一哄而上。

——坚持产业建镇。根据区域要素禀赋和比较优势，挖掘本地最有基础、最具潜力、最能成长的特色产业，做精做强主导特色产业，打造具有持续竞争力和可持续发展特征的独特产业生态，防止千镇一面。

——坚持以人为本。围绕人的城镇化，统筹生产、生活、生态空间布局，完善城镇功能，补齐城镇基础设施、公共服务、生态环境短板，打造宜居宜业环境，提高人民群众获得感和幸福感，防止形象工程。

——坚持市场主导。按照政府引导、企业主体、市场化运作的要求，创新建设模式、管理方式和服务手段，提高多元化主体共同推动美丽特色小（城）镇发展的积极性。发挥好政府制定规划政策、提供公共服务等作用，防止大包大揽。

二、分类施策，探索城镇发展新路径

总结推广浙江等地特色小镇发展模式，立足产业“特而强”、功能“聚而合”、形态“小而美”、机制“新而活”，将创新性供给与个性化需求有效对接，打造创新创业发展平台和新型城镇化有效载体。

按照控制数量、提高质量，节约用地、体现特色的要求，推动小（城）镇发展与疏解大城市中心城区功能相结合、与特色产业发展相结合、与服务“三农”相结合。大城市周边的重点镇，要加强与城市发展的统筹规划与功能配套，逐步发展成为卫星城。具有特色资源、区位优势的小城镇，要通过规划引导、市场运作，培育成为休闲旅游、商贸物流、智能制造、科技教育、民俗文化传承的专业特色镇。远离中心城市的小城镇，要完善基础设施和公共服务，发展成为服务农村、带动周边的综合性小城镇。

统筹地域、功能、特色三大重点，以镇区常住人口5万以上的特大镇、镇区常住人口3万以上的专业特色镇为重点，兼顾多类型多形态的特色小镇，因地制宜建设美丽特色小（城）镇。

三、突出特色，打造产业发展新平台

产业是小城镇发展的生命力，特色是产业发展的竞争力。要立足资源禀赋、区位环境、历史文化、产业集聚等特色，加快发展特色优势主导产业，延伸产业链、提升价值链，促进产业跨界融合发展，在差异定位和领域细分中构建小镇大产业，扩大就业，集聚人口，实现特色产业立镇、强镇、富镇。

有条件的小城镇特别是中心城市和都市圈周边的小城镇，要积极吸引高端要素集聚，发展先进制造业和现代服务业。鼓励外出农民工回乡创业定居。强化校企合作、产研融合、产教融合，积极依托职业院校、成人教育学院、继续教育学院等院校建设就业技能培训基地，培育特色产业发展所需各类人才。

四、创业创新，培育经济发展新动能

创新是小城镇持续健康发展的根本动力。要发挥小城镇创业创新成本低、进入门槛低、各项束缚少、生态环境好的优势，打造大众创业、万众创新的有效平台和载体。鼓励特色小（城）镇发展面向大众、服务小微企业的低成本、便利化、开放式服务平台，构建富有活力的创业创新生态圈，集聚创业者、风投资本、孵化器等高端要素，促进产业链、创新链、人才链的耦合；依托互联网拓宽市场资源、社会需求与创业创新对接通道，推进专业空间、网络平台和企业内部众创，推动新技术、新产业、新业态蓬勃发展。

营造吸引各类人才、激发企业家活力的创新环境，为初创期、中小微企业和创业者提供便利、完善的“双创”服务；鼓励企业家构筑创新平台、集聚创新资源；深化投资便利化、商事仲裁、负面清单管理等改革创新，打造有利于创新创业的营商环境，推动形成一批集聚高端要素、新兴产业和现代服务业特色鲜明、富有活力和竞争力的新型小城镇。

五、完善功能，强化基础设施新支撑

便捷完善的基础设施是小城镇集聚产业的基础条件。要按照适度超前、综合配套、集约利用的原则，加强小城镇道路、供水、供电、通信、污水垃圾处理、物流等基础设施建设。建设高速通畅、质优价廉、服务便捷的宽带网络基础设施和服务设施，以人为本推动信息惠民，加强小城镇信息基础设施建设，加速光纤入户进程，建设智慧小镇。加强步行和自行车等慢行交通设施建设，做好慢行交通系统与公共交通系统的衔接。

强化城镇与交通干线、交通枢纽城市的连接，提高公路技术等级和通行能力，改善交通条件，提升服务水平。推进大城市市域（郊）铁路发展，形成多层次轨道交通骨干网络，高效衔接大中小城市和小城镇，促进互联互通。鼓励综合开发，形成集交通、商业、休闲等为一体的开放式小城镇功能区。推进公共停车场建设。鼓励建设开放式住宅小区，提升微循环能力。鼓励有条件的小城镇开发利用地下空间，提高土地利用效率。

六、提升质量，增加公共服务新供给

完善的公共服务特别是较高质量的教育医疗资源供给是增强小城镇人口集聚能力的重要因素。要推动公共服务从按行政等级配置向按常住人口规模配置转变，根据城镇常住人口增长趋势和空间分布，统筹布局建设学校、医疗卫生机构、文化体育场所等公共服务设施，大力提高教育卫生等公共服务的质量和水平，使群众在特色小（城）镇能够享受更有质量的教育、医疗等公共服务。要聚焦居民日常需求，提升社区服务功能，加快构建便捷“生活圈”、完善“服务圈”和繁荣“商业圈”。

镇区人口 10 万以上的特大镇要按同等城市标准配置教育和医疗资源，其他城镇要不断缩小与城市基本公共服务差距。实施医疗卫生服务能力提升计划，参照县级医院水平提高硬件设施和诊疗水平，鼓励在有条件的小城镇布局三级医院。大力提高教育质量，加快推进义务教育学校标准化建设，推动市县知名中小学和城镇中小学联合办学，扩大优质教育资源覆盖面。

七、绿色引领，建设美丽宜居新城镇

优美宜居的生态环境是人民群众对城镇生活的新期待。要牢固树立“绿水青山就是金山银山”的发展理念，保护城镇特色景观资源，加强环境综合整治，构建生态网络。深入开展大气污染、水污染、土壤污染防治行动，溯源倒逼、系统治理，带动城镇生态环境质量全面改善。有机协调城镇内外绿地、河湖、林地、耕地，推动生态保护与旅游发展互促共融、新型城镇化与旅游业有机结合，打造宜居宜业宜游的优美环境。鼓励有条件的小城镇按照不低于 3A 级景区的标准规划建设特色旅游景区，将美丽资源转化为“美丽经济”。

加强历史文化名城名镇名村、历史文化街区、民族风情小镇等的保护，保护独特风貌，挖掘文化内涵，彰显乡愁特色，建设有历史记忆、文化脉络、地域风貌、民族特点的美丽小（城）镇。

八、主体多元，打造共建共享新模式

创新社会治理模式是建设美丽特色小（城）镇的重要内容。要统筹政府、社会、市民三大主体积极性，推动政府、社会、市民同心同向行动。充分发挥社会力量作用，最大限度激发市场主体活力和企业家创造力，鼓励企业、其他社会组织和市民积极参与城镇投资、建设、运营和管理，成为美丽特色小（城）镇建设的主力军。积极调动市民参与美丽特色小（城）镇建设热情，促进其致富增收，让发展成果惠及广大群众。逐步形成多方主体参与、良性互动的现代城镇治理模式。

政府主要负责提供美丽特色小（城）镇制度供给、设施配套、要素保障、生态环境保护、安全生产监管等管理和服务，营造更加公平、开放的市场环境，深化“放管服”改革，简化审批环节，减少行政干预。

九、城乡联动，拓展要素配置新通道

美丽特色小（城）镇是辐射带动新农村的重要载体。要统筹规划城乡基础设施网络，健全农村基础设施投入长效机制，促进水电路气信等基础设施城乡联网、生态环保设施城乡统一布局建设。推进城乡配电网建设改造，加快农村宽带网络和快递网络建设，以美丽特色小（城）镇为节点，推进农村电商发展和“快递下乡”。推动城镇公共服务向农村延伸，逐步实现城乡基本公共服务制度并轨、标准统一。

搭建农村一二三产业融合发展服务平台，推进农业与旅游、教育、文化、健康养老等产业深度融合，大力发展农业新型业态。依托优势资源，积极探索承接产业转移新模式，引导城镇资金、信息、人才、管理等要素向农村流动，推动城乡产业链双向延伸对接。促进城乡劳动力、土地、资本和创新要素高效配置。

十、创新机制，激发城镇发展新活力

释放美丽特色小（城）镇的内生动力关键要靠体制机制创新。要全面放开小城镇落户限制，全面落实居住证制度，不断拓展公共服务范围。积极盘活存量土地，建立低效用地再开发激励机制。建立健全进城落户农民农村土地承包权、宅基地使用权、集体收益分配权自愿有偿流转和退出机制。创新特色小（城）镇建设投融资机制，大力推进政府和社会资本合作，鼓励利用财政资金撬动社会资金，共同发起设立美丽特色小（城）镇建设基金。研究设立国家新型城镇化建设基金，倾斜支持美丽特色小（城）镇开发建设。鼓励开发银行、农业发展银行、农业银行和其他金融机构加大金融支持力度。鼓励有条件的小城镇通过发行债券等多种方式拓宽融资渠道。

按照“小政府、大服务”模式，推行大部门制，降低行政成本，提高行政效率。深入推进强镇扩权，赋予镇区人口 10 万以上的特大镇县级管理职能和权限，强化事权、财权、人事权和用地指标等保障。推动具备条件的特大镇有序设市。

各级发展改革部门要把加快建设美丽特色小（城）镇作为落实新型城镇化战略部署和推进供给侧结构性改革的重要抓手，坚持用改革的思路、创新的举措发挥统筹协调作用，借鉴浙江等地采取创建制培育特色小镇的经验，整合各方面力量，加强分类指导，结合地方实际研究出台配套政策，努力打造一批新兴产业集聚、传统产业升级、体制机制灵活、人文气息浓厚、生态环境优美的美丽特色小（城）镇。国家发展改革委将加强统筹协调，加大项目、资金、政策等的支持力度，及时总结推广各地典型经验，推动美丽特色小（城）镇持续健康发展。

国家发展改革委

2016 年 10 月 8 日

国家发展改革委
印发《关于推动积极发挥新消费引领作用　加快培育形成新供给新动力重点任务落实的分工方案》的通知

发改规划〔2016〕1553 号

国务院各有关部门、直属机构，各省、自治区、直辖市及计划单列市、副省级省会城市，新疆生产建设兵团发展改革委：

去年 11 月，国务院出台《关于积极发挥新消费引领作用　加快培育形成新供给新动力的指导意见》（国发〔2015〕66 号，以下简称《指导意见》），围绕释放新消费、创造新供给、形成新动力明确了总体要求、基本原则和政策措施。为把《指导意见》提出的各项任务落到实处，我们会同有关部门研究起草了《关于推动积极发挥新消费引领作用　加快培育形成新供给新动力重点任务落实的分工方案》，现印发给你们，请结合实际认真贯彻执行。我委将做好跟踪分析、统筹协调、督促检查等工作，重大问题及时向国务院报告。

附件：关于推动积极发挥新消费引领作用　加快培育形成新供给新动力重点任务落实的分工方案

国家发展改革委

2016 年 7 月 13 日

抄送：各省、自治区、直辖市及计划单列市、副省级省会城市

人民政府办公厅，新疆生产建设兵团办公厅

附件：关于推动积极发挥新消费引领作用 加快培育形成新供给新动力重点任务落实的分工方案

国务院出台《关于积极发挥新消费引领作用 加快培育形成新供给新动力的指导意见》（以下简称《指导意见》），围绕释放新消费、创造新供给、形成新动力明确了总体要求、基本原则和政策措施。这是贯彻落实党的十八届五中全会精神、推进供给侧结构性改革的重大举措，是在经济发展新常态下充分发挥新消费引领作用、满足居民消费需求、提高人民生活质量的一个全面、系统的政策性文件。为把《指导意见》提出的各项任务落到实处，现就有关部门贯彻落实《指导意见》重要措施提出如下分工方案。

一、重要措施及分工

1. 促进以消费新热点、消费新模式为主要内容的消费升级，引领相关产业、基础设施和公共服务投资迅速成长。

牵头单位：发展改革委

参加单位：有关部门根据职能分工做好相关工作

2. 围绕职业技能培训、文化艺术培训等教育培训消费，健康管理、体育健身、高端医疗、生物医药等健康消费，家政服务和老年用品、照料护理等养老产业及适老化改造，动漫游戏、创意设计、网络文化、数字内容等新兴文化产业及传统文化消费升级，推动乡村旅游、自驾车房车旅游、邮轮旅游、工业旅游及配套设施建设，以及集多种服务于一体的城乡社区服务平台、大型服务综合体等平台建设。

牵头单位：发展改革委

参加单位：教育部、公安部、民政部、工业和信息化部、人力资源社会保障部、交通运输部、商务部、文化部、卫生计生委、新闻广电出版总局、体育总局、旅游局等

3. 建设云计算、大数据、物联网等基础设施，发展可穿戴设备、智能家居等智能终端相关技术和产品服务。

牵头单位：发展改革委、工业和信息化部、科技部

参加单位：有关部门根据职能分工做好相关工作

4. 推动循环经济、生态经济、低碳经济蓬勃发展，促进生态农业、新能源、节能节水、资源综合利用、环境保护与污染治理、生态保护与修复等领域技术研发、生产服务能力提升和基础设施建设。

牵头单位：发展改革委、环境保护部、科技部、住房城乡建设部、水利部、能源局、林业局

参加单位：有关部门根据职能分工做好相关工作

5. 推动与消费者体验、个性化设计、柔性制造等相关的产业加速发展。促进通用航空、邮轮等相关基础设施建设。

牵头单位：发展改革委、工业和信息化部、交通运输部、能源局、民航局

参加单位：有关部门根据职能分工做好相关工作

6. 推动传统产业改造提升和产品升级换代。

牵头单位：工业和信息化部、发展改革委、质检总局

参加单位：有关部门根据职能分工做好相关工作

7. 拓展农村交通通信、文化娱乐、绿色环保、家电类耐用消费品和家用轿车等方面消费空间，促进适宜农村地区的分布式能源、农业废弃物资源化综合利用和垃圾污水处理设施、农村水电路气信息等基础设施建设改造投资。

牵头单位：发展改革委、工业和信息化部、农业部、商务部、住房城乡建设部、文化部、水利部、能源局

参加单位：有关部门根据职能分工做好相关工作

8. 健全公平开放透明的市场规则，建立公平竞争审查制度，实现商品和要素自由流动、各类市场主体公平有序竞争。系统清理地方保护和部门分割政策，消除跨部门、跨行业、跨地区销售商品、提供服务、发展产业的制度障碍，严禁对外地企业、产品和服务设定歧视性准入条件。消除各种显性和隐性行政性垄断，加强反垄断执法，制定保障各类市场主体依法平等进入自然垄断、特许经营领域的具体办法，规范网络型自然垄断领域的产品和服务。

牵头单位：发展改革委、商务部、工商总局

参加单位：工业和信息化部、法制办、财政部

9. 创新公共服务供给方式，合理区分基本与非基本公共服务，政府重在保基本，扩大向社会购买基本公共服务的范围和比重，非基本公共服务主要由市场提供，鼓励社会资本提供个性化多样化服务。全面放宽民间资本市场准入，降低准入门槛，取消各种不合理前置审批事项。积极扩大服务业对外开放，对外资实行准入前国民待遇加负面清单管理模式，分领域逐步减少、放宽、放开对外资的限制。

牵头单位：发展改革委、商务部、财政部

参加单位：有关部门根据职能分工做好相关工作

10. 按照服务性质而不是所有制性质制定服务业发展政策，保障民办与公办机构在资格准入、职称评定、土地供给、财政支持、政府采购、监督管理等方面公平发展。

牵头单位：发展改革委

参加单位：教育部、财政部、人力资源社会保障部、国土资源部、卫生计生委

11. 全面推进“三网融合”。

牵头单位：工业和信息化部、新闻出版广电总局

参加单位：发展改革委、国家标准委等

12. 调整完善有利于新技术应用、个性化生产方式发展、智能微电网等新基础设施建设、“互联网+”广泛拓展、使用权短期租赁等分享经济模式成长的配套制度。

牵头单位：发展改革委、工业和信息化部、能源局

参加单位：有关部门根据职能分工做好相关工作

13. 在新兴领域避免出台事前干预性或限制性政策，建立企业从设立到退出全过程的规范化管理制度以及适应从业人员就业灵活、企业运营服务虚拟化等特点的管理服务方式，最大限度地简化审批程序。

牵头单位：发展改革委、工业和信息化部

参加单位：有关部门根据职能分工做好相关工作

14. 加快户籍制度改革，释放农业转移人口消费潜力。督促各地区抓紧出台具体可操作的户籍制度改革措施，鼓励各地区放宽落户条件，逐步消除城乡区域间户籍壁垒。省会及以下城市要放开对吸收高校毕业生落户的限制，加快取消地级及以下城市对农业转移人口及其家属落户的限制。

牵头单位：公安部

参加单位：发展改革委、财政部、农业部、国土资源部、人力资源社会保障部、民政部

15. 加快推进城镇基本公共服务向常住人口全覆盖，完善社保关系转移接续制度和随迁子女就学保障机制。鼓励中小城市采取措施，支持农业转移人口自用住房消费。

牵头单位：住房城乡建设部

参加单位：发展改革委、教育部、财政部、人力资源社会保障部、卫生计生委、人民银行

16. 加快完善标准体系和信用体系，加强质量监管，规范消费市场秩序，强化企业责任意识和主体责任，健全消费者权益保护机制，完善消费基础设施网络，打造面向全球的国际消费市场，营造安全、便利、诚信的良好消费环境。

牵头单位：质检总局、发展改革委、人民银行、工商总局、国家标准委

参加单位：商务部、海关总署

17. 健全标准体系，加快制定和完善重点领域及新兴业态的相关标准，强化农产品、食品、药品、家政、养老、健康、体育、文化、旅游、现代物流等领域关键标准制修订，加强新一代信息技术、生物技术、智能制造、节能环保等新兴产业关键标准研究制定。提高国内标准与国际标准水平一致性程度。

牵头单位：质检总局

参加单位：发展改革委、工业和信息化部、农业部、林业局、民政部、环境保护部、商务部、文化部、交通运输部、新闻出版广电总局、卫生计生委、体育总局、食品

药品监管总局、旅游局、国家标准委、邮政局等

18. 建立企业产品和服务标准自我声明公开和监督制度。整合优化全国标准信息网络平台。加强检验检测和认证认可能力建设。

牵头单位：质检总局

参加单位：发展改革委、工业和信息化部、国家标准委、国家认监委

19. 建立健全预防为主、防范在先的质量监管体系，全面提升监管能力、效率和精准度。在食品药品、儿童用品、日用品等领域建立全过程质量安全追溯体系。大力推广随机抽查机制，完善产品质量监督抽查和服务质量监督检查制度，广泛运用大数据开展监测分析，建立健全产品质量风险监控和产品伤害监测体系。

牵头单位：质检总局、工商总局

参加单位：工业和信息化部、商务部、食品药品监管总局、卫生计生委、海关总署

20. 实行企业产品质量监督检查结果公开制度，健全质量安全事故强制报告、缺陷产品强制召回、严重失信企业强制退出机制。完善商会、行业协会、征信机构、保险金融机构等专门机构和中介服务组织以及消费者、消费者组织、新闻媒体参与的监督机制。

牵头单位：质检总局、工商总局

参加单位：有关部门根据职能分工做好相关工作

21. 推动建立健全信用法律法规和标准体系，充分利用全国统一的信用信息共享交换平台，加强违法失信行为信息的在线披露和共享。加快构建守信激励和失信惩戒机制，实施企业经营异常名录、失信企业“黑名单”、强制退出等制度，推进跨地区、跨部门信用奖惩联动。引导行业组织开展诚信自律等行业信用建设。全面推行明码标价、明码实价，依法严惩价格欺诈、质价不符等价格失信行为。

牵头单位：发展改革委、人民银行

参加单位：商务部、工商总局、质检总局、法制办、国家标准委等

22. 推动完善商品和服务质量相关法律法规，推动修订现行法律法规中不利于保护消费者权益的条款。强化消费者权益司法保护，扩大适用举证责任倒置的商品和服务范围。完善落实消费领域诉讼调解对接机制，探索构建消费纠纷独立非诉第三方调解组织。健全公益诉讼制度，适当扩大公益诉讼主体范围。加快建立跨境消费消费者权益保护机制。完善和强化消费领域惩罚性赔偿制度，加大对侵权行为的惩处力度。严厉打击制售假冒伪劣商品、虚假宣传、侵害消费者个人信息安全等违法行为。充分发挥消费者协会等社会组织在维护消费者权益方面的作用。建设全国统一的消费者维权服务网络信息平台，加强对消费者进行金融等专业知识普及工作。

牵头单位：工商总局

参加单位：司法部、法制办、商务部（全国打击侵权假冒工作领导小组办公室）、

质检总局、人民银行、银监会、证监会、保监会

23. 适应消费结构、消费模式和消费形态变化，系统构建和完善基础设施体系。加快新一代信息基础设施网络建设，提升互联网协议第6版（IPv6）用户普及率和网络接入覆盖率，加快网络提速降费。

牵头单位：工业和信息化部、发展改革委

参加单位：有关部门根据职能分工做好相关工作

24. 推动跨地区、跨行业、跨所有制的物流信息平台建设，在城市社区和村镇布局建设共同配送末端网点，提高“最后一公里”的物流配送效率。

牵头单位：发展改革委、商务部

参加单位：交通运输部、邮政局

25. 加快旅游咨询中心和集散中心、自驾车房车营地、旅游厕所、停车场等旅游基础设施建设，大力发展智能交通，推动从机场、车站、客运码头到主要景区交通零距离换乘和无缝化衔接，开辟跨区域旅游新路线和大通道。

牵头单位：发展改革委、旅游局

参加单位：交通运输部、财政部、民航局、体育总局

26. 对各类居住公共服务设施实行最低配置规模限制。

牵头单位：住房城乡建设部

参加单位：有关部门根据职能分工做好相关工作

27. 加快电动汽车充电设施、城市停车场的布局和建设。合理规划建设通用机场、邮轮游艇码头等设施。

牵头单位：发展改革委、工业和信息化部、能源局

参加单位：交通运输部、民航局、住房城乡建设部

28. 统筹规划城乡基础设施网络，加大农村地区和小城镇水电路气基础设施升级改造力度，加快信息、环保基础设施建设，完善养老服务和文化体育设施。加快县级公路货运枢纽站场和乡镇综合运输服务站建设。

牵头单位：住房城乡建设部、发展改革委、商务部

参加单位：工业和信息化部、民政部、环境保护部、水利部、交通运输部、文化部、新闻广电出版总局、体育总局、能源局

29. 完善农产品冷链物流设施，健全覆盖农产品采收、产地处理、贮藏、加工、运输、销售等环节的冷链物流体系。

牵头单位：发展改革委

参加单位：商务部、农业部、林业局

30. 支持各类社会资本参与涉农电商平台建设，促进线下产业发展平台和线上电商交易平台结合。

牵头单位：商务部

参加单位：工业和信息化部、发展改革委、农业部、林业局

31. 发挥小城镇连接城乡、辐射农村的作用，提升产业、文化、旅游和社区服务功能，增强商品和要素集散能力。鼓励有条件的地区规划建设特色小镇。

牵头单位：住房城乡建设部、发展改革委

参加单位：商务部、文化部、旅游局

32. 依托中心城市和重要旅游目的地，培育面向全球旅游消费者的国际消费中心。鼓励有条件的城市运用市场手段以购物节、旅游节、影视节、动漫节、读书季、时装周等为载体，提升各类国际文化体育会展活动的质量和水平，鼓励与周边国家（地区）联合开发国际旅游线路，带动文化娱乐、旅游和体育等相关消费。

牵头单位：旅游局

参加单位：发展改革委、商务部、文化部、新闻出版广电总局、体育总局

33. 畅通商品进口渠道，稳步发展进口商品直销等新型商业模式。加快出台增设口岸进境免税店的操作办法。扩大 72 小时过境免签政策范围，完善和落实境外旅客购物离境退税政策。

牵头单位：财政部

参加单位：发展改革委、商务部、海关总署、税务总局、旅游局

34. 加快推动轻工、纺织、食品加工等产业转型升级，瞄准国际标准和细分市场需求，从提高产品功效、性能、适用性、可靠性和外观设计水平入手，全方位提高消费品质量。实施企业技术改造提升行动计划，鼓励传统产业设施装备智能化改造，推动生产方式向数字化、精细化、柔性化转变；推进传统制造业绿色化改造，推行生态设计，加强产品全生命周期绿色管理。支持制造业由生产型向生产服务型转变，引导制造企业延伸产业链条、增加服务环节。实施工业强基工程，重点突破核心基础零部件（元器件）、先进基础工艺、关键基础材料、产业技术基础等瓶颈。加强计量技术基础建设，提升量传溯源、产业计量服务能力。健全国产首台（套）重大技术装备市场应用机制，支持企业研发和推广应用重大创新产品。

牵头单位：工业和信息化部、发展改革委、科技部

参加单位：有关部门根据职能分工做好相关工作

35. 培育壮大战略性新兴产业。顺应新一轮科技革命和产业变革趋势，加快构建现代产业技术体系，高度重视颠覆性技术创新与应用，以技术创新推动产品创新，更好满足智能化、个性化、时尚化消费需求，引领、创造和拓展新需求。培育壮大节能环保、新一代信息技术、新能源汽车等战略性新兴产业。推动三维（3D）打印、机器人、基因工程等产业加快发展，开拓消费新领域。支持可穿戴设备、智能家居、数字媒体等市场前景广阔的新兴消费品发展。完善战略性新兴产业发展政策支持体系。

牵头单位：发展改革委、科技部、工业和信息化部

参加单位：财政部、新闻出版广电总局

36. 以产业转型升级需求为导向，着力发展工业设计、节能环保服务、检验检测认证、电子商务、现代流通、市场营销和售后服务等产业，积极培育新型服务业态，促进生产性服务业专业化发展、向价值链高端延伸，为制造业升级提供支撑。顺应生活消费方式向发展型、现代型、服务型转变的趋势，重点发展居民和家庭服务、健康养老服务等贴近人民群众生活、需求潜力大、带动力强的生活性服务业，着力丰富服务内容、创新服务方式，推动生活性服务业便利化、精细化、品质化发展。支持有条件的服务业企业跨业融合发展和集团化网络化经营。

牵头单位：发展改革委

参加单位：工业和信息化部、民政部、环境保护部、商务部

37. 推动大众创业、万众创新蓬勃发展。加强政策系统集成，完善创业创新服务链条，加快构建有利于创业创新的良好生态，鼓励和支持各类市场主体创新发展。依托国家创新型城市、国家自主创新示范区、战略性新兴产业集聚区等创业创新资源密集区域，构建产业链、创新链与服务链协同发展支持体系，打造若干具有世界影响力的创业创新中心。加快建设大型共用实验装置以及数据资源、生物资源、知识和专利信息服务等科技服务平台。发展众创、众包、众扶、众筹等新模式，支持发展创新工场和虚拟创新社区等新型孵化器，积极打造孵化与创业投资结合、线上与线下结合的开放式服务载体，为新产品、新业态、新模式成长提供支撑。健全知识、技术、管理、技能等创新要素按贡献参与分配的机制。发展知识产权交易市场，严格知识产权保护，加大侵权惩处力度，建立知识产权跨境维权救援机制。

牵头单位：发展改革委、科技部、知识产权局

参加单位：林业局、工商总局、证监会等

38. 引导企业更加积极主动适应市场需求变化，支持企业通过提高产品质量、维护良好信誉、打造知名品牌，培育提升核心竞争力。支持企业应用新技术、新工艺、新材料，加快产品升级换代、延长产业链条。支持企业运用新平台、新模式，提高消费便利性和市场占有率。鼓励企业提升市场分析研判、产品研发设计、市场营销拓展、参与全球竞争等能力。优化产业组织结构，培育一批核心竞争力强的企业集团和专业化中小企业。激发和保护企业家精神，鼓励勇于创新、追求卓越。

牵头单位：工业和信息化部

参加单位：有关部门根据职能分工做好相关工作

39. 健全进口管理体制，完善先进技术和设备进口免税政策，积极扩大新技术引进和关键设备、零部件进口；降低部分日用消费品进口关税，研究调整化妆品等品目消费税征收范围，适度增加适应消费升级需求的日用消费品进口。积极解决电子商务在境内

外发展的技术、政策等问题，加强标准、支付、物流、通关、计量检测、检验检疫、税收等方面的国际协调，创新跨境电子商务合作方式。

牵头单位：财政部、发展改革委

参加单位：工业和信息化部、商务部、海关总署、税务总局

40. 鼓励企业加强质量品牌建设。实施质量强国战略，大力推动中国质量、中国品牌建设。推行企业产品质量承诺和优质服务承诺标志与管理制度，在教育、旅游、文化、产品“三包”、网络消费等重点领域开展服务业质量提升专项行动。实施品牌价值提升工程，加大“中国精品”培育力度，丰富品牌文化内涵，积极培育发展地理标志商标和知名品牌。保护和传承中华老字号，振兴中国传统手工艺。完善品牌维权与争端解决机制。引导企业健全商标品牌管理体系，鼓励品牌培育和运营专业服务机构发展，培育一批能够展示“中国制造”和“中国服务”优质形象的品牌与企业。

牵头单位：质检总局、工业和信息化部、工商总局

参加单位：发展改革委、教育部、商务部、文化部、海关总署、新闻出版广电总局、旅游局

41. 加大对新消费相关领域的财政支持力度，更好发挥财政政策对地方政府和市场主体行为的导向作用。完善地方税体系，逐步提高直接税比重，激励地方政府营造良好生活消费环境、重视服务业发展。落实小微企业、创新型企业税收优惠政策和研发费用加计扣除政策。适时推进医疗、养老等行业营业税改征增值税改革试点，扩大增值税抵扣范围。严格落实公益性捐赠所得税税前扣除政策，进一步简化公益性捐赠所得税税前扣除流程。按照有利于拉动国内消费、促进公平竞争的原则，推进消费税改革，研究完善主要适应企业对企业（B2B）交易的跨境电子商务零售进口税收政策，进一步完善行邮税政策及征管措施。

牵头单位：财政部、税务总局、海关总署

参加单位：有关部门根据职能分工做好相关工作

42. 健全政府采购政策体系，逐步扩大政府购买服务范围，支持民办社会事业、创新产品和服务、绿色产品等发展。完善消费补贴政策，推动由补供方转为补需方，并重点用于具有市场培育效应和能够创造新需求的领域。

牵头单位：财政部

参加单位：发展改革委、工业和信息化部、林业局

43. 完善金融服务体系，鼓励金融产品创新，促进金融服务与消费升级、产业升级融合创新。发挥金融创新对技术创新的助推作用，健全覆盖从实验研究、中试到生产全过程的科技创新融资模式，更好发挥政府投资和国家新兴产业创业投资引导基金的杠杆作用，提高信贷支持创新的灵活性和便利性。鼓励商业银行发展创新型非抵押类贷款模式，发展融资担保机构。规范发展多层次资本市场，支持实体经济转型升级。支持发展

消费信贷，鼓励符合条件的市场主体成立消费金融公司，将消费金融公司试点范围推广至全国。鼓励保险机构开发更多适合医疗、养老、文化、旅游等行业和小微企业特点的保险险种，在产品“三包”、特种设备、重点消费品等领域大力实施产品质量安全责任保险制度。

牵头单位：人民银行

参加单位：发展改革委、工业和信息化部、工商总局、质检总局、银监会、证监会、保监会

44. 聚焦提供适应新消费新投资发展需要的基础设施和公共服务，创新投资方式，更好发挥政府投资的引领、撬动和催化作用。加大政府对教育、医疗、养老等基础设施，以及农村地区和中西部地区基础设施和公共服务领域的投资力度。加强适应新消费和新产业、新业态、新模式发展需要的基础设施和公共平台建设，强化对科技含量高、辐射带动作用强、有望形成新增长点的重大科技工程项目的支持，充分发挥政府投资对创新创业、技术改造、质量品牌建设等的带动作用。推动健全政府和社会资本合作（PPP）法律法规体系，创新政府投资与市场投资的合作方式，明确并规范政府和社会资本的权责利关系，鼓励和吸引社会资本参与新消费相关基础设施和公共服务领域投资。

牵头单位：发展改革委、财政部

参加单位：有关部门根据职能分工做好相关工作

45. 按照优化用地结构、提升利用效率的要求，创新建设用地供给方式，更好满足新消费新投资项目用地需求。优化新增建设用地结构，加快实施有利于新产业新业态发展和大众创业、万众创新的用地政策，重点保障新消费新投资发展需要的公共服务设施、交通基础设施、市政公用设施等用地，适当扩大战略性新兴产业、生产性和生活性服务业、科研机构及科技企业孵化机构发展用地，多途径保障电动汽车充电设施、移动通信基站等小型配套基础设施用地。优化存量建设用地结构，积极盘活低效利用建设用地。推广在建城市公交站场、大型批发市场、会展和文体中心地上地下立体开发及综合利用。鼓励原用地企业利用存量房产和土地发展研发设计、创业孵化、节能环保、文化创意、健康养老等服务业。依法盘活农村建设用地存量，重点保障农村养老、文化及社区综合服务设施建设用地，合理规划现代农业设施建设用地。

牵头单位：国土资源部、住房城乡建设部

参加单位：有关部门根据职能分工做好相关工作

46. 加大人才培养和引进力度，促进人才流动，为消费升级、产业升级、创新发展提供人才保障。培养适应产业转型升级和新兴产业发展需要的人才队伍，扩大家政、健康、养老等生活性服务业专业人才规模，加强信息、教育、医疗、文化、旅游、环保等领域高技能人才和专业技术人才队伍建设。培养更多既懂农业生产又懂电子商务的新型

农民。推动医疗、教育、科技等领域人才以多种形式充分流动。

牵头单位：教育部

参加单位：发展改革委、科技部、卫生计生委、人力资源社会保障部、外专局

47. 完善医疗、养老服务护理人员职业培训补贴等政策。

牵头单位：人力资源社会保障部

参加单位：卫生计生委、民政部、财政部

48. 通过完善永久居留权、创造宽松便利条件等措施加大对国际优秀人才的吸引力度。

牵头单位：公安部

参加单位：人力资源社会保障部、外专局

49. 健全环境政策体系。建立严格的生态环境保护政策体系，强化节约环保意识，以健康节约绿色消费方式引导生产方式变革。完善统一的绿色产品标准、标识、认证等体系，开展绿色产品评价，政府采购优先购买节能环保产品。鼓励购买节能环保产品和服务，支持绿色技术、产品研发和推广应用。鼓励发展绿色建筑、绿色制造、绿色交通、绿色能源，支持循环园区、低碳城市、生态旅游目的地建设。建立绿色金融体系，发展绿色信贷、绿色债券和绿色基金。推行垃圾分类回收和循环利用，推动生产和生活系统的循环链接。

牵头单位：发展改革委、质检总局、财政部、工业和信息化部

参加单位：环境保护部、住房城乡建设部、水利部、农业部、交通运输部、人民银行、银监会、证监会、林业局、能源局、国家标准委、国家认监委

50. 推进生态产品市场化，建立完善节能量、碳排放权、排污权、水权交易制度。大力推行合同能源管理和环境污染第三方治理。

牵头单位：发展改革委

参加单位：工业和信息化部、财政部、国土资源部、环境保护部、住房城乡建设部、水利部、林业局、能源局、民航局、证监会

二、工作要求

各地区、各部门要高度重视并主动顺应消费升级大趋势，积极发挥新消费引领作用，加快培育形成新供给新动力，推动经济实现有质量、有效益、可持续发展。要加强组织领导和统筹协调，强化部门协同和上下联动，推动系统清理并修订或废止不适应新消费、新投资、新产业、新业态发展的法律法规和政策，加快研究制定具体实施方案和配套措施，明确责任主体、时间表和路线图，形成政策合力。要完善政策实施评估体系，综合运用第三方评估、社会监督评价等多种方式，科学评估实施效果。加大督查力度，确保积极发挥新消费引领作用、加快培育形成新供给新动力各项任务措施落到实处。

同一项工作涉及多个部门的，牵头部门要加强协调，有关部门要密切协作；落实分工需要增加参与单位的，由牵头单位商有关单位确定。发展改革委要做好跟踪分析、统筹协调、督促检查等工作，重大问题及时向国务院报告。

农业部办公厅
关于开展中国美丽休闲乡村推介工作的通知

农办加〔2017〕10号

为深入贯彻党中央国务院部署要求和中央一号文件精神，总结各地休闲农业发展和美丽乡村建设经验，树立一批可学习可借鉴的典型，深入推动乡村休闲旅游产业发展，培育农业农村经济发展新动能，农业部决定继续开展中国美丽休闲乡村推介工作。现就有关事项通知如下。

一、目标要求

牢固树立并切实贯彻创新、协调、绿色、开放、共享的新发展理念，按照“政府指导、农民主体、多方参与、共建共享”的原则，以建设美丽宜居乡村为目标，以推进生态文明、实现人与自然和谐发展为核心，以传承农耕文明、展示民俗文化、保护传统民居、建设美丽田园、发展休闲农业为重点，加强组织领导，完善政策措施，加大公共服务，带动农民创建，实行动态管理，打造一批天蓝、地绿、水净，安居、乐业、增收的美丽休闲乡村，积极推动农业供给侧结构性改革，培育经济发展新动能，促进新型城镇化和城乡一体化发展，推进社会主义新农村和美丽中国建设。

二、基本条件

中国美丽休闲乡村推介活动以村为主体单位，包括历史古村、特色民居村、现代新村、特色民俗村等类型，集中连片发展较好的、以休闲农业和乡村旅游为主要产业的特色小镇也可推荐申报。参加推介的村应以农业为基础、农民为主体、乡村为单元，依托悠久的村落建筑、独特的民居风貌、厚重的农耕文明、浓郁的乡村文化、多彩的民俗风情、良好的生态资源，因地制宜发展休闲农业和乡村旅游，功能特色突出，文化内涵丰富，品牌知名度高，农民利益联结机制完善，具有较强的示范辐射和带动作用。被我部认定过中国最有魅力休闲乡村和中国最美休闲乡村的村不纳入此次推介范围。具体条件为：

（一）优美的生态环境。能够贯彻落实中央保护环境的要求，制定具体有效的环境保护措施，自觉推动绿色发展、循环发展和低碳发展，形成山水林田湖有机生命综合体以及资源节约型空间格局、产业结构、生产方式和生活方式。

（二）多元的产业功能。农业功能得到充分拓展，农耕文明、田园风貌、民俗文化得到传承，农业生产功能与休闲功能有机结合，一二三产业有机融合，休闲农业发展充分，就地吸纳农民创业就业容量大，带动农民增收能力强。

（三）独特的村容景致。乡土民俗文化内涵丰富，村落民居原生状态保持完整，基础设施功能齐全，乡村各要素统一协调，传统文化与现代文明交相辉映，浑然一体，村容景致令人流连忘返。

（四）良好的精神风貌。基层组织健全，管理民主，社会和谐；村民尊老爱幼，邻里相互关爱，村民生活怡然自得；民风淳朴，热情好客，诚实守信。

三、推荐程序

申报推介的组织工作由各省、自治区、直辖市及计划单列市、新疆生产建设兵团农业主管部门负责。此次推介为政府公益工作，不收取任何费用。

（一）乡村申报。各村在对照推介条件进行自我评估的基础上，填写《中国美丽休闲乡村申报表》，向县级农业主管部门提出申请，并附本村综合情况材料。

（二）县级审核。县级农业主管部门负责对本县的申报乡村进行审核，符合条件的向省级农业主管部门推荐，并登录中国休闲农业网（www. crr. gov. cn）填写相关材料的电子申报文档。

（三）省级推荐。省级农业主管部门初审后择优申报。每省（自治区、直辖市）最多申报 6 个村，计划单列市和新疆生产建设兵团最多申报 3 个村。请省级农业主管部门将确定推荐的村排好序，经盖章后，正式报送纸质推荐文件。同时登录中国休闲农业网（www. crr. gov. cn）将拟申报的村进行提交（注：各县和各省确定的村的申报材料只通过网络提交，不需报纸质材料）。

（四）申报时间。2017 年度的申报截止时间为 2017 年 7 月 30 日。

四、认定管理

（一）专家审核。我部把各地的申报材料提交休闲农业专家委员会进行审核，筛选出一批中国美丽休闲乡村。

（二）网上公示。经我部审定后，对拟认定的中国美丽休闲乡村在中国农业信息网和中国休闲农业网上进行公示。

（三）正式认定。网上公示无异议的村，由我部认定为中国美丽休闲乡村并授牌。

（四）动态管理。农业部对认定的中国美丽休闲乡村加强考核、实行动态管理，违反国家法律法规、侵害消费者权益、危害农民利益、发生重大安全事故，不按时整改的，取消资格。

五、组织实施

（一）加强组织领导。各级农业主管部门要精心组织安排，创新遴选机制，注重遴选过程，按照标准从优筛选，从严控制申报数量，确保推荐的村具有示范带动作用。由于此次申报采取电子文档形式，请各级农业部门做好工作部署安排。

（二）强化政策扶持。各地要以推介工作为契机，进一步增强服务意识，完善服务体系，拓展服务领域，与中国传统村落保护和美丽宜居乡村建设等项目有机结合，加大政府投入和扶持力度，促进美丽宜居乡村建设。

（三）搞好宣传推介。各地要加大宣传力度，让中国美丽休闲乡村推介成为农民的内在需求和自觉行动。通过推介活动，树立一批典型，打造一批品牌，富裕一方农民，营造美丽乡村和美丽中国建设的良好氛围。

联系方式：

农业部农产品加工局（乡镇企业局）休闲农业处

联系人：辛　欣　曹　宇

电话：010-59192271　59192797

通讯地址：北京市朝阳区农展馆南里 11 号

邮编：100125

附件：2017 年中国美丽休闲乡村申报表（略）

农业部办公厅

2017 年 4 月 28 日

农业部
关于印发《全国农产品加工业与农村一二三产业融合发展规划（2016~2020 年）》

农加发〔2016〕5 号

各省、自治区、直辖市及计划单列市农业（农牧、农村经济）、农机、畜牧兽医、农垦、农产品加工、渔业厅（局、委），新疆生产建设兵团农业局，农业部有关司局、直属事业单位：

为贯彻落实党中央、国务院有关决策部署，发挥农产品加工业引领带动作用，推进农村一二三产业融合发展，根据《国民经济和社会发展第十三个五年规划纲要》有关部署要求，我部研究编制了《全国农产品加工业与农村一二三产业融合发展规划（2016~2020年）》。现印发你们，请结合实际，认真贯彻执行。

农业部

2016年11月14日

全国农产品加工业与农村一二三产业融合发展规划（2016~2020年）

"十三五"时期，是我国全面建成小康社会的决战决胜阶段，也是推进新型工业化、信息化、城镇化和农业现代化同步发展的关键时期。加快推进农业供给侧结构性改革，充分发挥农产品加工业引领带动作用，大力发展休闲农业和乡村旅游，促进农村一二三产业融合发展，是拓展农民增收渠道、构建现代农业产业体系、生产体系和经营体系的重要举措，是转变农业发展方式、探索中国特色农业现代化道路的必然要求，是实现"四化同步"、推动城乡协调发展的战略选择。为促进农产品加工业与农村一二三产业融合发展（农村一二三产业融合简称"产业融合"），根据《国务院办公厅关于推进农村一二三产业融合发展的指导意见》和《全国农业现代化规划（2016~2020年）》，制定本规划。

一、环境条件

农产品加工业连接工农、沟通城乡，行业覆盖面宽、产业关联度高、带动农民就业增收作用强，是产业融合的必然选择，已经成为农业现代化的重要标志、国民经济的重要支柱、建设健康中国保障群众营养健康的重要民生产业。"十二五"时期，我国农业农村经济形势持续向好，农产品加工业快速发展，产业融合新主体、新业态、新模式大量涌现，为"十三五"发展打下扎实基础。

（一）发展基础

1. 农业农村经济形势持续向好，奠定了产业融合的坚实基础。2015年，我国粮食总产量62145万吨，棉油糖、肉蛋奶、果蔬茶、水产品生产水平不断迈上新台阶。农民人均纯收入超过11000元，"十二五"年均增长10%。物质技术装备条件建设取得新发展，农业科技进步贡献率、农作物耕种收综合机械化率分别达到56%和63%。农村改革深入推进，家庭经营、合作经营、集体经营、企业经营等多种经营方式共同发展的格局初步形成。

2. 农产品加工业快速发展，成为了产业融合的重要力量。规模水平提高，2015 年全国规模以上农产品加工企业 7.8 万家，完成主营业务收入近 20 万亿元，“十二五”年均增长超过 10%，农产品加工业与农业总产值比由 1.7∶1 提高到约 2.2∶1，农产品加工转化率达到 65%。创新步伐加快，初步构建起国家农产品加工技术研发体系框架，突破了一批共性关键技术，示范推广了一批成熟适用技术。产业加速集聚，初步形成了东北地区和长江流域水稻加工、黄淮海地区优质专用小麦加工、东北地区玉米和大豆加工、长江流域优质油菜籽加工、中原地区牛羊肉加工、西北和环渤海地区苹果加工、沿海和长江流域水产品加工等产业聚集区。带动能力增强，建设了一大批标准化、专业化、规模化的原料基地，辐射带动 1 亿多农户。

3. 新型经营主体蓬勃发展，构筑了产业融合的重要支撑。到 2015 年底，家庭农场、农民合作社、农业产业化龙头企业等新型经营主体超过 250 万个，新型农业经营主体队伍不断壮大。各类新型农业经营主体通过入股入社、订单合同、托管联耕等多种形式开展联合与合作，融合机制不断健全，融合发展能力不断增强，在大宗农产品生产供给、产前、产中及产后服务和带动农民进入市场等方面提供了重要支撑。

4. 新业态新模式不断涌现，拓展了产业融合的新领域。2015 年全国有各类涉农电商超过 3 万家，农产品电子商务交易额达到 1500 多亿元。随着互联网技术的引入，涉农电商、物联网、大数据、云计算、众筹等亮点频出，农产品市场流通、物流配送等服务体系日趋完善，农业生产租赁业务、农商直供、产地直销、食物短链、社区支农、会员配送等新型经营模式不断涌现。休闲农业和乡村旅游呈暴发增长态势，2015 年全国年接待人数达 22 亿人次，经营收入达 4400 亿元，“十二五”期间年均增速超过 10%；从业人员 790 万，其中农民从业人员 630 万，带动 550 万户农民受益。

（二）重要机遇

1. 一系列“三农”政策为农产品加工业和产业融合营造了良好的发展环境。党的十八届五中全会提出了创新、协调、绿色、开放、共享的五大发展理念，强调“促进农产品精深加工和农村服务业发展，拓展农民增收渠道”“种养加一体、一二三产业融合发展”；2016 年中央一号文件提出加强农业供给侧结构性改革，实现农业调结构、提品质、去库存；国务院办公厅下发了推进产业融合发展的指导意见，以及农业降成本、补短板等一系列改革举措，对农产品加工业发挥引领带动作用，培育新产业，推动产业融合营造了更为有利的发展环境。

2. 新型城镇化和全面深化农村改革为农产品加工业和产业融合提供了难得的发展机遇。“十三五”时期，新型城镇化加速发展，促进约 1 亿农业转移人口落户城镇，改造约 1 亿人居住的城镇棚户区和城中村，引导约 1 亿人在中西部地区就近城镇化，对强化产业支撑，引导农村二三产业向城镇集聚发展提出了明确要求。农村改革全面深化，土地承包经营权确权颁证加快推进，农村宅基地、集体建设用地和集体产权制度改革不断深化，农村资源要素市场进一步完善，城乡一体化发展体制机制更加健全，为农产品加工业和产业融合提供了难得的发展机遇。

3. 消费结构升级为农产品加工业和产业融合创造了巨大的发展空间。2015 年，我国人均 GDP 约 8000 美元，城乡居民的生活方式和消费结构正在发生新的重大阶段性变化，对农产品加工产品的消费需求快速扩张，对食品、农产品质量安全和品牌农产品消费的重视程度明显提高，市场细分、市场分层对农业发展的影响不断深化；农产品消费日益呈现功能化、多样化、便捷化的趋势，个性化、体验化、高端化日益成为农产品消费需求增长的重点；对新型流通配送、食物供给社会化、休闲农业和乡村旅游等服务消费不断扩大，均为推进农产品加工业和产业融合创造了巨大的发展空间。

4. 信息技术等高新技术的不断变革为农产品加工业和产业融合注入了不竭的发展动力。移动互联网、大数据、云计算、物联网等新一代信息技术发展迅猛，以农产品电商、农资电商、农村互联网金融为代表的“互联网+”农业服务产业迅速兴起。绿色制造、食品科学、材料科学加速创新应用。高新技术的飞速发展，延伸了农业产业链条，重构了产业主体之间的利益联结机制，创新了城乡居民的消费方式，为农产品加工业和产业融合注入了不竭的发展动力。

（三）面临挑战

1. 农业产业体系不完善，产加销发展不够协调。农村产业之间互联互通性差，融合程度还比较低。农业生产面临越来越多的挑战，如土地、水等资源约束加剧，劳动力成本不断提高，生态环境压力加大，食品安全和消费者信心问题日益突出。农业市场化发育程度还处于初级阶段，农业的产前、产中和产后环节被人为地分割在城乡工农之间不同的领域、地域，导致农业成本高、效益低。

2. 农产品加工业转型升级滞后，带动能力不够突出。与农业生产规模不协调、不匹配，农产品加工业与农业总产值比 2.2∶1，明显低于发达国家的 3~4∶1。技术装备水平不高，比发达国家落后 15~20 年。精深加工及综合利用不足，一般性、资源性的传统产品多，高技术、高附加值的产品少。加工专用品种选育和原料生产滞后，农产品产地普遍缺少储藏、保鲜等加工设施，产后损耗大、品质难保障。融资难、融资贵、生产和流通成本高等外部环境制约依然突出。

3. 股份合作数量较少，利益联结关系不够紧密。农业集约化和农民组织化程度偏低，农民与企业之间订单交易普遍缺乏法律约束力，有些合同不够规范，履约率不高，双方利益都得不到有效保障。受风险防范和法律制度等方面的制约，合作、股份合作等紧密型利益联结方式数量不多。

4. 国际竞争不断加剧，国内产业融合不够充分。国内大宗农产品普遍缺乏国际竞争力，同类产品的国内外价格差不断扩大，进口压力不断加大，产品市场受到挤压。中美中欧农业投资协定正在加快谈判，国内企业发展粗放、产业链条短、融合度低，销售渠道和品牌效应与外资竞争面临更大压力。

二、总体要求

（一）指导思想

全面贯彻党的十八大和十八届三中、四中、五中、六中全会精神，认真落实党中央国务院决策部署，牢固树立创新、协调、绿色、开放、共享的发展理念，主动适应经济发展新常态，以坚持农民主体地位，增进农民福祉为出发点和落脚点，按照“基在农业、利在农民、惠在农村”的要求，以市场需求为导向，以促进农业提质增效、农民就业增收和激活农村发展活力为目标，以新型农业经营主体为支撑，以完善利益联结机制和保障农民分享二三产业增值收益为核心，以制度、技术和商业模式创新为动力，强化农产品加工业等供给侧结构性改革，着力推进全产业链和全价值链建设，开发农业多种功能，推动要素集聚优化，大力推进农产品加工业与农村产业交叉融合互动发展，为转变农业发展方式、促进农业现代化、形成城乡一体化发展的新格局，为农业强起来、农村美起来、农民富起来和全面建成小康社会提供有力支撑。

（二）基本原则

1. 坚持创新驱动，激发融合活力。把创新作为引领产业融合发展的第一动力，着力实施创新驱动战略。树立“大食物、大农业、大资源、大生态”观念，深入开展产业融合理论创新；大力发展合作制、股份合作制和股份制，逐步推进产业融合制度创新；积极应用互联网、智能制造、绿色制造等现代技术，切实加大产业融合科技创新。

2. 坚持协调发展，优化产业布局。把协调作为产业融合发展的内在要求，着力推进产业交叉融合。要增强发展的协调性，以市场需求为导向，充分发挥市场机制和市场主体的作用，推动农业产前产中产后和农产品初加工、精深加工及综合利用加工协调发展，引导优化产业布局，拓宽发展空间，促进城乡、区域、产业间的协调发展。

3. 坚持绿色生态，促进持续发展。把绿色作为产业融合发展的基本遵循，着力促进可持续发展。牢固树立节约集约循环利用的资源观，通过绿色加工、综合利用，实现节能降耗、环境友好，形成“资源—加工—产品—资源”模式，发展营养安全、绿色生态、美味健康、方便实惠的食品产业；遵循生产生活生态并重，发展培育新业态；坚持绿色富国、绿色惠民，推动形成产业融合的绿色发展方式。

4. 坚持开放合作，拓展融合空间。把开放作为产业融合发展的必由之路，着力推动产业“走出去”和国际产能合作。鼓励引导农产品加工、流通等涉农企业参与双向开放，充分利用好国内国外两种资源、两个市场，搭建区域间、国际间投资贸易合作平台，加强国际交流合作，推动产品、技术、标准、服务走出去。

5. 坚持利益共享，增进人民福祉。把共享作为产业融合发展的本质要求，着力促进农民增收。坚持以人民为中心的发展思想，坚持人民主体地位，产业发展为增进人民福祉服务，拓展产业功能，通过支持政策与带动农民分享利益挂钩，激励企业承担社会责任，大力发展农民共享产业，多渠道促进农民增收；完善企农利益联结机制，形成利益共同体、命运共同体和责任共同体，使农民有体面的就业，有尊严的生活，在共建共享发展中有更多获得感与幸福感。

（三）发展目标

到 2020 年，产业融合发展总体水平明显提升，产业链条完整、功能多样、业态丰富、利益联结更加稳定的新格局基本形成，农业生产结构更加优化，农产品加工业引领带动作用显著增强，新业态新模式加快发展，产业融合机制进一步完善，主要经济指标比较协调、企业效益有所上升、产业逐步迈向中高端水平，带动农业竞争力明显提高，促进农民增收和精准扶贫、精准脱贫作用持续增强。

——农产品加工业引领带动作用显著增强。农产品加工业产业布局进一步优化，产业集聚程度明显提高，科技创新能力不断增强，质量品牌建设迈上新台阶，节能减排成效显著。到 2020 年，力争规模以上农产品加工业主营业务收入达到 26 万亿元，年均增长 6%左右，农产品加工业与农业总产值比达到 2. 4∶1。主要农产品加工转化率达到 68%左右，其中粮食、水果、蔬菜、肉类、水产品分别达到 88%、23%、13%、17%、38%；农产品精深加工和副产物综合利用水平明显提高。规模以上食用农产品加工企业自建基地拥有率达到 50%，专用原料生产水平明显提高。

——新业态新模式发展更加活跃。农业生产性服务业快速发展，“互联网+”对产业融合的支撑作用不断增强，拓展农业多功能取得新进展，休闲农业和乡村旅游等产业融合新业态新模式发展更加活跃。到 2020 年，力争农林牧渔服务业产值达到 5500 亿元，年均增速保持在 9. 5%左右；企业电商销售普及率达到 80%；农产品电子商务交易额达到 8000 亿元，年均增速保持在 40%左右；休闲农业营业收入达到 7000 亿元，年均增长 10%左右，接待游客突破 33 亿人次。

——产业融合机制进一步完善。农业产加销衔接更加紧密，产业融合深度显著提升，产业链更加完整，价值链明显提升。产业融合主体明显增加，农村资源要素充分激活，股份合作等利益联结方式更加多元，农民共享产业融合发展增值收益不断增加。城乡之间要素良性互动，公共服务均等化水平明显改善，产业融合体系更加健全，培育形成一批融合发展先导区。

主要指标					
类别	指标		2015 年	2020 年	年均增长
农产品加工业	规模以上农产品加工业主营业务收入（万亿元）		19.4	26	6%
	农产品加工业与农业总产值比①		2.2∶1	2.4∶1	[0.2]
	主要农产品加工转化率（%）	总体	65	68	[3]
		其中：粮食	85	88	[3]
		水果	20	23	[3]
		蔬菜	10	13	[3]
		肉类	16	17	[1]
		水产品	35	38	[3]
	加工企业自建基地拥有率②（%）		25	50	[25]
新业态	农林牧渔服务业产值（亿元）		4300	5500	9.5%
	加工企业电商销售普及率③（%）		50	80	[30]
	农产品电子商务交易额（亿元）		1500	8000	40%
	休闲农业年接待旅游人次（亿人次）		22	33	8.4%
	休闲农业年营业收入（亿元）		4400	7000	10%

注：[ ] 为五年累计增加数。

①农产品加工业与农业总产值之比=农产品加工业总产值/农业总产值，其中农产品加工业总产值以农产品加工业主营业务收入数据为基础计算。

②加工企业自建基地拥有率=规模以上食用农产品加工企业中拥有自建基地的企业数量/规模以上食用农产品加工企业总数量。

③加工企业电商销售普及率=规模以上食用农产品加工企业开展电子商务交易的企业数量/规模以上食用农产品加工企业总数量。

三、主要任务

（一）做优农村第一产业，夯实产业融合发展基础

1. 发展绿色循环农业。立足实际，从时间和空间上合理布局，科学引导不同类型区域农业生产，促进粮食、经济作物、饲草料三元种植结构协调发展。大力发展种养结合循环农业，加快构建粮经饲统筹、农牧结合、种养加一体、一二三产业融合的现代农业产业体系。积极发展渔业和林下经济，推进农渔、农林复合经营。围绕适合精深加工、休闲采摘的特色农产品，发展优势特色产业，形成产加销结合的产业结构。

2. 推进优质农产品生产。以农产品加工业为引领，稳步发展农业生产。在优势农产品产区，组织科研单位开展农产品加工特性研究，筛选推广一批加工专用优良品种和技术，促进农产品加工专用原料生产。引导鼓励农产品加工企业及新型农业经营主体通过直接投资、参股经营、签订长期合同等方式，带动建设一批标准化、专业化、规模化原料生产基地。推进无公害农产品、绿色食品、有机农产品和农产品地理标志产品生

产，加强农业标准体系建设，严格生产全过程管理，建立从农田到餐桌的农产品质量安全监管体系，提高标准化生产和监管水平。

3. 优化农业发展设施条件。推进高标准农田建设，不断提高农产品加工专用原料生产能力。加强农产品仓储物流设施建设，不断健全以县、乡、村三级物流节点为支撑的农村物流网络体系。支持农村公共设施和人居环境改善，不断完善休闲农业和乡村旅游道路、供电、供水、停车场、观景台、游客接待中心等配套设施建设。将产业融合发展与新型城镇化建设有机结合，引导农村二三产业向县城、重点乡镇及产业园区等集中，培育农产品加工、商贸物流等专业特色小城镇，促进城乡基础设施互联互通、共建共享。加强产业融合发展与城乡总体规划、土地利用总体规划有效衔接，完善县域产业空间布局和功能定位。通过农村闲置宅基地整理、土地整治等新增的耕地和建设用地，优先用于产业融合发展。

（二）做强农产品加工业，提升产业融合发展带动能力

1. 大力支持发展农产品产地初加工。以粮食、果蔬、茶叶等主要及特色农产品的干燥、储藏保鲜等初加工设施建设为重点，扩大农产品产地初加工补助政策实施区域、品种范围及资金规模。鼓励各地根据农业生产实际，加强初加工各环节设施的优化配套；积极推动初加工设施综合利用，建设粮食烘储加工中心、果蔬茶加工中心等；推进初加工全链条水平提升，加快农产品冷链物流发展，实现生产、加工、流通、消费有效衔接。

2. 全面提升农产品精深加工整体水平。支持粮食主产区发展粮食特别是玉米深加工，去库存、促消费。培育主食加工产业集群，研制生产一批营养、安全、美味、健康、方便、实惠的传统面米、马铃薯及薯类、杂粮、预制菜肴等多元化主食产品。加强与健康、养生、养老、旅游等产业融合对接，开发功能性及特殊人群膳食相关产品。加快新型非热加工、新型杀菌、高效分离、绿色节能干燥和传统食品工业化关键技术升级与集成应用，开展酶工程、细胞工程、发酵工程及蛋白质工程等生物制造技术研究与装备研发，开展信息化、智能化、成套化、大型化精深加工装备研制，逐步实现关键精深加工装备国产化。

3. 努力推动农产品及加工副产物综合利用。重点开展秸秆、稻壳、米糠、麦麸、饼粕、果蔬皮渣、畜禽骨血、水产品皮骨内脏等副产物梯次加工和全值高值利用，建立副产物综合利用技术体系，研制一批新技术、新产品、新设备。坚持资源化、减量化、可循环发展方向，促进综合利用企业与农民合作社等新型经营主体有机结合，调整种养业主体生产方式，使副产物更加符合循环利用要求和加工标准；鼓励中小企业建立副产物收集、处理和运输的绿色通道，实现加工副产物的有效供应。

（三）做活农村第三产业，拓宽产业融合发展途径

1. 大力发展各类专业流通服务。健全农产品产地营销体系，推广农超、农社

（区）、农企、农校、农军等形式的产销对接，鼓励新型农业经营主体在城市社区或郊区设立鲜活农产品直销网点。鼓励各类服务主体把服务网点延伸到农村社区，向全方位城乡社区服务拓展。配合有关部门落实在各省（区、市）年度建设用地指标中单列一定比例，专门用于新型农业经营主体进行农产品加工、仓储物流、产地批发市场等辅助设施建设。继续实施农产品批发市场、农贸市场房产税、城镇土地使用税优惠政策。培育大型农产品加工、流通企业，支持开展托管服务、专项服务、连锁服务、个性化服务等多元服务。

2. 积极发展电子商务等新业态新模式。推进大数据、物联网、云计算、移动互联网等新一代信息技术向农业生产、经营、加工、流通、服务领域的渗透和应用，促进农业与互联网的深度融合。支持流通方式和业态创新，开展电子商务试点，推进新型农业经营主体对接全国性和区域性农业电子商务平台，鼓励和引导大型电商企业开展农产品电子商务业务。积极协调有关部门完善农村物流、金融、仓储体系，充分利用信息技术逐步创建最快速度、最短距离、最少环节的新型农产品流通方式。积极探索农业物联网应用主攻方向、重点领域、发展模式及推进路径，稳步开展成功经验模式在国家级、省级、县级等层面推广应用。

3. 加快发展休闲农业和乡村旅游。拓展农业多种功能，推进农业与休闲旅游、教育文化、健康养生等深度融合，发展观光农业、体验农业、创意农业等新业态，促进休闲农业和乡村旅游多样化发展。优化布局，在大中城市周边、名胜景区周边、特色景观旅游名镇名村周边、依山傍水逐草自然生态区、少数民族地区、传统特色农区，支持发展农（林、牧、渔）家乐、休闲农庄、休闲农园、休闲农业产业融合聚集村等。改善设施，加快休闲农业经营场所的公共基础设施建设，兴建垃圾污水无害化处理等设施，改善休闲农业基地的种养条件，鼓励因地制宜兴建特色农产品加工、民俗手工艺品制作和餐饮、住宿、购物、娱乐等配套服务设施。规范管理，加大休闲农业行业标准的制定和宣贯，加强品牌培育和宣传推介，提升社会影响力和知名度。

（四）创新融合机制，激发产业融合发展内生动力

1. 培育多元化产业融合主体。强化家庭农场、农民合作社的基础作用，促进农民合作社规范发展，引导大中专毕业生、新型职业农民、务工经商返乡人员以及各类农业服务主体兴办家庭农场、农民合作社，发展农业生产、农产品加工、流通、销售，开展休闲农业和乡村旅游等经营活动。培育壮大农业产业化龙头企业，引导其发挥引领示范作用，重点发展农产品加工流通、电子商务和社会化服务，建设标准化和规模化的原料生产基地，带动农户和农民合作社发展适度规模经营。鼓励和支持工商资本投资现代农业，促进农商联盟等新型经营模式发展。

打造产业融合领军型企业。鼓励一批在经济规模、科技含量和社会影响力方面具有引领优势的企业突出主业，大力发展农产品精深加工、流通服务、休闲旅游、电子商务

等，推进产业化经营，增进融合，带动产业链前延后伸，挖掘各环节潜力，创新多种业态，增强核心竞争能力和辐射带动能力，充分发挥在农村产业融合发展中的领军作用。

2. 发展多类型产业融合方式。延伸农业产业链，积极鼓励家庭农场、农民合作社等主体向生产性服务业、农产品加工流通和休闲农业延伸；积极支持企业前延后伸建设标准化原料生产基地、发展精深加工、物流配送和市场营销体系，探索推广“龙头企业+合作社+基地+农户”的组织模式。引导产业集聚发展，创建现代农业示范区、农业产业化示范基地和农产品加工产业园区，培育产业集群，完善配套服务体系。积极打造产业融合先导区，推动产业融合、产村融合、产城融合，加快先导区内主体间的资产融合、技术融合、利益融合，整合各类资金，引导集中连片发展，推动加工专用原料基地、加工园区、仓储物流基地、休闲农业园区有机衔接。大力发展农村电子商务，推广“互联网+”发展模式，支持各类产业融合主体借力互联网积极打造农产品、加工产品、农业休闲旅游商品及服务的网上营销平台。

3. 建立多形式利益联结机制。创新发展订单农业，引导支持企业在平等互利基础上，与农户、家庭农场、农民合作社签订购销合同、提供贷款担保、资助农户参加农业保险，鼓励农产品产销合作，建立技术开发、生产标准和质量追溯体系，打造联合品牌，实现利益共享。鼓励发展农民股份合作，加快推进将集体经营性资产折股量化到农户，探索不同区域的农用地基准地价评估，为农户土地入股或流转提供依据，探索形成以农民土地经营权入股的利润分配机制。强化企业社会责任，鼓励引导从事产业融合的工商企业优先聘用流转出土地的农民，提供技能培训、就业岗位和社会保障，辐射带动农户扩大生产经营规模、提高管理水平，强化龙头企业联农带农激励机制。健全风险防范机制，规范工商资本租赁农地行为，建立土地流转、订单农业等风险保障金制度，鼓励制定适合农村特点的信用评级方法体系，制定和推行涉农合同示范文本，加强土地流转、订单等合同履约监督。

四、重点布局

根据各地资源禀赋和区域布局，因地制宜推进融合发展。依托自然和区位优势，大力发展优质原料基地和加工专用品种生产，积极推动科技研发、电子商务等平台建设，培育优势产业集群。依托重点加工产业，合理布局初加工、精深加工、副产物综合利用以及传统食品加工业，推进冷链物流、智能物流等设施建设，大力发展新型商业营销模式。依托各地特色农业农村资源和农业文化遗产，发展美丽休闲乡村，培育特色小镇，打造休闲农业品牌体系。依托重点产业和优势产业集群，推动产业融合试点示范，培育一批集专用品种、原料基地、加工转化、现代物流、便捷营销为一体的农产品加工园区和产业融合先导区，不断提升产业融合发展水平。

（一）融合发展区域功能定位

1. 粮油生产核心区。在粮食生产核心区，大力发展优质原料基地及加工专用品种生产，积极推动大宗粮食作物产地初加工、传统加工技术升级与装备创制。在东北、长江中下游等稻谷主产区，黄淮海、长江中下游等小麦主产区，东北、华北等玉米主产区，东北、华北、西北和西南等马铃薯主产区，东北和黄淮海等大豆主产区，长江流域和北方等油菜主产区，东北农牧交错区及沿黄河花生主产区，重点开展优质原料基地建设。在东北、华北、长江中下游、大宗粮油作物生产核心区形成初加工产业带，引导生产合作组织、创新联盟发挥更大作用，建立更加专业、便捷的粮油生产仓储、物流、金融、信贷平台与服务网络，打造自然生态与传统文化结合的休闲农业发展模式。

2. 经济作物生产优势区。在经济作物生产优势区，加强加工专用原料基地建设，加快电子商务平台建设，积极推动经济作物产地初加工、精深加工和综合利用技术升级与装备创制，大力促进休闲农业发展。在渤海湾和西北黄土高原地区发展苹果原料基地；在长江上中游、浙闽粤和赣南湘南桂北、鄂西湘西发展柑橘原料基地；在华南与西南热区、长江流域、黄土高原、云贵高原、北部高纬度、黄淮海与环渤海等地发展蔬菜原料基地；在长江流域、东南沿海、西南地区发展绿茶、乌龙茶等茶专用原料基地，在华南、西南热区发展热带水果原料基地。在东南沿海、环渤海等地以及西部地区分别建设速冻果蔬、果蔬浆及果蔬干制等初加工产业带；在热带、亚热带、东北地区建设果蔬制汁制罐及副产物高值化加工产业带；在河北、山西、山东、福建、浙江、广东、广西、江苏、新疆等地建设果蔬干制及营养健康食品加工产业带；在中原、西北、贵州及江浙闽地区等建设茶饮料及速溶茶加工产业带。在新疆、长江及黄河流域等棉花主产区和广西、云南等糖料主产区，发展优质原料基地及加工产业带。推动果蔬茶原料企业电子商务平台及物流体系建设，积极拓展“农产品生产+精深加工+休闲旅游”的融合模式，大力发展休闲农业。

3. 养殖产品优势区。在养殖产品优势区，进一步加强加工原料基地建设，大力发展产地初加工和高值化综合利用，物流体系和信息网络共享平台。稳步推进养殖标准化和适度规模养殖，在东北、中部、西南的生猪主产区，在中原、东北、西北、西南的肉牛主产区，在中原、中东部、西北、西南的肉羊主产区，在东北、内蒙古、华北、西北、南方和大城市郊区奶业主产区，在华北、长江中下游、华南、西南、东北等肉禽优势产区，在华东、华北、华中、华南、西南禽蛋主产区，分别建设肉、奶、蛋制品优质原料生产基地。在沿海地区积极保护滩涂生态环境，鼓励发展生态养殖、深水抗风浪网箱养殖和工厂化循环水养殖，开展海洋牧场建设，拓展外海养殖空间，打造生态“海上粮仓”，提供优质海产品食材。在内陆地区稳定宜养区域养殖规模，充分利用稻田、低洼地和盐碱地资源，积极发展生态健康养殖，建设优质淡水产品生产基地。在沿海和长江中下游地区建设优质水产品加工产业带。推动产学研结合，大力推进技术创新与先进装备研发与推广，建立市场导向、资源聚集的加工产业集群。在原料主产区建立初加工和高值化综合利用产业带。

4. 大中城市郊区及都市农业区。在京津冀、长三角、珠三角、东南沿海、长江经济带等大中城市郊区及都市农业发展区建立主食加工、方便食品加工、休闲食品加工产业带以及农产品精深加工与综合利用产业带，培育一批大型农产品加工企业、产业园区，形成具有国际竞争优势的产业带。结合大中城市郊区及都市农业区农业资源及农产品加工产业带，创新农业文化、农耕（渔事）体验、教育科普、生态观光、人文创意、饮食文化、生活服务、餐饮服务等休闲农业和乡村旅游发展模式，鼓励建设中央主食厨房、休闲农园、农产品及加工品的仓储物流设施及配送体系、网上营销等设施平台，满足城乡居民多元化、个性化的消费需求。

5. 贫困地区。实施精准扶贫、精准脱贫，立足当地资源优势，因地制宜发展农产品加工、休闲农业和乡村旅游，探索支持贫困地区、革命老区、民族地区、边疆地区和生态涵养地区的产业扶贫新模式，加快农村贫困劳动力向加工业、休闲农业及服务业的转移。以农民合作社、企业等新型经营主体为龙头，立足当地资源，与农户建立稳固的利益联结机制，发展农产品生产、加工、储藏保鲜、销售及休闲、服务等融合经营，确保贫困人口精准受益。适当集中布局，培育重点产品，以县为单元建设特色产业基地，以村（乡）为基础培植特色拳头产品，实现就地脱贫，提高扶贫实效。

（二）融合发展重点产业结构

1. 粮棉油糖加工业。依托我国粮棉油糖资源与产业优势，着力建设优质粮棉油糖原料基地，大力培育推广粮油加工专用品种；健全粮棉油糖加工科技创新体系，积极推动粮棉油糖产地初加工、精深加工、副产物综合利用以及传统食品工业化，提升粮棉油糖加工企业节能降耗、提质增效的水平与能力；适应市场消费需求，丰富粮棉油糖加工产品种类，改善供给产品结构与质量；建立粮油加工产品信息平台、交易市场，发展新型商业营销模式；推行低温储粮、散粮流通的粮食贮运模式，借助互联网、物联网等信息技术，大力推进智能仓储、智能物流。

2. 果蔬茶加工业。依托我国原料资源优势和气候特点，加强不同地区果蔬茶加工专用原料基地建设，提升果蔬茶加工冷链技术及设施装备水平。积极发展果蔬鲜榨汁、浓缩果浆和新型罐头加工；发展节能提质果蔬干制、速冻果蔬、鲜切果蔬、食用菌等加工和果酒酿造、果蔬副产物综合利用技术；调整茶叶加工产品结构，加大精深加工产品比重，开发茶饮料、功能性茶产品，加强茶资源高效利用。

3. 畜禽加工业。加快推进畜禽适度规模养殖，建设优质原料生产基地，提高主要畜产品自给水平和产品质量。大力推进畜禽屠宰工艺升级，淘汰落后产能；强化减损降耗、分等分级，中式肉制品加工技术革新与工业化装备研制与推广，着重开展骨、血、脏器和皮毛羽等畜禽副产物的综合利用；发展适合不同消费者需求的特色乳制品和功能性产品；重点推广洁蛋加工技术，开发专用蛋液、蛋粉等系列产品。结合物联网、移动互联网、云计算等信息化技术，完善仓储（冷链）物流建设，提高产品可追溯性，保障食品安全。

4. 水产品加工业。培育组织化、标准化、品牌化、优质化、信息化水产品产业链。开展传统水产品加工产业的升级改造；开发标准配方预制食品、预包装食品、方便食品、休闲食品、功能性食品等现代水产食品，提高淡、海水产品精深加工和高效利用产品的比例；实现水产品加工的自动化、智能化、信息化、品牌化。发展种类齐全、功能完备、技术先进的水产品现代冷链物流体系。

5. 休闲农业和乡村旅游。依托农村绿水青山、田园风光、乡土文化等资源，有规划地开发休闲农庄、乡村酒店、特色民宿、自驾车房车营地、户外运动等乡村休闲度假产品，大力发展休闲度假、旅游观光、养生养老、创意农业、农耕体验、乡村手工艺等，促进休闲农业的多样化、个性化发展。依托农业文化遗产、传统村落、传统民居，发展具有历史记忆、地域特点、民族风情的特色小镇，建设一村一品、一村一景、一村一韵的美丽村庄和宜游宜养的森林景区。整合优化、重点打造点线面结合的休闲农业品牌体系。

（三）农产品加工园区和产业融合先导区建设

1. 农产品加工园区。结合优势特色农产品区域和现代农业示范区布局规划，对农产品加工业整体以及加工园区进行科学合理的布局，引导产业向重点功能区和产业园区集聚。坚持集聚发展和融合互动，打造集专用品种、原料基地、加工转化、现代物流、便捷营销为一体的农产品加工园区，培育标准化原料基地、集约化加工园区、体系化物流配送和营销网络“三位一体”、有机衔接、相互配套、功能互补、联系紧密的农产品加工产业集群，以资产为纽带，以创新为动力，通过产业间相互渗透、交叉重组、前后联动、要素聚集、机制完善和跨界配置，实现园区内部产业有机整合、紧密相连、一体推进，形成新技术、新业态、新商业模式，带动资源、要素、技术、市场需求在农村的整合集成和优化重组，最终实现产业链条和价值链条延伸、产业范围扩大、产业功能拓展和农民就业增收，努力提升农产品加工园区建设水平，为农产品加工业创新发展和转型升级提供有力支撑。

2. 产业融合先导区。以农产品加工园区、现代农业示范区、都市现代农业样板区、农业产业化示范基地、休闲农业和乡村旅游示范县为载体，推动产业融合试点示范。组织实施试点示范项目，在粮食主产区、特色优势农产品产区、老少边穷地区、加工业优势区，优先培育一批产业融合先导区。在标准化原料基地、集约化加工园区和体系化物流配送及市场营销网络等开展产业融合先行先试，促进各有关产业和环节交叉融合、相互配套、功能互补、联系紧密，促进城（镇）区、加工园区、原料产区互动发展，吸引人口聚集和公共设施建设。重点支持新型农业经营主体发展加工流通和直供直销，建设原料基地和营销设施、休闲农业及电子商务公共服务设施、农产品及加工副产物综合利用设施。通过培育示范，探索路径、总结经验，不断提升产业融合发展总体水平，逐步形成产业链条完整、功能多样、业态丰富、利益联结紧密、产城融合更加协调的新格局。

五、重大工程

认真组织实施专用原料基地建设、农产品加工业转型升级、休闲农业和乡村旅游提升、产业融合试点示范等重大工程，为促进农业提质增效、农民就业增收、农业现代化和农村繁荣稳定提供有力支撑。

（一）专用原料基地建设工程

组织实施专用原料基地建设工程，在确保谷物基本自给、口粮绝对安全的前提下，与市场需求相适应、与资源禀赋相匹配，为农产品加工业、休闲农业和乡村旅游等产后环节提供优质农产品。重点开展专用品种、原料基地、农产品生产标准化等建设。工程内容详见专栏1。

专栏1　专用原料基地建设工程

1. 培育专用品种，发展原料基地。加强基础设施条件建设，开展农产品加工特性研究，推进良种重大科研联合攻关，培育和推广一批适应机械化生产、优质高产多抗广适、适合精深加工、休闲采摘的新品种。加大投入力度，整合建设资金，创新投融资方式，支持企业与农户多种形式合作，鼓励社会资本发展适合企业化经营的现代种养业，建设一批专用原料基地。

2. 推进农产品标准化生产。推进农业标准化示范区、园艺作物标准园、标准化规模养殖场（小区）、水产健康养殖示范县（场）建设，发展无公害农产品、绿色食品、有机农产品和农产品地理标志产品，加快健全从农田到餐桌的农产品质量和食品安全监管体系，实现农产品生产标准化、专业化、规模化，为农产品加工、流通提供质量安全的原料来源。

（二）农产品加工业转型升级工程

组织实施农产品加工业转型升级工程，促进农产品加工业与农村产业交叉融合发展。以转变发展方式、调整优化结构、提高质量效益为主线，推动规模扩张向质量提升、要素驱动向创新驱动、分散布局向集聚发展转变，更加注重发展质量和效益、供给侧结构性改革、促进绿色生产方式、消费方式、资源环境和集约发展，构建政策扶持、科技创新、人才支撑、公共服务、组织管理等体系，在初加工、精深加工技术集成、副产物综合利用、主食加工、质量品牌提升、加工园区建设等重点领域取得新突破、新进展、新成效。工程内容详见专栏2。

专栏2　农产品加工业转型升级工程

1. 农产品产地初加工设施建设。通过实施农产品产地初加工补助政策，引导各地在农产品优势产区，集中连片建设一批农产品产地初加工设施，促进当地农产品减损提质、农民就业增收、农产品市场稳定供应、农业产业链延伸和产业融合发展。力争到“十三五”末，进一步扩大补助资金规模和实施区域，新增果蔬贮藏能力800万吨、果蔬烘干能力260万吨，实现“减损增供、农民增收、农业增效、品质提升”的目标。

2. 主食加工业能力建设。以促进粮食等主要农产品的加工转化、满足城乡居民食物消费升级的多样化需求为目标，加快发展主食加工业，鼓励发展农产品生产、保鲜及食品加工、直销配送或餐饮服务一体化经营，在农产品产地和大中城市郊区培育主食加工产业集群，建设一批技术水平高、带动力强的主食加工示范企业和主食加工产业集聚区，实现相关产业融合发展。力争通过5年努力，在大中城市郊区，发展1000个为城乡居民生活配套的中央厨房；在县级区域，发展2000个为县域居民生活配套的传统面米等谷物类主食加工生产线；在优势农产品产地，发展300个预制菜肴加工项目。

3. 质量品牌提升。实施农产品加工业质量品牌提升行动。大力提升标准化生产能力，制定和完善相关标准，引导企业严格执行强制性标准，积极采用先进标准，推行标准化生产。大力提升全程化质量控制能力，鼓励企业开展先进的质量管理、食品安全控制等体系认证，逐步建立全员、全过程、全方位的质量管理制度，实现全程质量管理和控制。大力提升技术装备创新能力，加强企业原始创新和引进吸收再创新。大力提升品牌培育创建能力，加快培育一批能够展示“中国制造”和“中国服务”优质形象的品牌。

4. 农产品加工技术集成基地建设。面向农产品主产区农产品加工转化和县域发展农产品精深加工，以解决粮油、果蔬茶、畜产品和水产品等农产品加工产后损失严重、综合利用率低、水耗能耗高、自动化程度低、风味与营养成分损失严重等技术难题为重点，有效整合全国农产品加工科技资源，依托国家农产品加工技术研发体系及具有较强研究基础的科研机构，通过中央投资为主的方式建设农产品加工技术集成基地，开展共性关键技术工程化研究和核心装备创制，孵化形成一批“集成度高、系统化强、能应用、可复制”的农产品加工成套技术装备，提升农产品加工集成创新与熟化应用的科研能力，满足农产品加工企业共性关键技术需求。到2020年，力争建成40个农产品加工技术集成基地。

5. 农产品加工综合利用试点示范。以农产品及加工副产物综合利用试点县、试点园区、试点企业为重点，以财政贴息和税收减免为杠杆，撬动金融资本和社会资本投入，引导和促进副产物的产地资源化利用。着力开展秸秆、粮油薯、果蔬、畜禽、水产品加工副产物的循环利用、全值利用和梯次利用，集成、示范和推广一批综合利用成熟技术设备，通过工程、设备和工艺的组装物化，对秸秆微生物腐化有机肥及过腹还田、稻壳米糠等外果及皮渣、畜禽骨血、水产品皮骨内脏等进行综合利用试点推广，完善产品标准、方法标准、管理标准及相关技术操作规程等。

（三）休闲农业和乡村旅游提升工程

组织实施休闲农业和乡村旅游提升工程，拓展农业多功能。以建设美丽乡村美丽中国为目标，依托农村绿水青山、田园风光、乡土文化等资源，强化规划引导，注重规范管理、内涵提升、公共服务、文化发掘和宣传推介，积极扶持农民发展休闲农业专业合作社，引导和支持社会资本开发农民参与度高、受益面广的休闲旅游项目，推动休闲农业和乡村旅游提档升级。重点抓好文化遗产保护、培育特色品牌，推进基础设施、接待配套设施、展示场所等建设改造，让广大城乡居民养眼养胃、养肺、养心、养脑，为其提供看得见山、望得见水、记得住乡愁的高品质休闲旅游体验，促进美丽中国和健康中国建设。工程内容详见专栏3。

专栏3　休闲农业和乡村旅游提升工程

1. 推动休闲农业基础和配套服务设施改造。引导各地采取以奖代补、先建后补、财政贴息、设立产业投资基金等方式，在城市周边、景区周边、沿海沿江、传统特色农区、扶贫攻坚地区，扶持建设一批功能完备、特色突出、服务优良的休闲农业聚集村和休闲农业园。着力改善休闲旅游重点村进村道路、宽带、停车场、厕所、垃圾污水处理等基础和配套服务设施。实现特色农业加速发展、村容环境净化美化和休闲服务能力同步提升。

2. 加大休闲农业和乡村旅游品牌培育。重点打造“3+1+X”的休闲农业和乡村旅游品牌体系。“3”是，在面上，继续开展全国休闲农业和乡村旅游示范县（市、区）创建，着力培育一批生态环境优、产业优势大、发展势头好、示范带动能力强的休闲农业与乡村旅游集聚区；在点上，继续开展中国美丽休闲乡村推介活动，在全国打造一批天蓝、地绿、水净，安居、乐业、增收的美丽休闲乡村（镇）；在线上，重点开展休闲农业和乡村旅游精品景点线路推介，吸引城乡居民到乡村休闲消费。“1”是，着力培育好农业文化遗产品牌，推动遗产地经济社会可持续发展。“X”是，鼓励各地因地制宜开展农业嘉年华、休闲农业特色村镇、星级户、精品线路、农业主题公园等形式多样的创建与推介活动，培育地方品牌。

3. 加强中国重要农业文化遗产保护。按照“中央支持、地方配套、农民参与”的思路，以保护、修复为核心，以能力提升为重点，通过遗产资源普查与评估、动态监测、核心区保护设施建设和基础条件改善、传统农业优良技术的挖掘保护、宣传推介、品牌培育和遗产地自我发展能力提升等工作，确保农业文化遗产的长久传承和可持续发展，构建重要农业文化遗产动态保护与传承机制。

（四）产业融合试点示范工程

组织实施产业融合试点示范工程，促进农村产业深度融合发展。以培育融合发展载体、探索融合发展模式、完善融合发展机制为主要任务，通过规划引导、政策扶持、项目支持、营造氛围等有力措施，积极开展产业融合示范点和先导区建设，加快形成产业融合发展的新技术、新业态、新模式。工程内容详见专栏4。

专栏4　产业融合试点示范工程

1. 推动产业融合试点示范。采取政府引导、市场运作、多方参与的方式，鼓励和支持农业产业化龙头企业、农民合作社、家庭农场和物流企业、农产品电商平台、专业协会等积极开展种养加结合型、农产品加工业引领型、休闲农业带动型、“互联网+”支撑型、产业园区整合型等多种产业融合模式的试点示范，完善利益联结机制，让农民从产业链增值中获取更多利益，合理分享初级产品进入加工销售领域后的增值利润。“十三五”期间，总结推广一批产业融合典型模式，推动形成一批产业融合新型业态，选择适合融合、有基础、有优势、成规模的重点产业和区域进行试点示范。

2. 实施产业融合百县千乡万村试点工程。配合有关部门共同推进试点工程实施，建设100个示范县、1000个示范乡、10000个示范村，实现各类规模种养区、加工区、物流区、流通区无缝对接融合，农业综合效益明显高于一般地区。

3. 创建产业融合先导区。结合实施产业融合百县千乡万村试点工程和新型城镇化，依托农产品加工业园区、休闲农业园区、现代农业示范区和农业产业化示范基地等平台，示范创建一批产业融合先导区。鼓励和支持产业融合先导区进行体制机制创新，开展宅基地入股等试点，改革集体经济经营管理体制，探索产业融合政策扶持措施。鼓励和支持产业融合先导区以市场需求为导向，大力发展特色种养业、农产品加工业、农村服务业，形成一村一品、一乡（县）一业。鼓励和支持产业融合先导区积极利用“大数据”和“互联网+”等先进信息技术，大力发展网络营销、在线租赁托管、食品短链、社区支农、电子商务、体验经济等多种新型业态。

4. 支持优势特色产区和贫困地区产业融合发展。采用先建后补、以奖代补、贷款贴息和产业基金等方式，以能够让农民分享增值收益的新型经营主体为扶持对象，重点支持鼓励主产区和贫困地区农民合作社兴办加工流通、加工流通企业与农民股份合作建设标准化原料基地、休闲农业公共设施建设、电子商务企业建设配送体系等。

六、保障措施

（一）加强组织领导

各级农业部门要站在经济社会发展全局的高度，充分认识发展农产品加工业和产业融合的重要性和紧迫性，把加快发展农产品加工业，促进产业融合发展摆上重要议事日程，作为现代农业建设的重要任务、作为全面建成小康社会的重大举措、作为推进城乡发展一体化的突破口，给予高度重视，纳入当地国民经济发展规划和农业农村经济发展规划。要按照中央的要求，统一思想，加强领导，理顺部门分工，密切协作配合，转变工作方式，调动社会力量，确保各项任务落实到位，切实推进农产品加工业和产业融合健康发展。

（二）完善产业扶持政策

设立产业融合发展引导专项资金，重点支持农民、农民合作社开展农产品产地加工、产品直销和农家乐，支持农业产业化龙头企业与农户建立紧密的利益联结机制。扩大农村产业融合试点示范资金规模和专项投资产业基金规模。扩大农产品产地初加工政策的资金规模，拓展支持内容和范围，初加工用电享受农用电政策，鼓励地方将农产品初加工产品列入绿色通道。国家农业综合开发资金、现代农业生产发展资金、扶贫开发资金等涉农项目，要将产业融合发展作为重点内容，给予支持。加大粮棉油糖等重要农产品初加工机械农机购置补贴力度。进一步完善《享受企业所得税优惠政策的农产品初加工范围》。逐步扩大农产品加工企业进项税额核定扣除试点行业范围，尽快统一农产品加工进销项增值税税率，解决农产品加工业增值税高征低扣问题。加快构建覆盖全国的农业信贷担保体系，重点支持新型农业经营主体发展农产品生产、加工、流通和服务、休闲农业和乡村旅游，促进产业融合发展。在严格保护耕地的前提下，对各类新型农业经营主体建设产后流通、加工配套、休闲农业和乡村旅游设施用地，出台专门政策，解决用地难问题。

（三）深化体制机制改革

深化农村改革，完善要素市场，充分发挥市场在资源配置中的决定性作用。加快农村承包土地确权颁证，完善土地所有权、承包权和经营权分置办法，健全土地经营权流转市场。深化农村集体建设用地制度改革，加快形成城乡一体的土地市场。注意加强对工商资本租赁农户承包地的准入、监管和风险防范。加快农村金融体制改革，引导和鼓励商业性金融机构支持农产品加工业和流通服务业发展，探索加大长期资金投入。健全农业政策性保险，构建农业风险防范体系，降低自然风险和市场风险对农业生产和产后加工、流通环节的影响。积极发展行业协会、技术创新或产业联盟，发挥各类社会组织的桥梁纽带作用，促进经济、技术等要素的深度融合，推动跨领域跨行业协同创新、协调发展。深化农产品加工业行业管理体制改革，加强部门、行业、地区之间的协作配合，形成推动产业融合发展的合力。

（四）强化公共服务体系建设

各级主管部门要积极搭建各类公共服务平台，为发展农产品加工业和产业融合创造有利条件。加快全国农产品加工技术研发体系建设，开展协同攻关，研发推广农产品加工共性关键技术。搭建农产品加工对接平台，为农产品加工企业提供专用原料、技术改造、产品开发、市场营销、融资贷款、参股并购等配套服务。搭建农民创业创新平台，建设农民创业创新园，培育产业融合主体，为农民创业提供场地、技术支持和学习实践基地，开展创业展示、创业辅导、创业培训、创业大赛等活动。搭建行业运行分析和监测预警平台，建立专家队伍，完善数据库，加强信息发布，指导行业和企业发展。依托各类农业科研、推广项目和农业高等教育、农民职业教育、人才培训工程等平台，加强农产品加工业和产业融合人才培养，建设一支熟悉行业情况、充满农业情怀、具备现代市场管理素质的专业技术和经营管理等复合型人才队伍，为产业融合发展提供人才保障。

（五）激发农民创业创新活力

加大对农民创业创新扶持力度，实施农民创业创新行动计划、农村青年创业富民行动、农民工等人员返乡创业行动计划，大力培养新型职业农民，为农产品加工业与产业融合发展提供可靠保障。积极落实和创新政策，确保定向减税和普遍性降费政策的落实，促进强农惠农富农及“三农”金融支持的一系列政策措施向返乡创业创新群体重点倾斜；培育一批创业创新带头人和辅导师，认定一批为返乡创业人员提供实习和实训服务的见习基地，树立一批农民创业创新典型，选拔一批有思想、有文化，敢闯敢干、勤于耕耘、敢为人先的农民创业创新带头人，示范带动农民创业创新。

（六）营造产业融合发展良好社会环境

加强分类指导，因地制宜，探索产业融合发展好经验、好典型、好模式。围绕规划目标任务，制定分工落实方案，强化责任考核，开展动态监测，加大督促检查，加强绩效评价和监督考核。通过传统媒体和新媒体加强宣传，深入贯彻各项强农惠农政策和本规划主要内容，宣传产业融合发展的重要作用，引导社会各方面提高对产业融合发展的认同，积极引导社会舆论，营造全社会共同关注、协力支持产业融合发展的良好氛围，努力把规划确定的目标任务落到实处。

住房城乡建设部办公厅
关于做好第二批全国特色小镇推荐工作的通知

建办村函〔2017〕357号

各省（区、市）住房城乡建设厅（建委）、北京市农委、上海市规划和国土资源局：

为落实《住房城乡建设部　国家发展改革委　财政部关于开展特色小镇培育工作的通知》（建村〔2016〕147号）精神，做好第二批全国特色小镇推荐工作，经商财政部，现将有关事项通知如下：

一、推荐要求

各地推荐的特色小镇应符合建村〔2016〕147号文件规定的培育要求，具备特色鲜明的产业形态、和谐宜居的美丽环境、彰显特色的传统文化、便捷完善的设施服务和充满活力的体制机制，并满足以下条件：

（一）具备良好的发展基础、区位优势和特色资源，能较快发展起来。

（二）实施并储备了一批质量高、带动效应强的产业项目。

（三）镇规划编制工作抓得紧，已编制的总体规划、详细规划或专项规划达到了定位准确、目标可行、规模适宜、管控有效4项要求。现有规划未达到定位准确等4项要求的已启动规划修编工作。

（四）制定并实施了支持特色小镇发展的政策措施，营造了市场主导、政企合作等良好政策氛围。

（五）实施了老镇区整治提升和发展利用工程，做到设施完善、风貌协调和环境优美。

（六）引入的旅游、文化等大型项目符合当地实际，建设的道路、公园等设施符合群众需求。

对存在以房地产为单一产业，镇规划未达到有关要求、脱离实际，盲目立项、盲目建设，政府大包大揽或过度举债，打着特色小镇名义搞圈地开发，项目或设施建设规模过大导致资源浪费等问题的建制镇不得推荐。县政府驻地镇不推荐。以旅游文化产业为主导的特色小镇推荐比例不超过1/3。

二、推荐程序

我部根据各省（区、市）建制镇数量、规划编制与实施情况、特色小镇培育工作进展、地方组织推进小城镇建设力度等因素，确定了2017年各省（区、市）特色小镇推荐名额（附件1）。请各省（区、市）按照分配名额组织好特色小镇推荐工作。

按照自愿申报、择优推荐的原则，由县（市、区）住房城乡建设部门做好特色小镇信息填报等工作，经县（市、区）人民政府审核后，于2017年6月15日前将有关材料报省级住房城乡建设部门。省级住房城乡建设部门要严格按照建村〔2016〕147号文件要求，组织专家对上报的有关材料进行初审、评估并实地考核，确定本省（区、市）特色小镇推荐名单和排序，于2017年6月30日前将推荐名单和推荐材料报我部村镇建设司。我部将以现场答辩形式审查推荐的特色小镇，会同财政等部门认定并公布第二批全国特色小镇名单。现场答辩的有关安排另行通知。

三、材料要求

各省级住房城乡建设部门上报的推荐材料应包括特色小镇推荐信息表（附件2）、特色小镇培育说明材料、相关视频（可选）和有关规划。推荐信息表1式2份并加盖单位公章，相关信息录入特色小镇培育网（www. charmingtown. cn）。培育说明材料应逐项用文字、照片和图纸进行说明，以PPT格式提交（说明材料模板及示例可从特色小镇培育网下载）。视频材料时长为5~10分钟，文件格式不限。有关规划包括总体规划、详细规划和专项规划，提交电子版。推荐材料可通过光盘或U盘方式提交。

联系人：李亚楠　王德清　白　琳

电话：010-58934518　58934818（传真）

电子邮箱：czsghc@ 163. com

附件：1. 各省（区、市）特色小镇推荐名额分配表

2. 特色小镇推荐信息表（略）

中华人民共和国住房和城乡建设部办公厅

2017年5月26日

附件1　各省（区、市）特色小镇推荐名额分配表

编号	省（区、市）	推荐数量
1	北京市	5
2	天津市	5
3	河北省	11

4	山西省	10
5	内蒙古自治区	10
6	辽宁省	10
7	吉林省	8
8	黑龙江省	8
9	上海市	6
10	江苏省	15
11	浙江省	15
12	安徽省	11
13	福建省	11
14	江西省	10
15	山东省	15
16	河南省	11
17	湖北省	11
18	湖南省	11
19	广东省	15
20	广西壮族自治区	10
21	海南省	6
22	重庆市	9
23	四川省	13
24	贵州省	11
25	云南省	11
26	西藏自治区	5
27	陕西省	11
28	甘肃省	6
29	青海省	5
30	宁夏回族自治区	5
31	新疆维吾尔自治区	7
32	新疆生产建设兵团	3
	合计	300

住房城乡建设部
关于公布第二批全国特色小镇名单的通知

建村〔2017〕178 号

各省、自治区住房城乡建设厅，北京市住房城乡建设委、规划国土委、农委，天津市建委、规划局，上海市住房城乡建设管委、规划国土局，重庆市城乡建设委：

为贯彻落实党中央、国务院关于推进特色小镇建设的部署，按照《住房城乡建设部关于保持和彰显特色小镇特色若干问题的通知》（建村〔2017〕144 号）和《住房城乡建设部办公厅关于做好第二批全国特色小镇推荐工作的通知》（建办村函〔2017〕357 号）要求，在各地择优推荐的基础上，经组织现场答辩、专家评审和公示，认定北京市怀柔区雁栖镇等 276 个镇（名单见附件 1）为第二批全国特色小镇，现予以公布。

各省（区、市）住房城乡建设部门要做好特色小镇建设工作的指导、支持和监督，进一步保持和彰显特色小镇特色，同时，督促检查第二批特色小镇按照专家评审意见（见附件 2）予以整改。我部将联合财政部等有关部门对已认定特色小镇工作推进情况进行检查。

附件：1. 第二批全国特色小镇名单（略）

2. 专家组对第二批全国特色小镇的评审意见

中华人民共和国住房和城乡建设部

2017 年 8 月 22 日

附件 2　专家组对第二批全国特色小镇的评审意见

序号	省（市、区）	特色小镇	评审意见
1	北京市	怀柔区雁栖镇	1. 突出特色产业的集聚效应，扩大会展业对经济的拉动作用。 2. 控制镇区房地产项目的比例。 3. 加强镇区特色风貌塑造。 4. 完善镇域基础设施配套。
		大兴区魏善庄镇	1. 注重把特色产业做大做强，发挥产业带动效应。 2. 加强产镇融合发展，将小镇打造成为区域城镇化的重要节点。 3. 提升规划编制质量。

续表

序号	省（市、区）	特色小镇	评审意见
1	北京市	顺义区龙湾屯镇	1. 结合该镇自然生态环境条件和文化基础，打造红色文化旅游基地。 2. 重新研究小镇新发展区域的选址，新建区域应充分利用原有基础，实现新老镇区协调发展。 3. 提升老镇区的人居环境质量。
		延庆区康庄镇	1. 进一步挖掘、强化镇区特色产业，实现产业与镇区的联动发展。 2. 提升规划编制质量，提升镇区特色风貌。 3. 创新体制机制，落实有关支持政策。
2	天津市	津南区葛沽镇	1. 尽快编制特色小镇规划，从产业策划、空间格局、风貌设计、项目建设等方面，加强小镇特色打造。 2. 创新体制机制，采取有效的管理措施。
		蓟州区下营镇	1. 加大特色产业对其他产业的带动作用，形成一二三产业融合发展，增强内生动力。 2. 科学规划镇区街区尺度、建筑风貌、服务设施等，提升编制质量。
		武清区 大王古庄镇	1. 编制特色小镇规划，科学指导镇区建设。 2. 促进特色产业与镇区人居环境改善协调发展。
3	河北省	衡水市枣强县 大营镇	1. 研究皮革行业的发展，延伸产业链，提升产业发展水平。 2. 科学确定规划用地规模，集约节约利用土地资源。 3. 加强对老镇区的环境整治。
		石家庄市 鹿泉区铜冶镇	1. 开展规划修编，提升编制质量。 2. 开展老镇区整治和提升工作，实现产镇融合发展。 3. 加强镇域村庄环境整治，改善农村人居环境。
		保定市曲阳县 羊平镇	1. 丰富雕刻产业的内涵与外延，可通过展览展示、文化传播、教育、体验等方式延伸产业链。 2. 将雕刻艺术较好地应用于小镇建设中，塑造突出产业特色的建筑风貌，建设贴近生活、贴近工作的绿地等公共空间。 3. 加强对镇域生态环境的修复，可将雕刻艺术运用于采石场的山体修复，打造巨型“雕刻墙”。
		邢台市柏乡县 龙华镇	1. 加强产业研究，用好外来企业的产业发展经验。 2. 尽快修编规划，提升编制质量。 3. 整治镇区环境，提升整体风貌。
		承德市 宽城满族自治县 化皮溜子镇	1. 合理确定文旅项目规模和运营模式，确保集约节约利用土地，并有效带动周边的乡村旅游发展。 2. 尽快修编规划，提升编制质量。 3. 加强老镇区的功能提升和环境整治。
		邢台市清河县 王官庄镇	1. 发挥特色产业的带动作用，促进产镇融合发展。 2. 完善公共服务设施配套，加大生态基础设施建设。 3. 尽快修编规划，提升编制质量。

续表

序号	省（市、区）	特色小镇	评审意见
3	河北省	邯郸市肥乡区天台山镇	1. 合理确定养生养老产业的服务对象，严禁房地产化。 2. 创新体制机制，探索特色小镇的专业化运营模式。 3. 尽快修编规划，提升编制质量。
		保定市徐水区大王店镇	1. 处理好镇区与园区的关系，实现服务设施共享，避免新老镇区各自为政。 2. 镇区建设要保持宜人的空间尺度，防止照搬城市修宽路、建高楼的做法。 3. 尽快修编规划，提升编制质量。
4	山西省	运城市稷山县翟店镇	提升小镇规划质量，进一步保持和彰显小镇特色。
		晋中市灵石县静升镇	1. 发挥王家大院等资源优势，加大特色产业的多元化发展力度，带动乡村旅游发展。 2. 尽快修编规划，提升编制质量。
		晋城市高平市神农镇	1. 注重产业链的延伸，形成稳固可持续的特色产业。 2. 整治镇区环境，提升整体风貌。 3. 尽快修编规划，提升编制质量。
		晋城市泽州县巴公镇	1. 加强环境保护，控制镇区内的钢铁产业规模，逐步淘汰落后产能。 2. 尽快修编规划，避免分散布局，注重集约节约利用土地。
		朔州市怀仁县金沙滩镇	1. 提高陶瓷产品和产业的艺术性、科技含量及附加值，增强竞争优势和可持续发展能力，加强陶瓷生产的环保措施。 2. 进一步提炼陶瓷文化和金沙滩文化，彰显小镇文化特征。 3. 提升规划编制质量，结合陶瓷产业发展预测人口规模，合理控制建设用地规模，统筹安排镇区环境综合整治和产业布局。
		朔州市右玉县右卫镇	1. 加强传统文化保护，打造特色文化的空间载体。 2. 整治镇区环境，提升整体风貌。 3. 提高规划编制质量，优化镇区用地布局。
		吕梁市汾阳市贾家庄镇	1. 明确特色农业的发展方向和主导产品，延伸产业链，实现绿色农业生产、加工、销售、观光和体验的一体化发展。 2. 加强创新型示范基地的示范作用，带动周边更多乡村的发展。 3. 优化镇区规划方案，强化特色设计和风貌管控。
		临汾市曲沃县曲村镇	1. 加强特色产业培育，促进产业提质增效，加大对周边乡村的带动作用。 2. 尽快修编规划，加强用地布局与特色产业发展的衔接。
		吕梁市离石区信义镇	1. 加强特色产业对周边区域的带动作用。 2. 提高规划编制质量，优化镇区用地布局，集约节约利用土地。

续表

序号	省（市、区）	特色小镇	评审意见
5	内蒙古自治区	赤峰市敖汉旗下洼镇	1. 尽快修编规划，控制镇区建设用地规模，集约节约利用土地。 2. 新建设区域应注重与现状镇区的紧密衔接，避免各自为政。
		鄂尔多斯市东胜区罕台镇	1. 加强特色产业培育，促进产业提质增效，提升对镇域发展的带动作用。 2. 整治镇区环境，提升整体风貌。 3. 尽快修编规划，科学指导特色小镇发展。
		乌兰察布市凉城县岱海镇	1. 丰富以鸿茅药酒为核心的特色产业内涵，带动一二三产联动发展。 2. 尽快修编规划，提升编制质量。
		鄂尔多斯市鄂托克前旗城川镇	1. 整治镇区环境，提升整体风貌。 2. 尽快修编规划，科学指导小镇建设和管控整体风貌。
		兴安盟阿尔山市白狼镇	1. 保护好生态环境，利用好湿地、水等资源，整合矿泉水生产、文旅等产业，形成合力，提升附加值。 2. 提高规划编制质量，塑造镇区特色风貌。
		呼伦贝尔市扎兰屯市柴河镇	1. 加强交通设施建设。 2. 加强对老镇区空间格局和风貌的保护，新建建筑风貌应与老建筑协调。
		乌兰察布市察哈尔右翼后旗土牧尔台镇	1. 要根据自身经济实力确定产业项目的规模和实施计划，避免贪大求快。 2. 尽快修编规划，科学指导小镇建设，加强整体风貌管控。
		通辽市开鲁县东风镇	1. 注重打造红干椒的品牌，延伸产业链，形成红干椒的种植、加工、销售、体验和观光的一体化发展。 2. 完善镇区周边基础设施，加大人居环境改善力度。 3. 尽快修编规划，提升编制质量。
		赤峰市林西县新城子镇	1. 加强内蒙野果品牌打造和宣传，做大做强特色产业，切实推进小镇经济发展，带动农民增收致富。 2. 尽快修编规划，提升小镇空间和风貌特色。
6	辽宁省	沈阳市法库县十间房镇	1. 进一步延伸航空产业的链条，促进产业可持续发展。 2. 提升镇区的建设风貌和建筑设计水平，切实体现地方特色。 3. 尽快修编规划，提升编制质量。
		营口市鲅鱼圈区熊岳镇	1. 丰富特色产业内涵，落实产业项目。 2. 加强镇区风貌整治，管控新建区域的空间和风貌，突出小镇宜人的空间尺度。 3. 尽快修编规划，提升编制质量。
		阜新市阜蒙县十家子镇	1. 注重文化创意和“互联网+”的结合，并落实到近期建设项目中。 2. 加强镇区风貌整治和空间管控，打造精品小镇。 3. 尽快修编规划，合理控制建设用地规模，避免盲目扩张。
		辽阳市灯塔市佟二堡镇	1. 坚持绿色发展理念，充分利用现代技术加强对传统产业的改造升级，培育小镇品牌，可以适度发展工业旅游。 2. 尽快修编规划，加强对镇区环境的综合整治，提升建筑风貌。

续表

序号	省（市、区）	特色小镇	评审意见
6	辽宁省	锦州市北镇市沟帮子镇	1. 结合当前消费升级的趋势，加快传统产业的改造升级，提升技术含量和健康品质，对食品加工的各环节进行严格把控。 2. 尽快修编规划，加强对镇区环境的综合整治和建筑风貌的营造，充分体现尺度宜人的空间特色。 3. 依据产业发展和居住需求，合理布局住宅、商业、公共设施等，避免过度房地产化。
		大连市庄河市王家镇	1. 完善对自然灾害、海产养殖病害等风险事项的预防机制，提升产业发展质量。控制养殖范围，避免影响海洋生态。 2. 尽快修编规划，突出宜人的空间尺度和海岛特色。
		盘锦市盘山县胡家镇	1. 统筹周边村庄的稻蟹种植、养殖，打造“稻蟹小镇”的品牌。 2. 尽快修编规划，加强对镇区环境的综合整治，提升建筑风貌。
		本溪市桓仁县二棚甸子镇	1. 延伸野山参的产业链，提升产品品质，完善产品研发和销售环节，可适度发展文化、旅游等相关产业，加大示范带动作用。 2. 尽快修编规划，加强对镇区环境的综合整治和建筑风貌的营造，充分体现尺度宜人的空间特色。
		鞍山市海城市西柳镇	1. 推进传统特色产业的改造升级，加大自主品牌培育力度。 2. 尽快修编规划，加强镇区环境和建筑风貌综合整治，营造尺度宜人的特色空间。
7	吉林省	延边州安图县二道白河镇	1. 总结、提炼特色旅游产业，注重与长白山其他镇的错位发展，避免同质化竞争。 2. 尽快修编规划，提升编制质量。
		长春市绿园区合心镇	1. 加强机车特色产业的培育，提升示范带动作用。 2. 完善基础设施建设，整治镇区环境。 3. 尽快修编规划，提升编制质量。
		白山市抚松县松江河镇	1. 加强服务长白山旅游的相关产业发展。 2. 尽快修编规划，提升镇区风貌。
		四平市铁东区叶赫满族镇	1. 聚焦特色产业业态，突出产业特色。 2. 完善基础设施建设，整治镇区环境。 3. 尽快修编规划，提升镇区风貌，打造尺度宜人的特色空间。
		吉林市龙潭区乌拉街满族镇	1. 整合镇域旅游资源，打造旅游产业品牌。 2. 完善基础设施建设，整治镇区环境。 3. 尽快修编规划，统筹布局产业发展、小镇建设，实现产镇融合发展，提升镇区风貌。
		通化市集安市清河镇	1. 注重特色产业可持续发展，提升品质，打造品牌。 2. 针对外来人口较多情况，加强小镇管理，提高服务水平。 3. 尽快修编规划，提升镇区风貌，体现尺度宜人的空间特色。

续表

序号	省（市、区）	特色小镇	评审意见
8	黑龙江省	绥芬河市阜宁镇	1. 做大做强对外贸易，加强文化交流，打造成贸易交流和文化交融的示范区。 2. 尽快修编规划，提升镇区风貌，彰显地域特色和文化特色。
		黑河市五大连池市五大连池镇	1. 保护好、利用好自然资源，加强特色产业的可持续发展。 2. 整治镇区环境，形成自然与人文融合的特色风貌。 3. 提高规划编制质量，避免照搬城市模式。
		牡丹江市穆棱市下城子镇	1. 进一步凝练产业特色，重点以木家具加工带动相关产业发展。 2. 尽快修编规划，提升镇区风貌，体现尺度宜人的空间特色。
		佳木斯市汤原县香兰镇	1. 继续加大农业+商贸产业发展力度，拓展休闲农业、创意农业、观光农业、休闲农业等，不断提升农业附加值。 2. 尽快修编规划，提升镇区风貌，体现尺度宜人的空间特色。
		哈尔滨市尚志市一面坡镇	1. 处理好产业多元与打造好核心产业的关系。旅游产业上，应吸引更多游客在小镇停留。体育产业上，应注重与周边地区差异化竞争。食品产业需引入有实力的业内龙头企业。 2. 加强规划引导，提升镇区风貌，体现尺度宜人的空间特色。在打造中东路时，应注重保持自身传统风貌。
		鹤岗市萝北县名山镇	1. 优化产业结构，促进口岸业务与本地特色资源和产业相结合，延长产业链，增加附加值。 2. 尽快修编规划，提升镇区风貌。
		大庆市肇源县新站镇	1. 完善基础设施建设，提升服务水平。 2. 整治镇区环境，塑造自然与人文相融的特色风貌。
		黑河市北安市赵光镇	1. 进一步提升农业实力，结合农垦农场发展，打造特色农业。 2. 尽快修编规划，提升镇区风貌，塑造尺度宜人的空间特色。
9	上海市	浦东新区新场镇	1. 严格控制房地产开发比例，避免过度房地产化。 2. 保护好小镇古建筑群原始风貌。
		闵行区吴泾镇	加强大都市周边特色小镇发展模式的探索，加大引领示范作用。
		崇明区东平镇	1. 加大生态环境保护力度，严禁挖山填湖、破坏水系。 2. 加强规划引导，提升小镇空间特色和整体风貌。
		嘉定区安亭镇	1. 注重传统文化保护和传承，弘扬中国文化和江南水乡文化。 2. 加大镇域内村庄的人居环境改善力度，加强规划建设管理。 3. 完善公共服务设施建设，创新管理体制。
		宝山区罗泾镇	1. 提高规划质量，优化镇区规划功能布局。 2. 充分结合当地历史、文化特色，整治镇区环境，保护和延续现状风貌。
		奉贤区庄行镇	1. 加强以农业为基础的特色产业打造。 2. 尽快修编规划，提升镇区风貌，体现尺度宜人的空间特色。

续表

序号	省（市、区）	特色小镇	评审意见
10	江苏省	无锡市江阴市新桥镇	1. 推进传统产业转型升级，提升特色产业的科技含量。 2. 加大对传统工业园区的管控。
		徐州市邳州市铁富镇	1. 拓展银杏旅游产业链，发挥更大效益和带动作用。 2. 尽快修编规划，提升镇区风貌，保持尺度宜人的空间特色。
		扬州市广陵区杭集镇	1. 聚焦特色产业门类，避免过大过全。 2. 加强老镇区的保护，促进新老镇区协调发展。 3. 提升规划编制质量。
		苏州市昆山市陆家镇	1. 加强生态环境保护，尽快改善水环境。 2. 注重行业标准的参与和起草，提升产业发展水平。 3. 加强规划设计，将“童趣”应用到城镇风貌塑造中。
		镇江市扬中市新坝镇	1. 整治镇区环境，打造风貌特色鲜明，尺度宜人的特色小镇。 2. 加强规划引导，打造宜居宜业的小镇示范。
		盐城市盐都区大纵湖镇	1. 加强传统产业的提升，提高涂装设备产业的科技含量，提升科研创新能力。 2. 发展工业旅游业，以丰富特色产业的内容，延长特色产业链。 3. 整治镇区环境，塑造特色风貌。
		苏州市常熟市海虞镇	1. 围绕无忧小镇的主题进一步聚焦特色产业，并在产业发展中突出地域文化特色。 2. 加强规划引导，整治镇区环境，塑造特色风貌。 3. 加大生态环境保护力度。
		无锡市惠山区阳山镇	1. 逐步转型升级现有的加工企业，促进一二三产业的融合发展。 2. 加强规划引导，建设镇区特色空间，塑造尺度宜人、特色鲜明的小镇风貌。
		南通市如东县栟茶镇	1. 加大美业挖掘力度，促进产业、文化、生态相结合，扩大产业内涵，增强产业生命力。 2. 加强对产业的培养扶持，打造知名品牌，提升产品品质和技术含量，增强国际竞争力。 3. 整治镇区环境，进一步提升整体风貌特色。
		泰州市兴化市戴南镇	1. 鉴于产业周期性明显、企业数量较多，应进一步提高产业抗风险能力。 2. 优化提升特色产业，增加科技含量，提高智能化水平。 3. 加强规划引导，传承镇区风貌，保持良好的镇域风貌。
		泰兴市泰兴市黄桥镇	1. 注重特色产业的集聚效应，新入驻镇区的企业应为与乐器制造相关的企业。 2. 新镇区建设应保持和彰显江南水乡特色，注重与老镇区的协调发展。
		常州市新北区孟河镇	1. 逐步改造升级原有的汽车摩托车配件产业，引入的中医健康产业应注重优化规划和项目投资。 2. 开展镇区环境整治，提升整体风貌。

续表

序号	省（市、区）	特色小镇	评审意见
10	江苏省	南通市如皋市搬经镇	1. 做实长寿的有关产业，不能停留于概念，要作出核心产品和品牌。 2. 丰富长寿产业内涵，不局限于农业，可打造长寿的系列产业，实现多点突破。 3. 提供高规划质量，提升镇区风貌特色。
		无锡市锡山区东港镇	1. 挖掘红豆杉的产业附加值，加大研发能力，提高产品品质。 2. 促进新老镇区的协调发展。 3. 保护历史文化资源，不要拆除老房子、砍伐老树以及破坏具有历史印记的地物。
		苏州市吴江区七都镇	1. 加大特色产业的培育力度，妥善处理现有主导产业与特色产业发展的关系。 2. 加大加快引进和落地与特色产业有关的大项目。
11	浙江省	嘉兴市嘉善县西塘镇	继续加强规划建设管理，保持和彰显小镇特色。
		宁波市江北区慈城镇	1. 提升规划质量，合理控制规划用地规模。 2. 加强镇区环境整治，重点提升老镇区风貌。 3. 未来三年项目较多，需进一步加强组织实施，确保项目资金落实。
		湖州市安吉县孝丰镇	1. 加强镇区环境整治，提升整体风貌特色，在小镇空间塑造中加入孝文化元素。 2. 尽快修编规划，提升编制质量。
		绍兴市越城区东浦镇	1. 处理好小镇发展与越城区的关系，明确小镇定位。 2. 尽快编制小镇规划。
		宁波市宁海县西店镇	1. 加强规划设计，结合当地历史文化和自然地貌设计、塑造小镇风貌。 2. 加强镇区环境整治，提升公共服务水平。
		宁波市余姚市梁弄镇	1. 加大特色产业培育。 2. 尽快修编小镇规划，统筹规划产业发展和小镇建设。
		金华市义乌市佛堂镇	1. 进一步明确主导产业发展方向。 2. 新建区域的高层建筑偏多，应加强规划引导，避免建设与整体环境不协调的高层或大体量建筑，促进新建风貌与传统风貌的协调。
		衢州市衢江区莲花镇	1. 提升规划编制质量，保持和延续小镇肌理，彰显特色文化和风貌特色。 2. 加强镇区环境整治，提升公共服务水平。
		杭州市桐庐县富春江镇	1. 提升规划质量，注重保护、利用地形地貌和河流水系。 2. 加强镇区环境整治，提升建筑风貌。
		嘉兴市秀洲区王店镇	1. 优化规划方案，增加小镇格局和风貌管控要求。 2. 近期实施项目较多，应完善实施保障措施。
		金华市浦江县郑宅镇	1. 加强二产与三产的融合发展。 2. 落实好近期建设项目。

续表

序号	省（市、区）	特色小镇	评审意见
11	浙江省	杭州市建德市寿昌镇	1. 延伸和扩展通航产业，创新、实践投融资平衡的商业模式。 2. 小镇风貌塑造应与当地环境和文化特色相衔接。
		台州市仙居县白塔镇	1. 镇区与景区相对脱离，应加强镇区与景区的融合发展，加强镇区的旅游服务功能。 2. 小城镇建设应保持尺度宜人的空间，避免盲目照搬城市模式。
		衢州市江山市廿八都镇	1. 建筑风格应保持和延续本土文化传统，不盲目搬袭外来文化。 2. 新建住区应延续传统肌理，避免照搬城市居住小区模式。
		台州市三门县健跳镇	1. 落地小镇项目都是国家重大项目，要妥善处理好大项目与本镇发展的关系。 2. 制定岸线设计和古城保护发展的有关专项规划。
12	安徽省	六安市金安区毛坦厂镇	1. 加强教育配套设施建设。 2. 建议在规划中适度减少工业用地。 3. 加强规划实施管理，提升社会管理水平。
		芜湖市繁昌县孙村镇	1. 逐步转型升级特色产业。 2. 坚持紧凑发展，避免盲目扩张。 3. 加强传统风貌传承，探索时尚风格。
		合肥市肥西县三河镇	1. 完善特色产业的综合培育，加强产业之间的关联性。 2. 优化城镇空间格局，提升居住品质。
		马鞍山市当涂县黄池镇	1. 充分利用优美的自然环境，加大退二进三，打造水镇交融的空间格局和风貌特色。 2. 将食品加工提升至美食推介，并以此为切入点融入周边旅游线。
		安庆市怀宁县石牌镇	1. 尽快修编规划，提升规划质量。 2. 加强镇区环境整治，提升整体风貌。
		滁州市来安县汊河镇	1. 妥善处理镇区与周边县、区的发展关系，找准小镇定位。 2. 建筑风貌应体现地域文化。 3. 严格控制房地产开发比例，避免过度房地产化。
		铜陵市义安区钟鸣镇	1. 明确以休闲养生为特色产业的发展方向，避免跟风发展。 2. 处理好金桥园区、镇区和高铁站区的发展关系，优化高铁站区产业形态和空间布局。 3. 尽快修编规划，提升规划质量。
		阜阳市界首市光武镇	1. 产业发展应与小镇建设目标紧密结合，实现产镇融合发展。 2. 利用较好的经济基础加大对小镇传统文化的保护和传承，提升公共服务水平。 3. 尽快修编规划，提升规划质量。
		宣城市宁国市港口镇	1. 改造升级传统产业，向三产延伸，可利用景观陶瓷业发展文化旅游产业。 2. 延续老镇区肌理，进一步强化风貌特色。 3. 保持小镇宜居尺度，不盲目盖高楼。

续表

序号	省（市、区）	特色小镇	评审意见
12	安徽省	黄山市休宁县齐云山镇	1. 丰富特色旅游产业内涵，增加竞争力。 2. 加强镇区环境整治，提升整体风貌。 3. 控制建设用地规模，避免过度房地产化。
13	福建省	泉州市石狮市蚶江镇	1. 进一步明确特色产业门类，提升带动示范作用。 2. 突出小镇宜人尺度，加强建筑风貌的整体管控。
		福州市福清市龙田镇	1. 规划的建设用地规模偏大，要减小规模并把握建设节奏。 2. 尽快修编规划，提升镇区风貌，体现尺度宜人的空间特色。
		泉州市晋江市金井镇	1. 尽快修编规划，加强规划实施和管理。 2. 加大镇区环境整治力度，提升镇区风貌。
		莆田市涵江区三江口镇	1. 妥善处理好小镇发展与滨海新区建设的关系。 2. 尽快实施、运营啤酒文化园、商业街等项目。 3. 加大镇区环境整治力度，提升镇区风貌。
		龙岩市永定区湖坑镇	1. 拓宽拓长产业链，实现三产融合发展。 2. 尽快修编规划，加强规划实施和管理。 3. 加大镇区环境整治力度，加强农村人居环境改善。
		宁德市福鼎市点头镇	1. 加强特色产业培育，延伸产业链，促进三次产业融合发展。 2. 尽快修编规划，提升镇区风貌。
		漳州市南靖县书洋镇	1. 处理好居民居住和旅游发展的关系，避免采取将现有居民整体迁出的开发模式。 2. 延伸旅游产业链，增强内生动力。
		南平市武夷山市五夫镇	1. 延伸特色产业链，积极引进社会资本参与小镇建设和运营。 2. 尽快修编规划，提升镇区风貌。
		宁德市福安市穆阳镇	1. 聚焦特色产业，避免出现“多而不强”的现象。 2. 尽快修编规划，加强规划实施和管理。 3. 加强镇区环境整治，提升整体风貌。
14	江西省	赣州市全南县南迳镇	1. 立足区位优势，发展民俗、民宿及深度游，特色小镇不仅要环境美，更要产业特色鲜明。 2. 尽快修编规划，完善镇域规划内容。
		吉安市吉安县永和镇	1. 丰富陶瓷产业内涵，拓展文化创意、陶艺等产业。 2. 提升规划编制质量，优化镇区布局，避免职住分离。
		抚州市广昌县驿前镇	1. 打造特色产业的龙头企业，引入优质企业。提升经营能力。 2. 旅游产业方面仍需深度挖掘，打响知名度。 3. 尽快修编规划，提升镇区风貌。
		景德镇市浮梁县瑶里镇	1. 进一步突出“瓷荣小镇”产业特色，加强瓷荣产业与旅游的有机结合。 2. 完善镇区规划内容，加强新建区域的空间、风貌管控。 3. 加强体制机制创新。

续表

序号	省（市、区）	特色小镇	评审意见
14	江西省	赣州市宁都县小布镇	1. 应从生产、旅游、健康、创意等方面延长产业链，丰富特色产业内容，提升茶香小镇产业支撑。 2. 深化规划内容，指导具体项目建设。
		九江市庐山市海会镇	1. 提升规划质量，要与庐山风景区规划相协调。 2. 创新投融资机制体制，探索小镇运营模式。
		南昌市湾里区太平镇	1. 加强产业支撑，统筹产业空间布局。加快近郊游发展，深度挖掘品牌价值。 2. 加强规划设计，做好项目落地。
		宜春市樟树市阁山镇	1. 中医药镇打造要与全镇整体产业发展相匹配，增强特色产业的可持续性。 2. 尽快开展镇区环境整治，提升镇区风貌。 3. 加快体质机制改革，提升公共服务水平。
15	山东省	聊城市东阿县陈集镇	1. 改变过去产业园模式，促进生产、生活相融合，实现产镇融合发展。 2. 优化小镇规划，管控小镇风貌，不要建假古建、假古村。
		滨州市博兴县吕艺镇	1. 加强农业与城镇生活结合，做好农业体验、农业观光等产业，提高农业附加值。 2. 提高小镇规划质量，控制小镇风貌，体现地方文化特色。 3. 控制镇区建设规模，避免过度房地产化。
		菏泽市郓城县张营镇	1. 在音乐活动组织中应注重突出主题、主线。 2. 镇区建设应加强特色空间营造。
		烟台市招远市玲珑镇	1. 探索黄金产业与镇区发展有效结合方式，提高特色产业的带动发展作用。 2. 尽快修编规划，提升镇区风貌。
		济宁市曲阜市尼山镇	1. 建议以原来的尼山乡孔子湖为依托，发展基于孔圣人、国学相关的特色产业，并把握好商业和学问之间的关系，培育浓郁的治学、求学氛围。 2. 尽快修编规划，提升镇区风貌。
		泰安市岱岳区满庄镇	1. 利用靠近泰山的优势，引入人流、资金流，打造旅游等配套产业，形成多元化发展。 2. 尽快修编规划，提升镇区风貌。
		济南市商河县玉皇庙镇	1. 加强创意设计和科技研发的投入力度，促进部分产品的转型与升级，提高附加值，并促进产业发展与镇区建设的结合。 2. 挖掘地方特色与玻璃文化，突出小镇的文化特色。 3. 尽快修编规划，提升镇区风貌。
		青岛市平度市南村镇	1. 利用好建制镇示范试点的成果，带动周边乡村共同发展。 2. 加强体制机制创新，提高公共服务能力。
		德州市庆云县尚堂镇	1. 加强市场调研和培育，促进特色产业的可持续发展。 2. 加强农民利益共享机制建设，带动农民增收致富。

续表

序号	省（市、区）	特色小镇	评审意见
15	山东省	淄博市桓台县起凤镇	1. 加强对正骨及康复功能的研究，并将其与现有旅游设施和乡村资源进行有效衔接，带动相关产业的协同发展。 2. 加强现有水网与小镇整体格局的结合，营造尺度宜人的空间特色。 3. 尽快修编规划，加强镇区环境整治，提升镇区风貌。
		日照市岚山区巨峰镇	1. 延伸茶叶产业链，除种植、加工、经销外，要加大茶食品、茶文化产品等的研发。 2. 尽快修编规划，提升镇区风貌。
		威海市荣成市虎山镇	1. 优化规划设计，加大建设项目与现状资源和场地有机结合。 2. 尽快修编规划，提升镇区风貌，体现尺度宜人的空间特色。
		莱芜市莱城区雪野镇	1. 妥善处理机场净空限制与相邻建设项目建设高度的关系。 2. 适度减少环湖用地安排，集约节约利用土地。
		临沂市蒙阴县岱崮镇	1. 进一步深究“红色”特色核心，把革命老区、军工文化做深做透。 2. 尽快修编规划，控制整体规模，不要贪大，保持原有的风貌，形成地域特色。
		枣庄市滕州市西岗镇	1. 优化园区与镇区的关系，促进产镇融合发展。 2. 保护和利用好河道，优化公共空间，体现水系特色。 3. 尽快修编规划，突出产业文化特色，提升镇区风貌。
16	河南省	汝州市蟒川镇	1. 延长创新汝瓷产业链，丰富汝瓷小镇内容。 2. 提升规划编制质量，保持小镇的空间格局，营造尺度宜人的空间环境。
		南阳市镇平县石佛寺镇	1. 尽快修编规划，注重集约节约利用土地。 2. 开展镇域内村庄人居环境整治，发挥小镇带动作用。
		洛阳市孟津县朝阳镇	1. 加强唐三彩文化研究，将唐三彩文化与小镇建设充分结合，打造富有特色的小镇空间形态。 2. 严格控制房地产规模。
		濮阳市华龙区岳村镇	1. 加强杂技文化研究，将杂技文化融入小镇建设。 2. 加强房地产管控，避免因靠近都市带来的快速房地产化倾向。 3. 尽快修编规划，提升镇区风貌。
		周口市商水县邓城镇	1. 拓展特色产业链，发挥特色产业对小镇及其周边区域的带动作用。 2. 整治镇区环境，提升综合服务能力。 3. 尽快修编规划，控制小镇用地规模，避免盲目扩张。
		巩义市竹林镇	1. 明确特色产业发展思路，创新运营模式。 2. 加强生态环境保护，创建宜居、生态的小镇。 3. 开展镇区环境整治，提升整体风貌。
		长垣县恼里镇	1. 将小镇的孔子文化资源、湿地资源融入小镇建设，提升小镇风貌和品质。 2. 尽快修编规划，统筹布局产业、居住和服务设施，促进产镇融合发展。

续表

序号	省（市、区）	特色小镇	评审意见
16	河南省	安阳市林州市石板岩镇	1. 加大写生、住宿等的配套设施建设，满足不同人群的需求。 2. 防止过度房地产化，严控乡镇债务。 3. 提升规划质量，保持原生态、原汁原味的小镇空间和风貌。
		永城市芒山镇	1. 重点深化拓展“汉文化”体验，由游览式向民宿、文化传承等方向发展，拓宽产业链条。 2. 将汉文化融入小镇建设，注重保护“地下文化”，传承和创新“地上文化”。 3. 尽快修编规划，提升规划质量。
		三门峡市灵宝市函谷关镇	1. 将优秀的传统文化融入镇区建设，提升镇区风貌。 2. 尽快修编规划，严控建设用地规模，避免过快扩张。
		邓州市穰东镇	1. 促进传统产业提升和特色产业自身品牌的培育，落实特色产业项目。 2. 加强镇区和乡村环境整治，营造尺度宜人的小镇空间环境和美丽宜居的乡村环境。 3. 尽快修编规划，提升规划质量。 4. 加强体制机制创新。
17	湖北省	荆州市松滋市洈水镇	1. 要依据当地经济基础、财力水平安排投资，防止政府过度负债。 2. 降低房地产开发比例，避免破坏小镇风貌。
		宜昌市兴山县昭君镇	1. 拓展特色产业培育，不能局限在昭君别院一个旅游项目上。 2. 开展镇区环境整治，提升整体风貌。 3. 尽快修编规划，提升规划质量。
		潜江市熊口镇	1. 以龙虾产业为基础，结合地方民俗文化，组织好吃住游等活动。 2. 开展镇区环境整治，提升整体风貌。 3. 尽快修编规划，提升规划质量。
		仙桃市彭场镇	1. 提升镇区的环境质量和公共服务水平。 2. 开展镇区环境整治，加强空间格局和建筑风貌的管控。 3. 提升规划质量。
		襄阳市老河口市仙人渡镇	1. 促进产业发展和镇区建设相协调。 2. 加强污染隔离带的控制，保护生态环境。 3. 尽快修编规划，提升规划质量。
		十堰市竹溪县汇湾镇	1. 加强特色产业培育和基础设施支撑。 2. 尽快修编规划，结合地形地貌统筹规划空间布局。 3. 加强镇区环境整治，提升整体风貌。
		咸宁市嘉鱼县官桥镇	1. 加强生态环境保护。 2. 开展镇区环境整治，提升整体风貌。 3. 尽快修编规划，提升规划质量。
		神农架林区红坪镇	1. 做好旅游产业的业态设计，避免过度房地产化。 2. 引入更多产业项目投入，加强建设项目落地管理。 3. 注入当地文化要素，完善体制机制。

续表

序号	省（市、区）	特色小镇	评审意见
17	湖北省	武汉市蔡甸区玉贤镇	1. 提高园林产业的文化、艺术特色，并将其融入镇区建设中，提升镇区风貌。 2. 尽快修编规划，提升规划质量。
		天门市岳口镇	1. 利用当地经济基础加强特色农业培育，加大带动周边乡村发展的作用。 2. 尽快修编规划，提升镇区风貌。 3. 加强体制机制创新。
		恩施州利川市谋道镇	1. 加大土家族传统文化特色挖掘力度。 2. 开展镇区环境整治，提升整体风貌。 3. 尽快修编规划，提升规划质量。
18	湖南省	常德市临澧县新安镇	1. 控制高层建筑数量，新建住宅应为低层、多层。 2. 开展镇区环境整治，提升整体风貌。 3. 尽快修编规划，提升规划质量。
		邵阳市邵阳县下花桥镇	1. 蓝印花布等非遗的传承应与文化创意和“互联网+”相结合，向传统特色产业注入新的活力。 2. 镇区规划建设要保持好地域特色，新镇区应保持适宜尺度的空间格局，做到新、老镇区协调统一。
		娄底市冷水江市禾青镇	1. 凝练发展特色，逐步优化产业结构，凸显发展特色。 2. 加强小镇风貌特色塑造和生态环境保护。 3. 尽快修编规划，提升镇区风貌。
		长沙市望城区乔口镇	1. 妥善处理好发展与保护生态环境、建设与保持风貌特色之间的关系。 2. 凝练和突出产业和城镇发展的特色。 3. 尽快修编规划，开展镇区环境整治，提升整体风貌。
		湘西土家族苗族自治州龙山县里耶镇	1. 明晰主导产业，凝练农业特色，可以依托文旅加快种植业和土家医药的转型升级。 2. 开展镇区环境整治，提升整体风貌。
		永州市宁远县湾井镇	1. 加强舜帝文化的挖掘提升，充分发挥产业特色，带动群众走向富裕。 2. 麻将文化发展中要始终坚持社会主义核心价值观。 3. 提高规划质量，整治镇区环境，提升整体风貌。
		株洲市攸县皇图岭镇	1. 开展镇区环境整治，提升整体风貌。 2. 尽快修编规划，提升规划质量。
		湘潭市湘潭县花石镇	1. 提升湘莲产业水平，挖掘文化内涵，借莲发展相关产业，提高特色产业的可持续性。 2. 整治镇区环境，提升基础设施水平。 3. 尽快修编规划，提升镇区风貌。
		岳阳市华容县东山镇	1. 在用好外来投资的基础上，积极培育当地的特色产业。 2. 加强环境保护力度。
		长沙市宁乡县灰汤镇	1. 打造温泉品牌，力争在众多温泉小镇中脱颖而出。 2. 加强产镇融合发展，提高产业的可持续性和带动作用。 3. 严格控制房地产项目，防止过度房地产化。

续表

序号	省（市、区）	特色小镇	评审意见
18	湖南省	衡阳市珠晖区茶山坳镇	1. 进一步凝练和强化产业特色。 2. 开展镇区环境整治，提升整体风貌。 3. 尽快修编规划，提升规划质量。
19	广东省	佛山市南海区西樵镇	1. 完善支持特色产业发展的配套政策和考核机制。 2. 开展镇区环境整治，提升整体风貌。 3. 尽快修编规划，提升规划质量。
		广州市番禺区沙湾镇	1. 保护和传承传统文化，提升公共开放空间、文化活动场所等文化载体的质量。 2. 加强产业与文化的结合。 3. 尽快修编规划，提升镇区风貌。
		佛山市顺德区乐从镇	1. 提高规划编制质量，控制镇区建设规模。 2. 挖掘地方文化元素，保护和传承传统建筑风貌。
		珠海市斗门区斗门镇	1. 落实“产镇融合”的发展策略，培育专业的小城镇运营主体。 2. 整治镇区环境，提升镇区风貌。 3. 尽快修编规划，提升规划质量。
		江门市蓬江区棠下镇	1. 以电子信息、精密机械等主导产业的业态不够鲜明，应进一步理清发展方向。 2. 整治镇区环境，提升镇区风貌水平。
		梅州市丰顺县留隍镇	提升小镇规划质量，进一步保持和彰显小镇特色。
		揭阳市揭东区埔田镇	1. 整治镇区环境，塑造风貌特色。 2. 加强循环经济、绿色生活和特色空间营造。 3. 提升小镇规划质量。
		中山市大涌镇	1. 提高规划编制质量，加强产业发展与镇区建设风貌、文化融合。 2. 挖掘地方传统文化元素，塑造镇区风貌特色。
		茂名市电白区沙琅镇	1. 整治镇区环境，塑造风貌特色。 2. 尽快修编规划，提升规划质量。
		汕头市潮阳区海门镇	1. 协调好镇区与工业园区、渔业、旅游以及新兴产业（如汽车产业）之间的关系。 2. 加强自然生态环境、人文环境的保护，管控整体建筑风貌，避免镇区大拆大建。 3. 尽快修编规划，提升规划质量。
		湛江市廉江市安铺镇	1. 加强地方特色与产业融合发展。 2. 整治镇区环境，塑造整体风貌特色。 3. 加快修编规划，保持小镇宜居尺度。
		肇庆市鼎湖区凤凰镇	1. 完善公共设施和公共空间等镇区建设，避免将养心长寿小镇建设成房地产项目。 2. 整治镇区环境，塑造整体风貌特色。 3. 重视自然生态资源保护及历史文化传承。

续表

序号	省（市、区）	特色小镇	评审意见
19	广东省	潮州市湘桥区意溪镇	1. 加大研发投入，探索木雕手工业与规模生产的结合方式，做优做强特色产业。 2. 整治镇区环境，塑造整体风貌特色。
		清远市英德市连江口镇	1. 整治镇区环境，提升整体风貌。 2. 完善基础设施和公共服务设施。 3. 提高规划质量，挖掘传统文化特色。
20	广西壮族自治区	河池市宜州市刘三姐镇	1. 发挥产业发展对乡村的带动作用，在桑蚕养殖基础上导入相关产业，提高农业附加值。 2. 加强沿江的生态保护和景观建设，提高镇区建设品质。 3. 尽快修编规划，提升规划质量。
		贵港市港南区桥圩镇	1. 整治镇区环境，塑造整体风貌特色。 2. 尽快修编规划，提升规划质量。
		贵港市桂平市木乐镇	1. 提升产业层次，增加附加值，注重品牌培育。 2. 加强镇区环境整治，提升整体风貌。 3. 尽快修编规划，重视历史文化传承和民居保护。
		南宁市横县校椅镇	1. 加大茉莉花产品的研发力度，提高附加值，延伸并融合文化、旅游等相关产业，促进产业复合化发展，带动乡村发展。 2. 提炼茉莉花的文化特征，突出小镇的文化特色。 3. 尽快修编规划，提升规划质量。
		北海市银海区侨港镇	1. 加强特色产业培育。 2. 加强镇区环境整治，提升整体风貌品质。 3. 尽快修编规划，提升规划质量。
		桂林市兴安县溶江镇	1. 延伸米酒产业链，提升产业竞争力。 2. 提高规划设计水平，彰显水环境特色。
		崇左市江州区新和镇	1. 加大特色产业培育投入，延伸产业链。 2. 加强镇区环境整治，提升整体风貌。
		贺州市昭平县黄姚镇	1. 注重新镇区建设与古镇协调发展。 2. 加强历史文化遗产资源的活态传承。
		梧州市苍梧县六堡镇	1. 加大特色产业的支持力度。 2. 加强镇区环境整治，提升整体风貌。
		钦州市灵山县陆屋镇	1. 合理控制产业类型，聚焦特色产业，重点探索机电、卫浴产业的发展模式。 2. 妥善处理好产业园区与镇区发展的关系，合理控制镇区建设用地规模。 3. 尽快修编规划，提升镇区风貌，体现尺度宜人的空间特色。

续表

序号	省（市、区）	特色小镇	评审意见
21	海南省	澄迈县福山镇	1. 拓展主导产业，可向养生文化及相关产业延伸。 2. 镇区风貌整治应延续传统风格。
		琼海市博鳌镇	1. 理清特色小镇发展与会展等大型项目的关系，提升服务水平。 2. 提升规划质量，做好镇区风貌管控。
		海口市石山镇	1. 理清特色小镇发展与大型项目的关系，加大特色产业培育投入。 2. 提升规划质量，做好镇区风貌管控。
		琼海市中原镇	1. 进一步聚焦特色产业。 2. 整治镇区环境，传承地方文化，塑造镇区特色。 3. 提升规划编制质量。
		文昌市会文镇	1. 拓展特色产业，形成上下游结合的产业链。 2. 整治镇区环境，挖掘传统文化，塑造镇区特色。 3. 加强镇域美丽乡村建设。 4. 尽快修编规划，提升规划质量。
22	重庆市	铜梁区安居镇	1. 挖掘传统文化内涵，形成多元文化产业。 2. 整治镇区环境，塑造镇区特色。 3. 提升规划编制质量。
		江津区白沙镇	1. 做深做透小镇特色，加强产业培育，吸引更多游客在镇上停留。 2. 提升规划质量，继续做好古镇保护，加强镇区风貌管控。
		合川区涞滩镇	1. 按照“镇区、景区、村庄”联动的方式发展特色产业，合理引导消费进乡村，促进镇景村联动发展。 2. 尽快修编规划，优化镇区规划方案，按照“镇区景区化”目标进行规划和建设，突出镇区与自然地貌的融合，加强与渠江的联系。 3. 严格控制镇区规模，避免照搬城市模式。
		南川区大观镇	1. 创新体制机制，提升产业发展能力。 2. 提高规划质量，控制建设用地规模，防止违背农民意愿大规模拆并村庄。 3. 整治镇区、村庄环境，提升整体风貌。
		长寿区长寿湖镇	1. 加强特色产业培育力度，延伸产业链，吸引更多客流聚集。 2. 整治镇区环境，完善基础设施，提升整体承载力。
		永川区朱沱镇	1. 加强生态环境保护力度。 2. 积极利用港口优势，提升纸制品产业的质量和竞争力。 3. 尽快修编规划，提升规划质量。
		垫江县高安镇	1. 控制镇区建设规模。 2. 开展镇区环境整治，提升整体风貌。 3. 尽快修编规划，提升规划质量。
		酉阳县龙潭镇	1. 加强特色产业培育。 2. 开展镇区环境整治，提升整体风貌。 3. 尽快修编规划，提升规划质量。

续表

序号	省（市、区）	特色小镇	评审意见
22	重庆市	大足区龙水镇	1. 妥善处理镇区与南斋双桥区的发展关系。 2. 开展镇区、工业园区环境整治，提升整体风貌。 3. 尽快修编规划，提升规划质量。
23	四川省	成都市郫都区三道堰镇	提升规划质量，保持和彰显小镇特色。
		自贡市自流井区仲权镇	1. 打造彩灯的全产业链，培育相关产业，提升小镇就业岗位和聚集效应。 2. 开展镇区环境整治，提升整体风貌。
		广元市昭化区昭化镇	1. 开展镇区环境整治，提升整体风貌。 2. 继续创新体制机制，拓展农民参与民宿经营的渠道。
		成都市龙泉驿区洛带镇	1. 充分发掘古镇历史文化和客家文化要素，打造区别于其他古镇的旅游发展特色。 2. 挖掘地方特色，注重原有古镇风貌保护。 3. 创新体制机制，处理好原有古镇居民与古镇运营企业的关系。
		眉山市洪雅县柳江镇	1. 加强特色产业与当地的“雅”文化的结合，拓展旅游体验等产业培育。 2. 开展镇区环境整治，提升整体风貌。
		甘孜州稻城县香格里拉镇	1. 适当开展多元化旅游项目，弱化旅游季节性的影响。 2. 开展镇区环境整治，提升整体风貌。
		绵阳市江油市青莲镇	1. 进一步加大特色产业培育力度。 2. 整治老镇区环境，提升居住品质。
		雅安市雨城区多营镇	1. 保护小镇整体空间格局和传统风貌，避免过大、过密的建设。 2. 整治镇区环境，提升环境质量。
		阿坝州汶川县水磨镇	1. 充分研究和慎重确定产业方向。 2. 新增建设项目要充分体现地域文化和风貌特色。
		遂宁市安居区拦江镇	1. 增加特色产业的就业岗位，促进农民就地就近城镇化。 2. 整治镇区环境，提升环境质量。 3. 合理控制镇区规划建设用地规模，避免盲目扩张。
		德阳市罗江县金山镇	1. 充分发掘当地独特的民俗及传统文化。 2. 严格控制建设规模，避免大拆大建。 3. 整治镇区环境，塑造有特色的小镇风貌。
		资阳市安岳县龙台镇	1. 研发产品深加工技术，增强产品附加值，优化产业结构，提升产品质量。 2. 开展镇区环境整治，提升整体风貌。
		巴中市平昌县驷马镇	1. 保持生态环境和自然资源优势，审慎引进工业项目。 2. 发挥已有的文化创意优势，以绘画和农创产品的基础，吸引名家聚集，形成规模效应。 3. 整治镇区环境，提升环境质量。

续表

序号	省（市、区）	特色小镇	评审意见
24	贵州省	黔西南州贞丰县者相镇	1. 加强户外运动、康体旅游的配套设施建设。 2. 严格控制建设用地规模，集约节约利用土地，并明确近期集中开发区域。
		黔东南州黎平县肇兴镇	1. 注重传统文化保护，建立传统文化保护机制。 2. 抓紧制定历史建筑、传统风貌建筑保护管理方法。 3. 提升规划质量，引领特色小镇建设。
		贵安新区高峰镇	1. 妥善处理小镇与贵安新区的关系，明确小镇定位。 2. 提高农业附加值，可与相关文创产业结合发展。 3. 提高镇区对农业、农村的带动作用。 4. 加强对镇区规模和形态的研究，突出特色风貌，注重高铁过境区域的形象。
		六盘水市水城县玉舍镇	1. 进一步加大特色产业培育力度。 2. 做好特色风貌保护，塑造和传承地方文化。
		安顺市镇宁县黄果树镇	1. 拓展旅游业的产业链，丰富旅游产业要素。 2. 提高镇区建设品质和旅游接待能力，提升游客留宿率。
		铜仁市万山区万山镇	1. 加快朱砂产业改造升级，通过强化创意和设计提高产品的附加值。 2. 镇区规划建设应注重生态修复，注重顺应自然山体，注重展现产业特色。 3. 严格保护不同时期的建筑特色，避免整治方法简单粗暴。
		贵阳市开阳县龙岗镇	1. 拓展硒的相关产业链。 2. 统筹安排年度建设项目，避免项目过多过大。 3. 合理控制新增建设用地，至 2020 年镇区建设用地增量宜控制在 100 公顷以内。 4. 开展镇区环境整治，提升整体风貌。
		遵义市播州区鸭溪镇	1. 保护生态环境，开展水治理等工作。 2. 开展镇区环境整治，提升整体风貌。 3. 保护好传统村寨。
		遵义市湄潭县永兴镇	1. 进一步聚焦特色产业，延伸产业链。 2. 创新机制，引导社会资本参与小镇建设。
		黔南州瓮安县猴场镇	1. 明确主导产业，避免选择过多产业。 2. 重点打造历史文化和红色文化，防止文化特色过泛。 3. 优化小镇规划，合理布局旅游服务设施用地，加强用地规模控制，打造特色风貌。

续表

序号	省（市、区）	特色小镇	评审意见
25	云南省	楚雄州姚安县光禄镇	1. 加强历史文化保护。 2. 尽快修编规划，提升镇区风貌。
		大理州剑川县沙溪镇	1. 创新体制机制，促进特色产业和传统文化可持续发展。 2. 加快引进民间资本促进小镇产业运营发展。 3. 尽快修编规划，提升规划质量。
		玉溪市新平县戛洒镇	1. 细化产业方向，明确旅游产业的业态和经营模式。 2. 注重项目实施的体制机制创新。
		西双版纳州勐腊县勐仑镇	1. 引入专业的运营企业，打造有特色的科普产业。 2. 尽快修编规划，提升规划质量。
		保山市隆阳区潞江镇	1. 处理好新建区域与地域风貌的关系。 2. 加强镇区与咖啡种植、加工的功能联系。 3. 尽快修编规划，提升规划质量。
		临沧市双江县勐库镇	1. 结合现有优势产业，配套交通基础设施及物流设施建设。 2. 发挥普洱茶品牌的龙头优势，引导、带动全镇居民参与产业发展。 3. 整治镇区环境，塑造特色风貌。
		昭通市彝良县小草坝镇	1. 提升规划质量，统筹新建产业园区、新镇区与老镇区的关系。 2. 加强公共设施、基础设施建设，提升人居环境质量和公共服务水平。 3. 保护好生态环境。
		保山市腾冲市和顺镇	1. 彰显主导产业特色。 2. 梳理小镇建设项目，确保项目顺利实施。 3. 建立景区和小镇的协作发展机制。
		昆明市嵩明县杨林镇	1. 提高规划质量，处理好体育小镇与老镇区、经济开发区的关系，加强功能联系，提升整体风貌。 2. 新增建设项目应与地域文化、地形地貌相结合。
		普洱市孟连县勐马镇	1. 处理好边贸小镇与老镇区的功能、风貌的关系，实现协调发展。 2. 加强边贸小镇建设应彰显地域文化特色。
26	西藏自治区	阿里地区普兰县巴嘎乡	1. 整合支持资金，打造藏传佛教的国际旅游目的地。 2. 加快基础设施建设，提升接待能力，彰显地域特色和民族特色。
		昌都市芒康县曲孜卡乡	1. 保护好田园风光，防止地质灾害，延续现有的建筑风貌。 2. 合理控制建设用地规模，避免盲目扩张。
		日喀则市吉隆县吉隆镇	1. 加大特色产业培育力度，加大边贸交易额。 2. 有机整合边贸、气候、环境、历史文化等资源，进一步凸显地方特色。
		拉萨市当雄县羊八井镇	1. 编制小城镇规划，整治镇区环境，提升整体风貌。 2. 深度挖掘地热资源，延伸产业链，促进与三产的结合，并惠及当地农牧民的生产生活。
		山南市贡嘎县杰德秀镇	1. 聚焦手工艺加工产业，扩大产业规模。 2. 加强基础设施建设，注重整体风貌塑造。 3. 统筹考虑旅游集散地建设，避免简易化。

续表

序号	省（市、区）	特色小镇	评审意见
27	陕西省	汉中市勉县武侯镇	1. 小镇建设应与乡村建设相互融合，注意保持和塑造乡村风貌和民居特色。 2. 镇区建设要保护和传承传统文化，实施微更新，不能简单“复古”。 3. 尽快修改规划，提升编制质量。
		安康市平利县长安镇	1. 加强镇区与镇域产业联动发展，强化产业升级发展，增强小城镇发展活力。 2. 提升规划编制水平，加强镇区风貌管控。
		商洛市山阳县漫川关镇	1. 加强河道整治、传统民居保护和新建建筑的风貌管控。 2. 发挥秦楚文化的核心作用，丰富文化产业，强化特色，形成品牌，打造边贸文娱小镇。
		咸阳市长武县亭口镇	1. 保持和突出城镇特色风貌，加强与自然山水融合，加大文化保护和传承力度。 2. 及时修改规划，提升编制水平。
		宝鸡市扶风县法门镇	1. 发挥佛文化等优势资源，拓展文旅、制造等强经济的产业，发展全域旅游，切实带动周边乡村发展。 2. 规划建设应注重传统文化与现代文化融合发展，可适度引入现代化的优秀建筑。 3. 合理控制建设用地规模，塑造小镇宜人尺度。
		宝鸡市凤翔县柳林镇	1. 注重产业结构优化和提升，加强产业与文化的融合发展。 2. 及时修改规划，提升编制水平。 3. 加强城镇风貌特色营造与管控。
		商洛市镇安县云盖寺镇	1. 加强镇村融合发展，重视乡村的传统民居保护。 2. 小镇特色要进一步聚焦，可考虑打造“红豆杉小镇”的品牌。 3. 充分利用周边自然环境，营造“林在镇中”、“镇在林中”的整体格局。
		延安市黄陵县店头镇	1. 加大特色产业对周边乡村的带动作用。 2. 加强对文化的挖掘和利用，开展城镇风貌整治，塑造特色空间。
		延安市延川县文安驿镇	1. 发挥小镇已有的名人效应，拓展文旅产业资源和产品，营造留得住人的旅游氛围。 2. 规划建设的希腊风情酒店与当地传统风貌差异大，应及时做出调整，不盲目搬袭外来文化。
28	甘肃省	庆阳市华池县南梁镇	1. 整合镇域内红色旅游资源，形成系统的产业链。 2. 强化镇区的服务功能，提升设施建设水平和服务质量。 3. 尽快修编规划，提升规划质量。
		天水市麦积区甘泉镇	1. 产业培育中应兼顾高端化与大众化，注重传统文化与现代文化的结合，扩大知名度。 2. 结合文创特点，打造宜居宜业的公共空间。 3. 尽快修编规划，提升规划质量。

续表

序号	省（市、区）	特色小镇	评审意见
28	甘肃省	兰州市永登县苦水镇	1. 突出规划先行的作用，提高规划编制质量。 2. 小镇建设应坚持量力而行的原则，稳步推进，不宜大规模扩张。
		嘉峪关市峪泉镇	1. 加强新的旅游产品开发，形成品牌效应。 2. 及时修改规划，注重改造和提升镇区风貌。
		定西市陇西县首阳镇	1. 提高规划编制水平，不宜在高速公路出入口布置仓储用地，并严控高速公路的生态隔离带。 2. 加强老镇区环境综合整治，注重保持和彰显小镇风貌特色。
29	青海省	海西州德令哈市柯鲁柯镇	1. 加强基础设施建设，提高镇区的服务能力。 2. 提高规划质量，塑造镇区特色。
		海南州共和县龙羊峡镇	1. 进一步提炼产业特色，控制养殖规模。 2. 加强空间格局与自然环境结合，强化城镇风貌特色塑造。 3. 挖掘传统文化内涵，做好传承。
		西宁市湟源县日月乡	1. 结合实际提升经济活力，发展特色产业。 2. 加强现有产业与就业的联系，突出地方资源与文化特色。
		海东市民和县官亭镇	1. 进一步挖掘土族特色，强化民族风情。 2. 建设风格不宜完全复古，应结合时代要素。 3. 应提升新开发建筑和老街区保护的理念。
30	宁夏回族自治区	银川市兴庆区掌政镇	1. 加强艺术产业对本镇居民就业的带动作用。 2. 整治镇区环境，提升整体风貌。
		银川市永宁县闽宁镇	1. 注重打造老镇区地域风貌，不要简单模仿外省的建筑风格。 2. 加强规划引导，处理好小镇与县城发展的关系。
		吴忠市利通区金银滩镇	1. 加强生态景观建设。 2. 做好人才引进的配套设施建设。 3. 发掘并充分利用特色汽车行业独特资源，培育特色文化产业。
		石嘴山市惠农区红果子镇	1. 提高规划质量，严格控制规划建设用地规模。 2. 建筑风貌要体现地域特色和时代特色。 3. 公园、建筑要保持宜人尺度，避免照搬城市模式。
		吴忠市同心县韦州镇	1. 合理引导阿语发展，加强地方产业培育。 2. 尽快修编规划，引入高水平的设计团队，建筑风格应体现时代性和地域性特色。 3. 文化发展应更加多元。
31	新疆维吾尔自治区	克拉玛依市乌尔禾区乌尔禾镇	1. 引入成熟运营机构，确保产业项目落实和良性运行，进一步发挥主导产业引领作用。 2. 加大规划管理力度，加强整体风貌管控。
		吐鲁番市高昌区亚尔镇	在街区风貌改造时注重保持地域特色和传承历史文化。

续表

序号	省（市、区）	特色小镇	评审意见
31	新疆维吾尔自治区	伊犁州新源县那拉提镇	加强对主导产业培育以及运营模式等方面的研究，进一步发挥特色小镇的引领带动作用。
		博州精河县托里镇	1. 注重特色产业链的延伸，并积极培育相关产业。 2. 尽快修编规划，提升规划质量。
		巴州焉耆县七个星镇	1. 结合葡萄产业优势，重新编制更符合实际、可实施的规划。 2. 加强镇区设施建设，保持具有地域特色和民族特色的城镇风貌。
		昌吉州吉木萨尔县北庭镇	1. 深入挖掘历史文化资源，将主导产业由教育主题提升为文化主题。 2. 注重保护和传承历史文化遗产，集约节约利用土地，并加强建筑风貌管控。
		阿克苏地区沙雅县古勒巴格镇	1. 要充分尊重基础条件和历史发展阶段，开展小镇规划编制，注重保持民族地区特色。 2. 梳理小镇产业优势，明确主导产业，并做好二三产业融合工作。
32	新疆生产建设兵团	阿拉尔市沙河镇	1. 充分尊重现状，提升规划编制水平。规划应表达高速公路和铁路。 2. 加强小微企业创业基地建设的研究，提高培育项目可实施性。 3. 注重产业和公共设施建设。
		图木舒克市草湖镇	1. 应更加重视城镇建筑风貌的管控。 2. 生活型道路的高宽比宜为 1∶1~2∶1，新建住宅应为低层、多层。
		铁门关市博古其镇	1. 加快规划编制、提高设计水平。 2. 凝练、保持和突出兵团的风貌特色。

住房城乡建设部
关于保持和彰显特色小镇特色若干问题的通知

建村〔2017〕144 号

各省、自治区住房城乡建设厅，北京市住房城乡建设委、规划国土委、农委，天津市建委、规划局，上海市住房城乡建设管委、规划国土局，重庆市城乡建设委：

党中央、国务院作出了关于推进特色小镇建设的部署，对推进新发展理念、全面建成小康社会和促进国家可持续发展具有十分重要的战略意义。保持和彰显小镇特色是落实新发展理念，加快推进绿色发展和生态文明建设的重要内容。目前，特色小镇培育尚处于起步阶段，部分地方存在不注重特色的问题。各地要坚持按照绿色发展的要求，有序推进特色小镇的规划建设发展。现就有关事项通知如下。

一、尊重小镇现有格局、不盲目拆老街区

（一）顺应地形地貌。小镇规划要与地形地貌有机结合，融入山水林田湖等自然要素，彰显优美的山水格局和高低错落的天际线。严禁挖山填湖、破坏水系、破坏生态环境。

（二）保持现状肌理。尊重小镇现有路网、空间格局和生产生活方式，在此基础上，下细致功夫解决老街区功能不完善、环境脏乱差等风貌特色缺乏问题。严禁盲目拉直道路，严禁对老街区进行大拆大建或简单粗暴地推倒重建，避免采取将现有居民整体迁出的开发模式。

（三）延续传统风貌。统筹小镇建筑布局、协调景观风貌、体现地域特征、民族特色和时代风貌。新建区域应延续老街区的肌理和文脉特征，形成有机的整体。新建建筑的风格、色彩、材质等应传承传统风貌，雕塑、小品等构筑物应体现优秀传统文化。严禁建设“大、洋、怪”的建筑。

二、保持小镇宜居尺度、不盲目盖高楼

（一）建设小尺度开放式街坊住区。应以开放式街坊住区为主，尺度宜为 100~150 米，延续小镇居民原有的邻里关系，避免照搬城市居住小区模式。

（二）营造宜人街巷空间。保持和修复传统街区的街巷空间，新建生活型道路的高宽比宜为 1：1~2：1，绿地以建设贴近生活、贴近工作的街头绿地为主，充分营造小镇居民易于交往的空间。严禁建设不便民、造价高、图形象的宽马路、大广场、大公园。

（三）适宜的建筑高度和体量。新建住宅应为低层、多层，建筑高度一般不宜超过 20 米，单体建筑面宽不宜超过 40 米，避免建设与整体环境不协调的高层或大体量建筑。

三、传承小镇传统文化、不盲目搬袭外来文化

（一）保护历史文化遗产。保护小镇传统格局、历史风貌，保护不可移动文物，及时修缮历史建筑。不要拆除老房子、砍伐老树以及破坏具有历史印记的地物。

（二）活化非物质文化遗产。充分挖掘利用非物质文化遗产价值，建设一批生产、传承和展示场所，培养一批文化传承人和工匠，避免将非物质文化遗产低俗化、过度商业化。

（三）体现文化与内涵。保护与传承本地优秀传统文化，培育独特文化标识和小镇精神，增加文化自信，避免盲目崇洋媚外，严禁乱起洋名。

各地要按照本通知要求，加强特色小镇规划建设的指导和检查。我部已将是否保持和体现特色作为特色小镇重要认定标准，将定期对已认定特色小镇有关情况进行检查。

中华人民共和国住房和城乡建设部

2017 年 7 月 7 日

住房城乡建设部　中国建设银行
关于推进商业金融支持小城镇建设的通知

建村〔2017〕81号

各省、自治区、直辖市住房城乡建设厅（建委），北京市农委、规划和国土资源管理委，上海市规划和国土资源管理局，新疆生产建设兵团建设局，中国建设银行各省、自治区、直辖市分行，总行直属分行，苏州分行：

为贯彻落实党中央、国务院关于推进小城镇建设的工作部署，大力推进商业金融支持小城镇建设，现就有关工作通知如下。

一、充分认识商业金融支持小城镇建设的重要意义

小城镇是经济转型升级、新型城镇化建设的重要载体，在推进供给侧结构性改革、生态文明建设、城乡协调发展等方面发挥着重要作用。小城镇建设任务重、项目多、资金缺口大，迫切需要发挥市场主体作用，加大商业金融的支持力度，积极引导社会资本进入小城镇。各级住房城乡建设部门、建设银行各分行要充分认识商业金融支持小城镇建设的重要意义，坚持用新发展理念统筹指导小城镇建设，加强组织协作，创新投融资体制，加大金融支持力度，确保项目资金落地，全面提升小城镇建设水平和发展质量。

二、支持范围和内容

（一）支持范围。

落实《住房城乡建设部　国家发展改革委　财政部关于开展特色小镇培育工作的通知》（建村〔2016〕147号）、《住房城乡建设部等部门关于公布全国重点镇名单的通知》（建村〔2014〕107号）等文件要求，支持特色小镇、重点镇和一般镇建设。优先支持《住房城乡建设部关于公布第一批中国特色小镇名单的通知》（建村〔2016〕221号）确定的127个特色小镇和各省（区、市）人民政府认定的特色小镇。

（二）支持内容。

1. 支持改善小城镇功能、提升发展质量的基础设施建设。主要包括：道路、供水、电力、燃气、热力等基础设施建设；企业厂房、仓库、孵化基地等生产设施建设；学校、医院、体育场馆、公园、小镇客厅等公共设施建设；居民拆迁安置、园林绿化等居

住环境改善设施建设；河湖水系治理、建筑节能改造、新能源利用、污水和垃圾处理等生态环境保护设施建设。

2. 支持促进小城镇特色发展的工程建设。主要包括：街巷空间、建筑风貌等综合环境整治工程建设；传统街区保护和修缮、非物质遗产活化等传统文化保护工程建设；双创平台、展览展示、服务平台、人才交流等促进特色产业发展的配套工程建设。

3. 支持小城镇运营管理融资。主要包括：基础设施改扩建、运营维护融资；运营管理企业的经营周转融资；优质企业生产投资、经营周转、并购重组等融资。

三、实施项目储备制度

（一）建立项目储备库。

各县（市、区）住房城乡建设（规划）部门要加快推进本地区小城镇总体规划编制或修编，制定近期建设项目库和年度建设计划，统筹建设项目，确定融资方式和融资规模，完成有关审批手续。

（二）推荐备选项目。

各县（市、区）住房城乡建设（规划）部门要组织做好本地区建设项目与中国建设银行地市级分行的对接和推荐，填写小城镇建设项目储备表（详见附件），并报送至省级住房城乡建设部门。省级住房城乡建设部门要联合中国建设银行省级分行对本地区上报项目进行审核，并于2017年5月底前将通过审核的项目信息录入全国小城镇建设项目储备库（http：//www. charmingtown. cn）。住房城乡建设部将会同中国建设银行总行对纳入全国小城镇建设项目储备库的项目进行评估，确定优先推荐项目。

四、发挥中国建设银行综合金融服务优势

（一）加大信贷支持力度。

中国建设银行将统筹安排年度信贷投放总量，加大对小城镇建设的信贷支持力度。对纳入全国小城镇建设项目储备库的推荐项目，予以优先受理、优先评审和优先投放贷款。

（二）做好综合融资服务。

充分发挥中国建设银行集团全牌照优势，帮助小城镇所在县（市）人民政府、参与建设的企业做好融资规划，提供小城镇专项贷款产品。根据小城镇建设投资主体和项目特点，因地制宜提供债券融资、股权投资、基金、信托、融资租赁、保险资金等综合融资服务。

（三）创新金融服务模式。

中国建设银行将在现有政策法规内积极开展金融创新。探索开展特许经营权、景区

门票收费权、知识产权、碳排放权质押等新型贷款抵质押方式。探索与创业投资基金、股权基金等开展投贷联动，支持创业型企业发展。

五、建立工作保障机制

住房城乡建设部与中国建设银行总行签署《共同推进小城镇建设战略合作框架协议》，建立部行工作会商制度。省级住房城乡建设部门、中国建设银行省级分行要参照部行合作模式尽快建立定期沟通机制和工作协作机制，及时共享小城镇建设信息，共同协调解决项目融资、建设中存在的问题，做好风险防控，为小城镇建设创造良好的政策环境和融资环境。执行过程中如有问题和建议，请及时与住房城乡建设部和中国建设银行总行联系。

联系人及联系方式：

住房城乡建设部村镇建设司　郭志伟　张　雁

联系电话：010-58934518　58934818（传真）

中国建设银行公司业务部　张朋非　邓　云

联系电话：010-67595899　66275880（传真）

附件：小城镇建设项目储备表（略）

中华人民共和国住房和城乡建设部

中国建设银行股份有限公司

2017 年 4 月 1 日

住房城乡建设部　国家开发银行
关于推进开发性金融支持小城镇建设的通知

建村〔2017〕27 号

各省、自治区、直辖市住房城乡建设厅（建委），北京市农委、规划和国土资源管理委，上海市规划和国土资源管理局，新疆生产建设兵团建设局，国家开发银行各省（区、市）分行、企业局：

为贯彻落实党中央、国务院关于推进小城镇建设的精神，大力推进开发性金融支持小城镇建设，现就有关工作通知如下。

一、充分认识开发性金融支持小城镇建设的重要意义

小城镇是新型城镇化建设的重要载体，是促进城乡协调发展最直接最有效的途径，在推进经济转型升级、绿色低碳发展和生态环境保护等方面发挥着重要作用。小城镇建设任务艰巨，资金需求量大，迫切需要综合运用财政、金融政策，引导金融机构加大支持力度。开发性金融支持是推动小城镇建设的重要手段，是落实供给侧结构性改革的重要举措。各级住房城乡建设部门、国家开发银行各分行要充分认识开发性金融支持小城镇建设的重要意义，加强部行协作，强化资金保障，全面提升小城镇的建设水平和发展质量。

二、主要工作目标

（一）落实《住房城乡建设部　国家发展改革委　财政部关于开展特色小镇培育工作的通知》（建村〔2016〕147号），加快培育1000个左右各具特色、富有活力的休闲旅游、商贸物流、现代制造、教育科技、传统文化、美丽宜居的特色小镇。优先支持《住房城乡建设部关于公布第一批中国特色小镇名单的通知》（建村〔2016〕221号）确定的127个特色小镇。

（二）落实《住房城乡建设部等部门关于公布全国重点镇名单的通知》（建村〔2014〕107号），大力支持3675个重点镇建设，提升发展质量，逐步完善一般小城镇的功能，将一批产业基础较好、基础设施水平较高的小城镇打造成特色小镇。

（三）着力推进大别山等集中连片贫困地区的脱贫攻坚，优先支持贫困地区基本人居卫生条件改善和建档立卡贫困户的危房改造。

（四）探索创新小城镇建设运营及投融资模式，充分发挥市场主体作用，打造一批具有示范意义的小城镇建设项目。

三、重点支持内容

（一）支持以农村人口就地城镇化、提升小城镇公共服务水平和提高承载能力为目的的设施建设。主要包括：土地及房屋的征收、拆迁和补偿；供水、供气、供热、供电、通信、道路等基础设施建设；学校、医院、邻里中心、博物馆、体育馆、图书馆等公共服务设施建设；防洪、排涝、消防等各类防灾设施建设。重点支持小城镇污水处理、垃圾处理、水环境治理等设施建设。

（二）支持促进小城镇产业发展的配套设施建设。主要包括：标准厂房、众创空间、产品交易等生产平台建设；展示馆、科技馆、文化交流中心、民俗传承基地等展示平台建设；旅游休闲、商贸物流、人才公寓等服务平台建设，以及促进特色产业发展的配套设施建设。

（三）支持促进小城镇宜居环境塑造和传统文化传承的工程建设。主要包括：镇村

街巷整治、园林绿地建设等风貌提升工程；田园风光塑造、生态环境修复、湿地保护等生态保护工程；传统街区修缮、传统村落保护、非物质文化遗产活化等文化保护工程。

四、建立项目储备制度

（一）建立项目储备库。各县（市、区）住房城乡建设（规划）部门要加快推进本地区小城镇总体规划编制或修编，制定近期建设项目库和年度建设计划，统筹建设项目，确定融资方式和融资规模，完成有关审批手续。

（二）推荐备选项目。各县（市、区）住房城乡建设（规划）部门要组织做好本地区项目与国家开发银行各分行的项目对接和推荐，填写小城镇建设项目入库申报表（详见附件），报省级住房城乡建设部门。省级住房城乡建设部门应汇总项目申报表，于2017年3月底前报住房城乡建设部，并将项目信息录入全国小城镇建设项目储备库（http：//www. charmingtown. cn）。

今后，应在每年11月底前报送下一年度项目申报表，并完成项目录入工作。住房城乡建设部将会同国家开发银行对各地上报项目进行评估，将评估结果好的项目作为优先推荐项目。

五、加大开发性金融支持力度

（一）做好融资规划。国家开发银行将依据小城镇总体规划，适时编制相应的融资规划，做好项目融资安排，针对具体项目的融资需求，统筹安排融资方式和融资总量。

（二）加强信贷支持。国家开发银行各分行要会同各地住房城乡建设（规划）部门，确定小城镇建设的投资主体、投融资模式等，共同做好项目前期准备工作。对纳入全国小城镇建设项目储备库的优先推荐项目，在符合贷款条件的情况下，优先提供中长期信贷支持。

（三）创新融资模式，提供综合性金融服务。国家开发银行将积极发挥“投、贷、债、租、证”的协同作用，为小城镇建设提供综合金融服务。根据项目情况，采用政府和社会资本合作（PPP）、政府购买服务、机制评审等模式，推动项目落地；鼓励大型央企、优质民企以市场化模式支持小城镇建设。在风险可控、商业可持续的前提下，积极开展小城镇建设项目涉及的特许经营权、收费权和购买服务协议下的应收账款质押等担保类贷款业务。

六、建立工作协调机制

住房城乡建设部和国家开发银行签署《共同推进小城镇建设战略合作框架协议》，建立部行工作会商制度。省级住房城乡建设部门、国家开发银行省级分行要参照部行合作模式建立工作协调机制，加强沟通、密切合作，及时共享小城镇建设信息，协调解决项目融资、建设中存在的问题和困难；要及时将各地项目进展情况、存在问题及有关建议分别报住房城乡建设部和国家开发银行总行。

联系人：

住房城乡建设部村镇建设司　郭志伟　张　雁

联系电话：010-58934518　58934818（传真）

国家开发银行评审二局　赵晋文　史长虹

联系电话：010-88309352　68306847（传真）

附件：小城镇建设项目入库申报表（略）

中华人民共和国住房和城乡建设部

国家开发银行股份有限公司

2017 年 1 月 24 日

住房城乡建设部
关于公布第一批中国特色小镇名单的通知

建村〔2016〕221 号

各省、自治区、直辖市住房城乡建设厅（建委）、北京市农委、上海市规划和国土资源管理局：

根据《住房城乡建设部　国家发展改革委　财政部关于开展特色小镇培育工作的通知》（建村〔2016〕147 号）（以下简称《通知》）精神和相关规定，在各地推荐的基础上，经专家复核，会签国家发展改革委、财政部，认定北京市房山区长沟镇等 127 个镇（名单见附件）为第一批中国特色小镇，现予以公布。

附件：第一批中国特色小镇名单

中华人民共和国住房和城乡建设部

2016 年 10 月 11 日

附件：第一批中国特色小镇名单

一、北京市（3 个）

房山区长沟镇

昌平区小汤山镇

密云区古北口镇

二、天津市（2个）

武清区崔黄口镇

滨海新区中塘镇

三、河北省（4个）

秦皇岛市卢龙县石门镇

邢台市隆尧县莲子镇镇

保定市高阳县庞口镇

衡水市武强县周窝镇

四、山西省（3个）

晋城市阳城县润城镇

晋中市昔阳县大寨镇

吕梁市汾阳市杏花村镇

五、内蒙古自治区（3个）

赤峰市宁城县八里罕镇

通辽市科尔沁左翼中旗舍伯吐镇

呼伦贝尔市额尔古纳市莫尔道嘎镇

六、辽宁省（4个）

大连市瓦房店市谢屯镇

丹东市东港市孤山镇

辽阳市弓长岭区汤河镇

盘锦市大洼区赵圈河镇

七、吉林省（3个）

辽源市东辽县辽河源镇

通化市辉南县金川镇

延边朝鲜族自治州龙井市东盛涌镇

八、黑龙江省（3 个）

齐齐哈尔市甘南县兴十四镇
牡丹江市宁安市渤海镇
大兴安岭地区漠河县北极镇

九、上海市（3 个）

金山区枫泾镇
松江区车墩镇
青浦区朱家角镇

十、江苏省（7 个）

南京市高淳区桠溪镇
无锡市宜兴市丁蜀镇
徐州市邳州市碾庄镇
苏州市吴中区甪直镇
苏州市吴江区震泽镇
盐城市东台市安丰镇
泰州市姜堰区溱潼镇

十一、浙江省（8 个）

杭州市桐庐县分水镇
温州市乐清市柳市镇
嘉兴市桐乡市濮院镇
湖州市德清县莫干山镇
绍兴市诸暨市大唐镇
金华市东阳市横店镇
丽水市莲都区大港头镇
丽水市龙泉市上垟镇

十二、安徽省（5 个）

铜陵市郊区大通镇
安庆市岳西县温泉镇
黄山市黟县宏村镇

六安市裕安区独山镇
宣城市旌德县白地镇

十三、福建省（5个）

福州市永泰县嵩口镇
厦门市同安区汀溪镇
泉州市安溪县湖头镇
南平市邵武市和平镇
龙岩市上杭县古田镇

十四、江西省（4个）

南昌市进贤县文港镇
鹰潭市龙虎山风景名胜区上清镇
宜春市明月山温泉风景名胜区温汤镇
上饶市婺源县江湾镇

十五、山东省（7个）

青岛市胶州市李哥庄镇
淄博市淄川区昆仑镇
烟台市蓬莱市刘家沟镇
潍坊市寿光市羊口镇
泰安市新泰市西张庄镇
威海市经济技术开发区崮山镇
临沂市费县探沂镇

十六、河南省（4个）

焦作市温县赵堡镇
许昌市禹州市神垕镇
南阳市西峡县太平镇
驻马店市确山县竹沟镇

十七、湖北省（5个）

宜昌市夷陵区龙泉镇
襄阳市枣阳市吴店镇

荆门市东宝区漳河镇
黄冈市红安县七里坪镇
随州市随县长岗镇

十八、湖南省（5个）

长沙市浏阳市大瑶镇
邵阳市邵东县廉桥镇
郴州市汝城县热水镇
娄底市双峰县荷叶镇
湘西土家族苗族自治州花垣县边城镇

十九、广东省（6个）

佛山市顺德区北滘镇
江门市开平市赤坎镇
肇庆市高要区回龙镇
梅州市梅县区雁洋镇
河源市江东新区古竹镇
中山市古镇镇

二十、广西壮族自治区（4个）

柳州市鹿寨县中渡镇
桂林市恭城瑶族自治县莲花镇
北海市铁山港区南康镇
贺州市八步区贺街镇

二十一、海南省（2个）

海口市云龙镇
琼海市潭门镇

二十二、重庆市（4个）

万州区武陵镇
涪陵区蔺市镇
黔江区濯水镇
潼南区双江镇

二十三、四川省（7个）

成都市郫县德源镇
成都市大邑县安仁镇
攀枝花市盐边县红格镇
泸州市纳溪区大渡口镇
南充市西充县多扶镇
宜宾市翠屏区李庄镇
达州市宣汉县南坝镇

二十四、贵州省（5个）

贵阳市花溪区青岩镇
六盘水市六枝特区郎岱镇
遵义市仁怀市茅台镇
安顺市西秀区旧州镇
黔东南州雷山县西江镇

二十五、云南省（3个）

红河州建水县西庄镇
大理州大理市喜洲镇
德宏州瑞丽市畹町镇

二十六、西藏自治区（2个）

拉萨市尼木县吞巴乡
山南市扎囊县桑耶镇

二十七、陕西省（5个）

西安市蓝田县汤峪镇
铜川市耀州区照金镇
宝鸡市眉县汤峪镇
汉中市宁强县青木川镇
杨陵区五泉镇

二十八、甘肃省（3个）

兰州市榆中县青城镇

武威市凉州区清源镇
临夏州和政县松鸣镇

二十九、青海省（2个）

海东市化隆回族自治县群科镇
海西蒙古族藏族自治州乌兰县茶卡镇

三十、宁夏回族自治区（2个）

银川市西夏区镇北堡镇
固原市泾源县泾河源镇

三十一、新疆维吾尔自治区（3个）

喀什地区巴楚县色力布亚镇
塔城地区沙湾县乌兰乌苏镇
阿勒泰地区富蕴县可可托海镇

三十二、新疆生产建设兵团（1个）

第八师石河子市北泉镇

住房城乡建设部　中国农业发展银行
关于推进政策性金融支持小城镇建设的通知

建村〔2016〕220号

各省、自治区、直辖市住房城乡建设厅（建委）、北京市农委、上海市规划和国土资源管理局，中国农业发展银行各省、自治区、直辖市分行，总行营业部：

为贯彻落实党中央、国务院关于推进特色小镇、小城镇建设的精神，切实推进政策性金融资金支持特色小镇、小城镇建设，现就相关事项通知如下：

一、充分发挥政策性金融的作用

小城镇是新型城镇化的重要载体，是促进城乡协调发展最直接最有效的途径。各地要充分认识培育特色小镇和推动小城镇建设工作的重要意义，发挥政策性信贷资金对小城镇建设发展的重要作用，做好中长期政策性贷款的申请和使用，不断加大小城镇建设的信贷支持力度，切实利用政策性金融支持，全面推动小城镇建设发展。

二、明确支持范围

（一）支持范围。

1. 支持以转移农业人口、提升小城镇公共服务水平和提高承载能力为目的的基础设施和公共服务设施建设。主要包括：土地及房屋的征收、拆迁和补偿；安置房建设或货币化安置；水网、电网、路网、信息网、供气、供热、地下综合管廊等公共基础设施建设；污水处理、垃圾处理、园林绿化、水体生态系统与水环境治理等环境设施建设；学校、医院、体育馆等文化教育卫生设施建设；小型集贸市场、农产品交易市场、生活超市等便民商业设施建设；其他基础设施和公共服务设施建设。

2. 为促进小城镇特色产业发展提供平台支撑的配套设施建设。主要包括：标准厂房、孵化园、众创空间等生产平台建设；博物馆、展览馆、科技馆、文化交流中心、民俗传承基地等展示平台建设；旅游休闲、商贸物流、人才公寓等服务平台建设；其他促进特色产业发展的配套基础设施建设。

（二）优先支持贫困地区。

中国农业发展银行要将小城镇建设作为信贷支持的重点领域，以贫困地区小城镇建设作为优先支持对象，统筹调配信贷规模，保障融资需求。开辟办贷绿色通道，对相关项目优先受理、优先审批，在符合贷款条件的情况下，优先给予贷款支持。

三、建立贷款项目库

地方各级住房城乡建设部门要加快推进小城镇建设项目培育工作，积极与中国农业发展银行各级机构对接，共同研究融资方案，落实建设承贷主体。申请政策性金融支持的小城镇需要编制小城镇近期建设规划和建设项目实施方案，经县级人民政府批准后，向中国农业发展银行相应分支机构提出建设项目和资金需求。各省级住房城乡建设部门、中国农业发展银行省级分行应编制本省（区、市）本年度已支持情况和下一年度申请报告（包括项目清单），并于每年 12 月底前提交住房城乡建设部、中国农业发展银行总行，同时将相关信息录入小城镇建设贷款项目库（http：//www. czjs. mohurd. gov. cn）。

四、加强项目管理

住房城乡建设部负责组织、推动全国小城镇政策性金融支持工作，建立项目库，开展指导和检查。中国农业发展银行将进一步争取国家优惠政策，提供中长期、低成本的信贷资金。

省级住房城乡建设部门、中国农业发展银行省级分行要建立沟通协调机制，协调县

（市）申请中国农业银行政策性贷款，解决相关问题。县级住房城乡建设部门要切实掌握政策性信贷资金申请、使用等相关规定，组织协调小城镇政策性贷款申请工作，并确保资金使用规范。

中国农业发展银行各分行要积极配合各级住房城乡建设部门工作，普及政策性贷款知识，加大宣传力度。各分行要积极运用政府购买服务和采购、政府和社会资本合作（PPP）等融资模式，为小城镇建设提供综合性金融服务，并联合其他银行、保险公司等金融机构以银团贷款、委托贷款等方式，努力拓宽小城镇建设的融资渠道。对符合条件的小城镇建设实施主体提供重点项目建设基金，用于补充项目资本金不足部分。在风险可控、商业可持续的前提下，小城镇建设项目涉及的特许经营权、收费权和政府购买服务协议预期收益等可作为中国农业发展银行贷款的质押担保。

通知执行过程中如有问题和建议，请及时与住房城乡建设部和中国农业发展银行总行联系。

住房城乡建设部村镇建设司　林岚岚　贾一石

联系电话：010-58934431

中国农业发展银行基础设施部　周　斌　傅卫华

联系电话：010-68082275

中华人民共和国住房和城乡建设部

中国农业发展银行

2016 年 10 月 10 日

住房城乡建设部办公厅
关于开展 2016 年美丽宜居小镇、美丽宜居村庄示范工作的通知

建办村函〔2016〕827 号

各省、自治区住房城乡建设厅，北京市农村工作委员会，天津市城乡建设委员会，上海市规划和国土资源管理局，重庆市城乡建设委员会，新疆生产建设兵团建设局：

为贯彻落实中央有关农村工作精神和《国民经济和社会发展第十三个五年规划纲要》关于加快建设美丽宜居乡村的要求，依据《关于开展美丽宜居小镇、美丽宜居村庄示范工作的通知》（建村〔2013〕40 号），现就开展 2016 年美丽宜居小镇、美丽宜居村庄（以下简称美丽宜居村镇）示范有关工作通知如下：

一、基本要求

各地要按照美丽宜居村镇示范指导性要求，选择自然景观和田园风光美丽宜人、村镇风貌和基本格局特色鲜明、居住环境和公共设施配套完善、传统文化和乡村要素保护良好、经济发展水平较高且当地居民（村民）安居乐业的村庄和镇作为示范候选对象，并积极探索符合本地实际的美丽宜居村镇建设目标、模式和管理制度，科学有序推进美丽宜居村镇建设。

二、推荐程序

省（区、市）住房城乡建设（城乡规划、农业）部门要按照自愿申报、择优选择的原则，对照美丽宜居村镇指导性要求，对申报村镇进行初审，并组织实地调查和问卷调查等工作，确保村镇推荐材料的真实性、全面性和示范性。按每省（区、市）推荐美丽宜居小镇不超过 5 个、美丽宜居村庄不超过 20 个的要求，确定本省（区、市）美丽宜居村镇推荐名单和排序，并于 2016 年 10 月 15 日前将推荐名单、美丽宜居村镇推荐材料报我部。

我部将组织专家审查和实地调查，审核后公布 2016 年美丽宜居小镇、美丽宜居村庄示范名单。

三、推荐材料要求

各地上报的 2016 年美丽宜居村镇示范推荐材料包括推荐表（附后）、推荐说明和有关视频（可选）。推荐表按照附件 1、附件 2 填报，一式三份，以纸质材料提交。说明材料按照附件 3、附件 4 要求，逐项以文字、照片和图纸进行说明，以 PPT 格式提交。有关视频材料时长为 3~5 分钟，文件格式不限。推荐材料中的文字说明时间截至 2015 年底，选取照片时间应从 2015 年初至今。说明材料模板及示范 PPT 可到村镇建设管理平台 http：//czjs. mohurd. gov. cn 下载。推荐说明和视频文件应视情况提供光盘或 U 盘。

联系人：李亚楠、宋世明、郭志伟

电话：010-58934518　58934818（传真）

电子邮箱：csus_tv@ 126. com

附件：1. 美丽宜居小镇示范推荐表（略）

2. 美丽宜居村庄示范推荐表（略）

3. 美丽宜居小镇示范指导性要求和说明材料要求

4. 美丽宜居村庄示范指导性要求和说明材料要求

中华人民共和国住房和城乡建设部办公厅

2016 年 9 月 7 日

附件3　美丽宜居小镇示范指导性要求和说明材料要求

示范要点		指导性要求	说明材料要求
基本情况	基本情况	镇域基本情况介绍，包括镇域面积、镇区面积、常住人口、户籍人口、主要产业和所获称号等。	提供基本情况文字说明，以及镇域现状图、卫星影像图或现状图、镇区规划图。
	收入水平	居民人均可支配收入、镇财政收入在所属地级市各镇中名列前茅。	提供居民人均可支配收入、镇财政收入数据及在所属地级市各镇排名或文字说明。
	就业保障	居民就业率、医疗养老参保率在所属地级市各镇中名列前茅，孤寡老残救助工作较好，低保能及时足额支付。	提供相关数据和文字说明。
山水田园	自然景观	保护好镇域内的地形地貌、河湖水系、森林植被、动物栖息地等自然景观。 景区景点档案完整，划定保护红线。 慎砍树、禁挖山、不填湖。	提供镇域自然景观和重点景区景点照片各不少于3张，附文字说明。
	田园风光	镇域内的农田、牧场、林场、鱼塘、沟渠等田园风光整治利用充分。 防止因环境污染、过度开发，对田园风光破坏性冲击。	提供反映田园风光的照片不少于3张，附文字说明。
	村庄风貌	村庄乡村特色风貌保持较好，与周边环境相得益彰，村景交融。 防止村庄无序建设，乱拆乱建。	提供镇域内3张以上村庄整体风貌照片，各村庄不少于1张。
整体形态	整体风貌	镇区整体形态、风貌与周边环境和谐统一，体现地域特色。 防止外来建筑风格对原有风貌的破坏。	提供镇区不同角度整体鸟瞰照片不少于3张，照片应能反映镇区整体风貌、天际线、镇区空间布置。
	格局特色	格局走向尊重山形水势，契合地貌，布局上要因地制宜，建设规模尺度宜人，主要建筑层数不宜超过6层。 防止破坏山形地貌，建筑尺度过大，路网形式简单方正、不依山就势。	提供镇区道路格局与地势地貌关系的照片不少于1张，附文字说明。
街巷建筑	街巷空间	街巷空间错落有致，风貌要体现地域性小城镇特色。 小镇出入口、广场、重要交叉口等重要节点设置合理，尺度宜人。 防止街巷空间尺度过大，特色缺失。	提供不少于3条重要街巷和3个重要空间节点照片，附文字说明。
	建筑住房	建筑风格、规模、尺度体现小城镇特色，住房功能齐全、风貌协调。 防止建筑风貌、体量不协调，简单套用城市建筑形式。	提供5个典型住宅或院落照片，附文字说明。

续表

示范要点		指导性要求	说明材料要求
环境景观	园林绿地	借景山水、巧用田园、治理沟渠，多使用本地树种，灵活布置街头绿地。 防止大规模绿地、大草坪，防止过于人工化、过度硬质铺装。	提供园林绿地照片不少于6张，附文字说明。
	景观设施	景观设施优美实用、种类丰富，反映小城镇特色，具有地域文化、民族传统或时代特色。 避免景观设施尺度过大，简单克隆城市景观。	提供景观小品照片不少于5张，附文字说明。
传统文化	历史遗产	建档保护历史遗产，明确保护范围和要求，编撰村镇历史相关文献。 防止建设性破坏与保护性破坏。	提供主要历史遗产照片不少于3张，附保护措施等文字说明。
	民族风俗	挖掘地域文化，传统风俗，传承传统文化，丰富现代文化，活动广场、文体设施等文化场所空间合理完善。 防止文化同质化、庸俗化，避免配置大广场。	提供各类民族风俗、文化活动照片各不少于3张，附文字说明。
公共服务	公共服务	公共建筑体现地域特征和文化传承，建筑功能复合。 教育、医疗、养老等公共设施规模适宜，服务半径合理，能满足居民需求。	提供重要公共建筑（教育、医疗、文化、养老等）照片不少于3张，附文字说明。
	商业服务	规模适宜，服务半径合理，能满足居民需求。	提供商业建筑照片不少于3张，附文字说明。
基础设施	供水设施	饮用水水质100%达标。	提供供水设施照片，附水质检测达标证明材料照片或文字说明。
	污水治理	污水处理率达到80%以上，因地制宜确定治理方案。	提供污水处理设施照片，附污水治理率达标的证明材料照片或文字说明。
	垃圾治理	垃圾收集处理率较高，垃圾处理率在所属地级市各镇中名列前茅。 垃圾处理设施和工作机制完善。	提供垃圾处理设施照片，附工作机制说明。
	公厕设施	服务半径合理，能满足居民需求。	提供公厕照片，附文字说明。
交通路网	道路设施	过境公路不干扰小镇生活。 镇区道路宽度适宜，交通畅达，合理设置停车场，交通标识齐全，步行道路铺装体现地方特色。 避免道路过宽，破坏小城镇特色。	提供对外联系道路照片、交通设施照片各不少于3张，并对主干道宽度进行说明。
综合管理	建设管理	建设规划管理机构健全，人员齐备。 镇容管理制度健全有效。	提供各类镇容管理、规划建设管理和人员配备情况文字说明，附相关照片。
	安全防灾	防火、防汛、防涝、防震、抗旱等相关设施齐全。 道路交通、火灾事故等突发安全事故率低于所属地级市镇平均水平。	提供防灾设施照片，附文字说明。
	生态低碳	环境保护良好，破坏的得到有效修复。 土地利用节约集约，节约用水，注重可再生能源利用，推广绿色交通、绿色建筑，开展既有建筑节能改造。	提供镇域环境保护的介绍，提供可再生能源使用、绿色建筑文字说明和照片。

附件4 美丽宜居村庄示范指导性要求和说明材料要求

示范要点		指导性要求	说明材料要求
基本情况	基本情况	村庄基本情况介绍，包括地理位置、村域面积、常住人口、户籍人口数、所获称号等。	提供基本情况文字说明，村域总平面和村庄总平面图。
	居民收入	村民人均纯收入在所属地级市各村中名列前茅。	提供村民人均纯收入数据及在所属地级市各村排名或文字说明。
	医疗保障	医疗卫生设施能基本满足需求，医疗养老保险覆盖率95%以上。	提供医疗卫生设施照片，附医疗养老保险覆盖率达标的证明材料照片或文字说明。
山水田园	自然风光	保护好村域内地形地貌、河湖水系、森林植被、动物栖息地等自然景观。 慎砍树、禁挖山、不填湖。	提供主要自然景观照片不少于3张，附文字说明。
	田园景观	村域内的农田、牧场、林场、鱼塘、沟渠等田园景观整治利用充分。 防止环境污染，避免对田园景观破坏性开发和过度改造。	提供主要田园风光的照片不少于3张，附文字说明。
村庄风貌	整体特色	村庄整体形态与周边环境相得益彰，村景交融，整体风貌和谐统一，体现地域特色。 空间布局尊重山形水势，契合地貌。 防止村庄建设破坏山形地貌，尺度过大，路网形式简单方正、不依山就势。	提供村庄不同角度的整体鸟瞰照片不少于3张，附文字说明。
建筑住房	公共建筑	公共建筑体现地域特征和文化传承，建筑功能复合。 教育、医疗等公共设施规模适宜，服务半径合理，能满足居民需求。 入托上学方便，入学率与巩固率在所属地级市各村中名列前茅。	提供3张公共建筑照片，附文字说明。
	农房院落	农房建筑风格、规模、尺度体现乡村特色，功能齐全。 多使用本地材料和建造技艺，鼓励使用节能经济的新材料新技术。 注重庭院的景观与经济价值，建筑层数不宜超过两层。 防止盲目采用外来建筑风格，防止简单套用城市住宅形式。	提供5个典型农村居民住宅或院落照片，附文字说明。
乡村要素	历史遗存	挖掘和保护历史遗存，防止建设性破坏和保护性破坏，避免拆旧建新、盲目造假、张冠李戴等现象。	提供主要历史遗存照片不少于3张，附保护措施等文字说明。

续表

示范要点		指导性要求	说明材料要求
乡村要素	乡村景观	保护好村庄的井泉沟渠、壕沟寨墙、堤坝桥涵、石阶铺地等乡村景观，保护古树名木，体现村庄地域文化特点。 防止大规模人工化、硬质化景观，破坏乡村风貌。	提供乡村景观要素照片不少于3张，附文字说明。
	民族风俗	挖掘地域文化，传统风俗，保护和传承当地民俗及传统文化。 文体场所设施完善，有经常性文体活动。	提供能反映当地民俗与传统文化特色的照片不少于3张，附文字说明。
公共设施	基础设施	基础设施齐全，管理维护良好。饮用水水质100%达标。 污水处理、垃圾治理设施完善。 电讯电力设施有保障。	提供水质检测达标证明材料照片或文字说明，附设施照片。污水处理、垃圾治理、电讯电力等设施照片各不少于2张，附文字说明。
	道路设施	村庄道路基本硬化、通达性好、宽度适宜、有公共照明。 公交通达，村民出行及购物方便。	提供对外联系道路和村内主要道路照片不少于3张。
	环境卫生	农户卫生厕所覆盖率达90%以上，人畜粪便得到有效处理与利用。 村容整洁，有村庄环境维护机制。 避免乱丢垃圾、乱泼脏水、恶臭等现象。	提供农户卫生厕所的数量、类型、效果情况照片，附文字说明。
综合管理	安全防灾	防火、防汛、防涝、防震、抗旱等相关设施齐全。	提供各类安全设施照片，附文字说明，应包括设施设置原因、措施和效果。
	乡风文明	乡风淳朴、邻里和谐、文明礼貌、诚实守信、遵纪守法。 党支部、村委会组织健全，村领导班子工作有力，村规民约有效。	提供各类村容建设、治安、社会风气建设等村规民约的照片，附文字说明。

住房城乡建设部　国家发展改革委　财政部
关于开展特色小镇培育工作的通知

建村〔2016〕147号

各省、自治区、直辖市住房城乡建设厅（建委）、发展改革委、财政厅，北京市农委、上海市规划和国土资源管理局：

为贯彻党中央、国务院关于推进特色小镇、小城镇建设的精神，落实《国民经济和社会发展第十三个五年规划纲要》关于加快发展特色镇的要求，住房城乡建设部、国家发展改革委、财政部（以下简称三部委）决定在全国范围开展特色小镇培育工作，现通知如下。

一、指导思想、原则和目标

（一）指导思想

全面贯彻党的十八大和十八届三中、四中、五中全会精神，牢固树立和贯彻落实创新、协调、绿色、开放、共享的发展理念，因地制宜、突出特色，充分发挥市场主体作用，创新建设理念，转变发展方式，通过培育特色鲜明、产业发展、绿色生态、美丽宜居的特色小镇，探索小镇建设健康发展之路，促进经济转型升级，推动新型城镇化和新农村建设。

（二）基本原则

——坚持突出特色。从当地经济社会发展实际出发，发展特色产业，传承传统文化，注重生态环境保护，完善市政基础设施和公共服务设施，防止千镇一面。依据特色资源优势和发展潜力，科学确定培育对象，防止一哄而上。

——坚持市场主导。尊重市场规律，充分发挥市场主体作用，政府重在搭建平台、提供服务，防止大包大揽。以产业发展为重点，依据产业发展确定建设规模，防止盲目造镇。

——坚持深化改革。加大体制机制改革力度，创新发展理念，创新发展模式，创新规划建设管理，创新社会服务管理。推动传统产业改造升级，培育壮大新兴产业，打造创业创新新平台，发展新经济。

（三）目标

到2020年，培育1000个左右各具特色、富有活力的休闲旅游、商贸物流、现代制造、教育科技、传统文化、美丽宜居等特色小镇，引领带动全国小城镇建设，不断提高建设水平和发展质量。

二、培育要求

（一）特色鲜明的产业形态

产业定位精准，特色鲜明，战略新兴产业、传统产业、现代农业等发展良好、前景可观。产业向做特、做精、做强发展，新兴产业成长快，传统产业改造升级效果明显，充分利用“互联网+”等新兴手段，推动产业链向研发、营销延伸。产业发展环境良好，产业、投资、人才、服务等要素集聚度较高。通过产业发展，小镇吸纳周边农村剩余劳动力就业的能力明显增强，带动农村发展效果明显。

（二）和谐宜居的美丽环境

空间布局与周边自然环境相协调，整体格局和风貌具有典型特征，路网合理，建设高度和密度适宜。居住区开放融合，提倡街坊式布局，住房舒适美观。建筑彰显传统文化和地域特色。公园绿地贴近生活、贴近工作。店铺布局有管控。镇区环境优美，干净整洁。土地利用集约节约，小镇建设与产业发展同步协调。美丽乡村建设成效突出。

（三）彰显特色的传统文化

传统文化得到充分挖掘、整理、记录，历史文化遗存得到良好保护和利用，非物质文化遗产活态传承。形成独特的文化标识，与产业融合发展。优秀传统文化在经济发展和社会管理中得到充分弘扬。公共文化传播方式方法丰富有效。居民思想道德和文化素质较高。

（四）便捷完善的设施服务

基础设施完善，自来水符合卫生标准，生活污水全面收集并达标排放，垃圾无害化处理，道路交通停车设施完善便捷，绿化覆盖率较高，防洪、排涝、消防等各类防灾设施符合标准。公共服务设施完善，服务质量较高，教育、医疗、文化、商业等服务覆盖农村地区。

（五）充满活力的体制机制

发展理念有创新，经济发展模式有创新。规划建设管理有创新，鼓励多规协调，建设规划与土地利用规划合一，社会管理服务有创新。省、市、县支持政策有创新。镇村融合发展有创新。体制机制建设促进小镇健康发展，激发内生动力。

三、组织领导和支持政策

三部委负责组织开展全国特色小镇培育工作，明确培育要求，制定政策措施，开展指导检查，公布特色小镇名单。省级住房城乡建设、发展改革、财政部门负责组织开展本地区特色小镇培育工作，制定本地区指导意见和支持政策，开展监督检查，组织推荐。县级人民政府是培育特色小镇的责任主体，制定支持政策和保障措施，整合落实资金，完善体制机制，统筹项目安排并组织推进。镇人民政府负责做好实施工作。

国家发展改革委等有关部门支持符合条件的特色小镇建设项目申请专项建设基金，中央财政对工作开展较好的特色小镇给予适当奖励。

三部委依据各省小城镇建设和特色小镇培育工作情况，逐年确定各省推荐数量。省级住房城乡建设部、发展改革委、财政部门按推荐数量，于每年 8 月底前将达到培育要求的镇向三部委推荐。特色小镇原则上为建制镇（县城关镇除外），优先选择全国重点镇。

2016 年各省（区、市）特色小镇推荐数量及有关要求另行通知。

联系单位：住房城乡建设部村镇建设司

联系人：林岚岚　贾一石

电　话：010-58934432　58934431

传　真：010-58933123

中华人民共和国住房和城乡建设部

中华人民共和国国家发展和改革委员会

中华人民共和国财政部

2016 年 7 月 1 日

住房城乡建设部村镇建设司
关于做好 2016 年特色小镇推荐工作的通知

建村建函〔2016〕71 号

各省（区、市）住房城乡建设厅（建委）、北京市农委、上海市规划和国土资源管理局：

根据《住房城乡建设部、国家发展改革委、财政部关于开展特色小镇培育工作的通知》（建村〔2016〕147 号）（以下简称《通知》）的要求，为做好 2016 年特色小镇推荐上报工作，现将有关事项通知如下。

一、推荐数量

根据各省（区、市）经济规模、建制镇数量、近年来小城镇建设工作及省级支持政策情况，确定 2016 年各省推荐数量（见附件 1）。

二、推荐材料

推荐特色小镇应提供下列资料：

（一）小城镇基本信息表（见附件 2）。各项信息要客观真实。

（二）小城镇建设工作情况报告及 PPT（编写提纲见附件 3）。报告要紧紧围绕《通知》中 5 项培育要求编写。同时按编写提纲提供能直观、全面反映小城镇培育情况的 PPT。有条件的地方可提供不超过 15 分钟的视频材料。

（三）镇总体规划。符合特色小镇培育要求、能够有效指导小城镇建设的规划成果。

（四）相关政策支持文件。被推荐镇列为省、市、县支持对象的证明资料及县级以上支持政策文件。

以上材料均需提供电子版，基本信息表还需提供纸质盖章文件。

三、推荐程序

各省（区、市）要认真组织相关县级人民政府做好推荐填报工作，组织专家评估把关并实地考核，填写专家意见和实地考核意见，将优秀的候选特色小镇报我司。候选特色小镇近5年应无重大安全生产事故、重大环境污染、重大生态破坏、重大群体性社会事件、历史文化遗存破坏现象。我司将会同国家发展改革委规划司、财政部农业司组织专家对各地推荐上报的候选特色小镇进行复核，并现场抽查，认定公布特色小镇名单。

各省（区、市）村镇建设相关部门严格按照推荐数量上报，并于2016年8月30日前将候选特色小镇材料及电子版上报我司，同时完成在我部网站（网址：http://czjs.mohurd.gov.cn）上的信息填报。

联系人：林岚岚　陈　玲　贾一石

电　话：010-58934431　58934432

传　真：010-58933123

地　址：北京市海淀区三里河路9号　邮编：100835

邮　箱：qgtsxz2016@126.com

附件：1. 各省（区、市）特色小镇推荐数量分配表

2. 小城镇基本信息表（略）

3. 小城镇建设工作情况报告编写提纲

中华人民共和国住房和城乡建设部村镇建设司

2016年8月3日

附件1　各省（区、市）特色小镇推荐数量分配表

编号	省（区、市）	数量	编号	省（区、市）	数量
1	北京市	4	7	吉林省	3
2	天津市	3	8	黑龙江省	4
3	河北省	5	9	上海市	4
4	山西省	4	10	江苏省	8
5	内蒙古自治区	4	11	浙江省	10
6	辽宁省	5	12	安徽省	6

续表

编号	省（区、市）	数量	编号	省（区、市）	数量
13	福建省	6	23	四川省	8
14	江西省	5	24	贵州省	6
15	山东省	8	25	云南省	4
16	河南省	5	26	西藏自治区	3
17	湖北省	6	27	陕西省	6
18	湖南省	6	28	甘肃省	3
19	广东省	8	29	青海省	3
20	广西壮族自治区	5	30	宁夏回族自治区	3
21	海南省	3	31	新疆维吾尔自治区	4
22	重庆市	5	32	新疆生产建设兵团	2
合　计			159		

附件 3　小城镇建设工作情况报告编写提纲

（字数不超过 5000 字）

一、近 3 年小城镇建设工作情况

要求：简述小城镇区位、交通、人口、经济水平、产业基础等社会经济发展基本情况。简述近 3 年小城镇建设情况，主要实施项目，特色化方面开展的工作情况。

二、小城镇建设培育工作评估

要求：按照建村〔2016〕147 号文中培育要求，简述本镇在“产业发展、小镇环境、传统文化、设施服务、体制机制”五个方面的情况，逐项评估。

（一）特色鲜明的产业形态

从产业特色、带动作用、发展环境三个方面阐述小城镇的产业发展特色。

（二）和谐宜居的美丽环境

从城镇风貌、镇区环境、美丽乡村三个方面阐述小城镇的环境风貌特色。

（三）彰显特色的传统文化

从文化传承、文化传播两个方面阐述小城镇的文化特色。

（四）便捷完善的设施服务

从道路交通、公用设施、公共服务三个方面阐述小城镇服务设施的便捷性。

（五）充满活力的体制机制

从理念模式、规划建设、社会管理、体制机制等方面阐述小城镇的体制机制活力。

三、当前小城镇培育面临的困难和问题

四、发展目标及政策措施

（一）到 2020 年总体发展目标及年度目标

（二）近期工作安排

从产业培育、环境整治、文化传承、基础设施建设、体制机制建设等方面阐述 2017 年、2018 年工作安排。

（三）县级支持政策

住房城乡建设部　中国农业发展银行
关于推进政策性金融支持小城镇建设的通知

建村〔2016〕220 号

各省、自治区、直辖市住房城乡建设厅（建委），北京市农委，上海市规划和国土资源管理局，中国农业发展银行各省、自治区、直辖市分行，总行营业部：

为贯彻落实党中央、国务院关于推进特色小镇、小城镇建设的精神，切实推进政策性金融资金支持特色小镇、小城镇建设，现就相关事项通知如下：

一、充分发挥政策性金融的作用

小城镇是新型城镇化的重要载体，是促进城乡协调发展最直接最有效的途径。各地要充分认识培育特色小镇和推动小城镇建设工作的重要意义，发挥政策性信贷资金对小城镇建设发展的重要作用，做好中长期政策性贷款的申请和使用，不断加大小城镇建设的信贷支持力度，切实利用政策性金融支持，全面推动小城镇建设发展。

二、明确支持范围

（一）支持范围

1. 支持以转移农业人口、提升小城镇公共服务水平和提高承载能力为目的的基础

设施和公共服务设施建设。主要包括：土地及房屋的征收、拆迁和补偿；安置房建设或货币化安置；水网、电网、路网、信息网、供气、供热、地下综合管廊等公共基础设施建设；污水处理、垃圾处理、园林绿化、水体生态系统与水环境治理等环境设施建设；学校、医院、体育馆等文化教育卫生设施建设；小型集贸市场、农产品交易市场、生活超市等便民商业设施建设；其他基础设施和公共服务设施建设。

2. 为促进小城镇特色产业发展提供平台支撑的配套设施建设。主要包括：标准厂房、孵化园、众创空间等生产平台建设；博物馆、展览馆、科技馆、文化交流中心、民俗传承基地等展示平台建设；旅游休闲、商贸物流、人才公寓等服务平台建设；其他促进特色产业发展的配套基础设施建设。

（二）优先支持贫困地区

中国农业发展银行要将小城镇建设作为信贷支持的重点领域，以贫困地区小城镇建设作为优先支持对象，统筹调配信贷规模，保障融资需求。开辟办贷绿色通道，对相关项目优先受理、优先审批，在符合贷款条件的情况下，优先给予贷款支持。

三、建立贷款项目库

地方各级住房城乡建设部门要加快推进小城镇建设项目培育工作，积极与中国农业发展银行各级机构对接，共同研究融资方案，落实建设承贷主体。申请政策性金融支持的小城镇需要编制小城镇近期建设规划和建设项目实施方案，经县级人民政府批准后，向中国农业发展银行相应分支机构提出建设项目和资金需求。各省级住房城乡建设部门、中国农业发展银行省级分行应编制本省（区、市）本年度已支持情况和下一年度申请报告（包括项目清单），并于每年 12 月底前提交住房城乡建设部、中国农业发展银行总行，同时将相关信息录入小城镇建设贷款项目库（http：//www. czjs. mohurd. gov. cn）。

四、加强项目管理

住房城乡建设部负责组织、推动全国小城镇政策性金融支持工作，建立项目库，开展指导和检查。中国农业发展银行将进一步争取国家优惠政策，提供中长期、低成本的信贷资金。

省级住房城乡建设部门、中国农业发展银行省级分行要建立沟通协调机制，协调县（市）申请中国农业银行政策性贷款，解决相关问题。县级住房城乡建设部门要切实掌握政策性信贷资金申请、使用等相关规定，组织协调小城镇政策性贷款申请工作，并确保资金使用规范。

中国农业发展银行各分行要积极配合各级住房城乡建设部门工作，普及政策性贷款知识，加大宣传力度。各分行要积极运用政府购买服务和采购、政府和社会资本合作（PPP）等融资模式，为小城镇建设提供综合性金融服务，并联合其他银行、保险公司等金融机构以银团贷款、委托贷款等方式，努力拓宽小城镇建设的融资渠道。对符合条件的小城镇建设实施主体提供重点项目建设基金，用于补充项目资本金不足部分。在风险可控、商业可持续的前提下，小城镇建设项目涉及的特许经营权、收费权和政府购买服务协议预期收益等可作为中国农业发展银行贷款的质押担保。

通知执行过程中如有问题和建议，请及时与住房城乡建设部和中国农业发展银行总行联系。

住房城乡建设部村镇建设司　林岚岚　贾一石

联系电话：010-58934431

中国农业发展银行基础设施部　周　斌　傅卫华

联系电话：010-68082275

中华人民共和国住房和城乡建设部

中国农业发展银行

2016 年 10 月 10 日

住房城乡建设部办公厅
关于公布第四批美丽宜居小镇、美丽宜居村庄
示范名单的通知

建办村〔2016〕71 号

各省、自治区住房城乡建设厅，直辖市建委，北京市农委，上海市规划和国土资源管理局，新疆生产建设兵团建设局：

根据《住房城乡建设部办公厅关于开展 2016 年美丽宜居小镇、美丽宜居村庄示范工作的通知》（建办村函〔2016〕827 号），在各地自愿申报、省级住房城乡建设部门（农委）择优推荐的基础上，经组织专家审查，确定江苏省苏州市昆山市陆家镇等 95 个镇为美丽宜居小镇示范，贵州省遵义市湄潭县兴隆镇龙凤村等 413 个村为美丽宜居村庄示范，现予以公布。

我部将编制美丽宜居小镇、美丽宜居村庄示范案例集，并通过互联网等形式予以宣传展示。各地要认真做好示范经验的总结，大力开展宣传和推广工作，引导美丽宜居小镇、美丽宜居村庄建设工作。

附件：第四批美丽宜居小镇、美丽宜居村庄示范名单

中华人民共和国住房和城乡建设部办公厅

2016 年 12 月 28 日

附件　第四批美丽宜居小镇、美丽宜居村庄示范名单

美丽宜居小镇示范（95 个）

北京市怀柔区雁栖镇
北京市门头沟区妙峰山镇
北京市延庆区八达岭镇
天津市蓟州区下营镇
天津市宝坻区林亭口镇
河北省石家庄市平山县西柏坡镇
河北省承德市兴隆县半壁山镇
内蒙古自治区鄂尔多斯市伊金霍洛旗伊金霍洛镇
内蒙古自治区包头市土右旗萨拉齐镇
内蒙古自治区赤峰市克什克腾旗同兴镇
辽宁省丹东市凤城市刘家河镇
辽宁省营口市鲅鱼圈区熊岳镇
辽宁省盘锦市盘山县甜水镇
辽宁省鞍山市海城市腾鳌镇
吉林省长春市双阳区鹿乡镇
吉林省通化市梅河口市曙光镇
吉林省辽源市东辽县金州乡
黑龙江省佳木斯市同江市街津口赫哲族乡
黑龙江省牡丹江市穆棱市下城子镇
黑龙江省绥化市安达市卧里屯镇
上海市金山区张堰镇
上海市松江区佘山镇
上海市崇明区横沙乡
江苏省苏州市昆山市陆家镇
江苏省徐州市邳州市官湖镇
江苏省常州市武进区嘉泽镇
江苏省无锡市惠山区阳山镇
江苏省连云港市海州区浦南镇
浙江省丽水市龙泉市上垟镇

浙江省金华市义乌市佛堂镇
浙江省湖州市安吉县孝丰镇
浙江省绍兴市柯桥区平水镇
浙江省杭州市桐庐县富春江镇
安徽省合肥市庐江县汤池镇
安徽省黄山市休宁县齐云山镇
安徽省安庆市潜山县水吼镇
福建省福州市永泰县嵩口镇
福建省宁德市蕉城区赤溪镇
福建省龙岩市永定区湖坑镇
江西省景德镇市浮梁县瑶里镇
江西省鹰潭市龙虎山风景名胜区上清镇
江西省南昌市湾里区太平镇
山东省烟台市莱州市金城镇
山东省济宁市邹城市城前镇
山东省临沂市沂南县铜井镇
河南省南阳市西峡县二郎坪镇
河南省洛阳市栾川县陶湾镇
河南省安阳市林州市茶店镇
湖北省黄石市大冶市还地桥镇
湖北省神农架林区红坪镇
湖南省怀化市溆浦县思蒙镇
湖南省郴州市苏仙区飞天山镇
湖南省长沙市宁乡县沩山乡
湖南省永州市宁远县湾井镇
广东省东莞市麻涌镇
广东省佛山市顺德区北滘镇
广东省广州市从化区温泉镇
广西壮族自治区贺州市八步区贺街镇
广西壮族自治区桂林市兴安县界首镇
海南省琼海市塔洋镇
重庆市荣昌区万灵镇
重庆市江津区塘河镇
重庆市九龙坡区金凤镇

重庆市巴南区东温泉镇
重庆市南川区大观镇
四川省成都市温江区万春镇
四川省德阳市罗江县白马关镇
四川省眉山市洪雅县柳江镇
四川省泸州市纳溪区大渡口镇
四川省绵阳市安州区桑枣镇
贵州省遵义市仁怀市茅台镇
贵州省黔东南苗族侗族自治州黄平县旧州镇
贵州省黔南布依族苗族自治州瓮安县猴场镇
贵州省安顺市普定县白岩镇
云南省楚雄彝族自治州禄丰县黑井镇
云南省大理白族自治州洱源县凤羽镇
云南省红河哈尼族彝族自治州建水县西庄镇
云南省普洱市江城哈尼族彝族自治县整董镇
陕西省铜川市耀州区照金镇
陕西省商洛市山阳县漫川关镇
陕西省汉中市宁强县青木川镇
陕西省西安市蓝田县汤峪镇
甘肃省武威市天祝藏族自治县天堂镇
甘肃省庆阳市华池县南梁镇
甘肃省金昌市金川区双湾镇
青海省海西蒙古族藏族自治州乌兰县茶卡镇
青海省海北藏族自治州祁连县八宝镇
宁夏回族自治区中卫市沙坡头区迎水桥镇
宁夏回族自治区石嘴山市惠农区红果子镇
新疆维吾尔自治区吐鲁番地区吐鲁番市高昌区亚尔镇
新疆维吾尔自治区博尔塔拉蒙古自治州博乐市小营盘镇
新疆维吾尔自治区阿勒泰地区布尔津县冲乎尔镇
新疆生产建设兵团第五师八十四团
新疆生产建设兵团第二师二十四团
新疆生产建设兵团第一师十团

美丽宜居村庄示范（413 个）

北京市海淀区苏家坨镇车耳营村

北京市平谷区大华山镇挂甲峪村
北京市平谷区镇罗营镇张家台村
北京市怀柔区渤海镇田仙峪村
北京市房山区周口店镇黄山店村
北京市顺义区马坡镇庙卷村
北京市延庆区大庄科乡铁炉村
北京市延庆区旧县镇盆窑村
北京市顺义区高丽营镇一村
北京市顺义区马坡镇石家营村
北京市房山区青龙湖镇南观村
北京市怀柔区宝山镇超梁子村
北京市大兴区庞各庄镇梨花村
北京市门头沟区斋堂镇法城村
北京市门头沟区清水镇西达摩村
北京市大兴区长子营镇朱庄村
北京市怀柔区喇叭沟门满族乡中榆树店村
北京市大兴区北臧村镇巴园子村
天津市蓟州区下营镇常州村
天津市宝坻区林亭口镇小靳庄村
天津市静海区双塘镇西双塘村
天津市蓟州区下营镇东山村
天津市宝坻区周良街道樊庄子村
天津市宁河区大北涧沽镇辛庄村
天津市静海区陈官屯镇西钓台村
天津市武清区大孟庄镇后幼庄村
天津市武清区南蔡村镇三里浅村
天津市静海区陈官屯镇吕官屯村
天津市宝坻区大口屯镇庞家湾村
天津市武清区梅厂镇小雷庄村
天津市武清区梅厂镇灰锅口村
河北省邯郸市馆陶县寿山寺乡寿东村
河北省石家庄市平山县岗南镇李家庄村
河北省邢台市邢台县路罗镇英谈村
河北省邢台市沙河市白塔镇栾卸村

河北省邢台市内丘县南赛乡神头村
河北省邢台市宁晋县贾家口镇小河庄村
河北省邯郸市武安市大同镇兰村
河北省邯郸市武安市淑村镇白沙村
河北省邯郸市大名县大街乡邓台村
河北省秦皇岛市北戴河区戴河镇西古城村
河北省石家庄市晋州市周家庄乡北捏盘村
河北省石家庄市平山县西柏坡镇梁家沟村
河北省邢台市桥西区李村镇西北留村
山西省忻州市五台县东冶镇南大兴村
山西省朔州市朔城区南榆林乡青钟村
山西省运城市永济市城西街道水峪口村
内蒙古自治区鄂尔多斯市准格尔旗大路镇小滩子村
内蒙古自治区呼伦贝尔市阿荣旗向阳峪镇松塔沟村
内蒙古自治区鄂尔多斯市鄂托克前旗城川镇大沟湾村
内蒙古自治区呼伦贝尔市扎兰屯市蘑菇气镇野马河村
内蒙古自治区鄂尔多斯市伊金霍洛旗伊金霍洛镇龙活音扎巴村
内蒙古自治区乌海市海南区巴音陶亥镇赛汗乌素村
内蒙古自治区赤峰市翁牛特旗乌丹镇赛沁塔拉嘎查
内蒙古自治区巴彦淖尔市五原县胜丰镇美丰一社
内蒙古自治区乌兰察布市化德县白音特拉乡农场村
辽宁省营口市盖州市万福镇贵子沟村
辽宁省盘锦市大洼区田家街道大堡子村
辽宁省鞍山市千山区大孤山镇对桩石村
辽宁省沈阳市浑南区闫家村
辽宁省朝阳市朝阳县胜利镇三家子村
辽宁省营口市大石桥市建一镇黄丫口村
辽宁省本溪市桓仁县向阳乡和平村
辽宁省沈阳市辽中区养士堡镇养前村
辽宁省鞍山市台安县富家镇城子村
辽宁省丹东市宽甸县硼海镇三道湾村
辽宁省盘锦市大洼区向海街道石庙子村
辽宁省抚顺市抚顺县马圈子乡太平村
辽宁省葫芦岛市兴城市高家岭镇汤上村

辽宁省营口市大石桥市旗口镇莲花泡村
辽宁省盘锦市盘山县得胜镇得胜村
辽宁省鞍山市海城市西柳镇古树村
辽宁省抚顺市抚顺县石文镇八家子村
辽宁省阜新市阜蒙县东梁镇吐呼鲁村
辽宁省锦州市凌海市安屯镇龙王村
辽宁省葫芦岛市南票区金星镇于家村
吉林省通化市梅河口市曙光镇罗家村
吉林省通化市通化县兴林镇曲柳川村
吉林省通化市通化县东来乡鹿圈子村
吉林省延边朝鲜族自治州龙井市东盛涌镇仁化村
黑龙江省牡丹江市东宁县道河镇洞庭村
黑龙江省佳木斯市同江市八岔乡八岔村
黑龙江省绥化市青冈县德胜镇英贤村
黑龙江省大庆市肇源县大兴乡联结村
黑龙江省绥化市青冈县中和镇四排六村
黑龙江省大庆市肇源县和平乡和平村
黑龙江省双鸭山市宝清县龙头镇红山村
黑龙江省双鸭山市宝清县宝清镇庄园村
上海市松江区新浜镇南杨村
上海市浦东新区书院镇塘北村
上海市浦东新区航头镇牌楼村
上海市奉贤区庄行镇潘垫村
上海市松江区石湖荡镇东夏村
上海市金山区山阳镇渔业村
上海市崇明区庙镇合中村
上海市松江区泖港镇黄桥村
上海市奉贤区庄行镇新叶村
江苏省苏州市昆山市千灯镇歇马桥村
江苏省苏州市昆山市张浦镇金华村
江苏省苏州市张家港市凤凰镇恬庄村
江苏省南京市溧水区洪蓝镇傅家边村
江苏省苏州市常熟市支塘镇蒋巷村
江苏省南京市高淳区固城镇蒋山村

江苏省常州市武进区雪堰镇城西回民村
江苏省镇江市扬中市新坝镇新治村
江苏省南通市通州区兴东街道孙李桥村
江苏省常州市溧阳市上黄镇浒西村
江苏省盐城市东台市五烈镇甘港村
江苏省泰州市高港区许庄街道乔杨村
江苏省徐州市邳州市炮车镇四王村
江苏省连云港市连云区高公岛街道黄窝村
江苏省常州市新北区西夏墅镇梅林村
江苏省泰州市姜堰区兴泰镇西陈庄村
江苏省泰州市海陵区城东街道唐甸村
江苏省连云港市海州区浦南镇江浦村
江苏省淮安市淮阴区码头镇太山村
江苏省连云港市灌云县四队镇隆兴村
浙江省湖州市安吉县天荒坪镇余村
浙江省丽水市龙泉市宝溪乡溪头村
浙江省台州市天台县街头镇后岸村
浙江省衢州市开化县芹阳办事处桃溪村
浙江省绍兴市上虞区岭南乡东澄村
浙江省杭州市富阳区洞桥镇文村
浙江省绍兴市柯桥区漓渚镇棠棣村
浙江省温州市泰顺县罗阳镇村尾村
浙江省湖州市安吉县灵峰街道横山坞村
浙江省湖州市吴兴区织里镇义皋村
浙江省舟山市普陀区展茅街道干施岙村
浙江省宁波市海曙区章水镇李家坑村
浙江省舟山市定海区干览镇新建村
浙江省丽水市莲都区联城街道港口村
浙江省杭州市建德市三都镇三江口村
浙江省台州市玉环县龙溪镇山里村
浙江省金华市浦江县虞宅乡新光村
浙江省衢州市柯城区沟溪乡余东村
浙江省嘉兴市平湖市曹桥街道马厩村
浙江省金华市婺城区安地镇喻斯村

安徽省铜陵市义安区东联乡合兴村
安徽省六安市金寨县吴家店镇古堂村
安徽省黄山市休宁县汪村镇田里村
安徽省安庆市岳西县菖蒲镇水畈村
安徽省宣城市宁国市港口镇山门村
安徽省安庆市宜秀区五横乡杨亭村
安徽省芜湖市三山区峨桥镇响水涧村
安徽省滁州市天长市汊涧镇长山村
安徽省淮北市烈山区烈山镇榴园村
安徽省合肥市庐江县汤池镇果树村
安徽省宿州市灵璧县大庙乡马庄村
安徽省池州市青阳县朱备镇将军村
安徽省马鞍山市当涂县大青山李白文化旅游区桃花村
安徽省淮南市凤台县丁集镇前元村
安徽省黄山市休宁县板桥乡徐源村
安徽省池州市青阳县陵阳镇杨梅村
福建省龙岩市永定县下洋镇初溪村
福建省龙岩市上杭县古田镇吴地村
福建省漳州市南靖县书洋镇塔下村
福建省漳州市南靖县梅林镇坎下村
福建省龙岩市长汀县童坊镇彭坊村
福建省泉州市德化县国宝乡佛岭村
福建省龙岩市连城县宣和乡培田村
福建省宁德市古田县泮洋乡凤竹村
福建省宁德市周宁县礼门乡陈峭村
福建省宁德市柘荣县黄柏乡上黄柏村
福建省宁德市古田县大甲镇林峰村
福建省龙岩市新罗区小池镇培斜村
福建省莆田市仙游县龙华镇金溪村
福建省泉州市晋江市深沪镇运伙村
福建省漳州市漳浦县佛昙镇轩内村
福建省泉州市德化县盖德镇有济村
福建省泉州市安溪县城厢镇经兜村
福建省三明市泰宁县上青乡崇际村

福建省三明市清流县赖坊镇南山村
江西省抚州市金溪县双塘镇竹桥村
江西省景德镇市浮梁县蛟潭镇礼芳村
江西省鹰潭市贵溪市樟坪畲族乡樟坪畲族村
江西省九江市武宁县罗坪镇长水村
江西省宜春市奉新县仰山乡西源村
江西省新余市分宜县分宜镇芦塘村
江西省赣州市石城县琴江镇大畲村
江西省赣州市全南县龙源坝镇雅溪村
江西省鹰潭市贵溪市罗河镇陈家村
江西省鹰潭市龙虎山风景名胜区鱼塘村
江西省景德镇市浮梁县勒功乡沧溪村
江西省九江市彭泽县马当镇船形村
江西省抚州市金溪县秀谷镇徐坊村
江西省南昌市安义县石鼻镇罗田村
江西省南昌市进贤县下埠镇赤路岗村
江西省景德镇市昌江区鲇鱼山镇新柳村
山东省济南市章丘区文祖街道三德范村
山东省枣庄市山亭区北庄镇洪门村
山东省泰安市肥城市潮泉镇柳沟村
山东省青岛市黄岛区海青镇后河东村
山东省淄博市淄川区双杨镇藏梓村
山东省滨州市邹平县韩店镇西王村
山东省潍坊市临朐县九山镇牛寨村
山东省威海市环翠区张村镇王家疃村
山东省日照市五莲县叩官镇小榆林村
山东省菏泽市东明县武胜桥镇玉皇新村
山东省菏泽市成武县开发区刘庄村
山东省聊城市冠县北馆陶镇魏庄村
山东省临沂市沂水县院东头镇四门洞村
山东省东营市垦利区黄河口镇万尔村
山东省莱芜市雪野旅游区大王庄镇竹园子村
山东省济宁市汶上县军屯乡马山村
山东省济宁市兖州区新驿镇何村

山东省临沂市费县大田庄乡周家庄村

河南省南阳市西峡县太平镇东坪村

河南省信阳市光山县静居寺名胜管理区胡楼村

河南省信阳市平桥区明港镇新集村

河南省信阳市光山县晏河乡帅洼村

河南省焦作市孟州市西虢镇莫沟村

河南省信阳市光山县槐店乡晏岗村

河南省南阳市淅川县丹阳镇丹阳村

河南省南阳市桐柏县月河镇徐寨村

河南省汝州市骑岭乡安庄村

河南省郑州市登封市徐庄镇刘沟村

河南省许昌市禹州市磨街乡大涧村

河南省洛阳市孟津县会盟镇李庄村

河南省济源市大峪镇东沟村

河南省许昌市禹州市磨街乡孙庄村

河南省新乡市辉县市孟庄镇段屯村

河南省商丘市夏邑县太平镇龙河湾新村

河南省南阳市桐柏县淮源镇陈庄村

湖北省鄂州市梁子湖区涂家垴镇万秀村

湖北省襄阳市谷城县五山镇堰河村

湖北省黄石市大冶市灵乡镇坳头村

湖北省宜昌市长阳县龙舟坪镇郑家榜村

湖北省黄冈市浠水县兰溪镇袁垅村

湖北省黄冈市蕲春县刘河镇汤冲村

湖北省随州市随县长岗镇黄木淌村

湖北省武汉市江夏区五里界街童周岭村

湖北省十堰市郧阳区安阳镇安阳山村

湖北省咸宁市通山县九宫山中港村

湖北省宜昌市兴山县昭君镇陈家湾村

湖北省天门市岳口镇健康村

湖北省咸宁市通山县洪港镇西坑村

湖北省孝感市大悟县四姑镇北山村

湖北省神农架林区新华镇石屋头村

湖北省荆州市洪湖市螺山镇中原村

湖北省恩施州鹤峰县太平镇龙潭村
湖北省宜昌市当阳市玉阳办事处三里港村
湖北省潜江市王场镇王场村
湖南省郴州市苏仙区塘溪乡和平村
湖南省长沙市宁乡县金洲镇关山村
湖南省邵阳市邵东县堡面前乡大羊村
湖南省长沙市长沙县果园镇浔龙河村
湖南省怀化市靖州县寨牙乡岩脚村
湖南省郴州市北湖区保和乡小埠村
湖南省怀化市溆浦县北斗溪乡坪溪村
湖南省张家界市永定区王家坪镇马头溪村
湖南省常德市津市金鱼岭街道大关山村
湖南省怀化市靖州县三锹乡地笋村
湖南省怀化市洪江区桂花园乡茅头园村
湖南省湘西土家族苗族自治州凤凰县山江镇老家寨村
湖南省株洲市攸县网岭镇罗家坪村
湖南省湘潭市湘乡市壶天镇壶天村
湖南省岳阳市汨罗市黄柏镇神鼎山村
湖南省娄底市新化县天门乡土坪村
湖南省湘潭市湘潭县乌石镇乌石村
广东省梅州市梅县区南口镇侨乡村
广东省广州市南沙区东涌镇大稳村
广东省佛山市顺德区杏坛镇逢简村
广东省清远市英德市九龙镇活石水村
广东省广州市从化区吕田镇莲麻村
广东省广州市增城区增江街道大埔围村
广东省河源市连平县忠信镇司前村
广东省云浮市罗定市船步镇船北村
广东省汕头市潮南区陇田镇东华村
广东省珠海市金湾区红旗镇三板村
广东省佛山市禅城区南庄镇紫南村
广西壮族自治区桂林市龙胜各族自治县乐江乡宝赠村
广西壮族自治区贺州市富川瑶族自治县柳家乡下湾村
广西壮族自治区桂林市荔浦县修仁镇柘村

广西壮族自治区贵港市港南区湛江镇平江村
广西壮族自治区贺州市八步区贺街镇西南村新兴寨
广西壮族自治区河池市宜州区刘三姐镇小龙村
广西壮族自治区河池都安瑶族自治县地苏镇大定村
广西壮族自治区贺州市钟山县燕塘镇玉坡村
海南省琼海市嘉积镇北仍村
海南省琼海市博鳌镇朝烈村
海南省陵水县本号镇大里地区小妹村 、什坡村
海南省文昌市东路镇葫芦村
海南省琼海市塔洋镇鱼良村
海南省乐东县佛罗镇丹村
海南省澄迈县福山镇敦茶村
海南省文昌市潭牛镇天赐村
海南省澄迈县金江镇大美村
海南省琼中县湾岭镇鸭坡村
重庆市酉阳土家族苗族自治县酉水河镇河湾村
重庆市梁平县合兴镇龙滩村
重庆市大足区棠香街道和平村
重庆市潼南区太安镇罐坝村
重庆市九龙坡区金凤镇海兰村
重庆市南岸区南山街道双龙村
重庆市永川区南大街街道黄瓜山村
重庆市南川区大观镇中江村
重庆市开州区满月乡马营村
重庆市綦江区永城镇中华村
重庆市沙坪坝区中梁镇龙泉村
重庆市万州区太安镇凤凰村
重庆市铜梁区南城街道黄门村
重庆市忠县新立镇桂花村
重庆市巫溪县凤凰镇木龙村
重庆市武隆县羊角镇永隆村
重庆市彭水苗族土家族自治县润溪乡樱桃村
重庆市黔江区濯水镇三门村
重庆市县酉阳土家族苗族自治县苍岭镇大河口村

重庆市奉节县兴隆镇六垭村
四川省成都市新都区新繁镇高院村
四川省泸州市古蔺县太平镇平丰村
四川省绵阳市游仙区白蝉镇王家寨子村
四川省达州市万源市白沙镇青龙嘴村
四川省广安市武胜县白坪镇高洞村
四川省南充市西充县莲池镇观音堂村
四川省成都市新津县永商镇烽火村
四川省绵阳市游仙区街子镇岳家村
四川省成都市新津县兴义镇张河村
四川省达州市开江县普安镇宝塔坝村
四川省眉山市洪雅县瓦屋山镇复兴村
四川省德阳市旌阳区东湖乡镇高槐村
四川省资阳市雁江区保和镇晏家坝村
四川省德阳市罗江县白马关镇凤雏村
四川省泸州市龙马潭区双加镇大冲头村
四川省绵阳市游仙区新桥镇玉泉村
四川省眉山市东坡区三苏乡望苏村
四川省宜宾市宜宾县高场镇大明村
四川省成都市新津县安西镇月花村
四川省泸州市泸县玉蟾街道龙华村
贵州省遵义市湄潭县兴隆镇龙凤村
贵州省贵阳市花溪区青岩镇龙井村
贵州省黔南布依族苗族自治州贵定县盘江镇音寨村
贵州省遵义市湄潭县鱼泉街道办事处新石村
贵州省黔东南苗族侗族自治州三穗县台烈镇颇洞村
贵州省毕节市黔西县林泉镇海子村
贵州省黔西南布依族苗族自治州贞丰县者相镇纳孔村
贵州省黔西南布依族苗族自治州兴义市万峰林街道办事处下纳灰村
贵州省黔西南布依族苗族自治州安龙县钱相街道办事处打凼村
贵州省贵阳市开阳县南江布依族苗族乡龙广村
贵州省铜仁市江口县太平镇云舍村
贵州省六盘水市水城县玉舍镇海坪村
贵州省黔南布依族苗族自治州平塘县平舟镇京舟村

贵州省遵义市仁怀市坛厂街道办事处枇杷村
贵州省黔南布依族苗族自治州福泉县金山街道办事处双谷村
贵州省毕节地区织金县三甲街道办事处龙潭村
贵州省六盘水市六枝特区岩脚镇太和村
贵州省六盘水市盘县乌蒙镇坡上村
云南省大理白族自治州大理市喜洲镇桃源村
云南省红河哈尼族彝族自治州弥勒市西三镇可邑村
云南省保山市腾冲市固东镇江东社区银杏村
云南省红河哈尼族彝族自治州蒙自市新安所镇新安所村
云南省西双版纳傣族自治州景洪市景讷乡曼老老寨
云南省普洱市江城哈尼族彝族自治县整董镇整董村
云南省红河哈尼族彝族自治州石屏县哨冲镇慕善村
云南省曲靖市沾益区花山镇遵花铺社区喜厦村
云南省昆明市晋宁县六街镇大营村
云南省大理白族自治州洱源县右所镇团结村
云南省楚雄彝族自治州武定县狮山镇狮山村
云南省曲靖市马龙县马鸣乡咨卡村
云南省玉溪市通海县里山乡平坝村
云南省普洱市宁洱哈尼族彝族自治县同心镇那柯里村
云南省玉溪市澄江县路居镇明星村
云南省德宏傣族景颇族自治州陇川县勐约乡温泉村
云南省楚雄彝族自治州武定县插甸镇插甸村
陕西省西安市蓝田县曳湖镇簸箕掌村
陕西省西安市户县草堂镇李家岩村
陕西省商洛市丹凤县棣花镇万湾村
陕西省咸阳市礼泉县西张堡镇白村
陕西省商洛市山阳县法官镇法官庙村
陕西省延安市洛川县旧县镇洛阳村
陕西省延安市宝塔区南泥湾镇桃宝峪村
陕西省咸阳市礼泉县烟霞镇官厅村
陕西省渭南市韩城市西庄镇郭庄村
陕西省榆林市榆阳区古塔镇赵家峁村
陕西省铜川市耀州区石柱镇马咀村
陕西省宝鸡市扶风县法门镇美阳村

陕西省榆林市绥德县张家砭镇郝家桥村
陕西省榆林市神木县神木镇四卜树村
陕西省咸阳市西咸新区泾阳新城茯茶镇双赵村
甘肃省兰州市西固区河口镇河口村
甘肃省陇南市康县长坝镇花桥村
甘肃省张掖市甘州区碱滩镇古城村
甘肃省天水市麦积区新阳镇胡家大庄村
甘肃省金昌市永昌县河西堡镇西庄子村
甘肃省兰州市榆中县定远镇猪咀岭村
甘肃省兰州市榆中县连搭镇麻家寺村
青海省海北藏族自治州门源回族自治县珠固乡东旭村
青海省黄南藏族自治州同仁县扎毛乡立仓村
青海省玉树藏族自治州称多县拉布乡拉司通村
宁夏回族自治区银川市贺兰县常信乡谭渠村
宁夏回族自治区中卫市沙坡头区迎水桥镇沙坡头村
宁夏回族自治区中卫市中宁县余丁乡金沙村
宁夏回族自治区银川市灵武市临河镇二道沟村
宁夏回族自治区固原市西吉县吉强镇龙王坝村
宁夏回族自治区中卫市中宁县余丁乡黄羊村
宁夏回族自治区银川市贺兰县立岗镇永兴村
宁夏回族自治区石嘴山市平罗县陶乐镇庙庙湖村
宁夏回族自治区银川市灵武市白土岗乡火城子村
新疆维吾尔自治区克拉玛依市乌尔禾区乌尔禾镇查干草村
新疆维吾尔自治区克拉玛依市克拉玛依区小拐镇小拐村
新疆维吾尔自治区博尔塔拉蒙古自治州博乐市贝林哈日莫墩乡决肯村
新疆维吾尔自治区阿克苏地区阿克苏市拜什吐格曼乡尤喀克兰干村
新疆维吾尔自治区昌吉回族自治州木垒县西吉尔镇水磨沟村
新疆维吾尔自治区阿勒泰地区布尔津县窝依莫克乡也拉曼村
新疆维吾尔自治区吐鲁番市托克逊县夏乡南湖村
新疆维吾尔自治区昌吉回族自治州奇台县半截沟镇腰站子村
新疆维吾尔自治区博尔塔拉蒙古自治州精河县茫丁乡北地村
新疆生产建设兵团第一师十三团红桥中心连队居住区
新疆生产建设兵团第十师一八一团克木齐中心连队居住区
新疆生产建设兵团第二师二十七团六连居住区

新疆生产建设兵团第一师五团三连居住区
新疆生产建设兵团第四师七十一团七连居住区
新疆生产建设兵团第四师六十八团二连居住区
新疆生产建设兵团第七师一三七团阿吾斯奇牧场中心连队居住区

住房城乡建设部
关于公布第三批美丽宜居小镇、美丽宜居村庄示范名单的通知

建村〔2016〕13号

各省、自治区住房城乡建设厅，直辖市建委，北京市农委，新疆生产建设兵团建设局：

根据《住房城乡建设部关于2015年美丽宜居小镇、美丽宜居村庄示范工作的通知》（建村〔2015〕76号），在各地自愿申报、省级住房城乡建设部门（农委）择优推荐的基础上，经组织专家审查，确定江苏省苏州市吴江区震泽镇等42个镇为美丽宜居小镇示范，贵州省安顺市西秀区旧州镇浪塘村等79个村为美丽宜居村庄示范，现予以公布。

我部将编制美丽宜居小镇、美丽宜居村庄示范案例集，并通过互联网等形式予以宣传展示。各地要认真做好示范经验的总结，大力开展宣传和推广工作，引导美丽宜居小镇、美丽宜居村庄建设工作。

附件：第三批美丽宜居小镇、美丽宜居村庄示范名单

中华人民共和国住房和城乡建设部

2016年1月12日

附件　第三批美丽宜居小镇、美丽宜居村庄示范名单

美丽宜居小镇示范（42个）

北京市延庆区千家店镇
天津市蓟县穿芳峪镇
内蒙古自治区阿拉善盟阿拉善右旗巴丹吉林镇
辽宁省盘锦市大洼县赵圈河镇

吉林省通化市辉南县金川镇

黑龙江省牡丹江市东宁县道河镇

上海市奉贤区庄行镇

上海市浦东新区唐镇

江苏省苏州市吴江区震泽镇

江苏省盐城市东台市安丰镇

江苏省淮安市洪泽县老子山镇

浙江省嘉兴市桐乡市乌镇

浙江省湖州市德清县莫干山镇

浙江省衢州市江山市廿八都镇

安徽省宣城市泾县桃花潭镇

安徽省黄山市歙县深渡镇

安徽省池州市石台县七都镇

福建省泉州市永春县岵山镇

江西省宜春市袁州区温汤镇

江西省宜春市高安市华林山镇

山东省威海市乳山市海阳所镇

山东省青岛市胶州市李哥庄镇

河南省南阳市方城县拐河镇

湖北省黄冈市罗田县九资河镇

湖北省随州市随县长岗镇

湖南省郴州市资兴市黄草镇

湖南省衡阳市珠晖区茶山坳镇

湖南省长沙市望城区乔口镇

广东省广州市增城区派潭镇

广西壮族自治区崇左市大新县硕龙镇

广西壮族自治区桂林市龙胜各族自治县龙脊镇

海南省琼海市万泉镇

重庆市涪陵区武陵山乡

四川省绵阳市三台县芦溪镇

四川省广元市朝天区羊木镇

贵州省安顺市西秀区旧州镇

云南省保山市隆阳区潞江镇

陕西省汉中市洋县华阳镇

陕西省汉中市镇巴县杨家河镇
陕西省延安市宝塔区枣园镇
青海省海南藏族自治州贵德县河阴镇
新疆维吾尔自治区伊犁哈萨克自治州伊宁市巴彦岱镇

美丽宜居村庄示范（79个）

北京市门头沟区妙峰山镇炭厂村
北京市顺义区龙湾屯镇柳庄户村
天津市蓟县下营镇郭家沟村
天津市宁河县岳龙镇小闫村
天津市宝坻区八门城镇欢喜庄村
天津市蓟县穿芳峪镇小穿芳峪村
天津市宝坻区八门城镇东走线窝村
天津市宝坻区黄庄镇小辛码头村
河北省唐山市迁安市大五里乡山叶口村
河北省石家庄市栾城区柳林屯乡柳林屯村
山西省晋城市高平市石末乡侯庄村
内蒙古自治区通辽市科尔沁左翼中旗花吐古拉镇浩日彦艾勒嘎查
辽宁省朝阳市建平县万寿街道小平房村
辽宁省本溪市桓仁满族自治县雅河乡湾湾川村
辽宁省鞍山市立山区大孤山镇上石桥村
吉林省白城市镇赉县坦途镇特力村
黑龙江省牡丹江市宁安市渤海镇梁家村
黑龙江省绥化市安达市青肯泡乡农义村
上海市青浦区朱家角镇张马村
江苏省南京市江宁区江宁街道牌坊村
江苏省苏州市常熟市虞山镇梦兰村
江苏省无锡市宜兴市湖㳇镇张阳村
江苏省常州市溧阳市溧城镇八字桥村
江苏省镇江市丹阳市开发区建山村
浙江省杭州市余杭区径山镇径山村
浙江省湖州市安吉县昌硕街道双一村
浙江省湖州市南浔区和孚镇荻港村
浙江省绍兴市新昌县镜岭镇外婆坑村

浙江省杭州市桐庐县分水镇新龙村
浙江省衢州市江山市大陈乡大陈村
安徽省铜陵市铜陵县胥坝乡群心村
安徽省芜湖市繁昌县孙村镇中分村
安徽省芜湖市芜湖县陶辛镇后沙村
福建省泉州市永春县岵山镇茂霞村
福建省宁德市福安市溪潭镇廉村
福建省宁德市蕉城区霍童镇邑坂村
福建省三明市永安市曹远镇霞鹤村
江西省新余市渝水区良山镇下保村
江西省吉安市青原区富田镇匡家村
江西省抚州市黎川县华山场洲湖村
江西省南昌市南昌县三江镇三江前后万村
山东省济南市历城区西营镇藕池村
河南省开封市金明区水稻乡孙庄村
湖北省黄石市大冶市金湖街道办事处上冯村
湖北省随州市广水市武胜关镇桃源村
湖北省宜昌市远安县嫘祖镇金桥村
湖北省孝感市汉川市马鞍乡黄龙村
湖南省湘西土家族苗族自治州花垣县排碧乡十八洞村
湖南省长沙市望城区白箬铺镇光明村
湖南省怀化市芷江侗族自治县水宽乡拾担村
湖南省怀化市会同县高椅乡高椅村
湖南省娄底市新化县水车镇正龙村
广东省清远市佛冈县龙山镇上岳村
广东省惠州市惠城区三栋镇鹿颈村
广西壮族自治区桂林市恭城瑶族自治县莲花镇竹山村
广西壮族自治区桂林市平乐县沙子镇渡河村
广西壮族自治区贺州市富川瑶族自治县福利镇茅厂屋村
广西壮族自治区南宁市西乡塘区石埠街道忠良村
广西壮族自治区桂林市龙胜各族自治县泗水乡周家村
重庆市城口县东安镇兴田村
重庆市永川区何埂镇丰乐村
四川省甘孜藏族自治州丹巴县聂呷乡甲居一村

四川省阿坝藏族羌族自治州理县桃坪乡桃坪村
四川省凉山彝族自治州冕宁县复兴镇建设村
贵州省安顺市西秀区旧州镇浪塘村
贵州省黔南布依族苗族自治州三都水族自治县都江镇怎雷村
贵州省黔东南苗族侗族自治州黎平县茅贡乡地扪村
贵州省安顺市西秀区七眼桥镇云山屯村
云南省大理白族自治州漾濞县苍山西镇光明村
云南省丽江市永胜县期纳镇清水村
陕西省商洛市柞水县营盘镇朱家湾村
陕西省榆林市佳县坑镇赤牛坬村
陕西省安康市平利县城关镇龙头村
陕西省汉中市西乡县沙河镇枣园村
青海省海南藏族自治州贵德县河阴镇杏花村
青海省黄南藏族自治州同仁县扎毛乡扎毛村
新疆维吾尔自治区吐鲁番市高昌区亚尔镇亚尔村
新疆维吾尔自治区伊犁哈萨克自治州尼勒克县乌拉斯台乡乌拉斯台村
新疆维吾尔自治区巴音郭楞蒙古自治州焉耆县七个星镇霍拉山村

住房城乡建设部　国家旅游局
关于公布第三批全国特色景观旅游名镇名村
示范名单的通知

建村〔2015〕106号

各省、自治区、直辖市住房城乡建设厅（建委），旅游委（局），北京、天津市农委：

按照《住房城乡建设部办公厅关于做好2013年全国特色景观旅游名镇名村示范工作的通知》（建办村函〔2013〕313号）要求，在各地推荐的基础上，经组织专家评审，住房城乡建设部、国家旅游局决定将北京市门头沟区潭柘寺镇、天津市西青区辛口镇水高庄村等337个镇、村（名单见附件）列为第三批全国特色景观旅游名镇名村示范，并予以公布。

请各地加强对全国特色景观旅游名镇名村示范核心景观资源保护工作，进一步推动示范镇、村乡村人居环境改善和旅游业发展，提升其综合服务能力。

附件：第三批全国特色景观旅游名镇名村示范名单

中华人民共和国住房和城乡建设部

中华人民共和国国家旅游局

2015 年 7 月 13 日

附件　第三批全国特色景观旅游名镇名村示范名单

（共 337 个）

一、北京市（6 个）

门头沟区潭柘寺镇
房山区韩村河镇
昌平区南口镇
怀柔区九渡河镇
密云县古北口镇
延庆县千家店镇

二、天津市（11 个）

津南区小站镇
宁河县七里海镇
蓟县官庄镇
蓟县下营镇
西青区辛口镇水高庄村
西青区精武镇小南河村
北辰区双街镇沙庄村
静海县双塘镇西双塘村
蓟县下营镇常州村
蓟县下营镇郭家沟村
蓟县穿芳峪镇毛家峪村

三、河北省（11 个）

唐山市滦县滦州镇
唐山市滦县响嘡镇
唐山市滦县王店子镇
张家口市张北县张北镇

廊坊市霸州市胜芳镇
衡水市武强县周窝镇
唐山市滦县滦州镇滦州古城
秦皇岛市昌黎县十里铺乡西山场村
邢台市邢台县路罗镇英谈村
邢台市内丘县南寨乡神头村
保定市易县西陵镇凤凰台村

四、山西省（1个）

忻州市原平市崞阳镇

五、内蒙古自治区（32个）

呼和浩特市清水河县城关镇
赤峰市喀喇沁旗美林镇
赤峰市喀喇沁旗王爷府镇
赤峰市宁城县黑里河镇
通辽市科尔沁左翼中旗花吐古拉镇
通辽市科尔沁左翼后旗阿古拉镇
通辽市库伦旗库伦镇
鄂尔多斯市准格尔旗龙口镇
鄂尔多斯市准格尔旗布尔陶亥苏木
鄂尔多斯市鄂托克前旗上海庙镇
鄂尔多斯市鄂托克前旗城川镇
鄂尔多斯市鄂托克旗乌兰镇
鄂尔多斯市乌审旗无定河镇
呼伦贝尔市阿荣旗那吉镇
呼伦贝尔市陈巴尔虎旗巴彦库仁镇
呼伦贝尔市扎兰屯市成吉思汗镇
呼伦贝尔市扎兰屯市柴河镇
呼伦贝尔市额尔古纳市莫尔道嘎镇
呼伦贝尔市额尔古纳市黑山头镇
呼伦贝尔市额尔古纳市蒙兀室韦苏木
呼伦贝尔市额尔古纳市恩和俄罗斯族民族乡
呼伦贝尔市额尔古纳市奇乾乡

呼伦贝尔市根河市敖鲁古雅鄂温克族乡
乌兰察布市察哈尔右翼中旗科布尔镇
乌兰察布市四子王旗乌兰花镇
阿拉善盟阿拉善右旗巴丹吉林镇
阿拉善盟额济纳旗达来呼布镇
赤峰市松山区城子乡瓦房村
赤峰市敖汉旗四道湾子镇白斯朗营子村
鄂尔多斯市准格尔旗纳日松镇松树墕村
鄂尔多斯市准格尔旗十二连城乡兴胜店村
呼伦贝尔市阿荣旗新发朝鲜民族乡东光村

六、辽宁省（10个）

大连市长海县广鹿乡
大连市普兰店市安波镇
鞍山市海城市牛庄镇
丹东市宽甸满族自治县青山沟镇
丹东市东港市孤山镇
盘锦市大洼县赵圈河镇
本溪市本溪满族自治县东营坊乡东营坊村
丹东市凤城市凤山街道大梨树村
盘锦市大洼县西安镇上口子村
葫芦岛市建昌县石佛乡灰窖子村

七、吉林省（11个）

长春市南关区玉潭镇
长春市双阳区山河镇
长春市九台市土们岭镇
吉林市龙潭区乌拉街满族镇
四平市伊通满族自治县伊通镇
通化市辉南县庆阳镇
白山市浑江区三道沟镇
延边朝鲜族自治州图们市月晴镇
白山市长白朝鲜族自治县十四道沟镇望天鹅新村
白山市长白朝鲜族自治县马鹿沟镇果园村

延边朝鲜族自治州安图县万宝镇红旗村

八、黑龙江省（7个）

哈尔滨市尚志市帽儿山镇
鹤岗市萝北县名山镇
牡丹江市东宁县三岔口镇
牡丹江市东宁县道河镇
绥化市绥棱县四海店镇
齐齐哈尔市梅里斯达斡尔族区雅尔塞镇哈拉新村
齐齐哈尔市甘南县兴十四镇兴十四村

九、上海市（4个）

嘉定区南翔镇
金山区廊下镇中华村
金山区山阳镇金山嘴渔村
崇明县陈家镇瀛东村

十、江苏省（10个）

南京市六合区竹镇镇
无锡市惠山区阳山镇
苏州市吴江区震泽镇
苏州市常熟市梅李镇
苏州市太仓市沙溪镇
淮安市淮阴区码头镇
南京市高淳区桠溪镇蓝溪村
苏州市常熟市碧溪街道李袁村
南通市通州区五接镇开沙村
镇江市句容市天王镇戴庄村

十一、浙江省（18个）

宁波市鄞州区龙观乡
宁波市象山县石浦镇
嘉兴市嘉善县西塘镇
湖州市德清县新市镇

绍兴市新昌县镜岭镇
绍兴市诸暨市山下湖镇
衢州市江山市廿八都镇
台州市仙居县白塔镇
宁波市镇海区澥浦镇十七房村
宁波市余姚市大岚镇柿林村
温州市永嘉县岩头镇苍坡村
温州市永嘉县岩坦镇屿北村
嘉兴市秀洲区王店镇建林村
湖州市南浔区和孚镇荻港村
绍兴市诸暨市东白湖镇斯宅村
金华市磐安县盘峰乡榉溪村
衢州市柯城区七里乡大头村
台州市天台县街头镇后岸村

十二、安徽省（18个）

马鞍山市当涂县太白镇
安庆市枞阳县浮山镇
安庆市潜山县天柱山镇
安庆市宿松县趾凤乡
黄山市歙县雄村乡
阜阳市颍上县八里河镇
六安市金寨县天堂寨镇
宣城市泾县桃花潭镇
合肥市巢湖市黄麓镇洪疃村
淮北市烈山区烈山镇榴园村
安庆市潜山县官庄镇官庄村
黄山市黄山区甘棠镇庄里村
黄山市黟县宏村镇卢村
滁州市凤阳县小溪河镇小岗村
宿州市萧县白土镇费村
池州市贵池区梅村镇霄坑村
宣城市绩溪县上庄镇上庄村
宣城市宁国市云梯畲族乡千秋畲族村

十三、福建省（9 个）

福州市永泰县嵩口镇
泉州市惠安县崇武镇
龙岩市上杭县才溪镇
宁德市福安市晓阳镇
宁德市福鼎市嵛山镇
福州市长乐市航城街道琴江村
三明市尤溪县洋中镇桂峰村
泉州市晋江市金井镇围头村
龙岩市武平县城厢镇云礤村

十四、江西省（8 个）

南昌市湾里区太平镇
宜春市靖安县宝峰镇
赣州市南康区坪市乡谭邦村
赣州市赣县湖江镇夏浒村
赣州市赣县白鹭乡白鹭村
赣州市宁都县田埠乡东龙村
赣州市石城县琴江镇大畲村
上饶市婺源县江湾镇篁岭村

十五、山东省（14 个）

济南市历城区柳埠镇
枣庄市山亭区店子镇
枣庄市山亭区北庄镇
潍坊市青州市庙子镇
潍坊市安丘市辉渠镇
济宁市微山县南阳镇
济宁市邹城市峄山镇
泰安市岱岳区满庄镇
泰安市东平县银山镇
威海市乳山市海阳所镇
日照市五莲县松柏镇

临沂市沂水县院东头镇
菏泽市单县浮岗镇
烟台市栖霞市桃村镇国路夼村

十六、河南省（16个）

郑州市登封县告成镇
洛阳市栾川县石庙镇
洛阳市汝阳县付店镇
平顶山市郏县姚庄回族乡
平顶山市舞钢市尹集镇
安阳市林州市石板岩乡
焦作市修武县岸上乡
南阳市南召县乔瑞镇
南阳市方城县二郎庙乡
信阳市新县田铺乡
济源市五龙口镇
驻马店市驿城区蚁蜂镇
洛阳市栾川县石庙镇杨树坪村
洛阳市栾川县栾川乡养子沟村
信阳市平桥区五里店街道郝堂村
信阳市罗山县涩港镇灵山村

十七、湖北省（14个）

宜昌市五峰土家族自治县长乐坪镇
鄂州市梁子湖区梁子镇
荆门市钟祥市客店镇
孝感市大悟县宣化店镇
黄冈市罗田区九资河镇
咸宁市赤壁市赤壁镇
随州市随县长岗镇
神农架林区大九湖镇
宜昌市兴山县水月寺镇高岚村
孝感市安陆市王义贞镇钱冲村
荆州市荆州区川店镇张新场村

咸宁市嘉鱼县官桥镇官桥村
随州市曾都区三里岗镇吉祥寺村
恩施土家族苗族自治州建始县花坪镇小西湖村

十八、湖南省（13个）

长沙市望城区铜官镇
长沙市宁乡县花明楼镇
长沙市浏阳市大围山镇
湘潭市湘乡市壶天镇
邵阳市城步苗族自治县南山镇
郴州市汝城县热水镇
郴州市资兴市黄草镇
长沙市望城区白箬铺镇光明村
长沙市长沙县白沙镇双冲村
邵阳市邵东县堡面前乡大羊村
岳阳市岳阳县张谷英镇张谷英村
常德市石门县罗坪乡长梯隘村
益阳市安化县江南镇高城村

十九、广东省（15个）

广州市增城区派潭镇
汕头市潮阳区海门镇
佛山市南海区西樵镇
梅州市大埔县百侯镇
梅州市丰顺县八乡山镇
东莞市清溪镇
广州市番禺区石楼镇大岭村
珠海市香洲区万山镇万山村
佛山市南海区西樵镇上金瓯松塘村
江门市新会区会城镇新会陈皮村（茶坑村）
江门市开平市塘口镇自力村
惠州市博罗县龙华镇旭日村
河源市和平县林寨镇林寨古村（兴井村）
清远市连南瑶族自治县三排镇南岗古排

云浮市郁南县连滩镇兰寨村

二十、广西壮族自治区（11 个）

河池市宜州市刘三姐乡
崇左市大新县硕龙镇
柳州市融水苗族自治县香粉乡雨卜村
桂林市兴安县华江瑶族乡高寨村
桂林市灌阳县新圩乡小龙村
桂林市恭城瑶族自治县平安乡社山村
梧州市岑溪市南渡镇吉太社区三江口自然村
防城港市港口区企沙镇簕山村
百色市乐业县同乐镇火卖村
来宾市武宣县东乡镇下莲塘村
来宾市金秀瑶族自治县长垌乡古占民俗旅游村

二十一、海南省（5 个）

琼海市中原镇
琼海市博鳌镇
琼海市潭门镇
保亭黎族苗族自治县三道镇什进村
琼中黎族苗族自治县红毛镇什寒村

二十二、重庆市（12 个）

万州区甘宁镇
涪陵区武陵山乡
九龙坡区白市驿镇
綦江区黑山镇
巴南区东温泉镇
长寿区长寿湖镇
武隆县仙女山镇
万州区太安镇凤凰村
綦江区永新镇石坪村
渝北区统景镇印盒村
巫溪县文峰镇红池村

彭水苗族土家族自治县绍庆街道阿依河村

二十三、四川省（9个）

泸州市纳溪区天仙镇
泸州市古蔺县太平镇
德阳市绵竹市九龙镇
广元市剑阁县剑门关镇
内江市隆昌县云顶镇
南充市西充县青龙乡
乐山市沐川县沐溪镇三溪村
眉山市丹棱县顺龙乡幸福村
阿坝藏族羌族自治州小金县沃日乡官寨村

二十四、贵州省（18个）

贵阳市花溪区青岩镇
六盘水市盘县城关镇
安顺市西秀区旧州镇
安顺市平坝县天龙镇
毕节市大方县普底彝族苗族白族乡
毕节市威宁彝族回族苗族自治县板底乡
黔西南布依族苗族自治州普安县龙吟镇
黔东南苗族侗族自治州黄平县旧州镇
六盘水市盘县石桥镇妥乐村
六盘水市盘县四格彝族乡坡上村
毕节市威宁彝族回族苗族自治县石门乡石门坎村
铜仁市碧江区漾头镇九龙村
铜仁市江口县太平镇云舍村
铜仁市松桃苗族自治县乌罗镇桃花源村
黔东南苗族侗族自治州从江县丙妹镇岜沙村
黔南布依族苗族自治州三都水族自治县三合镇姑鲁村
黔南布依族苗族自治州三都水族自治县都江镇怎雷村
黔南布依族苗族自治州三都水族自治县九阡镇水各村

二十五、云南省（9个）

丽江市玉龙纳西族自治县石鼓镇

普洱市镇沅彝族哈尼族拉祜族自治县九甲镇
楚雄彝族自治州大姚县石羊镇
红河哈尼族彝族自治州红河县迤萨镇
普洱市宁洱哈尼族彝族自治县同心镇那柯里村
临沧市沧源佤族自治县勐角傣族彝族拉祜族乡翁丁村
文山壮族苗族自治州广南县坝美镇者歪村委会坝美村小组
大理白族自治州宾川县平川镇朱苦拉村
大理白族自治州鹤庆县草海镇新华村

二十六、西藏自治区（1个）

拉萨市尼木县吞巴乡吞达村

二十七、陕西省（6个）

咸阳市永寿县永平镇
咸阳市彬县太峪镇
咸阳市武功县武功镇
榆林市绥德县名州镇
安康市岚皋县花里镇
安康市旬阳县蜀河镇

二十八、甘肃省（9个）

兰州市皋兰县什川镇
武威市天祝藏族自治县天堂镇
平凉市崆峒区崆峒镇
平凉市华亭县西华镇
平凉市庄浪县韩店镇
酒泉市肃州区果园乡
酒泉市瓜州县锁阳城镇
酒泉市敦煌市月牙泉镇
平凉市灵台县独店镇张鳌坡村

二十九、青海省（9个）

西宁市大通回族土族自治县桥头镇
海东市互助土族自治县加定镇

海北藏族自治州祁连县八宝镇
海南藏族自治州贵德县河阴镇
西宁市湟源县东峡乡下脖项村
海东市循化撒拉族自治县街子镇三兰巴海村
黄南藏族自治州尖扎县坎布拉镇直岗拉卡村
果洛藏族自治州班玛县灯塔乡班前村
玉树藏族自治州称多县拉布乡拉司通村

三十、宁夏回族自治区（11个）

银川市兴庆区掌政镇
银川市西夏区镇北堡镇
吴忠市青铜峡市青铜峡镇
吴忠市青铜峡市峡口镇
固原市泾源县泾河源镇
固原市泾源县六盘山镇
中卫市沙坡头区迎水桥镇
吴忠市利通区东塔寺乡穆民新村
固原市隆德县城关镇杨店村
中卫市沙坡头区迎水桥镇北长滩村
中卫市沙坡头区香山乡南长滩村

三十一、新疆维吾尔自治区（3个）

昌吉州木垒县西吉尔镇
阿勒泰地区布尔津县冲乎尔镇
阿勒泰地区布尔津县禾木哈纳斯蒙古民族乡禾木村

三十二、新疆生产建设兵团（6个）

第五师八十四团托里镇
第八师石河子市一百五十团西古城镇
第十师北屯市一百八十七团丰庆镇
第十二师西山农场烽火台小镇
第六师五家渠市一百〇三团蔡家湖镇
第十三师黄田农场庙尔沟镇

国家林业局办公室
关于开展森林特色小镇建设试点工作的通知

办场字〔2017〕110号

各省、自治区、直辖市林业厅（局），内蒙古、吉林、黑龙江、大兴安岭森工（林业）集团公司，新疆生产建设兵团林业局：

为贯彻落实中发〔2015〕6号文件精神，深入推进国有林场和国有林区改革及林业供给侧结构性改革，推动林业发展模式由利用森林获取经济利益为主向保护森林提供生态服务为主转变，提高森林观光游览、休闲度假、运动养生等生态产品供给能力和服务水平，不断满足人民群众日益迫切的生态福祉需求，大力提升林业在国民经济发展中的战略地位，我局决定在国有林场和国有林区开展森林特色小镇建设试点工作，为全面推进森林特色小镇建设探索路子、总结经验。现将有关事项通知如下：

一、建设目的

森林特色小镇是指在森林资源丰富、生态环境良好的国有林场和国有林区林业局的场部、局址、工区等适宜地点，重点利用老旧场址工区、场房民居，通过科学规划设计、合理布局，建设接待设施齐全、基础设施完备、服务功能完善，以提供森林观光游览、休闲度假、运动养生等生态产品与生态服务为主要特色的，融合产业、文化、旅游、社区功能的创新发展平台。

开展森林特色小镇建设，有利于提高国有林场和国有林区吸引和配置林业特色产业要素的能力，推动资源整合、产业融合，促进产业集聚、创新和转型升级；有利于深化国有林场和国有林区改革，助推林场林区转型发展，改善国有林场和国有林区生产生活条件、增加职工收入，增强发展后劲；有利于促进林业供给侧结构性改革，提高生态产品和服务供给能力和质量，不断满足广大人民群众日益增长的生态福祉需求；有利于保护生态和改善民生，促进国有林场和国有林区经济发展、林农增收，助推脱贫攻坚，着力践行习近平总书记提出的“绿水青山就是金山银山”等新发展理念。

二、试点原则

（一）坚持生态导向、保护优先。要以保护好当地森林资源、原生生态环境和原生生态景观为森林特色小镇建设的立足点和出发点，在确保森林资源总量增加、森林质量提高、生态功能增强的前提下，采用环境友好型、资源节约型等建设模式和方式，实现生态环境、生态文化、森林景观和服务设施有机融合，充分发挥森林生态多种功能，为社会提供更多的生态产品和更优良的生态服务。

（二）坚持科学规划、有序发展。要与国有林场和国有林区发展规划、森林经营方案相结合，坚持规划先行，科学设计，立足实际，深入挖掘特色，找准发展方向。要严格按照当地生态环境的承载量，科学规划，经过严格的科学评估论证，按照程序批准后严格执行。

（三）坚持试点先行、稳步推进。要优先选择发展基础好、政府支持力度大、建设积极性高的国有林场和国有林区林业局作为建设试点。在及时总结试点成功经验和模式的基础上，逐步示范推广、稳步推进。

（四）坚持政府引导、林场主导、多元化运作。各级林业主管部门要积极协调有关部门在基础设施建设、项目立项和资金投入、易地搬迁、土地使用审批以及投融资政策等方面予以倾斜，不断优化政策和投融资环境，大力支持小镇建设；国有林场和国有林区林业局是森林特色小镇建设的主体，要创造条件，推进小镇与企业、金融机构有效对接，促进场镇企融合发展、共同成长。

三、试点内容

（一）范围和规模。在全国国有林场和国有林区林业局范围内选择 30 个左右作为首批国家建设试点。

（二）建设方式。在稳定和充分保障国有林场和国有林区森林资源权益的基础上，可采取使用权与经营权分离的方式，放活经营权。可采取自建、合资合作和 PPP 合作建设等模式推进小镇建设，实现场镇企有效对接、互利共赢，融合发展。小镇建设要坚持改造利用、提档升级为主，原则上不搞新建，确需新建的要从严控制、严格把关。重点通过对国有林场和国有林区林业局的老旧场（局）址工区、场房住房等的改造，将其建设成地方特色鲜明，又与原生态景观风貌紧密融合的特色民居、森林小屋等接待设施。要注重与生态扶贫、林场棚户区改造、移民搬迁和场部搬迁重建，以及森林公园、湿地公园等工程项目建设相结合，相互促进，融合发展。

（三）建设条件

1. 具有一定规模。一般应选择在森林分布集中，森林覆盖率一般应在 60% 以上，森林景观优美、周边生态环境良好，具备较好文化底蕴、无重大污染源，规模较大的国有林场或国有林区林业局建设。

2. 建设积极性高。国有林场和国有林区林业局建设积极性较高，当地政府重视森林特色小镇建设工作，在小镇项目建设投入、招商引资、土地优惠以及基础设施建设等方面政策扶持力度大。

3. 主导产业定位准确。主要依托森林资源和生态优势，重点发展森林观光游览、休闲度假、运动养生，以及森林食品、森林药材等林产品培育、采集和初加工的绿色产业。

4. 基础设施较完备。国有林场和国有林区林业局水电路讯等基础设施较完善，建设地点原则上要选择在距机场或高铁站50~100公里范围内。

（四）建设主要内容

1. 改善接待条件。通过对国有林场和国有林区林业局老旧场（局）址工区、场房民居等的改造，建设成地方特色鲜明，又与小镇森林特色生态景观风貌紧密融合的特色民居、森林小屋等，努力提升食宿接待能力和服务水平。

2. 完善基础设施。建设水、电、路、讯、生态环境监测等基础设施和森林步道等相应的观光游览、休闲养生服务设施，为开展游憩、度假、疗养、保健、养老等休闲养生服务提供保障，不断提升小镇公共服务能力、水平和质量。

3. 培育产业新业态。充分发掘利用当地的自然景观、森林环境、休闲养生等资源，积极引入森林康养、休闲养生产业发展先进理念和模式，大力探索培育发展森林观光游览、休闲养生新业态，拓展国有林场和国有林区发展空间，促进生态经济对小镇经济的提质升级，提升小镇独特竞争力。

（五）工作程序

1. 摸清家底。各省（含自治区、直辖市、森工集团、新疆兵团，下同）要尽快组织力量对本省国有林场和国有林区森林特色小镇建设情况和潜力进行调查摸底，填写森林特色小镇资源情况调查统计表（见附件1）。

2. 推荐上报。各省组织国有林场和国有林区林业局开展森林特色小镇建设试点申报工作，根据当地实际情况，推荐2~3个国有林场或国有林区林业局作为国家建设试点，填写试点申报表（见附件2）。

3. 确定试点。我局将在各省推荐的基础上，统筹考虑区域布局、建设特点、发展特色等因素，确定全国森林特色小镇建设试点单位，并予以公布。

四、有关要求

各地要及时对森林特色小镇建设试点工作进行安排部署，做好摸底调查和试点申报工作。认真填写森林特色小镇资源情况调查统计表，确保各项信息的客观、真实、准确。推荐为试点单位的要提供3000字左右的文字材料和小镇概念性规划，有条件的可同时提供10~15分钟的视频材料。

文字材料应包括建设基本情况，建设目标、建设任务、建设方式、建设路径措施等主要内容；概念性规划应包括小镇区域产业规划、功能布局、配套设施建设、文化底蕴研究等。

请于2017年9月30日前将文字材料和电子版报送我局。

联系人：国家林业局场圃总站　张　静　刘　鹏

电话：010-84238813　84239854（传真）

邮箱：806@forestry.gov.cn

特此通知。

附件：1. 森林特色小镇资源情况调查统计表（略）

2. 森林特色小镇建设试点申报表（略）

国家林业局办公室

2017年7月4日

体育总局办公厅
关于推动运动休闲特色小镇建设工作的通知

体群字〔2017〕73号

各省、自治区、直辖市、新疆生产建设兵团体育局，体育总局各运动项目管理中心，中国足球协会：

运动休闲特色小镇是在全面建成小康社会进程中，助力新型城镇化和健康中国建设，促进脱贫攻坚工作，以运动休闲为主题打造的具有独特体育文化内涵、良好体育产业基础，运动休闲、文化、健康、旅游、养老、教育培训等多种功能于一体的空间区域、全民健身发展平台和体育产业基地。

为贯彻党中央和国务院关于推进特色小镇建设、加大脱贫攻坚工作力度的精神，充分发挥体育在脱贫攻坚工作中的潜在优势作用，更好地为基层经济社会事业、全民健身与健康事业、体育产业发展服务，引导推动运动休闲特色小镇实现可持续发展，体育总局决定组织开展运动休闲特色小镇建设、促进脱贫攻坚工作。现将有关事宜通知如下。

一、重要意义

建设运动休闲特色小镇，是满足群众日益高涨的运动休闲需求的重要举措，是推进体育供给侧结构性改革、加快贫困落后地区经济社会发展、落实新型城镇化战略的重要抓手，也是促进基层全民健身事业发展、推动全面小康和健康中国建设的重要探索。建设运动休闲特色小镇，能够搭建体育运动新平台、树立体育特色新品牌、引领运动休闲新风尚，增加适应群众需求的运动休闲产品和服务供给；有利于培育体育产业市场、吸引长效投资，促进镇域运动休闲、旅游、健康等现代服务业良性互动发展，推动产业集聚并形成辐射带动效应，为城镇经济社会发展增添新动能；能够有效促进以乡镇为重点的基本公共体育服务均等化，促进乡镇全民健身事业和健康事业实现深度融合与协调发展。

二、总体要求

（一）指导思想

认真贯彻落实习近平总书记系列重要讲话精神和治国理政新理念、新思想、新战略，落实总书记关于体育工作重要论述，落实党的十八大和十八届三中、四中、五中、六中全会精神，统筹推进“五位一体”总体布局，协调推进“四个全面”战略布局，牢固树立和践行新发展理念，加快推动体育领域供给侧结构性改革。将运动休闲特色小镇建设和脱贫攻坚任务紧密结合起来，多措并举、综合施策、循序渐进、以点带面，促进体育与健康、旅游、文化等产业实现融合协调发展，带动区域经济社会各项事业全面发展。

（二）基本原则

——因地制宜，突出特色。从各地实际出发，依托各地传统体育文化、运动休闲项目和体育赛事活动等特色资源，结合当地经济社会发展和基础设施条件，依据产业基础和发展潜力科学规划、量力而行、有序推进，形成体育产业创新平台。

——政府引导，市场主导。强化政府在政策引导、平台搭建、公共服务等方面的保障作用；充分发挥市场在资源配置中的决定性作用，鼓励、引导和支持企业、社会力量参与运动休闲特色小镇建设并发挥重要作用。

——改革创新，融合发展。鼓励各地创新发展理念、发展模式，大胆探索、先行先试。促进运动休闲产业与体育用品制造、体育场地设施建设等其他体育产业门类，旅游、健康、文化等其他相关产业互通互融和协调发展。

——以人为本，分类指导。以人民为中心，充分发挥体育在引导形成健康生活方式、提高人民健康水平、促进经济社会发展等方面的综合作用。鼓励东部地区多出经验和示范，政策和资金支持向中西部贫困地区倾斜。

三、主要任务

到2020年，在全国扶持建设一批体育特征鲜明、文化气息浓厚、产业集聚融合、生态环境良好、惠及人民健康的运动休闲特色小镇；带动小镇所在区域体育、健康及相关产业发展，打造各具特色的运动休闲产业集聚区，形成与当地经济社会相适应、良性互动的运动休闲产业和全民健身发展格局；推动中西部贫困落后地区在整体上提升公共体育服务供给和经济社会发展水平，增加就业岗位和居民收入，推进脱贫攻坚工作。运动休闲特色小镇要形成以下特色：

——特色鲜明的运动休闲业态。聚焦运动休闲、体育健康等主题，形成体育竞赛表演、体育健身休闲、体育场馆服务、体育培训与教育、体育传媒与信息服务、体育用品制造等产业形态。

——深厚浓郁的体育文化氛围。具备成熟的体育赛事组织运营经验，经常开展具有特色的品牌全民健身赛事和活动，以独具特色的运动项目文化或民族民间民俗传统体育文化为引领，形成运动休闲特色名片。

——与旅游等相关产业融合发展。实现体育旅游、体育传媒、体育会展、体育广告、体育影视等相关业态共享发展，运动休闲与旅游、文化、养老、教育、健康、农业、林业、水利、通用航空、交通运输等业态融合发展，打造旅游目的地。

——脱贫成效明显。通过当地体育特色产业的发展吸纳就业，创造增收门路，促进当地特色农产品销售，在体育脱贫攻坚中树立示范。

——禀赋资源的合理有效利用。自然资源丰富的小镇依托自然地理优势发展冰雪、山地户外、水上、汽车摩托车、航空等运动项目；民族文化资源丰富的小镇依托人文资源发展民族民俗体育文化。大城市周边重点镇加强与城市发展的统筹规划与体育健身功能配套；远离中心城市的小镇完善基础设施和公共体育服务，服务农村。

四、组织实施

运动休闲特色小镇的建设由地方各级政府及其体育等相关部门根据当地实际进行，充分发挥社会力量和市场机制的作用，避免盲目跟风。各省（区、市）体育局、体育总局有关运动项目管理中心分别根据当地和运动项目实际向体育总局推荐小镇项目、进行业务指导。体育总局主要以组织开展运动休闲特色小镇示范试点、制定完善政策的方式加强行业管理和引导。

（一）项目报送

1. 报送程序

坚持地方自愿申报和省（区、市）体育局、体育总局运动项目管理中心（项目协会）推荐相结合，按年度分批报送。县级体育行政部门根据实际情况，将辖区内符合条件的项目上报省（区、市）体育局，省（区、市）体育局进行审核后推荐上报体育总局。体育总局各运动项目管理中心（项目协会）可直接推荐项目。

2. 基本条件

申报和推荐的小镇应具备以下基本条件：

（1）交通便利，自然生态和人文环境好；

（2）体育工作基础扎实，在运动休闲方面特色鲜明；

（3）近5年无重大安全生产事故、重大环境污染、重大生态破坏、重大群体性社会事件、历史文化遗存破坏现象；

（4）小镇所在县（区、市）政府高度重视体育工作，能对发展运动休闲特色小镇提供政策保障；

（5）运动休闲特色小镇建设对当地推进脱贫攻坚工作具有特殊意义。

3. 推荐数量（2017年度）

（1）京津冀三省（市）各推荐3个，其他省（区、市）各推荐1~2个；

（2）体育总局有关运动项目管理中心各推荐1个。

（二）政策支持

对所推荐的第一批小镇项目，体育总局将组织专家对规划进行评审，筛选出一批基础扎实、条件良好、具备优势、特色鲜明的运动休闲小镇进行试点示范，并会同有关部门给予引导和支持。

对纳入试点的小镇，一次性给予一定的经费资助，用于建设完善运动休闲设施，组织开展群众身边的体育健身赛事和活动。

体育总局各运动项目管理中心（项目协会）将向各小镇提供体育设施标准化设计样式，配置各类赛事资源。

体育总局将会同中央有关部门制定完善运动休闲特色小镇建设有关政策、细化工作方案，推动此项工作持续健康发展，成为脱贫攻坚工作的助力项目。

（三）有关要求

各省（区、市）体育局和体育总局运动项目管理中心要认真组织，做好运动休闲特色小镇遴选和推荐工作，坚持优中选优、宁缺勿滥，把好关口，保证推荐上报的材料真实准确。

请组织填报《2017年度运动休闲特色小镇推荐表》（附件1），按附件2的提纲格式报送《运动休闲特色小镇建设工作汇报材料》（含电子版），提供运动休闲特色小镇建设总体规划，于2017年6月20日前一并报送体育总局。

联系人：体育总局群体司健身设施处　赵爱国

附件：1. 2017年度运动休闲特色小镇推荐表（略）

2. 运动休闲特色小镇建设工作汇报材料（提纲）

体育总局办公厅

2017年5月9日

附件2：运动休闲特色小镇建设工作汇报材料（提纲）

（不超过5000字）

一、基本情况

要求：简述小镇区域面积、人口、交通、体育产业、经济社会发展等方面的基本情况

二、运动休闲特色小镇建设评估

要求：围绕以下五个方面，从成绩与经验、困难与问题两个角度进行阐述。

（一）自然与生态

从镇区风貌、镇区自然环境、镇区生态等方面阐述。

（二）基础设施和公共服务

从道路交通、公共设施、公共体育服务三方面进行阐述。贫困落后地区应增加脱贫攻坚方面的内容。

（三）体育工作

从体育健身设施、体育赛事和活动、群众体育组织机构、群众体育管理架构、科学健身指导等方面进行阐述。

（四）运动休闲业态

从运动休闲产业发展、运动休闲文化传承、运动休闲文化氛围营造等方面阐述，包括冰雪运动、山地户外运动、水上运动、航空运动、汽车摩托车运动等项目。

（五）体制机制

从发展理念、规划建设、社会管理、体制机制等方面进行阐述。

三、发展目标及政策措施

（一）到2020年的总体发展目标及年度目标

（二）近期工作安排

（三）支持政策

要求：阐述县（市、区）级以上政府及其部门关于支持运动休闲特色小镇建设的政策举措。

北京市“十三五”时期城乡一体化发展规划（节选）

京政发〔2016〕23号

各区人民政府，市政府各委、办、局，各市属机构：

现将《北京市“十三五”时期城乡一体化发展规划》印发给你们，请认真贯彻执行。

附件：北京市“十三五”时期城乡一体化发展规划

北京市人民政府

2016年6月27日

附件　北京市“十三五”时期城乡一体化发展规划（节选）

二、指导思想、基本原则和主要目标

（三）主要目标

1. 新型城镇化和新农村建设取得新成效。新型城镇化试点工作稳步推进，城区郊区发展更加协调，郊区在城市功能疏解和产业结构调整中的作用得到充分发挥。城乡结合部建设取得明显成效，重点新城建设综合服务功能进一步提升，建成一批功能性特色小城镇，新型农村社区试点建设继续推进，建设1500个美丽乡村，山区发展取得新突破。进一步推进农转非工作，提高户籍人口城镇化率。

三、重点任务

（一）加快推进新型城镇化和新农村建设

坚持协调发展理念，坚持走新型城镇化道路，进一步完善中心城—新城—小城镇—新型农村社区的城镇体系。充分发挥郊区在京津冀协同发展中的作用，进一步优化城市空间和产业布局。做好通州、房山、大兴新型城镇化试点工作。继续推进农转非工作，提高户籍人口城镇化率。

1. 推进城乡结合部建设。按照“一绿建成、全面实现城市化，二绿建好、加快城乡一体化”的总体目标，抓好绿化隔离地区改革，积极推进城乡结合部建设。以乡（镇）域为基本规划实施单元，分批分期全面启动“一绿”地区城市化建设，每一实施单元用3~5年的时间，拆迁建设全部完成、农民身份全部转变、规划绿地全部实现。认真落实《北京市城乡结合部建设三年行动计划（2015~2017）》，编制城乡结合部专项规划，优先推进生态建设、基础设施建设、社会公共服务设施建设、集体产业结构调整，促进人口调减、用地集约、产业升级、环境改善和农民增收。编制覆盖“一绿”和“二绿”区域的中心城区城乡结合部专项规划。基本完成“一绿”地区城市化建设朝阳区试点任务和海淀区四季青镇整建制转居试点任务，推进“二绿”地区“五区六镇”统筹利用集体经营性建设用地试点，总结试点经验做法，择机将试点经验推广到其他地区。探索城镇集中建设区与周边城乡结合部改造捆绑实施政策，建立健全以基本规划实施单元进行区域统筹的机制，实施新增建设用地与现状低效用地盘活减量挂钩，完善农民转居、就业安置、基础设施建设等政策。

2. 加快新城建设。坚持以人为本、产城融合、职住平衡的发展理念，推进通州区、房山区、大兴区国家级新型城镇化试点建设，加快其他新城建设。积极发挥新城建设的带动作用，实现周边地区的城镇化和城乡一体化发展。加快建设北京城市副中心，着力推进通州区基础设施、水生态廊道和大尺度生态空间建设，加快配置教育、医疗、文化等公共服务设施，强化市级政务承载功能。确保到2017年市属行政事业单位整体或部分搬入取得实质性进展，带动其他行政事业单位及公共服务功能转移。加快新机场建设，发展临空经济，完善配套设施，带动城市南部地区发展。推进2019年世园会、2022年冬奥会、2020年世界休闲大会的筹备工作，带动所在区域城镇化和产业升级。

3. 分类推进建设小城镇。充分利用北京非首都功能疏解的重大机遇，调整重点镇规划布局，明确功能定位，突出特色功能，提升小城镇基础设施和公共服务水平，提高小城镇承载力，引导符合首都城市战略定位的功能性项目、特色文化活动、品牌企业落户小城镇，打造功能性特色小城镇。平原地区的乡镇，位于京津冀协同发展的“中部核心功能区”，积极承接中心城和新城疏解的生产性服务业、医疗、教育等产业项目，打造一批大学镇、总部镇、高端产业镇，带动本地农民就地就近实现城镇化。西北部山区的乡镇，位于京津冀协同发展的“西北部生态涵养区”，重点发挥生态保障、水源涵养、旅游休闲、绿色产品供给等功能，打造一批各具特色的健康养老镇、休闲度假镇，带动农民增收。指导和支持重点小城镇加快淘汰低端产业，建立“承接目标对象清单”，积极对接从核心区疏解、符合首都城市战略定位需要的产业或者其他符合小城镇功能定位的项目。以下放事权、扩大财权、改革人事权及强化用地指标保障等为重点，开展镇区人口10万以上的特大镇功能设置试点，同步推进特大镇行政管理体制改革试点。

4. 推进美丽乡村建设。以新型农村社区、传统村落、美丽乡村为重点，努力建设留得住青山绿水、记得住乡愁的美丽乡村和农民幸福家园。研究制定新型农村社区建设内容和基本标准，基本完成48个新型农村社区试点工作，择机推出新一轮试点。加强历史文化名镇名村建设和传统村落保护，编制相关保护和发展规划，启动传统村落修缮保护改造试点。开展节水型村庄创建活动。支持民族乡村经济发展。启动新一轮农宅抗震节能改造工程。“十三五”期间，全市再建设1500个美丽乡村。

5. 加快山区发展。重点发挥山区生态保护、水源涵养、旅游休闲、绿色产品供给功能，提升山区生态建设水平。加强退耕还林、生态清洁小流域综合治理。建立山区生态林生态效益补偿增长机制。培育山区特色林果、林下经济、大美山水田园和休闲健康等生态友好型产业，发展生态服务型沟域经济，以抓完善、上水平、创品牌为目标，高标准建设多条生态环境优良、基础设施完善、产业特色鲜明，服务市民、富裕农民的山区沟域。探索推进门头沟、房山、怀柔、平谷、密云等郊区与河北协同打造跨区域的沟域经济带。继续推进山区搬迁工程，加大政策集成力度，完善相关配套政策，到2017年底全面完成第三轮山区搬迁计划。按照“搬得出、稳得住、能致富”的要求，启动新一轮山区搬迁计划的编制和实施工作。充分发挥财政资金的引导和杠杆作用，鼓励社会资本参与山区建设，探索建立山区可持续发展基金。到2020年，建成一批山区特色精品小镇和山区特色生态村。

上海市发展改革委
关于开展上海市特色小（城）镇培育与2017年
申报工作的通知

沪发改地区〔2016〕20号

浦东新区、宝山区、闵行区、嘉定区、金山区、松江区、青浦区、奉贤区、崇明县人民政府：

为贯彻党中央、国务院关于推进特色小镇、小城镇建设的精神，落实市委、市政府关于“协同推进新型城镇化和新农村建设，加快推动本市城乡发展一体化”的总体部署，按照住房城乡建设部、国家发展改革委、财政部《关于开展特色小镇培育工作的通知》（建村〔2016〕147号）和国家发展改革委《关于加快美丽特色小（城）镇建设的指导意见》（发改规划〔2016〕2125号）的要求，现就开展上海市特色小（城）镇培育工作具体通知如下：

一、总体要求

全面贯彻党的十八大和十八届三中、四中、五中、六中全会精神，牢固树立和贯彻落实创新、协调、绿色、开放、共享的发展理念，因地制宜、突出特色，充分发挥市场主体作用，创新建设理念，转变发展方式，通过培育特色鲜明、产业发展、绿色生态、美丽宜居的特色小（城）镇，探索本市小（城）镇建设健康发展之路，建立市级特色小（城）镇梯队培养机制，为积极申报国家级特色小镇做好储备，推动新型城镇化和新农村建设。

——坚持创新探索。创新美丽特色小（城）镇的思路、方法、机制，着力培育供给侧小镇经济，防止“新瓶装旧酒”、“穿新鞋走老路”，努力走出一条特色鲜明、产城融合、惠及群众的新型小城镇之路。

——坚持因地制宜。从各地实际出发，遵循客观规律，挖掘特色优势，体现区域差异性，提倡形态多样性，彰显小（城）镇独特魅力，防止照搬照抄、“东施效颦”、一哄而上。

——坚持产业建镇。根据区域要素禀赋和比较优势，挖掘本地最有基础、最具潜力、最能成长的特色产业，做精做强主导特色产业，打造具有持续竞争力和可持续发展特征的独特产业生态，防止千镇一面。

——坚持以人为本。围绕人的城镇化，统筹生产、生活、生态空间布局，完善城镇功能，补齐城镇基础设施、公共服务、生态环境短板，打造宜居宜业环境，提高人民群众获得感和幸福感，防止形象工程。

——坚持市场主导。按照政府引导、企业主体、市场化运作的要求，创新建设模式、管理方式和服务手段，提高多元化主体共同推动美丽特色小（城）镇发展的积极性。发挥好政府制定规划政策、提供公共服务等作用，防止大包大揽。

二、培育条件

根据国家发展改革委《关于加快美丽特色小（城）镇建设的指导意见》（发改规划〔2016〕2125 号），特色小（城）镇包括特色小镇、小城镇两种形态。特色小镇主要指聚焦特色产业和新兴产业，集聚发展要素，不同于行政建制镇和产业园区的创新创业平台。特色小城镇是指以传统行政区划为单元，特色产业鲜明、具有一定人口和经济规模的建制镇。按照国家要求，结合上海实际，本市特色小（城）镇申报和培育以建制镇为单位，鼓励引导在镇域内相对集中地区发展打造特色产业、特色文化和特色环境。具体条件包括：

（一）特色鲜明的产业形态

产业定位精准，特色鲜明，并向做特、做精、做强发展，新兴产业成长快，传统产业改造升级效果明显，充分利用“互联网+”等新兴手段，推动产业链向研发、营销延伸。产业发展环境良好，产业、投资、人才、服务等要素聚集。产业带动周边农村地区发展效果明显。

（二）和谐宜居的美丽环境

空间布局与周边自然环境相协调，整体格局和风貌具有典型特征，路网合理，建设高度和密度适宜。居住区开放融合、建筑彰显传统文化和地域特色、公园绿地贴近工作生活、店铺布局有管控、镇区环境优美。土地利用集约节约，小镇建设与产业发展同步协调。美丽乡村建设成效突出。

（三）彰显特色的传统文化

传统文化得到充分挖掘、整理、记录，历史文化遗存得到良好保护和利用，非物质文化遗产活态传承。形成独特的文化标识，与产业融合发展。优秀传统文化在经济发展和社会管理中得到充分弘扬。公共文化传播方式方法丰富有效。居民思想道德和文化素质较高。

（四）便捷完善的设施服务

基础设施完善，自来水符合卫生标准，生活污水全面收集并达标排放，垃圾无害化处理，道路交通停车设施完善便捷，绿化覆盖率较高，防洪、排涝、消防等各类防灾设施符合标准。公共服务设施完善、服务质量较高，教育、医疗、文化、商业等服务覆盖农村地区。

（五）充满活力的体制机制

发展理念有创新，经济发展模式有创新；规划建设管理有创新，鼓励多规协调，建设规划与土地利用规划合一，社会管理服务有创新；区级支持政策有创新；镇村融合发展有创新。体制机制建设促进小镇健康发展，激发内生动力。

三、推进机制

市、区、镇三级形成合力，共同做好本市特色小（城）镇建设培育工作。市发展改革委、市规划国土资源局、市住房城乡建管委、市财政局、市农委、市经济信息化委等部门建立市级特色小（城）镇工作小组，负责组织开展本市特色小（城）镇培育工作，明确培育要求，进行指导检查，确定市级特色小镇名单，做好国家级特色小镇的申报推荐工作。区县级人民政府是培育特色小镇的责任主体，负责制定支持政策和保障措施，整合落实资金，完善体制机制，统筹项目安排并组织推进。镇人民政府负责做好实施工作。

同时，按照市领导对本市特色小（城）镇建设工作的指示要求，市级特色小（城）镇工作小组建立“一镇一方案”的工作机制，对列入中国特色小镇和上海市特色小（城）镇名单的镇，根据其具体类型、实际问题和政策诉求，研究制定有针对性的支持政策和解决方案，因地制宜推进本市特色小（城）镇建设。对列入市级特色小（城）镇名单，经“一镇一方案”政策扶持后发展成效较为明显的镇，优先推荐申报国家级特色小镇。

四、2017 年申报工作

2016 年是国家开展特色小镇培育工作的第一年，上海有三个镇被评为第一批中国特色小镇。为加快推进本市特色小（城）镇培育工作，为申报 2017 年中国特色小镇做好储备，现开展 2017 年上海市级特色小镇推荐申报工作，请各郊区县积极参与。具体要求如下：

（一）推荐数量

各郊区县申报 2017 年市级特色小镇数量控制在两个以内。

（二）推荐材料

推荐市级特色小镇应提供下列资料：

1. 小城镇基本信息表（见附件 1）。

2. 小城镇建设工作情况报告及 PPT（编写提纲见附件 2）。报告要紧紧围绕本通知中培育要求的 5 项要点编写。同时按编写提纲提供能直观、全面反映小城镇培育情况的 PPT。

3. 镇总体规划。符合特色小镇培育要求、能够有效指导小城镇建设的规划成果。

4. 相关政策支持文件。被推荐镇列为本区支持对象的证明资料和支持政策文件。

以上材料均需提供电子版，基本信息表还需提供区级人民政府盖章的纸质文件。

（三）截止时间和联系方式

请各区于 2017 年 2 月 15 日（周三）下班前提交推荐材料。请将反馈材料电子文件夹（包括各镇基本信息表、工作情况报告、PPT 说明材料等）发送到电子邮箱。纸质盖章文件（各镇信息表）、有关电子材料（请以光盘形式）寄送到下面联系地址。

联系人：傅　俊　23112889　18018880291

　　　　姜紫莹　63193188-09065　18521598916

联系地址：人民大道 200 号 909 室市发展改革委地区处

电子邮箱：fujun@ shdrc. gov. cn

附件：1. 小城镇基本信息表（略）

2. 小城镇建设工作情况报告编写提纲

上海市发展和改革委员会

上海市规划和国土资源管理局

2016 年 12 月 12 日

附件 2　小城镇建设工作情况报告编写提纲

（字数不超过 5000 字）

一、近 3 年小城镇建设工作情况

要求：简述小城镇区位、交通、人口、经济水平、产业基础等社会经济发展基本情况。简述近 3 年小城镇建设情况、主要实施项目、特色化方面开展的工作情况。

二、小城镇建设培育工作评估

简述本镇在“产业发展、小镇环境、传统文化、设施服务、体制机制”5 个方面的情况，逐项评估。

（一）特色鲜明的产业形态

从产业特色、带动作用、发展环境三方面阐述小城镇的产业发展特色。

（二）和谐宜居的美丽环境

从城镇风貌、镇区环境、美丽乡村三方面阐述小城镇的环境风貌特色。

（三）彰显特色的传统文化

从文化传承、文化传播两方面阐述小城镇的文化特色。

（四）便捷完善的设施服务

从道路交通、公用设施、公共服务三方面阐述小城镇服务设施的便捷性。

（五）充满活力的体制机制

从理念模式、规划建设、社会管理、体制机制等方面阐述小城镇的体制机制活力。

三、当前小城镇培育面临的困难和问题

四、发展目标及政策措施

（一）到 2020 年总体发展目标及年度目标

（二）近期工作安排

从产业培育、环境整治、文化传承、基础设施建设、体制机制建设等方面阐述 2017 年、2018 年工作安排。

（三）区（县）级支持政策

天津市特镇办
关于公布第一批市级特色小镇创建和培育名单的通知

津特镇办〔2016〕6号

各涉农区人民政府、市相关单位：

按照《天津市人民政府办公厅关于转发市发展改革委拟定的天津市特色小镇规划建设工作推动方案的通知》（津政办发〔2016〕58号）和《天津市加快特色小镇规划建设指导意见》（津特镇办〔2016〕1号）文件要求，经特镇办汇总筛选审查，并报请市领导同意，现公布我市第一批市级特色小镇创建和培育名单。在今后的工作中，我们将分批公布市级特色小镇创建名单，并对创建工作进行评比考核，实施动态管理，优胜劣汰，形成全市上下联动和竞相发展的特色小镇创建格局。各区人民政府申报的区级特色小镇试点、未入选市级特色小镇创建和培育名单的作为各区储备对象，由各区自主先行打造和组织推动。

各相关区人民政府要加强领导，精心组织，尽快开展创建和培育工作。市各相关部门要研究支持政策，加强服务和强化专业指导，进一步推进我市特色小镇规划建设工作又好又快发展。同时，市级特色小镇创建和培育试点需按月报送工作进展情况。市级培育试点可享受“两行一基金”贷款融资政策，暂不评比考核。

附件：1. 市级特色小镇创建名单

2. 市级特色小镇培育名单

天津市特色小镇规划建设工作联席会议办公室

（天津市发展和改革委员会代章）

2016年12月27日

附件1　市级特色小镇创建名单

（14个）

一、市级实力小镇（4个）

东丽区：

1. 华明智能制造小镇，产业发展方向：智能制造。

津南区：

2. 八里台智慧实力小镇，产业发展方向：电子信息。

西青区：

3. 中北运河商务小镇，产业发展方向：汽车及汽车零部件、机械制造和商贸旅游。

武清区：

4. 崔黄口电商小镇，产业发展方向：电子商务、互联网科技。

二、市级特色小镇（10个）

滨海新区：

1. 中塘汽车橡塑小镇，产业发展方向：汽车橡塑。

2. 茶淀葡香小镇，产业发展方向：葡萄种植、深加工、文化体验。

津南区：

3. 葛沽民俗文化小镇，产业发展方向：民俗文化。

西青区：

4. 杨柳青文化旅游小镇，产业发展方向：民俗和民间艺术、旅游。

北辰区：

5. 北辰经济开发区长荣印特智汇小镇，产业发展方向：印刷新型装备研发及制造。

武清区：

6. 东浦洼欧式风情小镇，产业发展方向：商贸旅游、商务会展。

静海区：

7. 团泊休闲特色小镇，产业发展方向：观光旅游和健康养老。

宁河区：

8. 潘庄齐心亲子蘑法小镇，产业发展方向：休闲农业、蘑菇产业和人文旅游。

宝坻区：

9. 京津新城温泉小镇，产业发展方向：温泉疗养、旅游度假。

蓟州区：

10. 下营山野运动休闲旅游小镇，产业发展方向：乡村旅游。

附件2 市级特色小镇培育名单

（17个）

滨海新区：

1. 新城镇，产业发展方向：温泉旅游、都市农业、高新技术。

2. 寨上街，产业发展方向：特色渔业发展、盐渔文化传承和休闲旅游。
3. 汉沽街，产业发展方向：科技型农业和设施农业、创意农业。
东丽区：
4. 金钟街，产业发展方向：生态旅游。
5. 航空商务区，产业发展方向：电子商务、科技研发、航空物流。
6. 东丽湖街，产业发展方向：休闲度假、旅游观光、高端农业。
北辰区：
7. 双街镇，产业发展方向：装备制造、新能源新材料、电子商务。
武清区：
8. 大王古庄镇，产业发展方向：电子信息、新材料、智能制造。
9. 北运河休闲生态旅游小镇，产业发展方向：生态旅游。
静海区：
10. 大邱庄镇，产业发展方向：高端金属材料及新型复合材料。
11. 静海镇，产业发展方向：商贸、异国特色商品城及电商基地。
12. 双塘镇，产业发展方向：文化旅游、养生养老、高科技农业。
宁河区：
13. 苗庄镇，产业发展方向：现代农业、休闲养老。
宝坻区：
14. 牛道口街，产业发展方向：健康养老和旅游。
15. 口东街，产业发展方向：环保产业。
蓟州区：
16. 邦均镇，产业发展方向：苗木花卉、旅游。
17. 上仓镇，产业发展方向：科技服务、生态旅游。

天津市特镇办
关于印发《天津市加快特色小镇规划建设指导意见》的通知

有农业的区人民政府，有关委、局，有关单位：

市发展改革委拟定的《天津市特色小镇规划建设指导意见》已经市人民政府同意，

现印发给你们，请照此执行。

天津市特色小镇规划建设工作联席会议办公室
（天津市发展和改革委员会代章）
2016年10月20日

在示范小城镇建设基础上，加快建设一批实力小镇、特色小镇、花园小镇，是市委、市人民政府结合供给侧改革，贯彻新的发展理念，从推动城乡统筹发展大局出发，实施的一项重要举措，有利于全面提升全市小城镇生产生活生态功能，增强小城镇核心竞争力和人口吸附能力，使我市小城镇更具实力、更具活力、更具特色，造福于民。为做好相关工作，特制定如下意见。

一、总体要求

（一）重要意义。多年来，我市以示范小城镇为龙头，推进农民居住社区、示范工业园区、农业设施园区发展，农村“三区”建设已经成为经济社会发展的新支撑；实施创新驱动战略，大项目、小巨人、楼宇经济、万企转型、众创空间以及建设创新型城市和产业创新中心等一系列创新举措，成为我市经济发展的新生动力。在示范小城镇基础上开展特色小镇建设，有利于实现人、地、钱、房各种资源要素的优化配置，在全市范围内共建共有共享；有利于盘活现有资产、资源、资金，开放现有政策环境；有利于科技创新引领产业转型升级，从传统动力向新生动力驱动转变；从而促进我市城乡各类资源合理流动均衡发展，缩小城乡差异，实现一体化发展。

（二）目标要求。力争到2020年，创建10个实力小镇，20个市级特色小镇，上述30个小镇达到花园小镇建设标准，每个区因地制宜自主创建2~3个区级特色小镇。实力小镇以整建制街镇辖域范围进行考核，GDP要超200亿元、全口径财政收入要超40亿元；特色小镇可以考虑以特色街区为考核单位，一个特色小镇可以有几个特色街区，规划面积一般控制在3平方公里左右，建设面积一般控制在1平方公里左右，固定资产投资完成50亿元以上（商品住宅和商业综合体除外），信息经济、金融、旅游和历史传统产业的特色小镇总投资额可放宽到不低于30亿元，特色产业投资占比不低于70%，旅游特色小镇应参照结合国家A级旅游景区和全域旅游示范区标准有关内容进行建设；花园小镇要实行城镇全面精细化网格化管理，有条件的街镇要建立智慧共享平台，成为智慧小镇，以风景美、街区美、功能美、生态美、生活美、风尚美为建设内容，居住社区城市绿化覆盖率要达到40%以上，生活垃圾无害化处理率和污水处理率要达到100%，主要道路绿化普及率要达到100%。

（三）产业定位。特色小镇产业，要结合我市建设创新型城市的产业发展方向，立足打造十大先进制造产业集群，围绕高端装备、航空航天、新一代信息技术、生物医药、新能源新材料等战略性新兴产业，以及我市特色文化产业和历史经典产业为导向，聚焦互联网智能制造、信息经济、生态农业、节能环保、民俗文化、电子商务、高端旅游、食品安全、健康养老等民生领域的优势产业、新兴产业，充分利用“互联网+”、大数据、云计算，重点培育一批产业特色鲜明、生态环境优美、人文气息浓厚、体制机制灵活、兼具旅游与社区功能的专业特色小镇。

（四）规划引领。实力小镇要以推进产业集聚、高端高质、市场连接、历史传承等方面为发展重点，经济实力要强、功能集成完善、示范效应明显，具有独特发展魅力；特色小镇要在现代产业、民俗文化、生态旅游、商业贸易、自主创新等多方面谋划发展，形成一镇一韵、一镇一品、一镇一特色；花园小镇要以城镇精细化、精致化、智能化管理为抓手，搭建智慧城镇共享平台，努力打造绿树环绕、花草覆盖、干净整洁、管理有序、清新亮丽的美丽小镇。

（五）运作方式。特色小镇建设要坚持政府引导、企业主体、市场运作、开放共享的原则，积极引入市场机制，突出企业主体地位，充分发挥市场在资源配置中的决定性作用，特别是在深入挖掘传统文化内涵、历史传承、生态环境保护、促进经济社会可持续发展等方面发挥重要作用；同时，政府要在建设规划编制、基础设施配套、资源要素保障、政策环境开放，调动社会一切积极因素，实现共建、共有、共享的目标上，提供服务保障。每个特色小镇要明确投资建设主体，由企业为主体推进项目建设。

二、创建申报

（一）组织申报。各区按照天津市特色小镇规划建设的总体要求，结合本地实际，提出本区域内拟培育的市级特色小镇名单，组织编制特色小镇创建方案和概念规划、环境规划，根据土地利用总体规划确定土地利用结构和布局，明确四至范围和产业定位、落实投资主体和投资项目、分解三年或五年建设计划。

（二）分批审核。各区人民政府选择有资质高水平的规划设计团队进行规划编制；市规划局初步审查各区特色小镇规划方案，择优选出市级特色镇创建对象后，报市特色小镇规划建设联席会议审定同意后予以公布；同时，由市特色小镇规划建设联席会议办公室会同相关区人民政府重点推荐市级特色小镇培育对象名单。

（三）培育建设。各区人民政府根据市级特色小镇的创建要求，组织相关建设主体按照创建方案和建设计划有序推进各项建设任务。市特色小镇规划建设联席会议办公室每季度对各地特色小镇规划建设情况进行通报，并定期组织现场会，交流培育建设经验。

（四）年度考核。市级特色小镇年度建设任务纳入市人民政府对各区年度目标考核体系。对未完成年度目标考核任务的特色小镇，实行退出机制，下一年度起不再享受市级特色小镇扶持政策。

（五）验收命名。市级特色小镇完成各项目标任务的，由市发展改革委组织相关部门进行评估验收，验收合格的报市人民政府同意后，可命名为天津市特色小镇。

三、政策措施

（一）土地政策。特色小镇规划建设要按照节约集约用地的原则，充分利用存量建设用地，确需新增建设用地的，由各区带项目申请办理农用地转用土地征收手续。凡属特色产业聚集程度高、辐射带动作用强，具有高端高质的行业龙头企业集群的项目，经认定，土地利用计划指标予以安排；对如期完成年度规划目标任务的，市里给予一定土地利用年度计划指标奖励。

（二）人才政策。对支持特色小镇建设的以成建制形式整体迁入我市的企业、研发机构，在办理首批人员调津过程中，凭相关资料，在保证调津人员中有 50%以上符合我市引才条件的前提下，对其余虽不具备我市引才要求的学历、职称条件，但原已在该单位工作，且迁入我市后单位仍然急需的管理、专业技术及技能型人才，可同时予以调入，配偶及 18 周岁以下子女可办理随迁手续。

（三）财政政策。设立市级特色小镇专项补助资金，一是对经市人民政府批准同意的特色小镇基础设施建设投入，从 2016 年起，按照一年期 6%贷款利率，对每个实力小镇基础设施贷款给予总额不超过 2000 万元的贴息扶持，对每个特色小镇基础设施贷款给予总额不超过 1000 万元的贴息扶持，其中：市、区两级财政各承担 50%；二是对验收达标的特色小镇，市级财政给予一次性奖励资金 500 万元，专项用于特色小镇发展建设。

（四）其他政策。列入市级特色小镇创建范围的基础设施建设项目，均可享受“两行一基金”贷款融资政策，列为市发展改革委申请国家专项建设基金范围。

市级有关部门和各区人民政府要积极研究制订具体政策措施，整合优化政策资源，给予特色小镇规划建设强有力的政策支持。大项目、小巨人、楼宇经济、众创空间、万企转型升级项目在特色小镇生根开花的，为实力小镇、特色小镇、花园小镇发挥重大作用的，各部门可优先考虑给予重点扶持奖励政策；市乡村公路、四清一绿政策安排向特色小镇集中倾斜。

四、组织保障

（一）统筹协调推动。借助天津市特色小镇规划建设工作联席会议制度，定期对工作中出现的重大事项和问题进行会商，统筹指导、综合协调、上下联动，全力推进特色小镇规划建设工作。

（二）推进责任落实。各区是特色小镇培育创建的责任主体，要建立实施推进工作机制，搞好规划建设，加强组织协调，确保各项工作按照时间节点和计划要求规范有序推进，不断取得实效。

（三）加强动态监测。各区要按季度向市特色小镇规划建设工作联席会议办公室报送纳入市重点培育名单的特色小镇创建工作进展和形象进度情况，市里在一定范围内进行通报。

天津市特镇办
关于开展特色小镇创建申报工作的通知

各涉农区人民政府：

为加快推进我市特色小镇规划建设工作，按照全市特色小镇规划建设工作现场推动会精神，拟在全市形成“培育一批、创建一批、验收命名一批”的特色小镇建设格局，助力我市经济转型发展，建设创新型城市和产业创新中心，促进城乡一体化发展，经市政府研究，决定开展第一批市级特色小镇创建名单的申报工作。现将有关事项通知如下：

一、申报条件

（一）发展要求：实力小镇以整建制街镇辖域范围进行申报，3~5 年内 GDP 要超 200 亿元、全口径财政收入要超 40 亿元；特色小镇可以考虑以特色街区为考核单位，一个特色小镇可以有几个特色街区，每个街区规划面积一般控制在 3 平方公里左右，建设面积一般控制在 1 平方公里左右，3~5 年，固定资产投资完成 50 亿元以上（商品住宅和商业综合体除外），信息经济、金融、旅游和历史传统产业的特色小镇总投资额可放宽到不低于 30 亿元，特色产业投资占比不低于 70%。花园小镇要实行城镇全面精细化网格化管理，有条件的街镇要建立智慧共享平台，成为智慧小镇，以风景美、街区美、功能美、生态美、生活美、风尚美为建设内容，居住社区城市绿化覆盖率要达到 40%以上，生活垃圾无害化处理率和污水处理率要达到 100%，主要道路绿化普及率要达到 100%。

（二）产业定位：特色小镇产业，要结合我市建设创新型城市的产业发展方向，立足打造十大先进制造产业集群，围绕高端装备、航空航天、新一代信息技术、生物医药、新能源新材料等战略性新兴产业，以及我市特色文化产业和历史经典产业为导向，聚焦互联网智能制造、信息经济、生态农业、节能环保、民俗文化、电子商务、高端旅游、食品安全、健康养老等民生领域的优势产业、新兴产业。

（三）规划重点：实力小镇要以推进产业集聚、高端高质、市场连接、历史传承等方面为发展重点，经济实力要强、功能集成完善、示范效应明显，具有独特发展魅力；特色小镇要在现代产业、民俗文化、生态旅游、商业贸易、自主创新等多方面谋划发展，形成一镇一韵、一镇一品、一镇一特色；花园小镇要以城镇精细化精致化智能化管理为抓手，搭建智慧城镇共享平台，努力打造绿树环绕、花草覆盖、干净整洁、管理有序、清新亮丽的美丽小镇。

（四）运作方式：要有明确的建设主体，以企业为主推进项目建设，体现政府引导、企业主体、市场化运作。

（五）综合效益：建成后有大量的新增税收、新增就业岗位产生，集聚一大批工商户、中小企业、中高级人才，加快形成新业态，培育在全国乃至全世界具有核心竞争力的特色产业和品牌。

二、申报材料

（一）申报文件：特色小镇所在区人民政府，以文件形式向特色小镇规划建设联席会议办公室提出申请，包含市级特色小镇创建名单和区级特色小镇培育名单、特色小镇所在区人民政府支持特色小镇创建对象的政策措施。

（二）规划编制计划：委托规划设计单位出具规划编制计划，说明规划编制内容、时间进度安排、人员团队组织等相关情况。

（三）小城镇基本情况和建设计划：申报特色小镇的基本信息，有分年度的投资建设计划，明确每个建设项目的投资主体、投资额、投资计划、用地计划、建设规模、项目建成后产生的效益，以及相应的年度推进计划，以表格形式进行汇总。（见附件 1 和附件 2）

三、申报要求

（一）申报范围：所有符合基本条件的特色小镇。

（二）申报数量：原则上每个区申报 1 个实力小镇，2 个特色小镇。

（三）申报时间：2016 年 10 月 21 日前。

联系人：市发改委　李　睿　李　李；联系电话：58536832

市规划院　王永阳；联系电话：58536835

附件：1. 小城镇基本情况表（略）

2. 小城镇建设投资计划表（略）

天津市特色小镇规划建设工作联席会议办公室

（天津市发展和改革委员会代章）

2016 年 10 月 11 日

重庆市人民政府办公厅
关于做好特色小镇（街区）示范点创建工作的通知

渝府办发〔2016〕250号

各区县（自治县）人民政府，市政府有关部门，有关单位：

特色小镇（街区）示范点是推进新型城镇化工作的载体和平台，是完善城镇体系、促进产业发展和创新创业的重要抓手。集中资源、突出重点培育一批具有特色和充满活力的特色小镇（街区），有利于加快推动全市城乡统筹发展。经市政府同意，现就做好特色小镇（街区）示范点创建工作通知如下：

一、明确创建目标

特色小镇（街区）示范点要以“特色、集聚”为目标开展创建工作。特色产业要突出主导产业和主题元素，形成“一镇（街）一业”的发展格局；特色风貌要强化建筑风格的地域特色或产业特色，统筹整体平面和立体空间；特色功能要叠加融合基础设施、公共服务功能与产业配套、文化体验等专业特色功能；空间集聚要锁定核心建设区域，发展空间向规划确定的城镇建设用地范围集聚；产业集聚要围绕主导产业引导相关配套产业集聚发展、集群发展。要围绕人的城镇化，统筹生产、生活、生态空间布局，完善城镇功能，补齐城镇基础设施、公共服务、生态环境短板，推动小镇（街区）发展与疏解大城市中心城区功能相结合、与特色产业发展相结合、与服务“三农”相结合。

二、完善创建机制

坚持探索示范、稳妥推进的原则，特色小镇（街区）示范点采用“宽进严定”的创建制，按照“自愿申报、分批审核、年度考核、验收命名”程序推进规划建设。市政府每年确定一批市级特色小镇（街区）示范点创建名单，每年组织考核验收，2017年底验收命名首批市级特色小镇（街区）示范点。建立特色小镇（街区）示范点退出机制，对创建名单进行动态调整，验收不合格的退出创建名单，由创建效果明显的区县（自治县）申报补充。市新型城镇化工作联席会议办公室牵头制定考核验收办法并组织考核验收。

三、落实各方责任

市政府有关部门要加强协调，密切配合，注重政策衔接互补，形成合力，进一步细化政策措施，提出具体工作举措，由市新型城镇化工作联席会议办公室汇总后上报市政府审定。各区县（自治县）人民政府是特色小镇（街区）示范点培育创建的责任主体，要建立实施推进工作机制，搞好规划建设，做好项目策划、储备和滚动实施；加强组织协调，确保各项工作按照时间节点和计划要求规范有序推进，并按季度向市新型城镇化工作联席会议办公室报送特色小镇（街区）示范点创建工作进展情况。

（一）编制特色小镇（街区）示范点建设规划，支持推进“多规合一”。（牵头部门：市发展改革委、市国土房管局、市环保局、市规划局）

（二）统筹特色小镇（街区）示范点土地利用总体规划、城乡规划等现行规划，编制各专项规划，实现资源的合理配置、高效利用。（牵头部门：市国土房管局、市规划局；配合部门：市发展改革委）

（三）新型城镇化专项建设基金、少数民族特色小镇专项建设基金原则上用于特色小镇（街区）示范点建设，其他专项基金优先安排特色小镇（街区）示范点。（牵头部门：市发展改革委；配合部门：市财政局、市民族宗教委）

（四）利用国际金融组织（世界银行、亚洲银行等）贷款优先支持特色小镇（街区）示范点建设。（牵头部门：市发展改革委；配合部门：市财政局）

（五）加强信贷政策指导，引导银行业金融机构结合新型城镇化建设金融需求特点，创新金融产品和服务，加大对特色小镇（街区）示范点建设的信贷支持。积极利用再贷款、再贴现等货币政策供给，加大定向支持力度，扩大金融机构新型城镇化建设信贷资金来源。（牵头部门：人民银行重庆营管部；配合部门：市金融办）

（六）支持募投项目用于特色小镇（街区）示范点建设的债券发行。（牵头部门：市金融办；配合部门：市发展改革委、人民银行重庆营管部、重庆证监局）

（七）鼓励产业引导股权投资基金、基础设施 PPP 项目投资基金等支持特色小镇（街区）示范点建设。（牵头部门：市发展改革委、市财政局）

（八）加大市级小城镇建设专项资金投入，调整优化市级中心镇专项建设资金，重点支持特色小镇（街区）示范点建设。（牵头部门：市财政局、市城乡建委）

（九）对特色小镇（街区）示范点建设较好的区县（自治县）加大财政转移支付力度。（牵头部门：市财政局）

（十）旅游、扶贫、文化、农业、商贸、工业、市政、城乡建设、水利、科技、环保等市级行业主管部门将特色小镇（街区）示范点经济社会发展纳入专项资金支持范围。（牵头部门：市经济信息委、市农委、市科委、市城乡建委、市商务委、市水利局、市政委、市环保局、市文化委、市旅游局、市扶贫办）

（十一）按照规划、建设时序，市级专项下达特色小镇（街区）示范点建设用地计划指标。综合运用增减挂钩周转指标、地票等政策，充分保障特色小镇（街区）示范点建设。（牵头部门：市国土房管局）

（十二）支持有条件的特色小镇（街区）示范点开展农村土地承包经营权、农村宅基地使用权、林地承包经营权、集体收益分配权自愿退出机制探索，盘活农村土地资源。（牵头部门：市农委；配合部门：市国土房管局、市林业局）

（十三）市内转移人口和在特色小镇（街区）示范点创业投资和稳定就业的市外来渝人员，在城市发展新区、渝东北生态涵养发展区和渝东南生态保护发展区特色小镇（街区）示范点落户不受务工经商年限限制。（牵头部门：市公安局）

（十四）市新型城镇化工作联席会议成员单位和特色小镇（街区）示范点互派干部交流锻炼。（牵头部门：市委组织部；配合部门：市新型城镇化工作联席会议成员单位）

（十五）针对主导产业开展分类创业就业培训，将特色小镇（街区）示范点就业人员纳入农民工培训计划。（牵头部门：市人力社保局）

（十六）支持特色小镇（街区）示范点参照国家新型城镇化综合试点地区享受市级部门相关政策。（牵头部门：市发展改革委；配合部门：市新型城镇化工作联席会议成员单位）

（十七）国家1000个特色小镇、建制镇示范试点、国家投融资模式创新小城镇试点原则上在特色小镇（街区）示范点中选取。（牵头部门：市发展改革委、市财政局、市城乡建委）

（十八）特色小镇（街区）示范点建设项目打捆纳入市级重点项目，享受相关支持政策。（牵头部门：市发展改革委；配合部门：市城乡建委）

四、营造良好氛围

各区县（自治县）人民政府、市政府有关部门和有关单位要加强宣传，总结推广特色小镇（街区）示范点创建工作的新思路、新理念、新举措，努力提高特色小镇（街区）示范点的群众获得感和社会美誉度。

附件：重庆市特色小镇（街区）示范点创建名单

重庆市人民政府办公厅

2016年11月29日

附件　重庆市特色小镇（街区）示范点创建名单

一、都市功能核心区

渝中区化龙桥特色街区：重点发展国际商务业，打造化龙桥国际商务街区。

渝中区湖广会馆及东水门特色街区：修缮保护传统历史风貌，打造湖广会馆及东水门历史文化街区。

渝中区十八梯特色街区：修缮保护传统历史风貌，打造十八梯传统风貌街区。

大渡口区九宫庙特色街区：依托工业博物馆及文创产业园、工业遗址公园等，打造文商旅有机融合的工业遗址街区。

江北区观音桥特色街区：以集合书店为核心，将重庆纺织仓库遗址改造为“城市书仓”，打造北仓文创街区。

九龙坡区黄桷坪特色街区：以油画、雕塑、陶艺、工业设计等原创艺术为主，延伸发展艺术培训、艺术品展览交易等业态，打造黄桷坪艺术街区。

南岸区花园路特色街区：重点发展物联网产业，打造物联网创新创业街区。

南岸区慈云寺—米市街—龙门浩特色街区：修缮保护传统历史风貌，打造慈云寺—米市街—龙门浩历史文化街区。

二、都市功能拓展区

江北区五宝镇：以“慢生活”为主题打造主城后花园。

沙坪坝区中梁镇：发展富硒服务业全产业链，建设都市区养生养心目的地。

沙坪坝区虎溪特色街区：依托四川美术学院虎溪校区，发展文化艺术创意产业，打造虎溪艺术街区。

沙坪坝区磁器口特色街区：依托磁器口古镇，打造磁器口历史文化街区。

九龙坡区金凤镇：重点发展检验检测、认证认可、研发、咨询等科技服务产业。

南岸区迎龙镇：依托朝天门批发市场等重点发展现代商贸产业。

北碚区金刀峡镇：依托金刀峡景区、偏岩古镇发展休闲度假旅游。

渝北区统景镇：以温泉养身为主题发展休闲度假旅游。

渝北区仙桃特色街区：重点发展大数据产业，打造国际数据谷街区。

巴南区东温泉镇：突出山水特色，以温泉度假为主导发展养生养老产业。

巴南区丰盛镇：修缮保护传统历史风貌，打造丰盛传统风貌小镇。

巴南区木洞镇：修缮保护传统历史风貌，打造木洞传统风貌小镇。

三、城市发展新区

涪陵区蔺市镇：以龙头企业带动返乡农民工创业。

长寿区长寿湖镇：依托长寿湖发展生态滨湖度假旅游。

江津区白沙镇：重点发展富硒产业集群。

合川区涞滩镇：以禅宗文化为主题，发展健康养老休闲产业。

永川区朱沱镇：重点发展临港产业。

南川区大观镇：围绕现代农业重点发展体验、观光、休闲等产业。

綦江区东溪镇：围绕版画促进二三产业融合发展。

大足区万古镇：重点发展智能、环保装备制造产业。

璧山区福禄镇：围绕橘文化发展文创产业。

铜梁区安居镇：围绕安居古城建设推动文旅融合发展。

潼南区双江镇：依托杨尚昆故里发展红色文化旅游。

荣昌区安富街道：以安陶古镇的陶文化产业为主导，实现产城、文旅融合发展。

万盛经开区黑山镇：重点发展避暑休闲度假旅游。

四、渝东北生态涵养发展区

万州区甘宁镇：依托万州大瀑布发展全域旅游。

开州区铁桥镇：以雪梨为主导产业促进一二三产业融合发展。

梁平县金带镇：依托双桂堂促进文旅融合发展。

城口县东安镇：围绕优美闲适的乡村田园和古朴原真的民风民俗，发展观光旅游、避暑养生、健康疗养。

丰都县高家镇：重点打造肉牛全产业链及产业集群。

垫江县新民镇：以“五彩田园”为主题促进一三产业融合发展。

忠县新立镇：重点打造柑橘全产业链及产业集群。

云阳县清水乡：依托龙缸地质公园推动旅游业发展。

奉节县白帝镇：围绕白帝城景区促进农旅、文旅融合发展，打造长江三峡首峡旅游目的地。

巫山县大昌镇：围绕大昌古镇推动全域旅游发展。

巫溪县文峰镇：依托红池坝景区，突出云中花海秀美景色，重点发展旅游休闲养生产业。

五、渝东南生态保护发展区

黔江区濯水镇：围绕苗族土家族少数民族风情推动商旅融合发展。

武隆县仙女山镇：依托天生三硚世界自然遗产和仙女山森林公园等景区，创新发展“旅游+”全产业链。

石柱县黄水镇：突出休闲避暑功能，发展健康养生产业。

秀山县洪安镇：依托边城发展休闲娱乐旅游。

酉阳县龙潭镇：挖掘古镇文化、抗战文化、移民文化元素，推动文旅融合发展。

彭水县郁山镇：突出盐文化、丹文化促进文旅融合发展。

重庆市人民政府办公厅
关于培育发展特色小镇的指导意见

渝府办发〔2016〕111号

各区县（自治县）人民政府，市政府有关部门，有关单位：

特色小镇是指具有特色资源、特色产业、特色风貌，文化底蕴深厚、综合服务功能较为完善、生产生活生态融合发展的小城镇，是深入推进新型城镇化的又一载体和平台，是城乡联动的重要纽带。根据《中共重庆市委　重庆市人民政府关于深化拓展五大功能区域发展战略的实施意见》（渝委发〔2016〕16号）精神，市政府决定在具有较好城镇化基础和潜力的地区培育和发展一批特色小镇。经市政府同意，现提出如下指导意见。

一、总体要求

（一）重要意义。

在全市培育和发展一批特色小镇，发挥示范、辐射、带动效应，实现小空间大集聚、小平台大纽带、小载体大创新，有利于突出重点、精准发力，促进各优其优、优优与共，各美其美、美美与共；有利于发挥城乡联动的纽带功能，推动城乡要素自由流动、资源优化配置，促进城乡统筹发展的国家中心城市建设；有利于激发小城镇发展活力和潜力，疏解核心城区功能，完善市域城镇体系，优化城镇空间布局；有利于深入挖掘历史文化资源，提炼文化内涵，传承历史文脉，弘扬优秀传统文化；有利于适应消费新需求，培育有效供给，形成有效投资，更好地适应、把握和引领经济发展新常态，促进经济平稳健康发展。

（二）指导思想。

全面贯彻落实党的十八大和十八届三中、四中、五中全会精神，按照“五位一体”总体布局和“四个全面”战略布局，牢固树立创新、协调、绿色、开放、共享的发展理念，贯彻落实深化拓展五大功能区域发展战略部署要求，以产业发展为核心，以人口集聚为基础，强化改革创新支撑，抓好试点示范突破，着力提升供给效率水平，坚持集聚发展、差异发展，培育一批特色小镇，充分释放小城镇蕴藏的发展活力和潜力，为深入推进新型城镇化提供有力支撑。

（三）发展目标。

按照“三特色、三集聚”目标，力争在“十三五”期间建成30个左右在全国具有一定影响力的特色小镇示范点，推动形成一批产城融合、集约紧凑、生态良好、功能完善、管理高效的特色小镇。

——“三特色”。特色产业，基本形成“一镇一业”发展格局，主导产业特色鲜明、集群式发展，生产方式较为高效，是小镇地区生产总值、税收、投资、就业保持稳定增长的主要支撑。特色风貌，小镇建设实现整体平面和立体空间的统筹，地域文化特色浓郁，建筑风貌与自然环境相融合，建筑色彩与建筑形态相协调。特色功能，形成较为完善的基础设施和公共服务功能，具备与区县城综合服务功能错位补充的产业配套、休闲娱乐、度假旅游、文化体验等专业特色功能。

——“三集聚”。空间集聚，核心建设区域范围明确，主要发展空间向镇总体规划确定的城镇建设用地范围集聚，资源要素向核心建设区域集聚，单位面积产出效率较高。旅游小镇可根据功能适当调整空间范围。产业集聚，围绕主导产业全链式延伸，集聚发展相关配套产业及相关服务产业，形成具有一定规模、跨界融合的产业集群。人口集聚，就业岗位稳步增加，吸引与区域功能定位、主导产业发展方向、资源环境承载能力相适应的人口集聚，成为融合发展的典范。

（四）发展原则。

——功能错位、突出重点。按照各功能区功能定位要求，与区县城作为人口集聚主战场的功能错位，不搞“遍地开花”，重点选择一批具有自然、建筑、产业、人文等特色资源的小镇，因地制宜培育成为特色小镇，成为区县城城市功能的有益补充，优化完善市域城镇体系。

——市级示范、区县推动。市级集中筛选确定一批特色小镇示范点，给予相关政策支持，发挥引领示范作用，尽快形成可供推广的经验模式。各区县（自治县）人民政府要充分发挥主动性和积极性，因地制宜培育发展一批特色小镇。

——市场主导、政府引导。充分发挥市场在资源配置中的决定性作用，坚持市场化运作，凸显企业在项目投资、运营、管理等方面的主体地位。更好发挥政府的作用，在规划编制、基础设施配套、资源要素保障、公共服务设施完善、文化内涵挖掘传承、生态环境保护、宣传推广等方面统筹推进。

——产城融合、城乡联动。特色小镇发展要坚持依托产业集聚相应规模的人口就业、居住、旅游，不搞“空心镇”，避免“大建设”，要成为生态优美、风貌独特、宜居宜业的风情小镇。注重发挥好在区县城和农村人口及要素流动之间的承接传递作用，要成为城乡联动的重要纽带。

（五）发展导向。

立足各功能区功能定位，遵循“产业跟着功能定位走，人口跟着产业走，建设用地跟着产业和人口走”思路，合理配置资源要素，突出发展重点，形成“一镇一景、一镇一业、一镇一韵”的差异化发展格局。

——重点领域。依托历史人文资源和自然景观资源，结合地理区位特点，培育发展一批历史文化传承、民俗风情展示、健康养老养生、休闲度假、观光体验类特色旅游小镇；围绕特色农副产品加工、零部件加工制造、轻工纺织等劳动密集型产业培育发展一批特色产业小镇；围绕电子商务、文化创意、创新创业、商贸农贸等培育发展一批特色服务小镇。

——区域导向。立足于城乡联动的重要纽带功能，特色小镇原则上不布局在都市功能核心区和都市功能拓展区二环以内的区域。都市功能拓展区二环以外区域，以补充完善都市区功能为导向，培育若干旅游小镇和服务小镇；城市发展新区，以补充完善新型工业化、新型城镇化主战场功能为导向，重点发展一批产业小镇、旅游小镇和服务小镇；渝东北生态涵养发展区和渝东南生态保护发展区，充分利用自然生态风光和特色资源，突出民族民俗民风等文化特色，适度发展一批旅游小镇、产业小镇和服务小镇。建设用地空间制约明显的巫山县、巫溪县、城口县、奉节县、彭水县、酉阳县等县（自治县），可重点支持结合县城建设培育发展若干特色街区。

二、主要任务

（一）统筹兼顾推动“多规合一”。坚持规划先行，科学编制特色小镇全域规划，合理确定建设规模和功能定位，把以人为本、尊重自然、传承历史、绿色低碳等理念融入规划过程，切实提升规划的前瞻性、科学性和可操作性。统筹考虑人口分布、生产力布局、国土空间利用和生态环境保护，合理确定生产、生活、生态空间，推动小镇发展规划、城乡规划、土地利用规划等“多规合一”，实现以规划“定空间、定产业、定项目”。立足于特色小镇自然资源、文化底蕴、特色产业等，坚持系统规划、整体打造、做靓品牌，统筹规范特色小镇的标志标识、风格塑造、建筑风貌、市场营销等。强化小镇建筑风格的个性设计，制定《重庆市特色小镇城镇建设导则》，明确小镇建筑标准，规范统一建筑形体、色彩、体量、高度等。

（二）打造特色鲜明的主导产业。特色小镇要融入所在区县（自治县）乃至全市的重点产业格局，结合当地实际，突出本地资源优势，差异定位、细分领域、错位发展，明确产业发展定位，锁定产业主攻方向，做好“一镇一业”文章。围绕主导产业，发挥龙头骨干企业的示范带动效应，提升小微企业协作和配套能力，加速“点”上集聚、“链”式拓展，在“一镇一业”上实现集群化、集约化、规模化。切实改变传统镇域产业粗放型发展模式，积极主动适应绿色、生态、安全、个性化的消费升级需求，加快产业提档升级，改进完善生产工艺，严格产品质量标准，坚持做“精”、做“细”、做“绿”，彰显“个性”和“特色”。切实改变传统镇域产业“高消耗、高排放、低效率”

的生产模式，鼓励引导发展循环经济，推动产业绿色低碳发展。切实改变传统镇域产业发展“空心化”、“园区化”的现象，积极吸纳小镇农业转移人口就近就业、落户定居，鼓励扶持小镇人员创新创业，构建以产业促就业、产城融合发展的良好格局。

（三）营造优美宜居的人居环境。提升特色小镇基础设施建设水平，统筹推进公共供水、道路交通、燃气供热、信息网络、分布式能源建设，推进生活污水垃圾处理设施全覆盖和稳定运行，完善垃圾收集转运、公共厕所等设施。加大环境综合整治力度，实施绿化美化工程和生态环境提升工程，突出与自然景观融合发展，强化独特文化风貌展示，努力打造一批环境优美、文化浓郁、生态宜居的特色小镇。提升特色小镇公共服务便利化水平，合理确定公共服务设施建设标准，加强商业服务、社区服务、教育卫生、公共交通、文化娱乐、休闲健身等公共服务设施建设，形成以村级设施为基础，区县、乡镇级设施衔接配套的公共服务设施网络体系。

（四）创新特色小镇发展体制机制。特色小镇要坚持把改革创新作为发展的根本动力，探索形成符合特色小镇发展的体制机制，尽快形成可复制、可推广的经验和模式。探索扩权增能，着力降低行政成本、提高行政效率，根据实际需要，依法赋予特色小镇部分区县级经济社会管理权限。建立更加高效的特色小镇建设管理模式，制定分年度的项目投资计划，以项目为载体引导各类政策、资金、要素集聚。提升特色小镇公共服务的水平和质量，推进政府向社会力量购买公共服务，推动社区网格化管理，利用“互联网+”推动公共服务更加便捷普惠。探索创新土地流转经营、土地功能调整、用地保障等体制机制，推动特色小镇集约节约建设。

三、支持政策

有序引导特色小镇发展，充分发挥条件较好的特色小镇示范引领作用，市级层面集中规划、金融、财政、用地、人力资源等相关政策支持发展若干特色小镇示范点，根据特色小镇示范点推进建设情况适时扩大覆盖范围。

（一）规划。编制特色小镇示范点建设规划，支持推进“多规合一”。统筹特色小镇示范点土地利用总体规划、城乡规划等现行规划，编制各专项规划，实现资源的合理配置，有效利用。

（二）金融。新型城镇化专项建设基金、少数民族特色小镇专项建设基金原则上用于特色小镇示范点建设，其他专项基金优先安排特色小镇示范点。利用国际金融组织（世界银行、亚洲银行等）贷款优先支持特色小镇示范点建设。加强信贷政策指导，引导银行业金融机构结合新型城镇化建设金融需求特点，创新金融产品和服务，加大对特色小镇示范点建设的信贷支持，积极利用再贷款、再贴现等货币政策供给，加大定向支持力度，扩大金融机构新型城镇化建设信贷资金来源。支持募投项目用于特色小镇示范点建设的债券发行。鼓励产业引导股权投资基金、基础设施 PPP 项目投资基金等支持特色小镇示范点建设。

（三）财政。加大市级小城镇建设专项资金投入，调整优化市级中心镇专项建设资金，重点支持特色小镇示范点建设。对特色小镇示范点建设较好的区县（自治县）加大财政转移支付力度。旅游、扶贫、文化、农业、商贸、工业、市政、城乡建设、水利、科技、环保等市级行业主管部门将特色小镇示范点经济社会发展纳入专项资金支持范围。

（四）用地。按照规划、建设时序，市级专项下达特色小镇示范点建设用地计划指标。综合运用增减挂钩周转指标、地票等政策，充分保障特色小镇示范点建设。支持有条件的特色小镇示范点开展农村土地承包经营权、农村宅基地使用权、林地承包经营权、集体收益分配权自愿退出机制探索，盘活农村土地资源。

（五）人力资源。市内转移人口和市外来渝在特色小镇示范点创业投资和稳定就业人员，在城市发展新区、渝东北生态涵养发展区和渝东南生态保护发展区特色小镇示范点落户不受务工经商年限限制。重庆市新型城镇化工作联席会议（以下简称市联席会议）成员单位和特色小镇示范点互派干部交流锻炼。针对主导产业开展分类创业就业培训，将特色小镇示范点就业人员纳入农民工培训计划。

（六）其他。支持特色小镇示范点参照国家新型城镇化综合试点地区享受市级部门相关政策，国家1000个特色小镇、建制镇示范试点、国家投融资模式创新小城镇试点原则上在特色小镇示范点中选取。特色小镇示范点建设项目打捆纳入市级重点项目，享受相关支持政策。特色小镇示范点名单在市级主流媒体公布。

四、组织保障

（一）建立协调机制。加强对特色小镇规划建设工作的组织领导和统筹协调，建立全市特色小镇建设工作推进机制，由市政府分管领导同志负责，市联席会议办公室牵头推进相关工作，市政府有关部门各司其职，密切配合，形成合力。市联席会议成员单位定点联系指导特色小镇建设。

（二）推进责任落实。有关区县（自治县）人民政府是特色小镇建设的责任主体，要加强组织协调，确保特色小镇示范点建设有序推进；及时总结示范经验，稳步推进区域内其他特色小镇建设。市政府督查室、市发展改革委、市城乡建委要加强督促检查和指导，并通报相关情况。市城乡建委要会同市政府有关部门尽快制订《重庆市特色小镇城镇建设导则》，确保特色小镇城镇建设有章可循。市政府有关部门要强化科学指导，制定支持特色小镇建设相关政策的实施细则。

（三）加强动态监测。结合新型城镇化工作，市统计局要会同市政府有关部门建立健全特色小镇统计指标体系，准确反映特色小镇推进情况。各区县（自治县）人民政府要按季度向市联席会议办公室报送特色小镇示范点工作进展情况。

（四）强化宣传推广。充分发挥舆论引导作用，凝聚社会共识，营造良好社会环境和舆论氛围。各区县（自治县）人民政府、市政府有关部门要对特色小镇示范点的新思路、新理念、新举措进行广泛宣传，提高特色小镇示范点的美誉度和认同感。对特色小镇示范点建设的典型经验和做法进行认真总结和归纳提炼，形成示范带动效应。

附件：重庆市特色小镇示范点申报规程

重庆市人民政府办公厅

2016 年 6 月 17 日

附件 重庆市特色小镇示范点申报规程

第一条 总则

根据《重庆市人民政府办公厅关于培育发展特色小镇的指导意见》，为启动特色小镇示范点（以下简称示范点）申报工作，加快形成示范带动效应，特制订本规程。

第二条 申报基本条件

依托全国重点镇、全国特色景观旅游名镇、中国历史文化名镇、市级中心镇进行建设，资源优势和发展基础突出的建制镇可纳入申报范围。

（一）产业特色突出。产业发展符合各功能区功能定位要求，原则上一个小镇确定一个主导产业。都市功能拓展区二环以外区域，以补充完善都市区功能为导向，培育若干旅游小镇和服务小镇；城市发展新区，以补充完善新型工业化、新型城镇化主战场功能为导向，重点发展一批产业小镇、旅游小镇和服务小镇；渝东北生态涵养发展区和渝东南生态保护发展区，充分利用自然生态风光和特色资源，突出民族民俗民风等文化特色，适度发展一批旅游小镇、产业小镇和服务小镇。

（二）建设空间集聚。具有明确的核心建设区域，主要发展空间向镇总体规划确定的城镇建设用地范围集聚，资源要素向核心建设区域集聚，单位面积产出效率较高。旅游小镇可根据功能定位适当调整空间范围。

（三）综合效益良好。具备良好的外部交通条件和较为完善的城镇基础设施、公共服务设施，具备一定的产业基础和人口规模，具备较强的资源环境承载力和优化提升空间。规划新增投资、产值、就业、常住人口、税收等指标排名靠前。此外，旅游小镇规划区 5 公里半径范围内应有国家 3A 级及以上旅游景区支撑。

（四）风貌协调优美。改造升级和有机更新实施有序、衔接互补。历史建筑和文物保护有力、利用合理，基础设施和公共服务设施布局科学，建筑形体、风貌、体量、色彩与环境协调融合，小镇风貌优美、景观特色鲜明。

（五）组织保障有力。区县（自治县）人民政府负责推进示范点建设，在不单设专门机构、不增加人员编制的前提下，落实经费、人员和相关配套支持政策，统筹做好规划编制、基础设施配套、公共服务设施完善、资源要素保障、文化内涵挖掘传承、生态环境保护、宣传推广等方面工作。

第三条　申报材料

各区县（自治县）人民政府要依据本地“十三五”经济社会发展规划、土地利用总体规划、城乡规划、环境保护规划，编制特色小镇示范点建设方案。主要内容包括：

（一）小镇名称。有突出小镇产业定位、体现特色的小镇名称，小镇名称应具有不可复制性。

（二）基础条件。重点突出特色和优势。具体包括小镇全域范围、面积、人口、资源优势、历史文化、发展基础等，核心建设区的范围、面积、人口、产业现状，与城镇建设用地规划叠加情况等，旅游小镇应有旅游资源、历史渊源、民俗文化等方面的简介。

（三）发展目标。发展目标要围绕“三特色、三集聚”制定，重点突出特色产业、特色风貌、特色功能。具体在明确特色小镇全域发展目标的基础上，制定小镇核心区三年发展目标，包括产业发展、吸纳就业、旅游接待、项目建设及投资等经济方面目标，市政建设、建筑风貌、规划管理等“规建管”方面目标，公共服务、社会治理等社会发展方面目标。

（四）重点任务。围绕统筹兼顾推动“多规合一”、打造特色鲜明的主导产业、营造优美宜居的人居环境、创新特色小镇发展体制机制等方面重点，结合本地实际，提出具体任务安排，要明确工作举措，有具体的时间表、线路图。

（五）创新举措。立足小镇特色，围绕重点任务，提出建设示范点的创新举措，特别是在改革创新体制机制方面的考虑。

（六）重点项目及建设计划。核心建设区域内的重点项目库，以项目库为依据，制定投融资方案、分年度建设计划，明确建设主体、投资金额、资金来源、形象进度和预期效益。

（七）相关图示。按照“多规合一”的方向性要求，明确“三生”（生产、生活、生态）空间布局、重点功能布局、重点项目布局等示意图。

第四条　申报程序

（一）区县申报。区县（自治县）人民政府做好特色小镇示范点优选和储备工作，向市联席会议办公室报送申请材料，每个区县（自治县）申报数量控制在 2 个以内。市联席会议办公室另文通知申报时间。

（二）专家评审。市联席会议办公室组织评审专家组（专家组人数为不少于 9 人的奇数）对区县（自治县）人民政府申报特色小镇名单进行初审，采用现场答辩与资料申报相结合，对规划内容、产业特色、基础设施、产出效益、组织保障、配套政策等综合评定打分排名，名次靠前的纳入特色小镇示范点初审名单。

（三）政府审定。市联席会议单位对特色小镇示范点初审名单进行复审，重点评估特色产业的发展现状和潜力，推选出特色小镇示范点备选名单，提请市政府确定为特色小镇示范点。

第五条　动态管理

特色小镇示范点建设以 3 年为周期，建立退出机制，实施动态管理。具体管理细则由市联席会议办公室牵头制定实施。

（一）定期监测。市统计局会同市联席会议办公室建立特色小镇示范点统计指标体系，重点就投资、产出、就业、人口等指标开展监测，定期发布监测结果。

（二）年度考评。市联席会议办公室牵头对特色小镇示范点开展年度考评，重点考评项目建设计划完成情况，投资、产出、就业等主要经济指标完成情况，城镇建设管理是否达到年度进度预期，以及社会知名度、行业公认度等情况。考评采取实地检查、委托第三方评估等方式开展。

（三）考核结果。市联席会议办公室根据年度考核情况形成特色小镇示范点年度优秀、合格、不合格建议，报市联席会议审定通过后公布。年度考核结果作为建设周期期满后验收的重要依据。

（四）退出和增补。3 年期满后，由市联席会议办公室牵头组织验收。验收通过且需要继续扶持的纳入新一轮特色小镇示范点建设名单；验收未通过或有两次年度考核结果为不合格的退出特色小镇示范点建设名单；验收通过且已经成熟定型不再需要扶持的退出特色小镇示范点建设名单，重点宣传推广其经验模式。3 年期满后，市联席会议办公室会同市政府有关部门启动新一轮特色小镇示范点申报工作。

福建省推进新型城镇化工作联席会议办公室关于组织申报福建省第一批特色小镇名单的通知

闽发改规划〔2016〕463 号

各设区市人民政府，平潭综合实验区管委会，省教育厅、国资委：

为落实《福建省人民政府关于开展特色小镇规划建设的指导意见》（闽政〔2016〕23 号），请你们结合本地区、部门实际，按照《福建省特色小镇创建指南》（闽发改规划〔2016〕462号）的具体要求，抓紧做好第一批特色小镇的遴选、申报工作，每个设区市、部门申报数量原则上不超过5个，并于7月31日前将申报材料（含电子资料）一式十份报送福建省推进新型城镇化工作联席会议办公室。

联系人：黄　洵

电话：87063517

传真：87063079

电子邮箱：fgwczhb@ fujian. gov. cn

邮寄地址：福州市湖东路78号省发展和改革委员会规划处（城镇化办）

邮政编码：350003

福建省推进新型城镇化工作联席会议办公室

（福建省发展和改革委员会代章）

2016年6月21日

福建省推进新型城镇化工作联席会议办公室关于印发《福建省特色小镇创建指南》的通知

闽发改规划〔2016〕462号

各市、县（区）人民政府，平潭综合实验区管委会，省人民政府各部门、各直属机构：

《福建省特色小镇创建指南》已经省政府同意，现印发给你们，请认真贯彻落实。

福建省推进新型城镇化工作联席会议办公室

（福建省发展和改革委员会代章）

2016年6月21日

福建省特色小镇创建指南

为加快推进特色小镇规划建设工作，助力我省产业转型升级，推动大众创业万众创新和城乡统筹发展，制订本指南。

第一条　申报条件

（一）产业定位：特色小镇产业定位应结合所在城市的产业、人才和资源优势，聚焦新一代信息技术、高端装备制造、新材料、生物与新医药、节能环保、海洋高新、旅游、互联网经济等新兴产业，兼顾工艺美术（木雕、石雕、陶瓷等）、纺织鞋服、茶叶、食品等传统特色产业。特色小镇产业发展规划必须符合生态环境保护的要求。

（二）空间形态：特色小镇规划区域面积一般控制在3平方公里左右（旅游类特色小镇可适当放宽）。其中，建设用地规模一般控制在1平方公里左右，原则上不超过规划面积的50%。特色小镇要建设3A级以上景区，旅游产业类特色小镇按5A级景区标准建设。

（三）建设投资：新建类特色小镇原则上3年内完成固定资产投资30亿元以上（商品住宅项目和商业综合体除外），改造提升类18亿元以上，23个扶贫开发工作重点县可分别放宽至20亿元以上和10亿元以上，其中特色产业投资占比不低于70%。互联网经济、旅游和传统特色产业类特色小镇的总投资额可适当放宽至上述标准的80%。

（四）建设内涵：以集聚人才、资本、技术等高端要素为核心，通过运用新技术、构筑新平台、催生新业态、应用新模式，推进特色产业转型发展、迈向中高端，实现"产、城、人、文"四位一体有机结合。在投资便利化、商事仲裁、负面清单管理等方面改革创新，最大限度集聚人才、技术、资本等高端要素，打造更有效率的政务生态系统、更有活力的产业生态系统、更有激情的创业生态系统和更有魅力的自然生态系统，建设产城融合发展的现代化开放型特色小镇。

（五）运行方式：坚持企业主体、政府引导、市场化运作。特色小镇要明确投资建设主体，鼓励以社会资本为主推进项目建设。地方政府负责做好规划引导、基础设施配套、资源要素保障、文化内涵挖掘、生态环境保护、投资环境改善等。

（六）建设进度：原则上3年内完成投资，其中第一年完成投资不少于5亿元，互联网经济、旅游和传统特色产业的特色小镇不低于3亿元。

（七）综合效益：建成后有大量的新增税收、新增就业岗位产生，集聚一大批工商户、中小企业、中高级人才，加快形成新业态，培育具有核心竞争力的特色产业和品牌。

第二条 申报材料

（一）规划方案：有符合土地利用总体规划、城乡规划、环境功能区规划的特色小镇概念性规划，包括空间布局图、功能布局图、项目示意图，如已经开工的要有实景图。

（二）建设计划：有分年度的投资建设计划，明确每个建设项目的投资主体、投资额、投资计划、用地计划、建设规模、项目建成后产生的效益，以及相应的年度推进计划。以表格形式进行汇总。

（三）业主情况：简要介绍特色小镇建设主体的公司名称、实力、资金筹措计划等。可附上已建成运营项目案例。

（四）扶持举措：特色小镇所在县（市、区）政府支持申报省级特色小镇创建对象的服务扶持举措或政策意见。

（五）基本情况：如实、完整地填写《特色小镇基本情况表》（略）。

第三条　申报程序

（一）申报范围：所有符合基本条件的特色小镇。

（二）申报时间：由省城镇化办根据各地特色小镇规划建设情况发文通知，原则上每年于3月、9月分两批集中申报。

（三）申报数量：坚持上不封顶、下不保底，为明确重点、分期推进，每个设区市每批申报数量不超过5个。

（四）申报方式：县（市、区）规划的特色小镇，由县（市、区）政府向设区市政府上报申报材料，经设区市筛选后由设区市政府统一报省城镇化办；规划范围跨行政区域以及设区市直管的产业集聚区和经济开发区规划的特色小镇，由设区市政府向省城镇化办上报申请材料；省属企事业和高等院校单位规划的特色小镇，由省属企事业单位和高等院校向省城镇化办上报申请材料。如申报对象超过1个，需排序上报。

第四条　监管和调整

（一）定期监测：采取季度通报和年度考核的办法，对省级特色小镇创建对象开展统一监测。省统计局会同省发改委建立省特色小镇统计指标体系，有关市、县（区）按季度向省城镇化办报送特色小镇创建工作进展和形象进度情况。

（二）动态管理：省里分批公布省级特色小镇创建名单。以年度统计数据为依据，公布年度达标小镇。对连续两年没有完成年度目标考核任务的，实行退出机制，下一年度起不再享受特色小镇相关扶持政策。

（三）联动指导：相关行业主管部门具体负责对本行业领域特色小镇规划建设的前期辅导、协调指导、日常督查和政策扶持。各设区市要加强对所辖县（市、区）特色小镇规划、申报、创建等工作的指导和服务。各县（市、区）要明确责任、分工合作，形成省、市、县联动推进的工作机制。

第五条　验收命名

（一）验收条件：如期完成各项建设目标，主体企业、主体产业或主体产品的经济产出要占到小镇一半以上份额，符合特色小镇的内涵特征，社会上有较大的知名度，在行业内有一定的公认度。

（二）验收程序：由省级特色小镇创建对象所在县（市、区）向省城镇化办行文，提交要求验收命名的申请报告和所在县（市、区）政府提供的初验报告。省城镇化办组成专家组，经实地踏勘、专家打分形成一致意见后，报省推进新型城镇化工作联席会议评估验收，验收合格的报省政府审定命名为福建省特色小镇。对于首次验收不通过的，一年内可申请一次复验。

（三）命名公布：省政府审定省推进新型城镇化工作联席会议提出的建议命名的特色小镇名单后，以省政府名义发文公布。

本办法自发文之日起实施，具体由省城镇化办负责解释。

附件：福建省特色小镇申报材料说明

附件　福建省特色小镇申报材料说明

一、基本情况介绍

1. 特色小镇简介，2500 字左右。

明确产业定位。每个特色小镇都要把一个产业确定为主导产业，围绕该产业谋划布局。

明确投资主体、规模及相关指标。明确 2016~2018 年特色小镇投资主体、规模、建设周期、建设用地指标。

预测今后产出。预测 2016~2018 年特色小镇的产值、税收和旅游人数指标。

预排投资项目及相关指标。明确 2016~2018 年特色小镇每一个特色小镇建设项目的投资规模、建设周期、建设用地指标，并预测每一个项目 2016~2018 年的产值和税收。

2. 精简版简介，字数在 500 字左右。

3. 填写基本情况表，内容包括：产业定位、投资主体、项目概况、效益测算、主要项目。

4. 以上两个材料均要求 Word 版本。

二、概念规划图

1. 总图一张（主要是 1 平方公里核心区的概念规划），特色小镇核心区规划布局尽量集中，不能过于分散。

2. 电子稿为图片格式（即 jpg 格式）。

福建省人民政府
关于开展特色小镇规划建设的指导意见

闽政〔2016〕23号

各市、县（区）人民政府，平潭综合实验区管委会，省人民政府各部门、各直属机构，各大企业，各高等院校：

特色小镇区别于建制镇和产业园区，是具有明确产业定位、文化内涵、兼具旅游和社区功能的发展空间平台。加快规划建设一批特色小镇是经济新常态下推进供给侧结构性改革和新型城镇化的战略选择，也是推动大众创业万众创新和加快区域创新发展的有效路径，有利于加快高端要素集聚、产业转型升级和历史文化传承。为加快推进特色小镇规划建设工作，现提出如下意见：

一、总体要求

（一）特色为本。特色小镇是集产业链、投资链、创新链、人才链、服务链于一体的创新创业生态系统，是新型工业化、城镇化、信息化和绿色化融合发展的新形式，要按照创新、协调、绿色、开放、共享发展理念，结合自身特质，找准产业定位，制定各具特色的发展规划，挖掘产业特色、人文底蕴和生态禀赋，形成“产、城、人、文”四位一体有机结合的重要功能平台。

（二）产业为根。特色小镇应聚焦新一代信息技术、高端装备制造、新材料、生物与新医药、节能环保、海洋高新、旅游、互联网经济等新兴产业，兼顾工艺美术（木雕、石雕、陶瓷等）、纺织鞋服、茶叶、食品等传统特色产业，选择一个具有当地特色和比较优势的细分产业作为主攻方向，力争培育为支撑特色小镇未来发展的大产业。每个细分产业原则上只规划建设一个特色小镇。

（三）精致宜居。特色小镇要坚持精而美，按照节约集约发展、“多规融合”的要求，充分利用现有区块的环境优势和存量资源，合理规划生产、生活、生态等空间布局，规划区域面积一般控制在3平方公里左右（旅游类特色小镇可适当放宽）。其中，建设用地规模一般控制在1平方公里左右，原则上不超过规划面积的50%。特色小镇要建设3A级以上景区，旅游产业类特色小镇按5A级景区标准建设。

（四）双创载体。特色小镇要把人才引进作为首要任务，把为企业家构筑创新平台、集聚创新资源作为重要工作，在平台构筑、文化培育、社区建设等方面鼓励小镇内企业、社会组织、从业者等充分参与，培育小镇自治，不设专门机构，不新增人员编制；在投资便利化、商事仲裁、负面清单管理等方面改革创新，努力打造有利于创新创业的营商环境，最大限度集聚人才、技术、资本等高端要素，建设创新创业样板，助推产业转型升级。

（五）项目带动。发挥项目带动支撑作用，夯实特色小镇发展基础。新建类特色小镇原则上 3 年内完成固定资产投资 30 亿元以上（商品住宅项目和商业综合体除外），改造提升类 18 亿元以上，23 个省级扶贫开发工作重点县可分别放宽至 20 亿元以上和 10 亿元以上，其中特色产业投资占比不低于 70%。互联网经济、旅游和传统特色产业类特色小镇的总投资额可适当放宽至上述标准的 80%。

（六）企业主体。特色小镇建设要坚持企业主体、政府引导、市场化运作的模式，鼓励以社会资本为主投资建设。每个特色小镇要明确投资建设主体，可以是国有投资公司、民营企业或混合所有制企业。地方政府重点做好规划引导、基础设施配套、资源要素保障、文化内涵挖掘传承、生态环境保护、投资环境改善等工作。

二、创建程序

务实、分批推进特色小镇规划建设，力争通过 3～5 年的培育创建，建成一批产业特色鲜明、体制机制灵活、人文气息浓厚、创业创新活力迸发、生态环境优美、多种功能融合的特色小镇。

（一）自愿申报。由各设区市人民政府、平潭综合实验区管委会及省属企事业单位和高等院校向省推进新型城镇化工作联席会议办公室（挂靠省发改委，以下简称省城镇化办）报送创建特色小镇书面申报材料，应包含创建方案，明确特色小镇的四至范围、产业定位、投资主体、投资规模、建设计划，并附概念性规划。

（二）确定创建名单。根据申报创建特色小镇的具体产业定位，坚持统分结合、分批审核，先分别由省级相关职能部门牵头进行初审，再由省城镇化办组织联审并报省推进新型城镇化工作联席会议审定后由省政府分批公布创建名单。对各地申报创建特色小镇不平均分配名额，凡符合特色小镇内涵和质量要求的，纳入特色小镇创建名单，对产业选择处于全省同类产业领先地位的优先考虑。

（三）年度考核。对纳入省级创建名单的特色小镇，建立年度考核制度，由省城镇化办牵头制定考核办法。对连续两年未完成年度目标考核任务的特色小镇，实行退出机制，下一年度起不再享受特色小镇相关扶持政策。

（四）验收命名。纳入省级创建名单的特色小镇完成规划建设目标、达到特色小镇标准要求的，由省城镇化办组织有关部门进行评估验收，验收合格的报省政府审定命名为福建省特色小镇。

三、政策措施

（一）要素保障。各地要结合土地利用总体规划调整完善工作，统筹安排特色小镇建设用地，优化特色小镇建设用地布局。特色小镇建设要按照节约集约用地的要求，充分利用低丘缓坡地、存量建设用地等。省国土厅对每个特色小镇各安排100亩用地指标，新增建设用地计划予以倾斜支持。

在符合相关规划的前提下，经市、县（区）人民政府批准，利用现有房屋和土地，兴办文化创意、科研、健康养老、工业旅游、众创空间、现代服务业、“互联网+”等新业态的，可实行继续按原用途和土地权益类型使用土地的过渡期政策，过渡期为5年。过渡期满后需按新用途办理用地手续，若符合划拨用地目录的，可依法划拨供地。在符合相关规划和不改变现有工业用地用途的前提下，对工矿厂房、仓储用房进行改建及利用地下空间，提高容积率的，可不再补缴土地价款差额。

在纳入省级创建名单的特色小镇内，符合条件的建设项目优先列入省重点建设项目。

（二）资金支持。对纳入省级创建名单的特色小镇，在创建期间及验收命名后累计5年，其规划空间范围内新增的县级财政收入，县级财政可以安排一定比例的资金用于特色小镇建设；有关市、县（区）在省财政下达的政府债务限额内，倾斜安排一定数额债券资金用于支持特色小镇建设；支持特色小镇组建产业投资发展基金和产业风险投资基金，支持特色小镇发行城投债和战略性新兴产业、养老服务业、双创孵化、城市停车场、城市地下综合管廊、配电网建设改造、绿色债券等专项债券。2016~2018年，新发行企业债券用于特色小镇公用设施项目建设的，按债券当年发行规模给予发债企业1%的贴息，贴息资金由省级财政和项目所在地财政各承担50%，省级财政分担部分由省发改委和省财政厅各承担50%。特色小镇完成规划设计后，省级财政采取以奖代补的方式给予50万元规划设计补助，省发改委、省财政厅各承担25万元。

特色小镇范围内符合条件的项目，优先申报国家专项建设基金和相关专项资金，优先享受省级产业转型升级、服务业发展、互联网经济、电子商务、旅游、文化产业、创业创新等相关专项资金补助或扶持政策。优先支持特色小镇向国家开发银行、中国农业发展银行等政策性银行争取长期低息的融资贷款。鼓励特色小镇完善生活污水处理设施和生活垃圾处理收运设施建设，省级财政给予“以奖代补”资金倾斜支持。

（三）人才扶持。推广中关村等国家自主创新示范区税收试点政策，在特色小镇内实行促进高层次人才加大科研投入、吸引人才加盟、吸收股权投资、发展离岸业务等方面的税收激励办法。对特色小镇内企业以股份或出资比例等股权形式给予企业高端人才和紧缺人才的奖励，执行我省自贸试验区人才激励个人所得税管理办法和中关村国家自主创新示范区股权激励个人所得税政策。各级政府主导的担保公司要加大对特色小镇内高层次人才运营项目的担保支持力度，省再担保公司对小镇内高层次人才运营项目可适当提高再担保代偿比例。

（四）改革创新。列入省级创建名单的特色小镇，优先上报国家相关改革试点；优先实施国家和省里先行先试的相关改革试点政策；允许先行先试符合法律法规要求的改革。

四、组织领导

（一）建立协调机制。各级各有关部门要强化工作联动和协调，合力推动特色小镇创建工作的有力开展。依托现有的省推进新型城镇化工作联席会议制度，推进特色小镇创建工作。各设区市人民政府、平潭综合实验区管委会参照建立相应联席会议制度。

（二）实行重点扶持。各设区市人民政府、平潭综合实验区管委会要根据省特色小镇创建遴选标准和任务，制定培育计划，研究制定具体政策措施，加强宣传推介，实行领导挂钩、重点培育、重点发展。省直部门出台的各类扶持政策要对特色小镇给予倾斜支持。

（三）推进责任落实。县（市、区）要建立实施推进工作机制，搞好规划建设，加强组织协调，确保各项工作按照时间节点和计划要求规范有序推进，确保取得实效。

（四）加强动态监测。有关市、县（区）按季度向省城镇化办报送特色小镇创建工作进展和形象进度情况，省里在一定范围内进行通报。

福建省人民政府

2016 年 6 月 3 日

甘肃省人民政府办公厅
关于推进特色小镇建设的指导意见

甘政办发〔2016〕114 号

各市、自治州人民政府，兰州新区管委会，省政府有关部门，中央在甘有关单位，省属有关企业：

为统筹城乡经济社会协调发展，提高城乡居民收入水平，实现到 2020 年与全国一道全面建成小康社会目标，省委、省政府决定在全省开展创建特色小镇工作，现提出如下指导意见。

一、重要意义

特色小镇是按照创新、协调、绿色、开放、共享发展理念，以打造特色业态为主导，产业定位明确、市场要素集聚、管理机制创新、生产生活生态统筹布局的综合性发展平台，是引领经济发展新常态的积极探索和有益实践，对于推动政府与市场互动、激发创新创业活力、推进供给侧结构性改革、促进经济结构调整、加快经济社会发展具有重要意义。

开展特色小镇建设，是省委、省政府深入贯彻落实习近平总书记、李克强总理等中央领导同志关于特色小镇建设重要批示精神，从全省经济社会发展大局出发作出的一项重大决策，是破解小城镇经济发展瓶颈、创新发展动能、加快产业转型升级、有力改善人居环境、实现精准扶贫精准脱贫的重要抓手。在全省创建特色小镇，有利于推动各地积极谋划项目，扩大有效投资，推动资源整合、项目组合、产城融合；有利于集聚人才、技术、资本等高端要素，实现小空间大集聚、小平台大产业、小载体大创新；有利于加快推进产业创新和产业升级，形成新的经济增长点；有利于深入挖掘华夏文明传承创新区建设内涵，充分发挥我省文化资源优势，打造文化品牌，使特色小镇成为记住陇原乡愁、唤醒历史记忆、弘扬历史文化的有效载体，从而带动经济社会持续健康发展，实现与全国一道全面建成小康社会的目标。

二、目标步骤

（一）建设目标。坚持产业、文化、旅游“三位一体”，生产、生活、生态“三生融合”，工业化、信息化、城镇化、农业现代化“四化驱动”，项目、资金、人才、管理“四方落实”的要求，坚持以人为本、公平共享，科学规划、产业集聚，生态文明、绿色低碳，文化传承、彰显特色，政府引导、市场运作，统筹协调、分类指导的原则，围绕不同区域的产业发展、自然风貌、文化风俗和资源禀赋，按照“一镇一业”、“一镇一品”的要求，切实做好创建工作，力争通过 3 年的努力，在全省范围内初步建成一批特色鲜明、绿色低碳、功能完善、产业集聚、开放包容、机制灵活、示范效应明显的特色小镇。

特色小镇均要建设成为 3A 级以上旅游景区，其中旅游产业类特色小镇要按 5A 级旅游景区标准建设。支持各地以特色小镇理念改造提升产业集聚区和各类开发区（园区）的特色产业。

（二）实施步骤。全省推进特色小镇建设工作从 2016 年 7 月至 2018 年底，用 3 年时间分 4 个阶段进行：

第一阶段（2016 年 7 月）：调研论证，确定名单。在县市区政府自愿申报、各行业主管部门和市州政府充分调研论证的基础上，确定重点特色小镇创建名单（详见附件）。各市州政府可结合当地实际，确定市州特色小镇创建名单先行培育。

第二阶段（2016 年 8~10 月）：制定方案，编制规划。纳入重点特色小镇创建名单的县市区政府负责制定特色小镇建设实施方案，编制特色小镇建设规划，明确特色小镇的规划建设范围、产业定位、投资主体、投资规模、项目建设计划，以及规划范围约 3 平方公里的控制性详细规划和核心区约 1 平方公里的城市设计。

第三阶段（2016 年 11 月~2018 年 9 月）：分类指导，分步实施。根据每个特色小镇功能定位，统筹衔接各类规划，突出规划引领作用，落实建设项目，培育特色产业，以优质项目的实施推动产业转型升级，着力打造集产业链、投资链、创新链、人才链、服务链等要素支撑的特色小镇。

第四阶段（2018 年 10~12 月）：总结验收，交流提升。各地全面总结特色小镇建设与管理等方面的做法和经验，探索建立特色小镇建设与监管的长效机制。组织力量对重点建设的特色小镇进行综合评定，交流推广创建工作经验。

三、创建要求

（一）绿色低碳，生态良好。围绕绿色、循环、低碳发展理念，确定特色小镇绿色发展战略，因地制宜开发应用清洁能源和可再生能源，大力发展绿色建筑和低碳、便捷的交通体系，划定绿化建设用地，控制绿色指标，提高供排水、供热、供气、环境保护、智能化管理的基础设施建设水平，促进特色小镇绿色、低碳、集约、智能、可持续发展。

（二）风貌优美，功能完善。在尊重小镇自然生态、历史文化遗存的基础上，按照城市设计的理念和方法，对特色小镇的风貌特色、产业发展、空间布局进行科学规划。坚持人与自然和谐共生，注重借景山水、巧用田园、就地取材，体现淳朴的乡村特色。坚持地域人文特色，把传统文化和风土人情融入“山、水、村”中，真正体现出“望得见山，看得见水，记得住乡愁”的小镇魅力。坚持科学管控，规划创新，塑造出特色鲜明、色彩协调、风貌优美的小镇形象。坚持合理配套，做到基础设施、公共服务、旅游交通、产业发展、生态环境等布局完善，教育养老、医疗卫生、住房就业等各项保障措施到位，提升特色小镇综合服务功能。

（三）产业集聚，特色鲜明。以特色产业的提升发展为核心，结合资源禀赋和发展基础，根据不同发展阶段、地域特征、资源优势，找准特色、凸显特色、放大特色、做足特色，紧扣适合当地实际的特色富民产业，注重聚焦旅游、文化、生态、健康、现代服务五大产业和中药材、民俗风情、特色农产品加工等传统产业，着力培育建设特色产业集群，推动产业向特色小镇集聚，形成具有市场竞争力和可持续发展产业体系的特色小镇。

（四）机制高效，体制创新。坚持政府引导、企业主体、市场化运作的方式，创新投资支持机制、健全高效管理机制、规范完善激励机制，着力打造集产业链、投资链、创新链、人才链、服务链等要素支撑的众创生态系统。通过政策扶持、品牌创新、人才支撑，全力推进产业科学集聚、资源有效整合，走出一条创新发展之路、人才创业之路，从而促进大众创业万众创新，使特色小镇成为农村有志之士施展才华的广阔舞台。

四、保障措施

（一）加强组织领导。特色小镇创建工作纳入全省新型城镇化试点工作范围，在全省推进新型城镇化试点工作领导小组领导下开展工作，并增补省供销合作社、省城乡发展投资集团为成员单位。各成员单位要充分发挥职能作用，加强工作指导，加大支持力度，全力推进特色小镇创建工作。市州政府负责指导督促本地特色小镇的创建工作，县市区政府为特色小镇创建的责任主体，镇政府为特色小镇创建的实施主体。各级要切实加强组织领导，制定特色小镇实施方案，抓紧编制规划，明确职责任务，确保特色小镇建设工作有序开展。

（二）加强规划统筹。特色小镇在创建初期要重视特色产业的科学定位，按照“多规合一”的理念统筹编制特色小镇建设规划，充分衔接产业、生态、空间、文化、旅游等专项规划内容，合理确定特色小镇的产业发展及空间布局、建设用地规模、基础设施和公共服务设施配置等重要内容，做到定位科学、目标清晰、特色鲜明、布局合理、功能完善。

（三）加强用地保障。各地要结合土地利用总体规划调整特色小镇建设用地指标，加大特色小镇土地节约集约利用水平，把特色小镇的用地纳入城镇建设用地指标范围。要加快农村土地流转力度，探索农村宅基地自愿有偿退出机制，推行特色小镇土地管理创新，突出保障特色小镇建设用地指标。

（四）加强财政支持。省级财政采取整合部门资金的办法对特色小镇建设给予支持。同时采取“以奖代补”的方式，对按期完成任务，通过考评验收的特色小镇给予一定的奖补资金。特色小镇所在县级政府要将特色小镇建设用地的租赁收入以及小城镇基础设施配套费等资金，专项用于特色小镇基础设施建设。各地要积极研究制订具体政策措施，整合优化资源，对特色小镇规划建设给予支持。

（五）加强金融支持。充分发挥信贷和投融资平台作用，引导金融机构大力支持特色小镇建设，鼓励省、市、县各级投融资平台创新融资方式，多渠道筹集特色小镇建设资金。建立市场化运作机制，采取TOT（转让经营权）、BOT（建设—经营—转交）等PPP（政府与社会资本合作）项目融资模式，引导社会资本在更大范围参与特色小镇建设。

（六）加强资源整合。充分发挥政府投资的引领带动作用，多方整合资金，创新投入方式，对特色小镇建设的重点项目给予支持。省新型城镇化试点工作领导小组各成员单位，按照职责分工，围绕特色小镇创建工作目标，每年在编制部门专项资金预算时，重点向特色小镇倾斜。对涉及特色小镇建设的文化、旅游、产业、基础设施、小镇风貌等项目，充分利用新型城镇化试点、华夏文明传承创新区建设、丝绸之路经济带建设、生态环境建设与发展循环经济、精准扶贫和易地搬迁、改善农村人居环境和美丽乡村建设的成果，编制特色小镇建设项目清单，优先对列入特色小镇建设的项目给予重点支持。

（七）加强舆论宣传。各地要大力宣传特色小镇建设中的好经验、好典型和新思路、新举措，强化示范带动效应，凝聚社会共识，使特色小镇建设成为全社会高度重视、广泛参与的共同行动，为特色小镇建设工作营造良好氛围。省政府每年召开一次全省特色小镇工作经验交流会，及时总结推广经验，充分发挥典型的示范带动作用，推动全省特色小镇建设不断向纵深发展。

（八）加强考核考评。按照分级负责的原则，建立健全特色小镇建设工作考核评价机制。各市州要切实加强对特色小镇创建工作的监督检查指导，纳入创建名单的各县市区和乡镇要切实加强组织实施工作，及时了解工作进展情况，研究解决存在问题，确保特色小镇建设工作正常开展。省推进新型城镇化试点工作领导小组定期对特色小镇建设的进展情况开展督查，每年对特色小镇创建工作进行一次综合考评。考评实行政府绩效第三方评估机制，评估结果作为省级财政以奖代补的重要依据。

附件：重点特色小镇创建名单

甘肃省人民政府办公厅
2016 年 7 月 27 日

附件　重点特色小镇创建名单

1. 定西市通渭县平襄书画小镇
2. 临夏州和政县松鸣冰雪运动小镇
3. 武威市凉州区清源葡萄酒小镇
4. 天水市麦积区甘泉民俗风情小镇
5. 张掖市临泽县倪家营七彩丹霞小镇
6. 定西市临洮县洮阳马家窑洮砚小镇
7. 兰州市西固区河口黄河风情小镇
8. 平凉市崆峒区崆峒养生休闲小镇
9. 酒泉市肃州区酒泉玉文化小镇
10. 兰州市榆中县青城历史文化小镇
11. 定西市陇西县首阳中药材小镇
12. 陇南市康县阳坝生态度假小镇
13. 白银市景泰县黄河石林小镇

14. 陇南市成县西狭颂文化养生小镇
15. 兰州市皋兰县什川梨园小镇
16. 庆阳市华池县南梁红色旅游小镇
17. 甘南州夏河县拉卜楞民族风情小镇
18. 金昌市金川区双湾香草小镇

广东省发展改革委　广东省科技厅　广东省住房城乡建设厅关于印发《加快特色小（城）镇建设的指导意见》的通知

粤发改区域〔2017〕438号

各地级以上市人民政府，各县（市、区）人民政府，省政府各部门、各直属机构：

《关于加快特色小（城）镇建设的指导意见》已经省人民政府同意，现印发给你们，请结合实际认真组织实施。实施中遇到的问题，请径向省发展改革委、省科技厅、省住房城乡建设厅反映。

广东省发展改革委
广东省科技厅
广东省住房城乡建设厅
2017年6月12日

关于加快特色小（城）镇建设的指导意见

特色小（城）镇包括特色小城镇和特色小镇两种形态。特色小城镇是指以传统行政区划为单元，特色产业鲜明、具有一定人口和经济规模的建制镇。特色小镇是指聚焦特色产业和新兴产业，集聚发展要素，融合产业、文化、旅游、生活和生态等功能，不同于行政建制镇和产业园区的创新创业平台。特色小城镇和特色小镇相得益彰、互为支撑。规划建设一批符合我省实际的特色小（城）镇，有利于推动经济转型升级和发展动能转换，有利于促进大中小城市和小城镇协调发展，有利于从供给侧培育小镇经济，发展新产业、新业态、新模式，推动形成新的经济增长点。为贯彻落实《国务院关于深入推进新型城镇化建设的若干意见》（国发〔2016〕8号），根据国家发展改革委等部委关于加快特色小（城）镇建设的有关要求，为加快我省特色小（城）镇建设，经省人民政府同意，现提出如下意见。

一、总体要求

（一）指导思想。全面贯彻落实党的十八大和十八届三中、四中、五中、六中全会精神，深入学习贯彻习近平总书记系列重要讲话精神，牢固树立和贯彻落实创新、协调、绿色、开放、共享的新发展理念，以推进供给侧结构性改革为主线，坚持规划引领、以人为本、突出特色、创新驱动，做精做强主导产业，转换增强发展动能，完善综合服务功能，全面优化生态环境，建设一批独具岭南魅力、产业特色鲜明、生态环境优美、形态多式多样的美丽特色小（城）镇，为经济持续健康发展提供新动力。

（二）基本原则。

——坚持创新探索、融合发展。创新特色小（城）镇规划建设的理念、方法和机制，促进"产、城、人、文"有机结合，推动新型工业化、城镇化、信息化和农业现代化融合发展，努力走出一条特色鲜明、产城融合、惠及群众的新型小（城）镇之路。

——坚持产业兴镇、特色发展。从实际出发，发挥特色优势，体现区域差异性，提倡形态多样性。挖掘本地最具发展基础、发展潜力和成长性的特色产业，做精做强主导特色产业，打造具有持续竞争力和可持续发展特征的独特产业生态，防止千镇一面。

——坚持以人为本、科学发展。围绕人的城镇化，统筹生产、生活、生态空间布局，完善城镇功能，补齐城镇基础设施、公共服务、生态环境、文化传承和保护短板，打造宜居宜业环境，提高人民群众获得感和幸福感。

——坚持市场主导、政府引导。创新建设模式、管理方式和服务手段，提高多元化市场主体的积极性，共同推动美丽特色小（城）镇发展。发挥好政府制定规划政策、提供公共服务等方面的支持作用，为特色小（城）镇提供良好发展环境。

（三）分类指导。

——积极建设美丽特色小城镇。鼓励重点镇、专业镇、中心镇、生态乡镇、历史文化名镇等建制镇，优化提升特色产业，着力完善城镇功能，彰显地方特色文化，积极创新体制机制，切实改善生态环境，建设美丽特色小城镇。到2020年，全省建成100个左右产业集聚发展、生态环境优美、人文气息浓厚、城镇功能完善的美丽特色小城镇。

——科学规划建设特色小镇。支持具备条件的地方结合实际规划建设特色小镇，按照集产业链、创新链、资金链、人才链、服务链于一体的理念，培育新产业、新业态、新模式，促进产业、文化、社区和旅游融合发展，实现小空间大战略、小平台大产业、小载体大创新。特色小镇可分为特色产业类、科技创新类、历史文化类（综合文旅类）三种主要类型。每个特色小镇突出发展一个最有基础、最有优势、最具特色的主导产业。到2020年，全省建成100个左右产业"特而强"、功能"聚而合"、形态"精而美"、机制"活而新"的省级特色小镇，成为我省新的经济增长点。

二、重点任务

（一）打造产业发展新平台。立足资源禀赋、区位环境、历史文化、产业集聚等特色，做精做强特色小（城）镇主导产业，促进产业跨界融合发展，推动互联网、物联网技术与特色产业深度融合发展，构建小镇大产业，扩大就业和集聚人口，促进特色产业提质增效和转型升级，实现特色产业立镇、强镇、富镇。支持有条件的小城镇特别是中心城市和都市圈周边的小城镇，发展先进制造业和现代服务业，积极发展物联网、大数据、云计算、电子商务等产业。推进专业镇协同创新，通过区域分工合作，推进形成一批产业专业合作区。着力构建特色小镇高端要素集聚平台，支持特色小镇建设孵化器、加速器、工业设计中心、专门化总部基地等新型载体，促进产业发展向微笑曲线两端延伸。建立知识产权、质量检测、工艺设计、品牌策划、市场营销、金融服务、文化创意、文化体验等综合服务平台，促进纺织、服装、珠宝、陶瓷、家居、灯饰、红木、玩具等传统产业转型升级。深化产教融合、校企合作，积极依托高等学校、中等职业学校（含技工院校）建设就业技能培训基地，培养特色产业发展所需各类人才。

（二）培育经济发展新动能。坚持创新驱动发展战略，充分发挥特色小（城）镇创业创新成本低、进入门槛低、各项束缚少、生态环境好的优势，打造大众创业、万众创新的有效平台和载体，促进特色小（城）镇发展动能转换。鼓励特色小（城）镇建设众创、众包、众扶、众筹等低成本、便利化、开放式服务平台，构建富有活力的创业创新生态圈。集聚创业者、风投资本、孵化器等高端要素，吸引大学、科研院所、国家和省工程技术中心、重点实验室、科技交流论坛等科技资源，聚焦研发、设计、营销等高端环节，促进产业链、创新链、人才链的耦合。依托互联网拓宽市场资源、社会需求与创业创新对接通道。营造集聚高端要素、吸引各类人才、激发企业家活力的创新环境，推动形成一批特色鲜明、富有活力和竞争力的新型特色小镇。

（三）强化基础设施新支撑。按照适度超前、综合配套、集约利用的原则，加强特色小（城）镇交通、能源、信息、市政等基础设施建设，提升基础设施支撑发展能力。强化特色小（城）镇与交通干线、交通枢纽城市的连接，提高公路技术等级和通行能力。加强大城市及城际轨道交通在特色小（城）镇的站点（场）设置，高效衔接大中小城市和小（城）镇，促进互联互通。优先发展公共交通，提高公共交通线网密度和站点覆盖率。加强步行和自行车等慢行交通设施建设，积极发展共享交通，推进公共停车场建设，建立微公交系统。积极探索各类新能源技术的应用，在具备条件的地方建设分布式能源和区域供冷设施。鼓励规模化发展绿色建筑。支持在特色小（城）镇建设智慧园区、智慧社区、智慧景区。鼓励综合开发形成集交通、商业、休闲等于一体的开放式小（城）镇功能区。积极推进海绵城市建设，推广建设人工湿地、下凹式绿地、雨水花园、透水性广场和可渗透路面。完善排水防涝、防洪设施，加强污水、垃圾处理等基础设施建设，推进地下综合管廊建设。加强燃气、消防等设施保障。鼓励有条件的特色小（城）镇开发利用地下空间，提高土地利用效率。

（四）增加公共服务新供给。按照统筹规划布局、促进资源共享的原则，健全公共服务设施，推进城乡基本公共服务均等化，增强特色小（城）镇人口集聚能力。根据城镇常住人口增长趋势和空间分布，统筹布局建设学校、医疗卫生机构、文化体育场所等公共服务设施，使居民在特色小（城）镇能够享受高质量的教育、医疗等公共服务。镇区人口10万以上的特大镇按同等城市标准配置教育和医疗等公共资源。实施医疗卫生服务能力提升计划，在条件成熟、人口集中的小（城）镇建设具有县级水平的医院；鼓励在有条件的特色小（城）镇布局建设三级医院。推动省市县知名中小学和特色小（城）镇中小学联合办学。推进土地集约混合使用，增加商业商务、休闲娱乐、创业创新、高端服务等城市功能。推动“一门一网式”政务服务向特色小（城）镇覆盖。加快构建便捷的“生活圈”、完善的“服务圈”和繁荣的“商业圈”，吸引高层次人才到特色小（城）镇就业、创业、生活。

（五）建设美丽宜居新城镇。坚持绿色发展理念，保护特色小（城）镇特色景观资源，加强环境综合整治，统筹规划生产、生活、生态空间，建立多层次生态系统，彰显传统文化和地域特色，打造宜居宜业宜游的优美环境。强化大气污染、水污染、土壤污染及海洋污染防治，促进小（城）镇生态环境质量全面改善。优化产业用地与居住用地、公共用地的配比，控制土地开发强度和围填海规模，将自然山体、河湖湿地、农林草地融入到特色小（城）镇建设之中。在有条件的地方创建国家公园、农业公园、森林小镇、海岛特色小镇和渔港风情小镇，推动生态保护与旅游发展互促共融。加强历史文化名城名镇名村、历史文化街区、民族风情小镇等的保护，推进历史文化资源的活化利用，建设有历史记忆、文化脉络、地域风貌、民族特点的美丽小（城）镇。吸收继承岭南传统建筑的风格和元素，探索采取本土材料、新工艺，培育岭南建筑精品。支持特色小（城）镇将特色产业文化融入城镇空间景观与建筑形态，建设历史底蕴丰厚、时代特色鲜明的人文空间，实现“产、城、人、文、景”融合发展。

（六）打造共建共享新模式。坚持协调和共享发展理念，推动政府、社会、市民同心同向行动，逐步形成多方主体参与、区域良性互动的特色小（城）镇建设、治理模式。加强政府规划、政策引导，为特色小（城）镇提供制度供给、设施配套、要素保障、生态环境保护、安全监管等管理和服务，营造更加公平、开放的市场环境。发挥政府资金的引导作用，大力推广运用PPP模式，与社会资本共建基础设施和公共服务项目。充分发挥社会力量作用，最大限度激发市场主体活力和企业家创造力，鼓励企业、社会组织和市民积极参与特色小（城）镇投资、建设、运营和管理。创新特色小镇市场化开发建设运营机制，推行特色小镇开发、建设、运营一体化管理。鼓励和支持企业参与特色小镇土地开发、招商引资，探索成片开发、定制开发、组合开发等多种开发模式。积极调动市民参与特色小（城）镇建设热情，让发展成果惠及广大群众。

（七）拓展要素配置新通道。统筹规划城乡基础设施和服务网络，促进城乡要素合理配置，搭建农村一二三产业融合发展服务平台，推动城乡产业链双向延伸对接，把特色小（城）镇打造成为辐射带动新农村建设的重要载体。健全城乡基础设施建设投入的长效机制，促进水电路气信等基础设施城乡联网、生态环保设施城乡统一布局建设。加快农村宽带网络和快递网络建设，以特色小（城）镇为节点，推进农村电商发展和“快递下乡”。推动城镇公共服务向农村延伸，逐步实现城乡基本公共服务制度并轨、标准统一。推进农业与旅游、教育、文化、健康养老等产业深度融合。引导资金、信息、人才、管理等要素在城乡之间双向流动，促进城乡土地、劳动力、资本等要素高效配置。建立健全进城落户农民农村土地承包权、宅基地使用权、集体收益分配权自愿有偿流转和退出机制。完善城乡劳动力就业市场和人才交流市场。全面放开小城镇落户限制，全面落实居住证制度。健全特色小（城）镇金融服务体系，促进城乡存贷款的合理匹配。

（八）激发城镇发展新活力。加快体制机制创新，建立与特色小（城）镇规划建设相适应的公共服务和行政管理机制，营造扶商、安商、惠商和有利于创新的良好环境。鼓励特色小（城）镇根据国家和省的有关部署先行先试、积极探索，依法推进各项改革试点工作。完善与特色小（城）镇事权相匹配的管理职能和管理权限。深入推进强镇扩权，赋予镇区人口 10 万以上的特大镇县级管理职能和权限，强化事权、财权、人事权和用地指标等保障，推动具备条件的特大镇有序设市。根据特色小（城）镇工作实际，因地制宜构建简约精干的组织架构，不断创新服务管理方式。允许特色小镇入驻企业实行集群化住所登记，放宽特色小镇内新兴主体名称、经营范围核定条件。深化特色小（城）镇规划体制改革，积极推进“多规融合”或“多规合一”，加快建设基于“一张蓝图”管理的特色小（城）镇空间信息平台。探索建立特色小（城）镇总规划师制度，建立特色小（城）镇规划实施的评估和调整机制。建立规划审批“一站式”电子政务服务平台，试行全程电子化办理。

三、政策支持

（一）产业扶持。积极引导一批有重大示范带动效应的项目落户特色小（城）镇。支持特色小（城）镇建设公共服务平台，带动特色产业转型升级。优先支持特色小（城）镇按规定申报建设省战略性新兴产业基地，支持符合条件的镇内企业申报国家和省工程技术中心、重点实验室。优先支持符合条件的特色小（城）镇申报国家特色小（城）镇以及历史文化名镇（街区）、旅游特色名镇、3A 级或以上旅游景区。定期举办特色小镇发展论坛，召开形式多样的特色小（城）镇建设交流研讨会、项目推介会等，加强政、企、银、社的沟通合作与互动交流。

（二）财政支持。特色小镇在创建期间及验收命名后，其发展建设规划空间范围内的新增财税收入，由各级财政通过适当增加转移支付予以支持，专项用于特色小镇的基础设施和公共服务建设。各类财政专项资金和政府性基金在符合投向的情况下，向特色小（城）镇的产业发展及基础设施建设等项目倾斜。大力支持符合条件的特色小（城）镇建设项目申请中央预算内投资、专项建设基金、产业投资基金、创业投资基金等。

（三）土地保障。充分利用国家赋予我省的“三旧”改造和城乡建设用地增减挂钩等土地政策，保障特色小（城）镇建设用地。对符合条件的特色小（城）镇内重点项目，优先保障其用地指标。对现有规划建设用地总规模不足的特色小镇，可结合土地利用总体规划的调整工作予以重点保障。对集约节约用地工作成绩较为突出的特色小（城）镇，由市、县在统筹安排建设用地指标时予以倾斜支持。支持特色小（城）镇使用符合规划的农村建设用地，需要转为国有建设用地的，优先办理相关手续，并适当减免省级税费。鼓励特色小镇统筹工业用地和商业、住宅用地规模，实行合理的用地价费政策。

（四）金融支持。鼓励社会资本根据市场需要、按照市场化方式发起设立特色小（城）镇建设基金。支持金融机构创新特色小（城）镇金融产品和服务。支持有条件的小（城）镇投资运营主体通过发行企业债券等多种方式拓宽融资渠道。对特色小（城）镇范围内符合条件的政府和社会资本合作项目，优先纳入政府投资计划和贴息贷款计划。鼓励金融机构与风险投资、天使投资机构开展合作，支持特色小（城）镇的企业创新创业。支持特色小（城）镇相关企业通过改制上市、到新三板和区域性股权交易中心挂牌等方式融资。特色小（城）镇的企业参与“一带一路”建设的，优先纳入省丝路基金扶持范围。

（五）人才支撑。加强特色小（城）镇专业技术人才队伍建设，重点在岗位设置、工资待遇、专项培养等方面给予特殊政策。鼓励和支持特色小（城）镇与高等学校、中等职业学校（含技工院校）、科研院所深入合作，探索建立产学研紧密结合的人才培养、培训体系。加大相关职业工种标准和职业鉴定管理，并按规定将符合条件的职业工种纳入省级劳动力培训转移就业补助目录。完善政府奖励、用人单位奖励和社会奖励互为补充的多层次奖励体系，对具有较大潜力的人才的学习深造、国际交流等给予奖励或资助。健全人才引进制度，将特色小（城）镇专业技术拔尖人才纳入有关人才引进计划或项目。对引进特色小（城）镇急需的高端人才、特殊人才，实行“一人一议”。

四、加强组织领导

（一）加强统筹协调。各地、各有关部门要加强对特色小（城）镇规划建设的组织领导和统筹协调，积极研究制订支持特色小（城）镇的具体政策措施，整合优化政策资源，给予特色小（城）镇规划建设强有力的政策支持。省发展改革委负责制订规划和政策，做好顶层设计，牵头会同省有关部门建立全省特色小（城）镇建设工作联席会议制度，加强指导协调，及时研究解决特色小（城）镇建设中的重大问题。

（二）精心组织实施。由省住房城乡建设厅会同省发展改革委、科技厅等部门研究制定特色小城镇创建导则，省发展改革委牵头会同有关部门研究制定特色小镇创建导则，省科技厅会同省发展改革委等部门研究制定科技创新类特色小镇建设实施方案。在具体实施过程中，特色小城镇建设由省住房城乡建设厅牵头负责，科技创新类特色小镇建设由省科技厅牵头负责，其他类特色小镇建设由省发展改革委牵头负责。其他省直部门要按照职责分工做好特色小（城）镇建设指导协调和相关实施工作。省有关部门向国家有关部委推荐的全国特色小（城）镇从省级特色小（城）镇中择优选取。

（三）落实责任主体。各地级以上市是推进特色小（城）镇建设的责任主体，要根据本地实际建立实施工作机制，以规划为指引，整合各项要素资源，出台相关扶持政策，安排专项资金，配备规划师等必要的专业技术人才，营造良好环境，将特色小（城）镇规划建设任务落到实处。要加强上下联动，确保各项工作按要求规范有序推进，不断取得实效。

（四）加强检查监督。建立特色小（城）镇综合评价制度和督导机制。各地应及时向省特色小（城）镇联席会议报送特色小（城）镇建设进展情况。对于按要求完成规划建设任务的特色小（城）镇予以支持奖补；对于不能按时按质完成任务的要加强督促整改。

（五）加强宣传推介。省有关部门和各地政府要及时总结推广各地典型经验，积极向企业、社会和公众宣传推广特色小（城）镇。鼓励各地通过电视、电台、报纸、网络、移动传媒等渠道，组织开展问卷调查、现场咨询、公众论坛等活动，增进公众对特色小（城）镇的认识。要通过举办特色小（城）镇论坛和策划相关的主题活动，扩大我省特色小（城）镇的国内国际知名度和影响力，形成全社会关心、支持、参与特色小（城）镇建设的良好氛围。

广东省发展改革委
关于建立省特色小镇建设工作联席会议制度的通知

粤发改区域函〔2016〕3417号

省编办、经济和信息化委、科技厅、财政厅、国土资源厅、环境保护厅、住房城乡建设厅、交通运输厅、农业厅、文化厅、统计局、旅游局、金融办：

经省人民政府同意，现将《广东省特色小镇建设工作联席会议制度》印发给你们，请认真贯彻执行。

广东省发展改革委

2016 年 7 月 21 日

广东省特色小镇建设工作联席会议制度

为切实推动我省特色小镇建设，加强特色小镇建设的统筹协调，经省人民政府同意，建立广东省特色小镇建设工作联席会议（以下简称联席会议）制度。

一、主要职责

（一）贯彻落实国家、省关于推进新型城镇化的工作部署，统筹协调全省特色小镇建设工作，指导各地、各有关部门推进特色小镇创建工作。

（二）研究出台促进特色小镇建设的重大政策措施，审议全省特色小镇规划建设指导意见、创建导则等重要文件。

（三）审议候选特色小镇的发展规划、政策措施、重大项目布局，以及其他重要事项，研究提出拟公布的全省特色小镇名单报省政府审定。

（四）建立特色小镇规划建设协调机制、考核评价机制与动态调整机制，加强对特色小镇建设工作的指导、监督、评估和考核，协调解决特色小镇规划建设过程中遇到的重大问题。

（五）组织召开特色小镇创建现场会和专题工作会议，总结推广特色小镇规划建设经验，及时向省委、省政府报告有关工作进展情况。

（六）完成省委、省政府交办的其他事项。

二、组成人员

召集人：何宁卡　省发展改革委主任

成　员：陈雄贵　省编办副主任

余云州　省发展改革委副主任

邹　生　省经信委巡视员

刘　炜　省科技厅副厅长

叶梅芬　省财政厅副厅长

杨俊波　省国土资源厅副厅长

黄文沭　省环保厅副厅长

杜　挺　省住房城乡建设厅副厅长

杨细平　省交通运输厅副厅长

顾幸伟　省农业厅副厅长

龙家有　省文物局局长

陈　新　省统计局副巡视员

梅其洁　省旅游局副局长

倪全宏　省金融办副主任

联席会议日常工作由省发展改革委承担。联席会议成员因工作变动需要调整的，由所在单位提出，联席会议确定。

三、工作规则

联席会议根据工作需要定期或不定期召开会议，由召集人主持或由召集人委托有关负责人主持。联席会议可根据工作需要，邀请非联席会议成员单位参加会议。联席会议以会议纪要形式明确会议议定事项，经与会成员同意并由召集人签发后印发。重大事项及时向省委、省政府报告。

四、工作要求

各成员单位要按照职责分工，互通信息、密切配合、相互支持、形成合力，认真落实联席会议议定事项，充分发挥联席会议的作用。要积极研究制订各领域推进特色小镇建设的具体支持政策和实施细则，及时指导和帮助解决特色小镇建设中的相关问题。

广西壮族自治区人民政府
关于公布2016年度广西特色名镇名村的通知

桂政发〔2017〕8号

各市、县人民政府，自治区人民政府各组成部门，各直属机构：

2016年以来，崇左市江州区新和镇等18个镇村扎实推进广西特色名镇名村建设，村容镇貌明显改观，基础设施和公共服务进一步完善，特色产业发展迅速，达到预期成效。经组织验收，同意将崇左市江州区新和镇等18个镇村列为2016年度广西特色名镇名村。名单如下：

广西特色工贸名镇（1 个）：崇左市江州区新和镇。

广西特色生态（农业）名村（1 个）：桂林市资源县中峰镇康家村。

广西特色旅游名村（9 个）：南宁市上林县大丰镇下水源村、柳州市融水苗族自治县融水镇长赖屯、桂林市雁山区草坪回族乡草坪村、桂林市恭城瑶族自治县龙虎乡龙虎村、梧州市蒙山县长坪瑶族乡长坪村、河池市罗城仫佬族自治县小长安镇崖宜村、河池市天峨县六排镇云榜村、河池市东兰县三石镇弄英村、河池市巴马瑶族自治县甲篆镇达勒屯。

广西特色文化名村（7 个）：南宁市宾阳县大桥镇两岸村、柳州市柳城县大埔镇知青城、桂林市灵川县九屋镇江头村、桂林市灌阳县新街镇江口村、梧州市龙圩区大坡镇料神村、百色市西林县那劳镇那劳村、贺州市八步区莲塘镇仁冲村。

希望各地进一步完善特色名镇名村基础设施和公共服务设施建设，大力发展特色产业，促进群众增产增收；全区各级各有关部门认真学习特色名镇名村的建设做法和经验，加快推动我区村镇结构调整和经济发展，促进乡村建设整体水平提升。

广西壮族自治区人民政府

2017 年 1 月 17 日

广西壮族自治区人民政府
关于公布第三批广西特色旅游名县的通知

桂政发〔2017〕7 号

各市、县人民政府，自治区人民政府各组成部门、各直属机构：

自 2013 年开展创建广西特色旅游名县工作以来，全区各地积极行动，强化领导与统筹，按照“六个抓好”（抓好规划、抓好特色、抓好项目、抓好环境、抓好品牌、抓好营销）的要求，加大旅游投入，着力挖掘打造旅游特色，加快旅游基础设施和公共服务设施以及旅游重大项目建设，在完善县域旅游发展要素上下功夫，旅游新业态不断涌现，旅游产品不断丰富，特色旅游品牌逐步形成，旅游经济综合效益增长明显，第一、二批广西特色旅游名县的示范带动作用充分发挥，闯出了特色旅游发展的新路子，全域旅游得到创新发展。

2016 年，全区先后有 12 个广西特色旅游名县创建县提交验收评定申请。经组织验收，上林县、钦州市钦南区、容县、大新县、巴马瑶族自治县、三江侗族自治县和宜州市均达到广西特色旅游名县评定标准。根据《广西特色旅游名县创建工作管理办法》，同意评定上林县、钦州市钦南区、容县、大新县、巴马瑶族自治县、三江侗族自治县和宜州市为第三批广西特色旅游名县。

希望全区各级各有关部门特别是广西特色旅游名县创建县，认真学习广西特色旅游名县的先进做法和经验，进一步解放思想、改革创新、突出特色、优化服务，扎实推进广西特色旅游名县建设工作，为加快实现旅游强区和“两个建成”奋斗目标作出积极贡献！

广西壮族自治区人民政府

2017 年 1 月 17 日

广西壮族自治区人民政府
关于公布第二批广西特色旅游名县的通知

桂政发〔2016〕3 号

各市、县人民政府，自治区人民政府各组成部门、各直属机构：

我区开展创建广西特色旅游名县工作以来，全区各地积极行动起来，认真对照自身不足，继续扎实推进创建工作，采取有效措施，加大资金投入，狠抓各项工作落实，促进了当地旅游环境、秩序、质量和效益不断优化和提高，特色旅游建设发展取得了明显成效。经组织验收，龙胜各族自治县、金秀瑶族自治县和凭祥市达到了广西特色旅游名县评定标准。经研究，同意龙胜各族自治县、金秀瑶族自治县和凭祥市为第二批广西特色旅游名县。

希望全区各级各有关部门特别是其他广西特色旅游名县创建县（市、区），认真学习广西特色旅游名县的先进做法和经验，进一步解放思想、改革创新、突出特色、优化服务，扎实推进广西特色旅游名县建设，为加快我区旅游业跨越发展、实现“两个建成”目标作出新的更大贡献！

广西壮族自治区人民政府

2016 年 2 月 3 日

广西壮族自治区人民政府关于印发《加快创建广西特色旅游名县的若干支持和激励政策》的通知

桂政发〔2014〕49号

各市、县人民政府，自治区农垦局，自治区人民政府各组成部门、各直属机构：

现将《加快创建广西特色旅游名县的若干支持和激励政策》印发给你们，请认真贯彻执行。

广西壮族自治区人民政府

2014年7月30日

加快创建广西特色旅游名县的若干支持和激励政策

为贯彻落实《中共广西壮族自治区委员会　广西壮族自治区人民政府关于加快旅游业跨越发展的决定》（桂发〔2013〕9号），推进广西特色旅游名县创建工作，全面加快旅游业跨越发展，特制定如下支持和激励政策。

一、2014年至2017年，自治区每年安排广西特色旅游名县创建县（市、区，以下简称创建县）各1000万元左右的旅游发展专项资金，主要用于支持创建县的旅游公共服务设施和重点旅游项目建设。根据项目安排资金，对优质项目的资金支持可适当增加。各市、各创建县也要相应加大对创建工作的资金投入。

二、自治区对经考核验收合格并获得广西特色旅游名县称号的县（市、区），通过自治区旅游发展专项资金一次性给予2000万元的奖励，用于进一步完善和提升地方特色旅游产业。各广西特色旅游名县继续享受创建期间的各项优惠政策。

三、自治区对创建县的关键性旅游项目予以重点支持，优先将关键性项目纳入《广西壮族自治区重大旅游项目表》、《自治区领导联系推进的重大项目（事项）》项目库。对符合《自治区重大项目暂行管理办法》条件的关键性旅游项目优先列入自治区层面统筹推进的重大项目，享受自治区有关重大项目建设的若干政策，并在林地使用、海域使用等推进要素方面给予保障。

列入自治区层面统筹推进重大项目的旅游项目，自治区、市级国土资源部门按照立项权限分别保障用地指标。各创建县旅游项目的土地利用规划可根据需要优先按程序调整。优先支持创建县开展整县推进高标准基本农田土地整治重大工程。各创建县可享受桂林旅游产业用地改革试点政策。

四、各级各部门向国家和自治区申报项目和资金，在符合申报条件的前提下，对创建县的交通运输、环境保护（含垃圾污水处理）、水利等重大基础设施建设项目，予以优先支持。

优先支持各创建县通3A级以上旅游景区公路和通建制村沥青（水泥）路建设。优先支持各高铁站点和重要交通节点建设游客集散中心，并开通至各创建县重要景区的旅游专线车。

优先安排创建县旅游景区（点）以及开展农家乐旅游的村（屯）农村环境综合整治项目，优先安排创建县开展生态县、生态乡镇、生态村及生态旅游示范区的创建工作。

重点支持创建县开展水库、河湖、灌区、湿地、森林、自然保护区旅游观光休闲活动。优先安排创建县开展河流生态环境整治项目建设。

五、国家和自治区与旅游相关的产业结构调整、新农村建设、新型城镇化、城乡风貌改造、农村环境综合整治等改革措施在创建县先行先试。进一步整合科教文卫体等社会事业资源、涉农资金项目向创建县倾斜。

对各创建县的特色民族民俗文化挖掘、全国和自治区级文物保护单位保护、博物馆建设等方面优先予以支持和倾斜。

对创建县申报的“森林人家”旅游品牌试点示范建设给予优先安排、重点支持。

优先在创建县开展中国传统村落保护利用工作和乡村规划工作。优先支持创建县申报广西特色名镇名村。

优先支持创建县开展年度改厕项目建设、卫生应急体系建设，大力发展中医药民族医药健康养生旅游产业。

每年安排专项旅游扶贫资金用于创建县旅游扶贫示范项目。

六、自治区对创建县的关键性旅游项目实施财政贴息贷款扶持。自治区安排旅游项目担保风险补偿资金，用于对为各创建县中小型旅游企业银行贷款提供担保的机构进行风险补偿。优先支持金融机构在各创建县开展“金融支持乡村旅游示范工程”。鼓励支持自治区投融资平台加大旅游投入，广西旅游发展集团重点在各创建县投资建设旅游项目。

七、优先安排创建县的人才培训，重点培养各创建县的旅游管理人才和旅游从业人员，包括对各创建县领导和管理部门组织专项考察培训。对具有旅游类专业办学基础的创建县，优先安排旅游服务实训基地建设项目，优先安排资金支持创建县的旅游专业技术技能人才培养和开展旅游从业人员职业技能培训。

八、各级各部门要利用各自平台，进一步加强各创建县旅游形象宣传，全面利用各种媒体大力宣传，拓展国内外旅游市场。自治区旅游主管部门优先将各创建县的特色旅游产品纳入全区的精品旅游线路和重点营销计划。

贵州省人民政府办公厅
关于公布全省第一批整县推进小城镇建设发展
试点县名单的通知

黔府办函〔2016〕180号

各市、自治州人民政府，贵安新区管委会，各县（市、区、特区）人民政府，省政府各部门、各直属机构：

为抢抓国家批复我省设立贵州山地特色新型城镇化示范区的重大机遇，贯彻落实《住房城乡建设部 国家发展改革委 财政部关于开展特色小镇培育工作的通知》（建村〔2016〕147号，以下简称《通知》）和《关于打造贵州省特色小城镇升级版的实施意见》（黔镇联办通〔2016〕4号，以下简称《实施意见》）精神，决定在全省开展以县为单位整县推进小城镇建设发展试点工作。经申报、遴选、审议等程序，并经省人民政府同意，确定贵阳市的开阳县、修文县，遵义市的播州区、仁怀市、湄潭县，六盘水市的六枝特区、盘县，安顺市的西秀区、平坝区，毕节市的七星关区、金沙县，铜仁市的玉屏县、石阡县，黔东南州的凯里市、台江县，黔南州的贵定县、龙里县、福泉市，黔西南州的安龙县、兴仁县，共20个县（市、区）（排名不分先后）为全省第一批整县推进小城镇建设发展试点县。现将有关事宜通知如下。

一、制定工作方案。各试点县要根据《实施意见》有关“十大提升工程”的要求，按照定路线图、定工作量、定时间表、定责任人，集中人力、财力、物力的“四定三集中”原则，及时认真制定整县推进小城镇建设发展工作方案，明确目标任务、工作内容、完成时限、保障措施、工作机制等，于2016年9月30日前报省100个示范小城镇建设工作联席会议办公室（省住房城乡建设厅）。

二、加大支持力度。各试点县要积极主动对接上级有关部门，进一步争取各级各部门支持力度。省直有关部门、各金融机构、各融资平台要根据各自职责和各试点县实际工作需要，加强业务指导、项目扶持和技术支持，研究出台支持各试点县开展整县推进小城镇建设发展的实施方案或工作计划，明确支持内容、项目清单、支持措施等，在安排专项资金、基金信贷业务、项目融资时，要优先向试点县倾斜支持。相关实施方案或工作计划，于2016年9月30日前送省100个示范小城镇建设工作联席会议办公室。

三、优化提升规划。各试点县要在县城（城市）总体规划工作中，进一步优化提升县域城镇体系规划，科学确定各小城镇的发展性质、功能定位、主导产业，统筹考虑区域内小城镇功能配套需求、基础设施布局、产业发展指引。各小城镇要按照“小而精、小而美、小而富、小而特”的要求，融入“多规融合”理念，认真修改完善小城镇总体规划，及时编制完善“8+X”项目布局图，扎实推进小城镇全域规划的实施，努力实现重要地段控制性详细规划全覆盖。

四、注重特色发展。各试点县要按照《通知》要求，引导小城镇形成特色鲜明的产业形态、和谐宜居的美丽环境、彰显特色的传统文化、便捷全面的设施服务、健全完善的体制机制。要依托我省大扶贫、大数据两大战略行动，充分发挥大数据、大旅游、大生态“三块长板”优势，充分挖掘自然生态优良、民族文化浓厚、旅游资源丰富、现代山地高效农业、中药资源独特等优势，合理布局特色主导产业，强化产、城、景、文、农、旅融合发展，以特色主导产业为引领，培育一批各具特色、富有活力的特色小镇，带动周边多个乡镇联动连片发展。

五、加快设施建设。各试点县要根据小城镇总体规划，以基础设施、公共服务、民生保障、特色产业项目为重点，建立项目库，制定“8+X”项目清单和建设时序表，落实近期建设项目计划，抓紧开展项目建设前期工作，具备开工条件的项目要及时启动建设，力争实现区域内小城镇建设发展“三年见成效，五年大变样”。要以污水垃圾处理为重点突破口，按照“以城带乡、城镇打捆、政府主导、市场运作”的原则，整县推进小城镇污水处理设施建设；按照“户分类、村收集、镇转运、县处理”的原则，整县推进城乡垃圾收运处置设施建设。

六、推进镇村联动。各试点县要按照“精准扶贫、精准脱贫”，“以镇带村、以村促镇”要求，全面实施“1+N”镇村联动，推进1个“特色小镇”带动多个“美丽乡村”建设；整合“四在农家·美丽乡村”六项行动计划，建立美丽乡村建设“6+X”项目库，整村整镇连片推进项目建设，全面改善农村人居环境。要充分利用扶贫政策，整合资源实施镇村基础设施联动、公共服务联动、产业发展联动、绿色廊道联动，实现镇村联动、联建、联美、联富、联强。

七、加强资金筹措。各市（州）、试点县要加大本级财政对小城镇建设发展的支持力度，在年度财政预算时要安排小城镇建设发展专项资金，集中用于支持试点县小城镇建设发展。各试点县要加大向上争取各级各部门补助资金的力度，充分发挥各级各部门补助资金的撬动作用和各级融资平台的融资放大效应，促成金融机构加大信贷投入；鼓励采用政府与社会资本合作（PPP）的模式，采取“财政补助、信贷支持、社会投入”的方式多方筹集建设资金，吸纳社会资本积极投入，整合资源共同开展小城镇建设发展。

八、强化督促考核。各试点县人民政府是整县推进小城镇建设发展的责任主体，要建立主要领导亲自抓、分管领导负责抓、主管部门具体抓、相关部门协力抓的工作机制。省100个示范小城镇建设工作联席会议办公室要牵头及时研究建立整县推进小城镇建设发展试点县竞争遴选机制、激励奖惩机制、考核退出机制，对工作推进有力、成效明显的试点县，进一步加大项目、资金和政策支持力度；对工作推进不力、进度明显滞后、未达到既定目标的试点县，根据年度考核情况及时启动退出机制，切实形成比学赶超、争先创优的浓厚氛围。

贵州省人民政府办公厅

2016年8月11日

贵州省人民政府办公厅
关于印发《贵州省100个示范小城镇建设2013年工作方案》的通知

黔府办发〔2013〕10号

各市、自治州人民政府，贵安新区管委会，各县（市、区、特区）人民政府，省政府各部门、各直属机构：

《贵州省100个示范小城镇建设2013年工作方案》已经省人民政府同意，现印发给你们，请认真组织实施。

贵州省人民政府办公厅

2013年3月1日

贵州省100个示范小城镇建设2013年工作方案

2012年9月，省委、省政府下发《关于加快推进小城镇建设的意见》（黔党发〔2012〕25号），要求把小城镇培育成为县域经济发展的新载体，重点扶持100个示范小城镇，以点带面加快推进全省小城镇建设，到 2015 年，建成 100 个交通枢纽型、旅游景观型、绿色产业型、工矿园区型、商贸集散型、移民安置型等各具特色的示范小城镇。通过示范小城镇的带动作用，到 2017 年，每个县（市、区、特区）建成 3~5 个特色小城镇，全省新增小城镇人口 120 万左右，带动全省城镇化水平提升 3 个百分点左右。30 个省级示范小城镇到 2017 年率先实现小康目标。省委十一届二次全会提出推进“5 个 100 工程”重点平台建设，其中包括 100 个示范小城镇建设。为做好 2013 年度 100 个示范小城镇建设工作，特制定本工作方案。

一、工作要求

进一步完善总体规划和专项规划，合理确定建设规模和发展定位。加快建设一批基础设施项目、产业项目和民生项目，提升小城镇综合承载能力。注重特色发展，彰显自然景观、建筑风格、民族风情和文化品位特色，建设“小而精、小而美、小而富、小而特”城镇。坚持多元投入，整合各类资金，统筹推进小城镇机构改革、户籍制度改革和公共服务体系建设。落实省直部门工作责任，推动 30 个省级示范小城镇率先出形象、出效益。

二、工作目标

——规划工作目标。提升优化 100 个示范小城镇总体规划，完成 100 个示范小城镇详细规划，合理确定建设内容和建设规模，统筹安排基础设施建设项目、产业项目和民生项目。

——建设工作目标。重点完善示范小城镇基础设施和公共服务设施，建立健全项目库。实施 70 个市（州）级示范小城镇“8 个 1”工程：每个示范小城镇建设或完善 1 个路网、1 个标准卫生院、1 个社区服务中心、1 个农贸市场、1 个市民广场或公园、启动 1 个污水处理设施或垃圾处理设施项目、建设 1 个敬老院、建设 1 项城镇保障性安居工程。实施 30 个省级示范小城镇“8+3”工程，即在“8 个 1”的基础上，力争建设 1 个体育场、1 个产业园区、1 个有机农产品生产基地（具体工作安排见附表 1）。鼓励和引导有条件的示范小城镇建设城镇综合体。

——特色发展目标。按照“四小”的要求，打造“小而精、小而美、小而富、小而特”示范小城镇。30 个省级示范小城镇编制“四小”发展规划，70 个市（州）级示范小城镇根据自身发展情况适时编制。结合“六型”示范小城镇特点，打造宜工则工、宜农则农、宜商则商、宜贸则贸、宜游则游的小城镇。

——经济社会发展目标。社会生产总值比上年增加 19%以上，固定资产投资比上年增加 35%以上，财政收入比上年增加 20%以上，城镇居民人均可支配收入比上年增加19%以上，农村居民人均可支配收入比上年增加21%以上；100个示范小城镇新增城镇人口2万~3万。100个示范小城镇完成政府投资13亿元以上，拉动社会投资130亿元；100个示范小城镇培育100个主导产业，创办300个小微型企业，建设100个无公害、绿色、有机农产品生产基地。建立健全100个村镇规划建设管理机构。

——绿色生态目标。30个省级示范小城镇按国家绿色低碳重点小城镇标准进行创建，70个市（州）级示范小城镇按省级绿色小城镇要求进行创建。力争茅台镇、旧州镇列入国家绿色低碳重点小城镇名录，培育6个省级绿色小城镇。

三、工作原则

（一）规划先行，特色发展。以规划为龙头，结合交通区位、自然资源、产业构成、历史文化、民族风情等实际，实行分类指导和建设，着力提升示范小城镇特色和品位。

（二）项目推进，有序发展。以项目为抓手，强化基础设施项目、产业项目、民生项目建设，提高城镇综合承载力，引导和推动农村更多人口向示范小城镇有序转移。

（三）多元投入，统筹发展。以政府投入为引导，强化招商引资，吸纳金融支持，通过多元化筹资，积极支持和推动示范小城镇协调发展。

四、重点任务

2013年，按照“四定三集中”的原则，确保完成重点任务。即定路线图：优化规划，完善设施，培育产业，强化管理；定工作量：完成政府投资13亿元，拉动投资130亿元；定时间表：第一季度重点完成规划优化，第二季度重点抓重大项目确立和落实，第三季度重点抓全面实施，第四季度重点抓督查考核；定责任人：省级联席会议决策部署，省有关部门对应落实，帮扶单位承担“包干责任”、“一包到底”，市（州）政府推进落实，县（市、区、特区）政府组织实施，县（市、区、特区）、镇（乡）政府承担第一责任。集中人力：建立联席会议、部门对口帮扶、吸纳专家智慧、依托基层力量；集中物力：争取中央项目支持、省级和联席会议成员单位项目倾斜、县（市、区、特区）政府整合项目统筹安排；集中财力：政府加大投入、帮扶单位专项资金帮扶、整合资金捆绑使用、金融优先支持、推进招商引资。

（一）完善小城镇建设技术标准和有关制度。出台《贵州省小城镇总体规划编制技术导则》、《贵州省乡镇污水处理设施建设技术指南》；编制《贵州省小城镇建设指导图册》、《贵州省100个示范小城镇建设监测指标体系》、《贵州省100个示范小城镇分布图》；制定《贵州省小城镇建设资金管理办法》；建立贵州省100个示范小城镇基本情况信息库。

责任单位：各县（市、区、特区）政府和镇（乡）政府，各市（州）政府，示范小城镇帮扶单位，省住房城乡建设厅。

（二）建立示范小城镇工作台账。规范“一镇一档”制度，建立示范小城镇规划建设现状和经济社会发展工作台账，动态收集完善相关文本、图片、指标等资料，在100个示范小城镇率先推行信息化管理，健全基础数据信息库，逐步在全省推开。

责任单位：各县（市、区、特区）政府和镇（乡）政府，各市（州）政府，示范小城镇帮扶单位，省住房城乡建设厅。

（三）提升优化100个示范小城镇规划。结合示范小城镇自身发展实际，按照“小而精、小而美、小而富、小而特”的要求和“六型”小城镇的特点，提升优化总体规划，3月底前组织对总体规划（含“四小”专章）进行审查，4月底前完成镇区重点地段、主要路网（街道）、居住小区、工业园区及中心镇区详细规划，合理确定建设规模和发展定位，统筹安排基础设施、公共服务设施，明确人口聚集措施和人口预测指标。

责任单位：各县（市、区、特区）政府和镇（乡）政府，各市（州）政府，示范小城镇帮扶单位，省住房城乡建设厅。

（四）加快项目建设进度。一是加快建设一批基础设施项目。完善小城镇对外交通路网体系，新建、改建、扩建城镇道路，对镇区主次干道进行升级改造。建设和完善小城镇供水管网系统，新建、改建、扩建供水设施，提高供水能力，确保供水安全。建设和完善小城镇雨污分流系统，确保排水畅通；因地制宜建设污水处理设施，实现污水基本达标排放；完善垃圾清运系统，逐步提高垃圾机械化清运率，因地制宜建设垃圾无害化处理设施。电力、通信、广播电视等线路架设规范有序。

责任单位：各县（市、区、特区）政府和镇（乡）政府，各市（州）政府，示范小城镇帮扶单位，省发展改革委、省经济和信息化委、省财政厅、省国土资源厅、省环境保护厅、省住房城乡建设厅、省交通运输厅、省水利厅、省广电局、贵州电网公司。

二是加快建设一批产业项目。根据资源、地缘和产业基础，打造优势产业，大力发展适合小城镇的资源型、劳动密集型等有传统优势的项目。引导企业向园区集中，培育主导产业，延长产业链，引导制造产业和生产性服务业聚集、配套。支持示范小城镇发展农业特色优势产业，注重主导产业带动，支持示范小城镇农业产业化龙头企业申报建设特色优势产业类农业项目，结合农业示范园区建设，加快建设无公害、绿色、有机农产品生产基地。加快推进新农村现代流通服务体系建设。扶持、引进和培育流通企业，设置农村配送中心。

责任单位：各县（市、区、特区）政府和镇（乡）政府，各市（州）政府，示范小城镇帮扶单位，省发展改革委、省经济和信息化委、省财政厅、省农委、省商务厅、省工商局、省扶贫办。

三是建设一批民生项目。用足用活保障性住房政策，加大乡镇廉租住房、公共租赁住房、经济适用住房、棚户区改造等保障性住房项目建设力度。加快卫生院、计生服务站、社区综合服务站、敬老院等公共服务设施建设。加快镇区多功能文化娱乐活动中心（站、馆）、健身场馆、科技活动室、图书馆等文化体育科技设施建设，完善小城镇功能。

责任单位：各县（市、区、特区）政府和镇（乡）政府，各市（州）政府，示范小城镇帮扶单位，省科技厅、省民政厅、省文化厅、省卫生厅、省人口计生委、省体育局。

（五）注重特色发展。按照“小而精、小而美、小而富、小而特”的要求，结合“六型”小城镇特点，走贵州山区小城镇特色发展之路。结合交通区位、自然资源、历史文化、民族风情等方面的实际，突出贵州特色，着力提升小城镇建设品位。从山区城镇的特殊性和山地特有的自然条件入手，利用我省生态优势，创造人与自然和谐相处的美好环境；对核心街区、重点建筑物，要按照传承和发展地方文化和建筑特色的要求，精心规划、精心设计、精心施工，突出个性，防止千镇一面、万街雷同；要充分挖掘和保护民族传统、民间艺术、民俗文化，塑造小城镇魅力。因地制宜发展“精致小镇、美丽小镇、富裕小镇、特色小镇”。

责任单位：各县（市、区、特区）政府和镇（乡）政府，各市（州）政府，示范小城镇帮扶单位，省发展改革委、省民委、省财政厅、省住房城乡建设厅、省文化厅。茅台镇作为全省小城镇的龙头，在区位、产业、人文、生态环境等方面具有打造成为示范名镇的明显优势。要围绕省委、省政府将茅台镇打造成为“贵州第一、全国一流、世界知名”示范名镇的决策部署和目标要求，依托优势，主动作为，高起点、大手笔优化提升修建性详规，积极实施产业壮大、环境整治、交通疏解、旅游开发工程，集中人力、物力、财力加快茅台镇规划建设，打造茅台镇文化旅游综合体，建设宜游、宜业、宜居的示范名镇。

责任单位：遵义市政府、仁怀市政府、茅台镇政府，贵州茅台酒厂（集团）有限公司，省发展改革委、省经济和信息化委、省财政厅、省环境保护厅、省住房城乡建设厅、省交通运输厅、省水利厅、省旅游局。

（六）多渠道筹集建设资金。按照“政、银、企、社”多元投入、多方合作的融资模式，“用好”本地财政资金，“用足”上级扶持资金，“用活”金融机构资金，“用巧”经营城镇资金，“用够”社会民间资金，加快推进小城镇建设发展。

责任单位：各县（市、区、特区）政府和镇（乡）政府，各市（州）政府，示范小城镇帮扶单位，省发展改革委、省财政厅等省有关部门，国家开发银行贵州省分行、省农信社等金融机构。

（七）创新社会管理。创新城镇管理机制，围绕宜居、宜业、宜游和建设新型社区的要求，加强社会管理，提高公共服务，着力建设和谐小城镇。建立健全村镇规划建设管理机构。积极推进教育、文化、卫生、计生、体育等社会事业发展。逐步实现公共服务均等化，农民成为城镇居民后，在就业、医疗、入学等社会保障和公共服务等方面享受当地居民同等待遇，与医保、低保、住房、就学等社会保障有机衔接。切实加强社会治安综合治理，不断丰富居民精神文化生活，促进社会文明程度不断提高。加大户籍制度改革力度，配套相关措施，促进人口聚集。

责任单位：各县（市、区、特区）政府和镇（乡）政府，各市（州）政府，示范小城镇帮扶单位，省教育厅、省公安厅、省人力资源社会保障厅、省住房城乡建设厅、省文化厅、省卫生厅、省人口计生委、省体育局、省文明办。

（八）筹备办好小城镇建设发展大会。做好全省第二届小城镇建设发展大会筹备工作，按照公开、公平、择优的原则，确定大会承办地，指导承办地办好全省小城镇建设发展大会，强力推动全省小城镇建设。省、市（州）两级分别制作示范小城镇建设宣传片，展示建设成效。

责任单位：各市（州）政府，省住房城乡建设厅。

五、保障措施

（一）加强组织领导。建立以省政府分管领导为召集人，省住房城乡建设厅牵头、省有关部门为成员的贵州省 100 个示范小城镇建设工作联席会议制度，负责示范小城镇综合协调、规划编制、城镇建设、产业发展、政策研究、督促检查等工作，协调解决工作中的困难和问题。各级政府要建立相应的工作机制，制定详细的工作推进方案，对小城镇建设工作定期调度，协调解决小城镇建设中遇到的困难和问题，高效、有序推进 100 个示范小城镇建设工作。

（二）明确工作责任。县（市、区、特区）、镇（乡）政府作为第一责任人，要强化自身发展能力，扎扎实实地推进各项工作。市（州）政府作为主要责任人，负责组织实施、推进落实。省有关部门要根据自身职责，出台配套措施，从政策、资金、项目等方面对示范小城镇给予倾斜和支持。强化帮扶单位责任，帮扶单位要结合示范小城镇实际，进一步从城乡规划编制、市政公用基础设施建设、公共服务设施建设、镇容镇貌整治、特色产业发展、社会管理等方面完善帮扶方案，明确帮扶内容，提出帮扶目标，细化帮扶措施，对示范小城镇履行“包干”责任，在规划、建设、管理、发展、生态等各个方面“一包到底”。帮扶单位要以对口帮扶示范小城镇发展为己任，选派得力人员，驻镇开展帮扶工作；各市（州）、县（市、区、特区）要建立相应的对口帮扶机制，落实帮扶任务，建立联系制度，明确责任人、联系人。

（三）整合部门资源。省财政2013年安排3亿元用于30个示范小城镇基础设施项目建设，其中省小城镇建设引导专项资金2亿元，整合资金1亿元（其中整合省住房城乡建设厅建设资金0.5亿元），并视财力逐年增加。各市（州）、县（市、区）也要建立小城镇建设专项资金。县级政府要本着“渠道不乱、投向不变、统筹安排、捆绑使用、各记其功”的原则，加大整合统筹力度。发展改革、财政、住房城乡建设、交通运输、农委、水利等省有关部门申请中央项目和资金以及下达省级补助资金时要向100个示范小城镇倾斜。各级金融机构要在同等条件下优先满足示范小城镇项目建设贷款资金需求，积极鼓励各类社会资金参与示范小城镇项目建设。财政部门要加强对小城镇建设专项引导资金的管理，会同住房城乡建设部门制定小城镇建设专项引导资金管理办法。财政、监察、审计部门建立健全监管制度，确保资金使用规范、安全、有效。

（四）保障土地供应。按照山区城镇化特点和要求，有序推进低丘缓坡土地综合开发利用试点，将未利用地开发为小城镇建设用地。开展城乡建设用地增减挂钩试点，增减挂钩项目区的建新留用区重点布局在小城镇。节余的用地指标主要用于小城镇建设。盘活小城镇存量建设用地，节约集约用地。加大项目投资强度，提高土地利用效率。

（五）加强督促检查。建立100个示范小城镇建设跟踪、监控评估和动态管理制度，实行“月调度、季检查、半年通报、年度考核”。按照100个示范小城镇2013年建设任务表（见附表2），定期对示范小城镇建设情况进行跟踪评估，每季度向省政府常务会议汇报工作推进情况。对工作推进不力的，予以通报批评、责令限期整改，对整改不力的，按年度对项目资金进行动态调整，并对相关单位负责人、责任人进行约谈。

（六）鼓励扶持典型。出台支持小城镇建设发展大会承办地有关政策，引导各地示范小城镇建设“比学赶超”。探索推进小城镇建设的有效途径，树立一批有特色、有成效、有影响的典型示范小城镇。通过以奖代补方式，对年度考核优秀的示范小城镇予以奖励，并在次年下达资金和项目时予以倾斜。

（七）加强技术指导和人员培训。出台示范小城镇建设文件资料汇编和示范小城镇建设指导图集，组织省有关部门、帮扶单位及各类专业技术人员组成专家咨询小组，对示范小城镇规划、建设、管理、发展、生态等各项内容进行技术指导。依托党校、高校、科研院所等机构，编制小城镇建设管理人员培训教材，每年组织开展全省小城镇尤其是示范小城镇领导干部和管理人员专题培训。

附表 1

一、100 个示范小城镇“8 个 1”工程项目推进表

序号	工程内容	启动时间	完成时间	责任单位
1	建设或完善 1 个路网	2013 年 4 月	2013 年 9 月	1. 县（市、区、特区）、镇（乡）政府 2. 市（州）政府 3. 各帮扶单位 4. 省交通运输厅 5. 省住房城乡建设厅
2	建设或完善 1 个标准卫生院	2013 年 4 月	2013 年 11 月	1. 县（市、区、特区）、镇（乡）政府 2. 市（州）政府 3. 各帮扶单位 4. 省卫生厅
3	建设或完善 1 个社区服务中心	2013 年 4 月	2013 年 11 月	1. 县（市、区、特区）、镇（乡）政府 2. 市（州）政府 3. 各帮扶单位 4. 省民政厅
4	建设或完善 1 个农贸市场	2013 年 4 月	2013 年 11 月	1. 县（市、区、特区）、镇（乡）政府 2. 市（州）政府 3. 各帮扶单位 4. 省农委
5	建设或完善 1 个市民广场或公园	2013 年 4 月	2013 年 11 月	1. 县（市、区、特区）、镇（乡）政府 2. 市（州）政府 3. 各帮扶单位 4. 省住房城乡建设厅
6	启动 1 个污水处理设施或垃圾处理实施项目	2013 年 4 月	12 个月内	1. 县（市、区、特区）、镇（乡）政府 2. 市（州）政府 3. 各帮扶单位 4. 省发展改革委 5. 省环境保护厅 6. 省住房城乡建设厅

续表

序号	工程内容	启动时间	完成时间	责任单位
7	建设或完善1个敬老院	2013年4月	2013年11月	1. 县（市、区、特区）、镇（乡）政府 2. 市（州）政府 3. 各帮扶单位 4. 省民政厅
8	建设1项城镇保障性安居工程	2013年3月	12个月内	1. 县（市、区、特区）、镇（乡）政府 2. 市（州）政府 3. 各帮扶单位 4. 省发展改革委 5. 省财政厅 6. 省住房城乡建设厅

二、30个省级示范小城镇“8+3”项目

序号	工程内容	启动时间	完成时间	责任单位
1	建设或完善1个体育场	2013年内	2年内	1. 县（市、区、特区）、镇（乡）政府 2. 市（州）政府 3. 各帮扶单位 4. 省体育局
2	建设或完善1个产业园区	2013年内	3年内	1. 县（市、区、特区）、镇（乡）政府 2. 市（州）政府 3. 各帮扶单位 4. 省农委 5. 省商务厅
3	建设或完善1个有机农产品生产基地	2013年内	3年内	1. 县（市、区、特区）、镇（乡）政府 2. 市（州）政府 3. 各帮扶单位 4. 省农委 5. 省扶贫办

附表 2　100 个示范小城镇 2013 年建设任务表

一、30 个省级示范小城镇

序号	示范镇名称	总体规划编制情况	启动项目名称	项目规模	项目总投资（万元）	完成时限	责任人
贵阳市							
1	开阳县龙岗镇	2013 年 3 月 13 日评审	1. 镇区供排水规划	3. 42km^2	9. 00	2013 年	1. 龙岗镇党委书记黄启兆 2. 帮扶单位：中石油贵州公司党委书记张文荣
			2. 镇区消防规划	3. 42km^2	12. 00	2013 年	
			3. 镇区环境综合整治	占地面积 3000m^2	166. 10	2013 年	
			4. 公厕	和平路和南大街各一座，占地面积各 60m^2	29. 10	2013 年	
			5. 镇区取水配套设施工程	取水配套设施	80. 00	2013 年	
			6. 大石板河道改造工程	新建污水排放沟	400. 00	2013 年	
			7. 水口寄宿制小学建设项目	占地面积 12922m^2	668. 00	2013 年	
			8. 外环路改造工程	沥青道路路面改造长 2200m、宽 6. 5m	168. 00	2013 年	
			9. 西大街房屋外立面整治	立面面积 6798m^2	53. 85	2013 年	
			10. 西大街绿化改造	1260m×1. 5m×2m	30. 96	2013 年	
			11. 西大街人行道改造	1200m×5m×2m	73. 99	2013 年	
			小计		1691. 00		

续表

序号	示范镇名称	总体规划编制情况	启动项目名称	项目规模	项目总投资（万元）	完成时限	责任人
2	清镇市站街镇	2013年3月13日评审	1. 站马线（站街镇新区市政干道）	2km	9000.00	2014年	1. 站街镇镇长廖磊 2. 帮扶单位：省商务厅厅长申晓庆
			2. 卫生院	8000m^2	1350.00	2014年	
			3. 生态移民搬迁	广铝1km范围搬迁	16000.00	2013年	
			小计		26350.00		
3	修文县扎佐镇	已完成	1. 龙扎线城市干道建设及沿线土地开发	长12.3km、宽22~44m	160000.00	2014年	1. 扎佐镇党委书记田江涛 2. 帮扶单位：省教育厅副厅级督学邹联克
			2. 贵钢大道延伸段建设	长3.17km、宽27m	9900.00	2013年	
			小计		169900.00		
4	息烽县小寨坝镇	已完成	1. 行政中心道路硬化	10000m^2	900.00	2013年	1. 小寨坝镇党委书记陈才忠 2. 帮扶单位：贵州开磷（集团）有限责任公司息烽基地党委书记吴兴荣
			2. 交通标识	5300m^2	300.00	2013年	
			3. 路灯检修车	1辆	20.00	2013年	
			4. 路灯安装花篮	424盏	10.00	2013年	
			5. 农贸市场改造	5000m^2	300.00	2013年	
			6. 竹文化园改造	40000m^2	1000.00	2013年	
			7. 诚信路改造	长1500m、宽13m	1500.00	2014年	
			8. 磷城大道改造	长1200m、宽12m	1200.00	2014年	
			9. 磷城南路、复兴路改造	长1200m、宽17m	1000.00	2014年	
			10. 楚楚街改造	长1000m、宽12m	1000.00	2014年	
			11. 输水管道改造工程	20km	1000.00	2014年	
			12. 新建供水厂	10000m^3	2000.00	2013年	

续表

序号	示范镇名称	总体规划编制情况	启动项目名称	项目规模	项目总投资（万元）	完成时限	责任人
4	息烽县小寨坝镇	已完成	13. 污水排放工程	配套管网及日处理污水 5000m^3	1500.00	2013 年	1. 小寨坝镇党委书记陈才忠 2. 帮扶单位：贵州开磷（集团）有限责任公司息烽基地党委书记吴兴荣
			14. 救灾减灾物资储备仓库	占地 600m^2	200.00	2014 年	
			15. 卫生院改造工程	占地面积 3000m^2	800.00	2013 年	
			16. 公厕	6 座	120.00	2013 年	
			17. 封闭式垃圾箱	70 个	56.00	2013 年	
			18. 自卸式挂壁车	4 辆	40.00	2013 年	
			19. 综合执法车	1 辆	10.00	2013 年	
			20. 垃圾中转站改造	2000m^2	30.00	2013 年	
			21. 城镇节能路灯改造工程	300 盏	270.00	2013 年	
			22. 沿街立面整治	50000m^2	1500.00	2013 年	
			23. 集镇绿化工程	40000m^2	1300.00	2013 年	
			24. 沿街门头匾改造	2000 个门面	500.00	2013 年	
			25. 寄宿制小学扩建	占地 2000m^2	800.00	2014 年	
			26. 黑神庙中学扩建	占地 3000m^2	1200.00	2014 年	
			27. 精神文明活动中心	占地面积 1000m^2	200.00	2014 年	
			28. 标准图书馆	占地 800m^2	400.00	2014 年	
			29. 社会停车场	5000m^2	500.00	2014 年	
			30. 农贸市场改造	5000m^2	150.00	2013 年	
			31. 公租房及廉租房附属设施建设	50000m^2	9000.00	2013 年	
			小计		28806.00		

续表

序号	示范镇名称	总体规划编制情况	启动项目名称	项目规模	项目总投资（万元）	完成时限	责任人
遵义市							
5	桐梓县新站镇	2013年2月下旬评审	1. 1：500地形图测绘	5. 19km^2	20. 00	2013年	1. 新站镇党委书记杨道喜 2. 帮扶单位：中国电信贵州分公司总经理张新
			2. 总规划修编	6km^2	18. 00	2013年	
			3. 控制性详细规划	1. 4km^2	24. 00	2013年	
			4. 老集镇区亮化工程	0. 75km^2 的亮化工程	12. 00	2013年	
			5. 天网工程	老集镇区0. 75km^2，预留新区开发0. 65km^2	250. 00	2013年	
			6. 老集镇区道路改造工程	长1. 2km、宽8m	80. 00	2013年	
			7. 电信，广电管线入地	0. 75km^2 的集镇管线入地工程	300. 00	2013年	
			8. 集镇河道整治工程	1. 25km河道	386. 00	2013年	
			小计		1090. 00		
6	仁怀市茅台镇	已完成	1. 环茅南路，河滨大道"白改黑"工程	道路4. 36km，面积46000m^2	1460. 00	2013年	1. 茅台镇党委书记陈酌 2. 帮扶单位：贵州茅台酒厂（集团）有限公司副总经理张家齐
			2. 岩滩车行便桥建设工程	全长120m、7m宽跨河便桥		2013年	
			3. 茅台镇入口景观牌坊建设工程	共建设3个	7000. 00	2014年	
			4. 省道S208线的改造工程		42000. 00	2014年	
			5. 野猫沟组团改造工程		5000. 00	2015年	
			6. 川剧院组团改造工程		5000. 00	2015年	
			7. 街道房屋改造工程	长7800m、宽3~7m	10000. 00	2014年	
			8. 二桥建设工程	全长160m、宽12m	5000. 00	2014年	
			9. 茅台至坛厂快速通道建设工程	征用土地1800亩，拆迁房屋128户		2014年	
			10. 绕城公路拓宽改造工程			2014年	
			小计		75460. 00		

续表

序号	示范镇名称	总体规划编制情况	启动项目名称	项目规模	项目总投资（万元）	完成时限	责任人
7	遵义县尚稽镇	2013 年 3 月中旬评审	1. 迎宾大道	长 700m、宽 20m	1000.00	2013 年	1. 尚稽镇镇长高朝伟 2. 帮扶单位：省经信委中小企业局副局长王庆祝
			2. 桂花大道	长 892m、宽 32m	4000.00	2013 年	
			3. 香樟大道	长 796.728m、宽 32m	3000.00	2013 年	
			4. 高坪路	长 751m、宽 11m	158.61	2013 年	
			5. 文粮路	长 792m、宽 11m	375.00	2013 年	
			6. 东方红广场	9968m^2	1200.00	2013 年	
			7. 万象城旧城改造项目	12 万 m^2	18000.00	2015 年	
			8. 尚稽中学片区旧城改造项目	11 万 m^2	10000.00	2015 年	
			9. 铝业新城开发	3.6 万 m^2	8000.00	2014 年	
			10. 氧化铝厂安置小区	22 万 m^2	12300.00	2015 年	
			11. 茶山关栈道	长 5.5m、宽 1.5m	150.00	2013 年	
			小计		58183.61		
8	湄潭县永兴镇	2013 年 3 月底评审	1. 农贸街人行道青石板铺装	长 1500m，平均宽 5m 共计 7500m^2	150.00	2013 年	1. 永兴镇镇长杨继琴 2. 帮扶单位：省林业厅厅长金小麒
			2. 农贸街绿化亮化工程	行道树 200 株路灯宫灯安装 389 盏（个）	100.00	2013 年	
			3. 农贸街“白改黑”工程	长 750m、宽 8m	210.00	2013 年	
			4. 食品通道古镇风貌立面改造	立面面积 14000m^2	90.00	2013 年	
			小计		550.00		

续表

序号	示范镇名称	总体规划编制情况	启动项目名称	项目规模	项目总投资（万元）	完成时限	责任人
六盘水市							
9	六枝特区郎岱镇	已完成	1. 郎岱卫生院住院楼	占地 3.891 亩，建设面积 1550m^2	246.60	2013 年	1. 郎岱镇镇长周合平 2. 帮扶单位：中国移动贵州分公司副总经理刘国锋
			2. 党群活动中心	1600m^2	320.00	2013 年	
			3. 夜郎大街	2800m	2100.00	2013 年	
			4. 污水处理厂	日处理 3000m^3	2756.00	2013 年	
			小计		5422.60		
10	水城县玉舍镇	已完成	1. 彝族风情一条街	450×20m	3000.00	2013 年	1. 玉舍镇镇长王敏 2. 帮扶单位：省农委主任刘福成
			2. 河堤改造	2.6km	1000.00	2013 年	
			3. 索玛大道	5500m	7000.00	2013 年	
			4. 医院住院大楼	4000m^2	5000.00	2014 年	
			5. 太阳广场	30 亩	4000.00	2014 年	
			6. 立面改造	60000m^2	4800.00	2013 年	
			7. 太阳广场公路	长 713m、宽 18m	4000.00	2013 年	
			8. 星级酒店	3500m^2	3000.00	2015 年	
			9. 综合市场	10000m^2	3000.00	2014 年	
			10. 步行街	长 550m、宽 20m	500.00	2015 年	
			11. 排污管网工程			2014 年	
			小计		35300.00		

续表

序号	示范镇名称	总体规划编制情况	启动项目名称	项目规模	项目总投资（万元）	完成时限	责任人
11	盘县柏果镇	已完成	1. “四在农家” 房屋改造	7000 户	5600.00	2013 年	1. 柏果镇镇长任向广 2. 帮扶单位：盘江煤电集团责任公司董事长张仕和
			2. 柏果镇二中教学楼及学生宿舍	28818m^2	6000.00	2013 年	
			3. 柏果镇污水处理厂	6500 吨/日	6000.00	2014 年	
			4. 柏果镇木棕片区城镇道路工程	13200m^2	2600.00	2014 年	
			5. 柏果第一幼儿园	6000m^2	800.00	2013 年	
			6. 柏果镇垃圾填埋场	占地 120 亩	4000.00	2013 年	
			7. 柏果镇中心区河道景观工程	2.3km	5000.00	2013 年	
			8. 中心区休闲广场	15000m^2		2013 年	
			9. 柏果镇标准化农贸市场工程	6000m^2	700.00	2013 年	
			10. 环城公路建设	10.32km	29618.00	2015 年	
			11. 六盘水盘北医院	13883m^2	4000.00	2014 年	
			12. 中心区道路绿化美化改造工程		800.00	2013 年	
			小计		65118.00		
安顺市							
12	平坝县夏云镇	已完成	1. 毛栗园安置小区	占地 250.35 亩	2349.44	2015 年	1. 夏云镇镇长陈德国 2. 帮扶单位：省工商局局长杨正国
			2. 节溪安置小区	占地 75 亩	1010.78	2015 年	
			3. 污水处理厂	占地 16 亩	3081.00	2014 年	
			4. 公办幼儿园	占地 3333.2m^2	360.00	2013 年	
			5. 卫生院扩建	建筑面积 3335.2m^2	200.00	2014 年	
			小计		7001.22		

续表

序号	示范镇名称	总体规划编制情况	启动项目名称	项目规模	项目总投资（万元）	完成时限	责任人
13	西秀区旧州镇	2013 年 3 月初评审	1. 总规修编	$4km^2$		2013 年	1. 旧州镇镇长马文东 2. 帮扶单位：省住房城乡建设厅厅长张鹏
			2. 东环路	1. 7km	3000. 00	2013 年	
			3. 新南街	418. 85m	400. 00	2013 年	
			4. 东街至文昌阁道路改造	210m	40. 00	2013 年	
			5. 古民居修缮	88 户，5 户示范性民居	200. 00	2013 年	
			6. 鲁氏老宅修缮	规划修缮面积 $1200m^2$	300. 00	2014 年	
			7. 污水处理厂		1800. 00	2014 年	
			8. 农民新村	占地 120 亩	3000. 00	2015 年	
			9. 公租房	120 套，$7200m^2$	1080. 00	2014 年	
			小计		9820. 00		
14	普定县白岩镇	2013 年 2 月底评审	1. 居民点建设	占地 67 亩，98 户建房	800. 00	2013 年	1. 白岩镇党委书记徐启才 2. 帮扶单位：省水利厅厅长黎平
			2. 韭黄大道	长 2000m、宽 18m	3800. 00	2014 年	
			3. 福达汽车交易中心	占地 320 亩	34000. 00	2015 年	
			4. 白富街	长 495m、宽 18m	800. 00	2013 年	
			小计		39400. 00		
毕节市							
15	威宁县迤那镇	已完成	1. 城镇道路路网	5km	6000. 00	2013 年	1. 迤那镇党委书记马祥鸿 2. 帮扶单位：省发展改革委总规划师张美钧
			2. 城镇供水管网	12km	500. 00	2013 年	
			3. 城镇排污，排水管网	7km	500. 00	2013 年	
			4. 河道治理	1. 2km	300. 00	2013 年	
			5. 火车站站前广场	20 亩	450. 00	2013 年	

续表

序号	示范镇名称	总体规划编制情况	启动项目名称	项目规模	项目总投资（万元）	完成时限	责任人
15	威宁县迤那镇	已完成	6. 污水处理厂	700 吨/日	1229.00	2014 年	1. 迤那镇党委书记马祥鸿 2. 帮扶单位：省发展改革委总规划师张美钧
			7. 垃圾填埋场	38 吨/日	2700.00	2014 年	
			8. 公租房	76 套	260.00	2014 年	
			9. 物流仓储基地	80 亩	2000.00	2014 年	
			10. 城镇强弱电入地	5km	4200.00	2014 年	
			11. 客运站	50 亩	200.00	2014 年	
			12. 卫生院	$1500m^2$	270.00	2014 年	
			13. 返乡农民工创业园	100 亩	10000.00	2015 年	
			14. 老城镇路灯安装	70 盏	49.00	2013 年	
			15. 农贸市场	$1100m^2$	210.00	2013 年	
			16. 幼儿园	$700m^2$	290.00	2013 年	
			17. 教师周转房	$2000m^2$	210.00	2013 年	
			18. 第二中学	120 亩	7000.00	2014 年	
			19. 办公区绿化	5 亩	50.00	2013 年	
			20. 老城镇风貌改造	175 户	1800.00	2013 年	
			21. 敬老院	$2500m^2$	171.00	2013 年	
			22. 老年活动中心	$300m^2$	33.00	2013 年	
			23. 牲畜交易市场	40 亩	150.00	2013 年	
			24. 老城镇公厕	4 个	60.00	2013 年	
			小计		38632.00		

续表

序号	示范镇名称	总体规划编制情况	启动项目名称	项目规模	项目总投资（万元）	完成时限	责任人
16	大方县六龙镇	2013年2月下旬评审	1. 丫口田牌楼建设工程	1座，宽12m、高10.5m	40.00	2013年	1. 六龙镇党委书记汪石 2. 帮扶单位：省交通运输厅厅长陈志刚
			2. 青石板铺设建设工程	6500m^2	190.00	2013年	
			3. 污水管网铺设建设工程	1060m（万顺路460m、马匙街600m）	30.00	2013年	
			4. 电力电信线网隐藏工程	电力线1000m、通讯线1000m	250.00	2013年	
			5. 绿化工程	1米以上高植物400盆、竹子400株、小花10000株	50.00	2013年	
			6. 房屋立面改造工程	40户	200.00	2013年	
			7. 游客接待中心建设工程	2500m^2	100.00	2013年	
			8. 灯带灯笼安装亮化工程	灯笼1000个，灯带4000m	100.00	2013年	
			9. 商铺招牌．门联．指示牌	招牌80块、门联16对、指示牌4个	20.00	2013年	
			10. 返乡创业园区	标准化厂房两栋	3000.00	2013年	
			11. 荆州小区广场、道路及展示厅建设工程	广场占地6000m^2，展示厅占地120m^2	800.00	2014年	
			小计		4780.00		
17	赫章县六曲河镇	2013年2月下旬评审	1. 房屋住宅建设		600.00	2014年	1. 六曲河镇党委书记黄佑军 2. 帮扶单位：中烟公司贵州公司党组书记白云峰
			2. 集镇，园区路网工程	2.5km	7000.00	2014年	
			3. 防洪工程1km	1km	900.00	2013年	
			4. 农产品交易中心	10000m^2	960.00	2014年	
			5. 幼儿园		260.00	2013年	
			6. 广场	8800m^2	420.00	2013年	
			7. 标准化厂房建设		400.00	2014年	
			8. 周边山头、办公区、街道绿化等		200.00	2013年	
			小计		10740.00		

续表

序号	示范镇名称	总体规划编制情况	启动项目名称	项目规模	项目总投资（万元）	完成时限	责任人
18	纳雍县王家寨镇	已完成	1. 华阳支路建设	1. 4km	2500. 00	2013 年	1. 王家寨镇镇长胡卫华 2. 帮扶单位：国家开发银行贵州分行行长王永进
			2. 老街改建	2. 15km	630. 00	2013 年	
			3. 特色民居建设	350 栋	1200. 00	2013 年	
			4. 路灯安装	80 盏	48. 00	2013 年	
			5. 小公园建设	1 个 2400m^2	400. 00	2013 年	
			6. 小广场建设	1 个 3000m^2	950. 00	2013 年	
			7. 污水管道安装	排污管道安装 1920m	200. 00	2013 年	
			8. 路尾坝休闲度假村建设	1 个	55759. 00	2015 年	
			小计		61687. 00		
铜仁市							
19	德江县煎茶镇	2013 年 2 月底评审	1. 煎茶社区文化广场	40000m^2	5600. 00	2013 年	1. 煎茶镇镇长陈东 2. 帮扶单位：省农信社理事长王术君
			2. 沙沱电站移民煎茶镇金三角安置点	安置移民 268 户，1250 人	7000. 00	2014 年	
			3. 污水管网建设	7020m	496. 00	2013 年	
			4. 第二幼儿园	3000m^2	205. 00	2014 年	
			5. 人社中心办公楼	381m^2	38. 00	2013 年	
			6. 医疗救助中心	520m^2	2660. 00	2013 年	
			7. 财税分局办公楼	300m^2	43. 00	2013 年	
			小计		16042. 00		

续表

序号	示范镇名称	总体规划编制情况	启动项目名称	项目规模	项目总投资（万元）	完成时限	责任人
20	大龙开发区大龙镇	已完成	1. 1 号主干道（二期）工程（BT）	8. 4km×36m	41869. 00	2015 年	1. 大龙镇党委书记黎滨江 2. 帮扶单位：省民政厅厅长丁治学
			2. 2 号主干道工程（BT）	6. 226km×45m	45409. 00	2015 年	
			3. 4 号主干道工程（BT）	1. 736km×36m	11551. 00	2014 年	
			4. 5 号干道工程（BT）	2. 55km×36m	20000. 00	2015 年	
			5. 大龙车坝河自来水工程	1 万吨/日	3500. 00	2015 年	
			6. 新 320 国道大龙段	11km×30m	55000. 00	2014 年	
			7. 2013 年廉租房建设项目	800 套	5120. 00	2013 年	
			8. 2013 年公租房建设项目	2084 套	15738. 00	2013 年	
			9. 2013 年城市棚户区改造项目	改造 2035 户	16000. 00	2014 年	
			10. 污水处理工程	0. 8 万吨/日	4069. 00	2014 年	
			11. 生态移民工程	130 户 500 人	600. 00	2013 年	
			12. 汽车站保障性安置住房建设项目	61. 58 公顷		2015 年	
			13. 垃圾填埋场	1 个垃圾填埋场，50 吨/日	2500. 00	2014 年	
			小计		221356. 00		
21	印江县木黄镇	2013 年 2 月下旬评审	1. 总规，控规，修规编制		69. 00	2013 年	1. 木黄镇党委书记严振亚 2. 帮扶单位：中石化贵州分公司总经理何建新
			2. 木黄会师纪念牌基础设施配套工程	2 个亭子、12 个牌、2 个公厕和步行道建设	93. 75	2013 年	
			3. 会师广场及风雨桥建设、停车场建设	规划用地总面积 37385m^2，其中：广场用地面积 13859m^2，停车场 23526m^2；建筑占地面积 1432m^2，建筑面积 1931m^2，绿地面积 13964m^2。征收、拆迁补偿安置房屋 5 栋	2750. 00	2013 年	

续表

序号	示范镇名称	总体规划编制情况	启动项目名称	项目规模	项目总投资（万元）	完成时限	责任人
21	印江县木黄镇	2013 年 2 月下旬评审	4. 滨江大道路、桥建设	木黄滨江大道一期工程：城市次干道，全长 1.92km，路基宽 25m，双向四车道；4m×20m 空心板桥一座，桥长 90m，桥宽 20m。木黄滨江大道二期工程：主线二级公路，全长 2.08km，路基宽 12m；支线四级公路，全长 285m，路基宽 6.5m，4m×20m 空心板桥一座，桥梁全长 90 延 m，桥宽 10m	11623.00	2013 年	1. 木黄镇党委书记严振亚 2. 帮扶单位：中石化贵州分公司总经理何建新
			5. 防洪堤建设	新建防洪堤 4.119km	1950.00	2013 年	
			6. 道路路面整治、人行道铺装，绿化、亮化建设工程	整治面积共 22587.27m^2，其中：会师大道 4357.59m^2、长征路 6765.45m^2、中心街 3142.54m^2、兴木街 607.93m^2、鱼泉街 3436.03m^2、文化街 1511.98m^2，官迁岩路段 2765.75m^2；道路绿化、亮化和部分道路人行道铺装	810.00	2013 年	
			7. 农贸市场建设	规划用地总面积 33 亩	3000.00	2014 年	
			8. 鱼泉河风貌整治改造	鱼泉河两岸 108 栋住房的征收拆迁、补偿安置；鱼泉河两岸景观建设	2850.00	2013 年	
			9. 污水处理建设项目	日处理污水 1000 吨的处理厂 1 座，管网 7972m	1083.00	2014 年	
			10. 旧城区房屋外立面改造	会师路、长征路、中心街、兴木街、鱼泉街、建设街等两侧房屋外立面改造。改造总面积共计 8.74 万 m^2，涉及居民 587 户	2190.00	2013 年	
			11. 饮水安全工程	新建水源工程 1 处，调节池 12 口容积 1650m^3，输供水管网 34855m，水处理厂 1 座，80m^3/h 一体化处理设备 1 台	800.00	2013 年	

续表

序号	示范镇名称	总体规划编制情况	启动项目名称	项目规模	项目总投资（万元）	完成时限	责任人
21	印江县木黄镇	2013年2月下旬评审	12. 区域性中心卫生院建设	土地及房建工程	4200.00	2013年	1. 木黄镇党委书记严振亚 2. 帮扶单位：中石化贵州分公司总经理何建新
			13. 敬老院建设	规划用地面积7亩，床位120张	360.00	2013年	
			14. 廉租房	400套	2600.00	2013年	
			15. 公租房	20套	91.00	2013年	
			16. 法庭办公楼建设	建设用地3000m^2	100.00	2013年	
			17. 会师广场小区建设工程	占地面积24670m^2	10000.00	2013年	
			18. 老寨小区建设工程	206套	4500.00	2014年	
			小计		49069.75		
黔东南州							
22	雷山县丹江镇	已完成	1. 街区风貌整治及亮化工程	工程总面积约23414m^2。其中，62栋私人住宅房屋包装面积约19206.8m^2，7栋行政企事业单位办公楼包装面积约4207.2m^2	1009.56	2013年	1. 丹江镇镇长余德利 2. 帮扶单位：贵州电网公司计划发展部部长魏国军
			2. 小郎当至陶尧园区路网建设项目	建设道路总长约4100m、宽46m（其中：道路24m，河道22m）	40000.00	2015年	
			3. 红屯堡扶贫生态移民安置及轻工业小区工程	项目总占地面积23.4公顷（344亩）	3258.00	2015年	
			4. 乌开绿色工业小区建设	工业小区规划面积为29公顷	8000.00	2014年	
			5. 实施县城游客服务中心建设项目	总占地面积5369m^2，建筑总面积为7000m^2，其中建筑占地面积为2000m^2，停车场1800m^2，1569m^2为绿化和其他设施用地	2000.00	2014年	

续表

序号	示范镇名称	总体规划编制情况	启动项目名称	项目规模	项目总投资（万元）	完成时限	责任人
22	雷山县丹江镇	已完成	6. 污水收集管网二期工程	铺设管网涉及产业园区、羊排至水电南部新区及部分老城区，核定工程铺设 HDPE 双壁波纹管 19237m，配套建设预留检查井 591 座	1478.00	2013 年	1. 丹江镇镇长余德利 2. 帮扶单位：贵州电网公司计划发展部部长魏国军
			7. 排水（雨水）一期工程项目	核定建设 DN300-DN800 雨水管长 46890m	3457.64	2014 年	
			8. 郎当河口城市综合体规划建设项目	项目总用地面积 312060m^2	20000.00	2015 年	
			9. 县城西出口安置房及基础设施（一期工程）建设项目	工程总占地面积 121220m^2。拟建安置房建筑面积 91560m^2，可安置 218 户（每户暂按 3.5 层）	17793.31	2014 年	
			小计		96996.51		
23	台江县施洞镇	2013 年 3 月 10 日评审	小城镇建设用地征地	270 亩	0.00	2013 年	1. 施洞镇党委书记陈贵严 2. 帮扶单位：省旅游局局长傅迎春
			小计		0.00		
24	黎平县肇兴乡	2013 年 3 月 20 日评审	1. 下香洞至务广对公路维修	全长 14km	160.00	2013 年	1. 肇兴乡乡长林世华 2. 帮扶单位：省民委主任吴军
			2. 新小学进校桥梁建设工程	①新建钢筋混凝土平板桥②桥身桥面装饰处理	40.00	2013 年	
			3. 污水处理厂建设工程	日处理能力 500m^3	200.00	2013 年	
			4. 西寨门搬迁工程	拆除老寨门后搬到西凹口安装	20.00	2013 年	
			5. 小流域治理清水防洪工程建设	①清水系卵石防洪堤建设②绿化配景工程	500.00	2013 年	
			6. 纪堂侗寨游览步道		50.00	2013 年	
			7. 广播电视乡联网及线路暗敷及下埋工程	①白色线路暗敷 30000m②主要路段及部分路段下埋 5000m③广播电视线路 3500m	60.00	2013 年	

续表

序号	示范镇名称	总体规划编制情况	启动项目名称	项目规模	项目总投资（万元）	完成时限	责任人
24	黎平县肇兴乡	2013年3月20日评审	8. 山塘及水塘建设工程	①山塘水库5处②水塘建设3300m^2	396.00	2013年	1. 肇兴乡乡长林世华 2. 帮扶单位：省民委主任吴军
			9. 洛香—皮林—肇兴—堂安破损公路维修	全长共29km	1450.00	2014年	
			10. 洛香—肇兴二级油路	全长4.7km（含驿站建设）	5090.00	2013年	
			11. 排污系统工程	①主排污沟6650m②小排污沟9686m③15000m塑料PVC管	980.00	2013年	
			12. 主街路面铺装工程	①路基建设工程②路面特色地材拼花铺面7975m^2	279.00	2013年	
			13. 寨内供水管建设工程（全部下埋）	①主管网6104m②次管网9686m	216.00	2013年	
			14. 寨内消防供水管网建设工程	①主管网6104m②次管网9687m	286.00	2013年	
			15. 雨水收集系统	①雨水沟建设②沟面美化处理	216.00	2014年	
			16. 侗寨危房整治工程	①就危房部分改造修缮②对新木作面作旧处理	150.00	2014年	
			17. 安置地基础设施建设	①地基整理及道路建设②水、电、通信建设	200.00	2014年	
			18. 水利站、电信等办公楼砖混建筑物拆除	①原砖混建筑拆除②电信等企业办公楼建设	185.00	2013年	
			19. 临街临河建筑立面整治	①对现代用材整治②新建建筑绛色处理③增加文化元素	500.00	2013年	
			20. 新建居民接待点及公厕	①新建居民接待点②新建公厕两座	266.00	2013年	
			21. 屋面小天锅整治	①拆除屋面小天锅400户②拆除外露白色线路	12.00	2013年	
			22. 屋面太阳能整治	①拆除屋面太阳能②建立长效机制	5.00	2013年	
			23. 小街小巷建筑立面整治	①对小街小巷不符合景观要求的建筑立面进行整治②建立长效管理机制	180.00	2014年	

续表

序号	示范镇名称	总体规划编制情况	启动项目名称	项目规模	项目总投资（万元）	完成时限	责任人
24	黎平县肇兴乡	2013年3月20日评审	24. 停车场建设	①建50亩大型停车场一个，电瓶车场1500m^{2}一个②挖方小山坡30万m^{3}③绿化配景工程建设	1000.00	2013年	1. 肇兴乡乡长林世华 2. 帮扶单位：省民委主任吴军
			25. 肇兴核心区和归杩服务区，外围交通工程征拆	征地拆迁350亩（归杩和1.3km旅游服务区、南北环线及肇兴至归杩公路沿线）	1100.00	2013年	
			26. 电力线路暗敷及下埋工程	①小街巷线路暗敷②部分主要地段下埋③10kV电力架空线1090m，10kV电力线3510m，1kV电力线6092m	800.00	2014年	
			27. 移动通讯光缆下埋	①线路下埋②修检井建设③主要移动通讯光缆1511m	20.00	2013年	
			28. 电信通讯线路暗敷及下埋工程	①白色线路暗敷②主要路段及部分路段下埋③电信通讯线路4533m	50.00	2013年	
			29. 商业步行街	①修建游览步道16383m^{2}②路面特色地材拼花铺面	267.00	2013年	
			30. 新建安置户地基整理	地基整理200户	200.00	2013年	
			小计		14878.00		
黔南州							
25	贵定县昌明镇	已完成	1. 开发区四号道路	宽1.5km，宽24m	4980.00	2014年	1. 昌明镇党委书记姜同辉 2. 帮扶单位：省财政厅副厅长赵翰飞
			2. 客货运汽车站	2级站	800.00	2014年	
			3. 农贸市场	占地约10000m^2	1200.00	2014年	
			4. 移民安置小区	规划500套安置住房，先期建设158户916人移民安置	1519.13	2014年	
			5. 九百户村农民文化活动广场	8600m^2	600.00	2013年	
			6. 中心卫生院住院部升级	1280m^2	192.00	2013年	
			7. 行政服务中心	1500m^2	300.00	2014年	
			8. 新安河（集镇段）河道治理	2.4km河道治理	883.00	2014年	

续表

序号	示范镇名称	总体规划编制情况	启动项目名称	项目规模	项目总投资（万元）	完成时限	责任人
25	贵定县昌明镇	已完成	9. 开发区园区主干道	Ⅰ号大道长 1.44km、宽 45m；Ⅱ号大道长 786m、宽 30m；Ⅲ号大道长 1.534km、宽 20m	5816.00	2013 年	1. 昌明镇党委书记姜同辉 2. 帮扶单位：省财政厅副厅长赵翰飞
					4697.00	2013 年	
					3850.00	2013 年	
			10. 法庭办公楼建设	1651.5m^2	429.00	2013 年	
			11. 中心敬老院	100 个床位	200.00	2013 年	
			12. 城市水网改造升级	0.3 万吨/日，供水管网 0.675km	97.00	2013 年	
			13. 镇中心城区主街路灯改造	77 盏路灯改造	36.00	2013 年	
			14. 中心小学明德教学楼、学生宿舍	明德教学楼 1200m^2；男、女学生宿舍 1300m^2	290.00	2013 年	
			小计		25889.13		
26	独山县麻尾镇	已完成	迎宾大道	将加油站至收费站路段路面改扩建至 24m，完善路灯、绿化设施，建设街心公园	600.00	2013 年	1. 麻尾镇党委书记黎鳌开 2. 帮扶单位：瓮福（集团）有限责任公司副总经理黄进
			小计		600.00		
27	平塘县卡蒲毛南族乡	已完成	1. 小城镇建设征地	征地 154 亩及房屋拆迁	500.00	2013 年	1. 卡蒲毛南族乡党委书记石仕洪 2. 帮扶单位：贵州高速公路开发总公司董事长耿黔生
			2. 新区大道建设	长 640m、宽 12m	120.00	2013 年	
			3. 山体公园建设	土建及园林绿化	120.00	2013 年	
			4. 集镇整治	24 户居民毛包装	80.00	2013 年	
			5. 集散街道整治	长 800m、宽 2m	20.00	2013 年	
			小计		840.00		

续表

序号	示范镇名称	总体规划编制情况	启动项目名称	项目规模	项目总投资（万元）	完成时限	责任人
黔西南州							
28	兴仁县雨樟镇	2013年2月下旬评审	1. 卫生院		99.00	2013年	1. 雨樟镇镇长江旭 2. 帮扶单位：省国资委主任韩先平
			2. 民居改造		1000.00	2013年	
			3. 便民服务中心		185.00	2013年	
			4. 雨府路“白改黑”		74.00	2013年	
			5. 公租房		183.00	2013年	
			6. 财政所		15.00	2013年	
			小计		1556.00		
29	贞丰县者相镇	2013年2月下旬评审	1. 花陇旗主街道建设	修建长1km、宽24m大道	2000.00	2014年	1. 者相镇镇长左晟 2. 帮扶单位：省卫生厅副厅长杨克勤
			2. 星级敬老院建设	占地面积10.36亩，建筑面积1500m^2	250.00	2013年	
			3. 示范街建设	立面改造25000m^2，路面改造1km	2600.00	2014年	
			4. 标准化镇级卫生院建设	新增1140m^{2}业务用房	215.00	2014年	
			5. 2013年者相镇扶贫生态移民工程	155户756人搬迁规模	1494.62	2014年	
			6. 总体规划修编	8km^{2}总体规划修编	160.00	2013年	
			小计		6719.62		
30	普安县青山镇	已完成	1. 青山工业园区青石路	长5.1km、宽40m	1300.00	2013年	1. 青山镇镇长王天河 2. 帮扶单位：省国土资源厅厅长朱立军
			2. 青山城镇建设（百合小区）	百合小区绿化、给排水建设	350.00	2013年	
			小计		1650.00		

二、70个市（州）级示范小城镇

序号	示范镇名称	总体规划编制情况	启动项目名称	项目规模	项目总投资（万元）	完成时限	责任人
贵阳市							
31	乌当区羊昌镇	2013年3月12日评审	1. 房屋立面改造	700户	1200.00	2013年	乌当区副区长谢秩刚
			2. 路灯安装	300盏	210.00	2013年	
			3. 栽种行道树		75.00	2013年	
			4. 果皮箱安装		15.00	2013年	
			5. 新建排污沟		300.00	2013年	
			6. 街道油路工程		400.00	2013年	
			7. 垃圾收集站		2.00	2013年	
			8. 更换排污沟盖板		75.00	2013年	
			小计		2277.00		
32	白云区牛场乡	已完成	1. 体育路建设	长380m、宽14m	180.00	2013年	白云区副区长宋夕升
			2. 小坝山桥梁工程	长40m、宽12m	400.00	2013年	
			3. 垃圾转运站	2个	400.00	2013年	
			4. 牛场、平山污水处理（湿地）	100吨/日×22	10000.00	2014年	
			5. 平山排污管道	400m	39.00	2013年	
			6. 平山人行道	长800m、宽6~7m	120.00	2013年	
			7. 平山广场	$1800m^2$	40.00	2013年	
			8. 绿化	展示园主路两侧及集镇道路两侧	2000.00	2013年	
			9. 蓬莱村庄整治	420户	2520.00	2014年	

续表

序号	示范镇名称	总体规划编制情况	启动项目名称	项目规模	项目总投资（万元）	完成时限	责任人
32	白云区牛场乡	已完成	10. 阿所村庄整治	300 户	1800.00	2014 年	白云区副区长宋夕升
			11. 垃圾收集	12 个垃圾斗、2 辆垃圾车、50 个果皮箱	120.00	2013 年	
			12. 平山进寨路	长 700m、宽 3.5m，长 500m、宽 5m	150.00	2013 年	
			13. 阿所至展示园门口道路工程	长 1.4km、宽 12m	2800.00	2014 年	
			小计		20569.00		
33	花溪区青岩镇	2013 年 3 月 12 日评审	1. 青岩中学搬迁工程	新建教学楼、办公楼及环境绿化工程等	7560.00	2013 年	花溪区副区长张建军
			2. 青岩小学搬迁工程	新建教学楼、办公楼及环境绿化工程等	6460.00	2013 年	
			3. 农贸市场搬迁工程	新建农贸市场及道路、停车场等	1900.00	2013 年	
			4. 敬老院搬迁工程	新建 100 个床位敬老院及相关配套设施	680.00	2013 年	
			5. 青燕线	青岩至龙井道路，宽 30m、长 4km	20000.00	2014 年	
			6. 污水处理厂及配套管网	新建污水处理厂，完善排污管网	6500.00	2014 年	
			7. 寿佛寺广场项目	占地面积 3500m^2	400.00	2013 年	
			8.《青岩镇控制性详细规划》编制	编制范围 10km^2	160.00	2013 年	
			9.《青岩镇空间发展概念性规划》编制	编制范围 21km^2	90.00	2013 年	
			小计		43750.00		
34	开阳县南江乡	已完成	1. 总规修编	6.8km^2	50.00	2013 年	开阳县副县长杨仁忠
			2. 政府庭院绿化、房屋亮化工程	8000m^2	130.00	2013 年	
			3. 特色小城镇规划	0.25 公顷	20.00	2013 年	
			4. 南江大街房屋亮化工程	363 户	1089.00	2013 年	

续表

序号	示范镇名称	总体规划编制情况	启动项目名称	项目规模	项目总投资（万元）	完成时限	责任人
34	开阳县南江乡	已完成	5. 烟叶站点建设工程	2623m^2	530.00	2013年	开阳县副县长杨仁忠
			6. 公厕2座	200m^2	50.00	2013年	
			7. 安装垃圾桶	100个	10.00	2013年	
			8. 路灯安装	100盏	50.00	2013年	
			9.6号路（富民路）	长800m、宽12m	780.00	2013年	
			10. 南江乡老街道改造人行道及排污沟工程	长3000m、宽9m	550.00	2013年	
			11. 养老中心建设	6600m^2 及配套设施建设	2500.00	2013年	
			12. 生态移民安置工程	196户806人安置及配套设施建设	2300.00	2013年	
			小计		8059.00		
35	清镇市卫城镇	2013年3月13日评审	和平路改造（精品街打造），包含卫城南门建设	改造道路全长1426m，其中：A段长311m、宽6m；B段长713m、宽7m；C段长328m、宽6m；D段长29m、宽4m；E段长43m、宽4m。建设内容包括道路工程及相关附属配套工程	1206.10	2013年	清镇市副市长罗杨
			小计		1206.00		
36	修文县六广镇	2013年3月12日评审	阳明古渡旅游接待区建设	接待用房300个标准间，总占地约120亩	15000.00	2014年	修文县副县长汤建祥
			小计		15000.00		
37	息烽县九庄镇	2013年3月12日评审	1. 新大街商铺门面门匾改造	360m	90.00	2013年	息烽县副县长胡勇
			2. 新大街人行道改造	2100m	65.00	2013年	
			3. 镇区市政照明工程	267盏	115.00	2013年	
			4. 房屋立面整治、道路硬化、房前绿化		215.00	2013年	

续表

序号	示范镇名称	总体规划编制情况	启动项目名称	项目规模	项目总投资（万元）	完成时限	责任人
37	息烽县九庄镇	2013年3月12日评审	5. 休闲娱乐广场绿化、器械更新	12亩	15.00	2013年	息烽县副县长胡勇
			6. 镇区垃圾收集转运车2辆、垃圾桶80个、垃圾池（封闭）		50.00	2013年	
			7. 铺装、硬化镇区道路	3.5km	150.00	2013年	
			8. 镇区街道美化规范性图书馆及社区服务中心建设		40.00	2013年	
			9. 河道畅通工程及公厕改造		45.00	2013年	
			10. 镇区道路“白改黑”	9000m	800.00	2013年	
			11. 乌江复旦中心22m宽大道改建	500m	300.00	2013年	
			12. 河景观河道治理	3500m	1800.00	2014年	
			13. 污水处理厂及配套管网工程	处理能力0.1万吨/天	2000.00	2014年	
			14. 镇区周边新农村美化工程	416户	800.00	2013年	
			15. 农贸市场升级改造	3500m^2	80.00	2013年	
			小计		6565.00		
遵义市							
38	凤冈县永安镇	已完成	1. 老街排污沟改造	1500m	35.00	2013年	凤冈县副县长肖光强
			2. 老街居民房屋改造	150户，40000m^2	4000.00	2013年	
			3. 扩容生态移民安置点建设	移民住房建筑面积13000m^{2}以上，街道1000m，临街排污沟2000m，给水管网2000m，输电线路2.5km，变压器一台，人行道路灯80盏，栽植行道树500株，同时配套建设文体、广电、娱乐等相关设施	930.00	2013年	

续表

序号	示范镇名称	总体规划编制情况	启动项目名称	项目规模	项目总投资（万元）	完成时限	责任人
38	凤冈县永安镇	已完成	4. 扩容茶文化小区建设	新建街道 500m，新建广场 3000m^2，改造河道 300m、配套景观设施，小区商品房建设 12 万 m^2	15000.00	2015 年	凤冈县副县长肖光强
			5. 河滨茶旅风情街建设	新建街道 1500m，改造河道 700m、配套景观设施	1000.00	2014 年	
			6. 综合农贸市场	6000m^2	350.00	2013 年	
			7. 镇中心幼儿园	5566m^2	400.00	2013 年	
			8. 镇中心敬老院	1880m^2	250.00	2013 年	
			9. 锌硒茶道（集镇外环路）	新建 3.5km、宽 10m 油路	1400.00	2013 年	
			小计		23365.00		
39	习水县土城镇	2013 年 3 月下旬评审	1. 总规，分区规划		400.00	2013 年	习水县副县长冯俊峰
			2. 古镇立面修复	修复古镇及镇区沿街立面	1000.00	2013 年	
			3. 镇区道路改造	实施镇区道路“白改黑”工程，道路两侧人行道铺设石板砖	600.00	2014 年	
			4. 遵义华润希望小镇	项目涉及 333 户 1510 人，覆盖 3 个自然村寨，占地 133.26 公顷	10000.00	2015 年	
			5. 新区开发（一期）	占地 220 亩	32000.00	2015 年	
			6. 河滨大道	长 3.2km、宽 15m	7000.00	2013 年	
			7. 河滨大道西侧北段	长 3.2km、宽 15m	7000.00	2013 年	
			8. 河滨大道东侧	长 3.2km、宽 15m	7000.00	2013 年	
			小计		65000.00		

续表

序号	示范镇名称	总体规划编制情况	启动项目名称	项目规模	项目总投资（万元）	完成时限	责任人
40	务川县镇南镇	2013 年 3 月底评审	1. 官二河移民新街	870m	870.00	2013 年	务川县副县长江波
			2. 官二河安置点统建还房工程	9000m^2	9000.00	2013 年	
			3. 燕子箐安置点	240m	240.00	2013 年	
			4. 官二河生态河堤建设工程	560m	560.00	2013 年	
			5. 政府办公楼建设	500m^2	500.00	2013 年	
			6. 集镇老街改造工程	180m	180.00	2013 年	
			7. 卫生院二期建设	240m	240.00	2013 年	
			8. 污水处理厂	2000m^2	2000.00	2014 年	
			9. 新街亮化工程	80 盏	80.00	2013 年	
			10. 污水管网工程	500m	500.00	2014 年	
			小计		14170.00		
41	余庆县敖溪镇	2013 年 3 月下旬评审	1. 敖龙大道	修建道路 2100m 长、40m 宽	6000.00	2014 年	余庆县副县长易贤
			2. 江北敬老院	综合楼、附属楼各 1 栋，建筑面积 3000m^2	500.00	2014 年	
			3. 丧事办理中心、精神文明事务中心	9000m^2	1560.00	2014 年	
			4. 敖溪医院搬迁及新建	占地面积 20000m^2	2000.00	2014 年	
			5. 风雨桥建设及凉桥、狮子桥的改造		500.00	2013 年	
			6. 河滨路立面改造		2000.00	2013 年	
			7. 中心小学搬迁及新建	占地面积 33333m^2、1 栋教师周转房、1 栋教学综合楼、2 栋学生宿舍、1 栋学生食堂	3000.00	2014 年	
			8. 敖溪幼儿园	占地面积 5784.5m^2，教学楼、宿舍、食堂各 1 栋	550.00	2013 年	
			9. 中石化加油站	占地面积 3400m^2	500.00	2014 年	

续表

序号	示范镇名称	总体规划编制情况	启动项目名称	项目规模	项目总投资（万元）	完成时限	责任人
41	余庆县敖溪镇	2013 年 3 月下旬评审	10. 计生服务站办公楼	占地面积 500m^2，修建办公楼 1 栋	500.00	2014 年	余庆县副县长易贤
			11. 老街绿化亮化工程	人行道两侧绿化、房屋立面亮化、线网改造	500.00	2013 年	
			12. 江北物流中心	修建仓库、办公楼、停车场	500.00	2014 年	
			13. 停车场、公厕建设	修建停车场 5 个、公厕 5 座	600.00	2013 年	
			14. 五金建材市场	占地面积 5500m^2、修建钢架棚	1800.00	2014 年	
			15. 中坝别墅新村	占地面积 4000m^2	1000.00	2015 年	
			16. 民族文化宫	占地面积 4000m^2、修建办公楼及配套设施建设	1000.00	2015 年	
			17. 土司旅游度假村		3000.00	2015 年	
			18. 人工湖建设	占地面积 130000m^2	1500.00	2015 年	
			19. 敖溪河水上娱乐项目		2000.00	2015 年	
			20. 体育馆	占地面积 3500m^2	800.00	2015 年	
			21. 基础设施建设	道路白改黑、线网天改地、红绿灯及下水道修建、人行道板安装	4500.00	2014 年	
			22. 江北刑侦中队办公楼	占地面积 700m^2	200.00	2014 年	
			23. 飞龙湖工商分局办公楼	占地面积 299m^2	150.00	2014 年	
			24. 石材加工园	修建厂房及办经营手续	2000.00	2014 年	
			25. 恢复敖溪酒厂	修建厂房及办经营手续	5000.00	2015 年	
			26. 梅园		500.00	2014 年	
			27. 三星级宾馆建设项目	修建宾馆 1 幢、道路及别墅住房等	5000.00	2015 年	
			28. 老政府片区开发工程	1 栋 25 层电梯房、1 栋信用办公大楼、2 栋步梯房	15000.00	2015 年	
			29. “鳌翔馨城”商住楼	修建 14 幢 144 套商品房，建筑面积 9000m^2	9500.00	2015 年	

续表

序号	示范镇名称	总体规划编制情况	启动项目名称	项目规模	项目总投资（万元）	完成时限	责任人
41	余庆县敖溪镇	2013年3月下旬评审	30. 客运站	占地面积8000m^2、车站站房一幢及附属设施	1000.00	2015年	余庆县副县长易贤
			31. 滨河东路古街道建设	建设长约1km的道路，私人建房149户	9000.00	2014年	
			32. 中坝新村建设（含道路）	道路、绿化、广场和河道等建设工程	2000.00	2014年	
			33. 银杏园新村	道路、绿化、广场等建设工程	2000.00	2014年	
			34. 东岸步行街	修建土老式370m的步行街	1500.00	2014年	
			35. 地税办公楼建设	地税办公楼建设	200.00	2014年	
			小计		87360.00		
42	遵义县鸭溪镇	2013年3月底评审	1. 鸭溪镇市政广场	9000m^2	500.00	2014年	遵义县副县长杨劲松
			2. 黎明路北段	长220m、宽24m	300.00	2013年	
			3. 酒业大道	长2800m、宽36m	28000.00	2015年	
			4. 商业步行街	长328m、宽18m	600.00	2014年	
			5. 大岚路	长724m、宽24m	900.00	2014年	
			6. 河滨大道西侧北段	长210m、宽15m	450.00	2013年	
			7. 河滨大道东侧	长400m、宽15m	600.00	2014年	
			8. 长征路	长500m、宽24m	700.00	2014年	
			9. 鸭中路	长545m、宽24m	600.00	2015年	
			10. 财溪路、小康路、金钟路“白改黑”	约30000m^2	480.00	2014年	
			11. 鸭溪敬老院	3275m^2	350.00	2014年	
			12. 溪城名苑2期	48000m^2	8000.00	2015年	
			13. 北部新城A区	45000m^2	7000.00	2015年	

续表

序号	示范镇名称	总体规划编制情况	启动项目名称	项目规模	项目总投资（万元）	完成时限	责任人
42	遵义县鸭溪镇	2013年3月底评审	14. 达锦园	25000m^2	4500.00	2014年	遵义县副县长杨劲松
			15. 龙泉银座	17663m^2	3000.00	2014年	
			16. 金钟苑	10200m^2	1800.00	2014年	
			17. 莲花山公园	27000m^2	3000.00	2015年	
			小计		60780.00		
43	赤水市官渡镇	2013年3月底评审	1. 和平路防洪堤	长530m	567.00	2013年	赤水市副市长刘晓庆
			2. 污水处理厂		1075.00	2013年	
			3. 官渡大道B区商住楼	5700m^2	855.00	2013年	
			4. 新建街商住楼	2500m^2	375.00	2013年	
			5. 官渡林场职工房除险加固	44户	88.00	2013年	
			6. 保障性住房	600m^2	60.00	2013年	
			7. 农民自建房	25000m^2	3980.00	2013年	
			8. 酒业基地房屋搬迁工程		2000.00	2013年	
			9. 官渡大道建设	320m	2000.00	2013年	
			小计		11000.00		
44	正安县安场镇	已完成	1. 正安二中扩建	扩大40个班	6170.00	2013年	正安县县长孟喜副
			2. 政府片区开发一期建设	200亩	56000.00	2015年	
			3. 农民工创业城建设	85亩	23800.00	2015年	
			4. 小米庄村庄建设	100套	2000.00	2014年	
			5. 卫生院周转房	20套	200.00	2013年	
			6. 二中、五中、安一小、安二小、教师周转房	420套	4200.00	2015年	
			小计		92370.00		

续表

序号	示范镇名称	总体规划编制情况	启动项目名称	项目规模	项目总投资（万元）	完成时限	责任人
45	绥阳县风华镇	已完成	1. 小城镇建设	$2km^2$	30000.00	2015 年	绥阳县政府党组成员付光涛
			2. 城镇建设总规及详规		45.00	2013 年	
			3. 路网建设		15.00	2013 年	
			小计		30060.00		
六盘水市							
46	六枝特区岩脚镇	2013 年 3 月底评审	1. 温泉度假村	$42500m^2$	18800.00	2013 年	六枝特区副区长王赟
			2. 一中、二中学生宿舍	$5100m^2$	788.00	2013 年	
			3. 2011 年廉租房配套基础设施项目	道路建设 $78496.16m^2$	3521.40	2013 年	
			4. 六枝特区岩脚镇廉租房	200 套	1100.00	2013 年	
			小计		24209.40		
47	六枝特区木岗镇	已完成	1. 木岗工业大道	3000m	12000.00	2013 年	六枝特区副区长王赟
			2. 小木岗安置点道路	2000m	850.00	2013 年	
			3. 木岗中学教学楼	$4191m^2$	480.00	2013 年	
			4. 木岗中心幼儿园	$2160m^2$	368.00	2013 年	
			5. 廉租房	1600 套	8800.00	2013 年	
			6. 2011 年廉租房配套基础设施投资项目	道路建设 $69200m^2$	3281.00	2013 年	
			小计		25779.00		

续表

序号	示范镇名称	总体规划编制情况	启动项目名称	项目规模	项目总投资（万元）	完成时限	责任人
48	盘县石桥镇	已完成	1. “四在农家”建设	3388 户	5100.00	2013 年	盘县常务副县长王成刚
			2. “四在农家”村寨道路硬化	219994m^2	2700.00	2013 年	
			3. 妥乐风景名胜区建设	600 亩	21000.00	2014 年	
			4. 古银杏开发办公楼及广场	9900m^2	2500.00	2014 年	
			5. 其他特色建设项目	7.2km 亮化	8700.00	2013 年	
			小计		40000.00		
49	水城县发耳镇	2013 年 3 月底评审	1. 敬老院建设	建筑面积 1213m^2	170.00	2013 年	水城县副县长李仕强
			2. 发耳二中	占地 60 亩	2500.00	2014 年	
			3. 发耳安置区场地硬化	场地 10000m^2	105.00	2013 年	
			4. 发耳文化休闲广场	占地 50 亩	3000.00	2014 年	
			5. 发耳主大街建设工程	长 2.97km、宽 64m	3500.00	2015 年	
			小计		9275.00		
50	钟山区大湾镇	已完成	1. 大湾农贸市场	12905m^2	199.00	2013 年	钟山区副区长胡宝刚
			2. 政务大厅装修	495m^2	30.80	2013 年	
			3. 垃圾池	15 个	6.75	2013 年	
			小计		236.55		
安顺市							
51	平坝县天龙镇	已完成	1. 樱花园项目	占地 35 亩	300.00	2013 年	平坝县副县长钟德崇
			2. 天龙屯堡大明城	占地 150 亩	3000.00	2014 年	
			3. 竹林新村生态搬迁	176 户	1112.00	2013 年	
			4. 双硐新村土地收储	占地 21 亩	72.00	2013 年	

续表

序号	示范镇名称	总体规划编制情况	启动项目名称	项目规模	项目总投资（万元）	完成时限	责任人
51	平坝县天龙镇	已完成	5. 芦车坝村庄整治	100 万元	100.00	2013 年	平坝县副县长钟德崇
			6. 天台村村庄整治	45 万元	45.00	2013 年	
			小计		4629.00		
52	西秀区七眼桥镇	已完成	1. 规划编制	$5.2km^2$	25.00	2013 年	西秀区副区长冯文刚
			2. 路网、行政办公中心、安置房	用地 80 亩		2014 年	
			3. 计生大楼	$1448m^2$		2014 年	
			小计		25.00		
53	西秀区轿子山镇	已完成	1. 规划编制	$405km^2$	65.00	2013 年	西秀区副区长冯文刚
			2. 市政道路	长 600m、宽 28m	900.00	2013 年	
			3. 活动广场	$7500m^2$	500.00	2013 年	
			4. 农贸市场	$3000m^2$	200.00	2013 年	
			小计		1665.00		
54	普定县马官镇	已完成	1. 微型企业园区	占地 67 亩，98 户建房	500.00	2013 年	普定县副县长胡永国
			2. 天兴大道	长 2000m、宽 18m	12000.00	2014 年	
			3. 滨河大道	长 1100m、宽 24m	2000.00	2013 年	
			4. 群众文化广场	$6400m^2$	800.00	2014 年	
			5. 瑞金大道后续工程	长 1km、宽 24m	600.00	2013 年	
			6. 污水处理系统		1500.00	2014 年	
			7. 金荷大道	长 6800m、宽 10m	2530.00	2013 年	
			8. 荷包新村建设	占地 171.3 亩	860.00	2013 年	
			9. 大兴集贸市场建设	占地 51 亩	700.00	2013 年	
			10. 总规修编		51.00	2013 年	
			小计		21541.00		

续表

序号	示范镇名称	总体规划编制情况	启动项目名称	项目规模	项目总投资（万元）	完成时限	责任人
55	镇宁县江龙镇	已完成	1. 总体规划编制	2.5km^2	20.00	2013 年	镇宁县县委副书记、副县长廖正海
			2. 村庄整治规划	26 个	130.00	2013 年	
			3. 活动场地建设	2000m^2	50.00	2013 年	
			4. 主、次干道建设改造	6km	650.00	2014 年	
			5. 路灯安装	50 盏	25.00	2013 年	
			6. 公交车站建设	2500m^2	300.00	2013 年	
			小计		1175.00		
56	紫云县水塘镇	2013 年 3 月初评审	1. 羊场农贸市场修建		100.00	2013 年	紫云县副县长骆建光
			2. 引水工程		498.00	2014 年	
			3. 垃圾清运系统建设		200.00	2013 年	
			4. 羊场村庄整治		180.00	2013 年	
			5. 格井整村推进项目		70.00	2013 年	
			6. 格井四在农家建设项目		5.00	2013 年	
			小计		1053.00		
57	关岭县永宁镇	已完成	1. 永宁镇生态移民搬迁	9280m^2 以及附属设施	1335.80	2014 年	关岭县副县长肖彩虹
			2. 垃圾填埋场	占地 80 亩	1000.00	2014 年	
			3. 排洪隧道建设	长 680m	600.00	2013 年	
			小计		2935.80		
毕节市							
58	七星关区清水铺镇	已完成	1. 连心路	0.25km	480.00	2013 年	七星关区委副书记聂忠志
			2. 返乡农民工创业园	标准厂房 7000m^2，解决 500 人就业	800.00	2014 年	
			3. 新建中心幼儿园	10000m^2	200.00	2013 年	
			小计		1480.00		

续表

序号	示范镇名称	总体规划编制情况	启动项目名称	项目规模	项目总投资（万元）	完成时限	责任人
59	七星关区青场镇	已完成	1. 客运站	5000m^2	200.00	2013 年	七星关区常务副区长胡书龙
			2. 返乡农民工创业园	4000m^2	800.00	2014 年	
			3. 沿街商住楼	300 栋	15000.00	2015 年	
			4. 卫生院	3500m^2	500.00	2014 年	
			5. 幼儿园	1600m^2	200.00	2013 年	
			6. 青场春晖宾馆	3000m^2	3000.00	2015 年	
			7. 新区供水	500 吨	500.00	2014 年	
			8. 污水处理厂	1300 吨/日	900.00	2014 年	
			9. 新区电缆入地	2000m	200.00	2013 年	
			10. 周边山头绿化	2000 亩	100.00	2013 年	
			11. 中学桥	长 24m、宽 9m	130.00	2013 年	
			12. 老街路灯安装	70 盏	35.00	2013 年	
			小计		21565.00		
60	大方县黄泥塘镇	2013 年 2 月下旬评审	1. 黄泥塘镇总体规划修编	总体规划修编	30.00	2013 年	大方县县委副书记吴雁俊
			2. 文化广场	广场 15000m^2	600.00	2014 年	
			3. 山体公园	公园占地 200 亩	400.00	2014 年	
			4. 镇区街面“白改黑”工程	15000m^2	140.00	2013 年	
			5. 黄织路（镇区段）提升改造工程	黄织路 1500m 街面提升改造	1100.00	2013 年	
			6. 新景观大道建设工程	景观大道长 2000m、宽 36m	8800.00	2014 年	
			7. 房屋立面提升改造工程（玻璃门及门头改造）	共 400 户玻璃门及门头改造	300.00	2013 年	

续表

序号	示范镇名称	总体规划编制情况	启动项目名称	项目规模	项目总投资（万元）	完成时限	责任人
60	大方县黄泥塘镇	2013年2月下旬评审	8. 强弱电隐蔽工程	镇区电力电信管网隐蔽	350.00	2013年	大方县县委副书记吴雁俊
			9. 绿化、美化、路灯改造提升工程	对镇区实施绿化、美化、亮化工程	300.00	2013年	
			10. 黄泥塘镇返乡农民工创业园	20000m^2 的标准化厂房及基础设施建设	3000.00	2014年	
			11. 黄泥塘大酒店	11层高，建筑面积7886m^2	3000.00	2014年	
			12. 公租房建设	修建17层高楼2栋224套，每套60m^2	4320.00	2014年	
			小计		22340.00		
61	黔西县素朴镇	2013年2月下旬评审	1. 环境整治	旅游文化标识、街面花卉、沿线美化、绿化、道路交通标示	260.00	2013年	黔西县常委副县长喻祖常
			2. 牌坊周围打造	拆迁房屋12户、建2000m^2 接待中心及休闲广场	800.00	2013年	
			3. 收费站道路两侧美化、绿化、亮化	生态家园39户72个门面、行道树种植100棵、路灯安装35盏、路面硬化8000m^2	350.00	2013年	
			4. 打造收费站山体公园	50000m^2	200.00	2014年	
			5. 完善新街立面	81户	250.00	2013年	
			6. 饮水工程	高位水池、管道铺设	750.00	2013年	
			7. 强弱电入地	3.1km	300.00	2013年	
			8. 新街门面木质广告牌	450户	72.00	2013年	
			9. 素兴大道路面整洁	人行道及路面整治、排污管网清理	800.00	2013年	
			10. 车站搬迁重建	3500m^2	350.00	2014年	
			11. 返乡农民工创业园	30亩土地	1250.00	2014年	
			12. 30米大街	24m宽、840m长的迎宾路的修建及配套设施的完善	2500.00	2014年	
			13. 象祠旅游公路	5km	600.00	2013年	
			小计		8482.00		

续表

序号	示范镇名称	总体规划编制情况	启动项目名称	项目规模	项目总投资（万元）	完成时限	责任人
62	金沙县沙土镇	已完成	1. “白改黑”及道路改扩建	长 9000m，宽 8m、12m	1692.00	2014 年	金沙县委副书记何植林
			2. 供水系统改造		1700.00	2014 年	
			3. 污水管网	3000m	150.00	2013 年	
			4. 垃圾清运及附属设施		200.00	2013 年	
			5. 水冲式公厕	$100m^2$	18.00	2013 年	
			6. 新建农贸市场	占地 30 亩	2000.00	2013 年	
			7. 公共停车场		100.00	2013 年	
			8. 健身广场		30.00	2013 年	
			9. 街道绿化	4000m	120.00	2013 年	
			10. 公园	占地 30 亩	250.00	2014 年	
			11. 街道亮化	新安路灯 60 盏	80.00	2013 年	
			12. 人行道铺装	长 4000m、宽 3m	200.00	2013 年	
			小计		6540.00		
63	织金县官寨乡	2013 年 2 月下旬评审	1. 南大街建设	780m，达吉安置小区道路建设 680m	2500.00	2014 年	织金县常务副县长熊朝云
			2. 彝族特色民居建设	184 户，每户 4 万元	736.00	2013 年	
			3. 彝族风格大门	3 个大门	270.00	2013 年	
			4. 农家乐	5 户	150.00	2013 年	
			小计		3656.00		
64	威宁县东风镇	已完成	1. 房屋住宅建设	$45000m^2$	9500.00	2013 年	威宁县委副书记冯兴忠
			2. 商业小区路网	1.1km	900.00	2013 年	
			3. 集镇中心路网	3km	1800.00	2013 年	

续表

序号	示范镇名称	总体规划编制情况	启动项目名称	项目规模	项目总投资（万元）	完成时限	责任人
64	威宁县东风镇	已完成	4. 城镇供水网	4. 2km	150. 00	2013 年	威宁县委副书记冯兴忠
			5. 污水处理厂	1000 吨 / 日	1055. 00	2014 年	
			6. 污水管网	3km	320. 00	2013 年	
			7. 水冲式公厕	4 个（$600m^2$）	250. 00	2013 年	
			8. 集镇供电网	1. 8km	180. 00	2013 年	
			9. 集贸市场	$4500m^2$	350. 00	2013 年	
			10. 老街道排水沟	4km	150. 00	2013 年	
			11. 返乡农民工创业园	30 亩	1850. 00	2014 年	
			12. 元木村肉鸽养殖	50000 羽	200. 00	2013 年	
			13. 阿蒙也酒厂	年产 25 吨	150. 00	2013 年	
			14. 街道河堤堡坎	3km	1360. 00	2013 年	
			15. 幼儿园	1 所（$1232.8m^2$）	250. 00	2013 年	
			16. 客运站	$2000m^2$	160. 00	2013 年	
			17. 卫生院	$4600m^2$	2000. 00	2013 年	
			18. 敬老院	$1140m^2$	220. 00	2013 年	
			19. 休闲广场	3 个（$1300m^2$）	650. 00	2013 年	
			20. 街道绿化	$16000m^2$	380. 00	2013 年	
			21. 路灯安装	400 盏	240. 00	2013 年	
			22. 灯带安装	700m	25. 00	2013 年	
			23. 桥梁	4 座	760. 00	2013 年	
			24. 梯田村耀康矿泉水	年产 3 万桶	220. 00	2013 年	
			小计		23120. 00		

续表

序号	示范镇名称	总体规划编制情况	启动项目名称	项目规模	项目总投资（万元）	完成时限	责任人
65	纳雍县龙场镇	2013年2月下旬评审	1. 人行道	6700m^2	165.00	2013年	纳雍县常委、副县长黄开华
			2. 排污管道	2000m	50.00	2013年	
			3. 路灯安装	76盏	22.80	2013年	
			4. 绿化靓化	235万	71.10	2013年	
			5. 道牙安装	2000m	35.00	2013年	
			6. 农民工返乡创业园	30亩	450.00	2013年	
			7. 集镇中心广场	2650m^2	200.00	2013年	
			小计		993.90		
铜仁市							
66	碧江区坝黄镇	2013年2月下旬评审	1. 公办幼儿园	590m^2	200.00	2013年	碧江区副区长杨通国
			2. 中学教师周转房	1000m^2	120.00	2013年	
			小计		320.00		
67	江口县太平镇	已完成	1. 镇区规划	规划面积2.62km^2	72.00	2013年	江口县副县长徐建福
			2. 城镇主干道	长7928m、宽16m	9513.60	2014年	
			3. 城市次干道	长7879m、宽12m	7091.10	2014年	
			4. 社区级支路	长3498m、宽9m	2046.33	2014年	
			5. 市政广场	占地面积0.37公顷和0.49公顷各一个	1200.00	2013年	
			6. 垃圾中转站	地埋压缩式垃圾中转站4座	500.00	2014年	
			7. 污水处理场	日处理污水0.48万m^3，18360m污水管网	3800.00	2014年	
			8. 给水工程	自来水厂1座，18360m给水管网，11377m消防供水管网	5600.00	2014年	
			9. 新区绿化工程		2200.00	2013年	

续表

序号	示范镇名称	总体规划编制情况	启动项目名称	项目规模	项目总投资（万元）	完成时限	责任人
67	江口县太平镇	已完成	10. 新区亮化工程		3200.00	2013 年	江口县副县长徐建福
			11. 农贸市场	占地 1.2 公顷	2100.00	2013 年	
			12. 湿地公园	占地 130 亩	3346.00	2014 年	
			13. 供电工程	新增变电站 1 座，地埋式供电系统	3600.00	2014 年	
			14. 新区生态防洪堤	长 2950m	1500.00	2014 年	
			15. 公厕	新建公厕 11 所	250.00	2013 年	
			16. 太平中学整体搬迁	新建教学楼、实验室 3 栋，宿舍及其他附属建筑 5 栋	3000.00	2014 年	
			17. 太平小学整体搬迁	新建教学楼 2 栋，宿舍及其他附属建筑 3 栋	2000.00	2014 年	
			18. 太平中心幼儿园	新建教学楼 1 栋、宿舍 1 栋、食堂 1 栋	600.00	2014 年	
			小计		51619.03		
68	松桃县寨英镇	2013 年 2 月下旬评审	1. 焦溪宝边新农村建设	$160000m^2$	3500.00	2014 年	松桃县副县长黄啸
			2. 小城镇核心区建设	$170000m^2$	53600.00	2015 年	
			小计		57100.00		
69	石阡县中坝镇	已完成	街道硬化	主街道长 158m、宽 0.3m。附属实施消防通道。排污沟，盖板长 300m、宽 2m	210.00	2013 年	石阡县副县长龙晓成
			小计		210.00		
70	思南县塘头镇	已完成	1. 人民医院	二级医院	5600.00	2014 年	思南县副县长张延高
			2. 甲秀大道项目	2.58km	25000.00	2014 年	
			3. 借宿制小学	103 亩	8000.00	2014 年	
			4. 甲秀广场	$10680m^2$	2000.00	2013 年	
			5. 污水处理厂	日处理 2000 吨/天	1170.00	2014 年	

续表

序号	示范镇名称	总体规划编制情况	启动项目名称	项目规模	项目总投资（万元）	完成时限	责任人
70	思南县塘头镇	已完成	6. 第二幼儿园	10 亩	200.00	2013 年	思南县副县长张延高
			7. 塘头客运站	6000m^2	700.00	2013 年	
			小计		42670.00		
71	玉屏县田坪镇	已完成	农产品综合交易市场	4m×8m 门面房 100 个，摊位 800 个	3000.00	2013 年	玉屏县副县长胡有志
			小计		3000.00		
72	沿河县官舟镇	2013 年 2 月下旬评审	1. 牛羊肉食品加工厂扩建项目	厂房及配套设施	3000.00	2013 年	沿河县副县长秦智坤
			2. 官舟防洪堤工程	基础设施	250.00	2013 年	
			3. 车站建设项目	厂房及配套设施	2000.00	2013 年	
			4. 旧城改造步行街工程建设项目	新建房产及基础设施	999.00	2013 年	
			5. 四松二级综合医院建设项目	新建房产及基础设施	20000.00	2014 年	
			6. 官舟花炮厂技改扩能项目	厂房及配套设施	7000.00	2013 年	
			7. 诚信引火线厂	厂房及配套设施	10000.00	2013 年	
			小计		43249.00		
黔东南州							
73	凯里市龙场镇	2013 年 2 月下旬评审	1. 主干道	长 530m、宽 20m	705.00	2013 年	凯里市政府党组成员王华
			2. 办公楼	建筑面积 2500m^2	380.00	2013 年	
			3. 虎庄农贸市场	78 个摊位，10 间门面	35.00	2013 年	
			小计		1120.00		
74	丹寨县兴仁镇	2013 年 2 月下旬评审	1. 1 号道路	340m	204.00	2013 年	丹寨县副县长吴鹏
			2. 2 号道路	800m	480.00	2013 年	

续表

序号	示范镇名称	总体规划编制情况	启动项目名称	项目规模	项目总投资（万元）	完成时限	责任人
74	丹寨县兴仁镇	2013 年 2 月下旬评审	3. 兴仁镇小学至林业站旧城区道路改造	1000m	250.00	2014 年	丹寨县副县长吴鹏
			4. 黄泥塘片区小城镇建设规划	0.78km^2	27.30	2013 年	
			5. 黄泥塘至蓝莓基地城市道路建设	691.03m	172.80	2014 年	
			6. 廉租房建设	100 套	800.00	2013 年	
			7. 生态移民建设	51 户	765.00	2013 年	
			8. 烧茶片区工业园建设	0.7km^2	2625.00	2014 年	
			9. 兴仁镇沿湖景区建设	350m	350.00	2014 年	
			10. 农贸市场升级改造	0.43km^2		2014 年	
			小计		5674.10		
75	麻江县宣威镇	已完成	社区办公用房		60.00	2013 年	麻江县常务副县长李文禹
			小计		60.00		
76	黄平县旧州镇	2013 年 3 月初评审	1. 且兰大道	道路长 2.4km、宽 45m	7900.00	2014 年	黄平县副县长王锐崛
			2. 风貌整治	共整治房屋 386 栋	7760.00	2013 年	
			小计		15660.00		
77	施秉县牛大场镇	已完成	药城大道			2015 年	施秉县副县长彭峰
			小计		0.00		
78	镇远县青溪镇	已完成	1. 青溪镇污水厂项目	日处理 4000m^3 污水处理厂一座，收集管网 18km，泵站 2 座	2800.00	2015 年	镇远县副县长杨和
			2. 农贸市场	4800m^2	1000.00	2013 年	
			小计		3800.00		

续表

序号	示范镇名称	总体规划编制情况	启动项目名称	项目规模	项目总投资（万元）	完成时限	责任人
79	三穗县台烈镇	已完成	1. 台烈村防洪堤项目	堤长 1120m，标准 5 年一遇	104.00	2014 年	三穗县副县长刘永禄
			2. 上坪村土地整理项目	平整滩涂 4 处，建防洪堤 3 处，田间道 1 处等	499.00	2013 年	
			3. 寨头民族旅游村寨建设	新农村建设，建设 4A 级民族旅游村寨。建设道路、给排水、垃圾处理、停车场、蚩尤庙等	29800.00	2014 年	
			小计		30403.00		
80	锦屏县敦寨镇	已完成	1. 锦屏工业园区基础设施建设项目（次干道一期工程）	敦新大道 3.84km	22500.00	2013 年	锦屏县副县长范修文
			2. 廉租房建设	200 套×50m^2	1400.00	2013 年	
			小计		23900.00		
81	剑河县岑松镇	已完成	1. 供水工程	日供水量 1000 吨/日	440.00	2014 年	剑河县副县长龙运俊
			2. 供电项目	新建岑松镇 220kV 变电站	2500.00	2014 年	
			3. 中心卫生院扩建工程	扩建面积 2500m^2	350.00	2014 年	
			4. 农贸市场项目	建设面积 2000m^2	40.00	2013 年	
			5. 排水工程	新建集镇排水沟 5000m，安装排污管 5500m。其中，2013 年新建集镇排水沟 2000m，安装排污管 2500m；2014 年新建集镇排水沟 3000m，安装排污管 3500m	772.00	2014 年	
			小计		4102.00		
82	从江县下江镇	已完成	1. 亮化工程	120 盏	56.00	2013 年	从江县常务副县长肖金城
			2. 下江跨江大桥	长 250m、宽 10m	4000.00	2015 年	
			3. 绿化工程	2600m^2	60.00	2013 年	
			小计		4116.00		

续表

序号	示范镇名称	总体规划编制情况	启动项目名称	项目规模	项目总投资（万元）	完成时限	责任人
83	榕江县忠诚镇	2013 年 3 月 20 日评审	1. 镇区地形现状图测绘		15.00	2013 年	榕江县常务副县长黄金鼎
			2. 总体规划	6 万 km^2	16.00	2013 年	
			3. 控制性详细规划	6 万 km^2	16.00	2013 年	
			4. 拟建忠城镇二环路	全长约 3327m、道路宽度 48m	120000.00	2015 年	
			5. 拟建农贸市场	用地面积 1 万 m^2	2000.00	2014 年	
			6. 拟建垃圾填埋场	用地面积 3 万 m^2	3000.00	2015 年	
			7. 拟建中心文化广场	用地面积 5000m^2	2000.00	2015 年	
			8. 新建滨河休闲广场	用地面积 2000m^2	50.00	2015 年	
			9. 拟建敬老院	用地面积 1000m^2	800.00	2014 年	
			10. 新建防洪堤工程	全长 1000m	500.00	2015 年	
			11. 拟建忠城滨河路	全长约 3000m、道路宽 20m	7000.00	2015 年	
			12. 主大街改造	全长约 2000m、宽 14m	800.00	2015 年	
			13. 西环路改造	全长约 2000m、宽 20m	1200.00	2015 年	
			14. 主大街建筑立面风貌整治	全长约 2000m	4000.00	2015 年	
			15. 西环路建筑立面风貌整治	全长约 200m	4000.00	2015 年	
			小计		145397.00		
黔南州							
84	三都县周覃镇	2013 年 3 月底评审	1. 垃圾转运站及配备环卫作业工具	占 60m^2	100.00	2013 年	三都县委常委潘仕进
			2. 街道硬化工程和排水沟建设工程	街道硬化 66000m^2，排水沟总长 3300m	1800.00	2013 年	
			3. 生活垃圾填埋场	日处理 68.2 吨（服务范围为九阡镇、扬拱乡、中和镇、三洞乡、恒丰乡、廷牌镇）	6000.00	2014 年	

续表

序号	示范镇名称	总体规划编制情况	启动项目名称	项目规模	项目总投资（万元）	完成时限	责任人
84	三都县周覃镇	2013 年 3 月底评审	4. 现代农业示范区道路建设	5000m 机耕道	200.00	2013 年	三都县委常委潘仕进
			5. 新合至新荣集镇区外环路建设工程	长 2000m、宽 30m	4000.00	2014 年	
			6. 教化坡新区开发建设工程	区间道 200m、民族特色一条街 100m 及配套设施等	4000.00	2014 年	
			小计		16100.00		
85	长顺县广顺镇	已完成	1. 廉租房一期	114 套	1100.00	2013 年	长顺县常务副县长郭兴文
			2. 外环大道电网改造	6km	760.00	2013 年	
			3. 顺邑溪府、复兴广场	$20000m^2$	8000.00	2014 年	
			4. 但明伦博物馆	$2400m^2$	1500.00	2013 年	
			小计		11360.00		
86	瓮安县猴场镇	已完成	1. 恢复古戏楼内阁中书策	$6000m^2$	8000.00	2013 年	瓮安县常务副县长犹永凯
			2. 停车场	$3000m^2$	400.00	2013 年	
			3. 瓮水长歌广场	$10000m^2$	2000.00	2013 年	
			4. 公租房和廉租房建设	建设 80 套公租房	1200.00	2013 年	
			5. 镇幼儿园教学楼建设项目	$10000m^2$	500.00	2014 年	
			小计		12100.00		
87	都匀市墨冲镇	已完成	1. 农贸市场续建工程项目	占地面积 $12000m^2$	400.00	2013 年	都匀市副市长张仁德
			2. 河西大道	长 1.5km、宽 18m	540.00	2014 年	
			3. 环城路建设	长约 2.8km	15000.00	2015 年	
			小计		15940.00		

续表

序号	示范镇名称	总体规划编制情况	启动项目名称	项目规模	项目总投资（万元）	完成时限	责任人
88	龙里县醒狮镇	已完成	1. 示范小城镇建设项目	建设镇区 6.5km 道路、配套建设路网、管网、绿化、照明、电力线缆等设施	3500.00	2014 年	龙里县副县长王明友
			2. 污水处理工程	日处理污水 1500m^3	1800.00	2014 年	
			3. 供水项目	日供水 2000m^3 自来水厂及水源工程	3000.00	2014 年	
			4. 幼儿园	建设幼儿园校舍 1700m^2 及相关配套设施	250.00	2013 年	
			5. 根雕和奇石展厅中心	250m^2 展示大厅，展品共计 100 余件	200.00	2013 年	
			6. 特色养殖项目	养殖绿壳蛋鸡 5000 羽，香猪 30 头	60.00	2013 年	
			7. 汉湟房地产项目	修建商品住房 76000m^2，农贸市场 9000m^2	7400.00	2015 年	
			小计		16210.00		
89	荔波县甲良镇	已完成	1. 旧城改造项目	总建筑面积 2 万 m^2	3000.00	2015 年	荔波县副县长莫春继
			2. 保障性住房	建 920 套，9.46 万 m^2	4600.00	2014 年	
			3. 市政路改造项目	3000m	2000.00	2014 年	
			4. 阁龙古镇	旅游度假酒店、旅游休闲等项目	25000.00	2015 年	
			5. 移民建设项目	960 户，4032 人	4838.40	2013 年	
			6. 排污工程建设项目	长 2000m、宽 3.5m	650.00	2014 年	
			7. 污水处理建设项目	长 2500m、宽 0.8m	750.00	2014 年	
			8. 垃圾填埋场建设项目	8000m^2、1000m^3	1500.00	2014 年	
			9. 绿化及亮化项目	绿化 4 万 m^2，亮化 2.5km	550.00	2013 年	
			10. 农产品交易市场建设项目	钢架棚三个 2500m^2	250.00	2013 年	
			11. 五塘洞河流防洪堤建设项目	长 15m、宽 3m	250.00	2013 年	
			12. 五塘洞河流蓄水坝建设项目	长 15m、宽 3m	100.00	2013 年	

续表

序号	示范镇名称	总体规划编制情况	启动项目名称	项目规模	项目总投资（万元）	完成时限	责任人
89	荔波县甲良镇	已完成	13. 斗牛场建设项目	①场地建设面积 3500m^2 ②观众席 5000 座 ③道路硬化面积 8000m^2	500. 00	2014 年	荔波县副县长莫春继
			14. 文化广场建设项目	2500m^2	100. 00	2014 年	
			15. 体育运动场建设项目	40000m^2	500. 00	2014 年	
			16. 旅游公厕建设项目	3 个公厕，每个 50m^2	200. 00	2013 年	
			17. 旅游停车场建设项目	10000m^2	200. 00	2014 年	
			18. 旅游购物休闲区建设项目		800. 00	2014 年	
			19. 民族风情度假村建设		2000. 00	2015 年	
			20. 文化展览馆建设项目		450. 00	2014 年	
			21. 山地跑马场建设项目		1000. 00	2015 年	
			小计		49238. 40		
90	惠水县好花红乡	已完成	好花红布依民居	2. 4km^2	200000. 00	2014 年	惠水县副县长罗国江
			小计		200000. 00		
91	福泉市牛场镇	2013 年 3 月 13 日评审	1. 新区道路建设	道路长 1610 m、宽 26m	3600. 00	2014 年	福泉市副市长刘建春
			2. 临街房屋立面改造	3. 5km	5000. 00	2014 年	
			3. 磷康大道路灯节能改造	改造节能路灯 150 盏	160. 00	2014 年	
			4. 汽车站门口破损道路改造	1200m^2	70. 00	2013 年	
			5. 老镇区排污系统改造	3km	200. 00	2013 年	
			小计		9030. 00		

续表

序号	示范镇名称	总体规划编制情况	启动项目名称	项目规模	项目总投资（万元）	完成时限	责任人
92	罗甸县边阳镇	已完成	黄泥坳、打讲、罗木三个村无公害蔬菜基地配套设施工程	新建100亩农业产业示范区（含冷库及200亩育苗大棚）；9000m长、4m宽机耕道；提灌站3座；9000m长，内空50cm×50cm灌溉渠道；3000m长排行沟			罗甸县副县长黄元智
黔西南州							
93	兴义市清水河镇	2013年3月底评审	1. 综合服务区路网工程	园区道路建设，属城镇次干道三级，全长4587.65m	4500.00	2013年	兴义市副市长胡正军
			2. 清水河初级中学	项目分两期建设，一期为教学楼，学生宿舍，校区道路及绿化，学生食堂。二期为科技楼，图书馆，操场等建设	3500.00	2014年	
			3. 邮政所	邮政所办公区	46.00	2013年	
			4. 路网绿化工程	综合服务区路网绿化	1650.00	2013年	
			小计		9696.00		
94	兴义市泥凼镇	已完成	1. 民居改造	围绕何应钦故居建筑风格进行立面改造	2500.00	2013年	兴义市副市长胡正军
			2. 农贸市场建设	在镇区新建农贸市场（达到集市不占用镇区街道经营的传统；扩大市场）	2000.00	2013年	
			3. 镇区街道照明，景观灯安装	在镇区街道安装太阳能路灯、景观灯100盏	47.90	2013年	
			4. 扶贫移民搬迁工程	在镇区规划范围内，在孟家凼子设立安置点	2500.00	2013年	
			5. 养老院建设项目	在规划区内，新田组修建养老院	180.00	2013年	
			6. 中、小学，幼儿园建设	修建教师周转房、新建小学、中学扩建、幼儿园完善基础设施	700.00	2013年	
			小计		7927.90		

续表

序号	示范镇名称	总体规划编制情况	启动项目名称	项目规模	项目总投资（万元）	完成时限	责任人
95	兴仁县巴铃镇	正委托设计单位	1. 农贸市场	$10000m^2$	2500.00	2015 年	兴仁县副县长王尧忠
			2. 政府路、东街路改造	600m	500.00	2015 年	
			小计		3000.00		
96	贞丰县白层镇	2013 年 3 月底评审	1. 卫生院建设	建筑面积 $1200m^2$	239.00	2014 年	贞丰县副县长梁启超
			2. 幼儿园建设	$2000m^2$	320.00	2013 年	
			3. 风情街打造	房屋装饰 110 户，街面改造 690m	700.00	2013 年	
			小计		1259.00		
97	安龙县龙广镇	已完成	1. 贵州省金源投资有限公司 60 万吨铁合金工程	$367392m^2$	300000.00	2015 年	安龙县副县长查世海
			2. 历史文化古街一期工程	$31028.84m^2$	417.12	2013 年	
			3. 龙归园公墓	$200100m^2$	63.35	2013 年	
			4. 中心小学改建	$29444.715m^2$	118.96	2014 年	
			5. 村庄整治		260.30	2013 年	
			6. 便民利民服务中心综合办公楼	$970.3m^2$	811.82	2014 年	
			7. 祥龙花园商住小区	$19343m^2$	4270.08	2014 年	
			8. 集贸市场	$27686.46m^2$	500.00	2014 年	
			9. 历史文化街二期工程	$500250m^2$	1812.30	2015 年	
			小计		308253.93		

续表

序号	示范镇名称	总体规划编制情况	启动项目名称	项目规模	项目总投资（万元）	完成时限	责任人
98	晴隆县沙子镇	2013 年 3 月底评审	1. 客运站建设	600m^2	65. 00	2013 年	晴隆县副县长刘华
			2. 镇区控制性规划	2km^2	44. 00	2013 年	
			3. 镇区 1∶500 地形图测绘	3km^2	12. 00	2013 年	
			小计		121. 00		
99	册亨县坡妹镇	2013 年 3 月底评审	1. 规划修编	2km^2	11. 00	2013 年	册亨县副县长徐炼
			2. 特色小城镇建设规划	3km^2	200. 00	2013 年	
			3. 2012 年易地扶贫搬迁项目	162 户，700 人	435. 00	2013 年	
			4. 集贸市场建设	10000m^2	300. 00	2014 年	
			5. 路灯安装项目	104 盏	50. 00	2013 年	
			6. 2013 年易地扶贫搬迁项目	191 户 753 人		2014 年	
			小计		996. 00		
100	望谟县蔗香乡	已完成	1. 街道排水沟	修建排洪沟 380m	78. 00	2013 年	望谟县副县长郑梦英
			2. 新建文化大道	修建 310 大道	90. 00	2013 年	
			小计		168. 00		

海南省人民政府办公厅
关于建立海南省特色产业小镇产业发展和建设工作
联席会议制度的通知

琼府办〔2015〕219 号

各市、县、自治县人民政府，省政府直属各单位：

为贯彻落实《海南省人民政府关于印发全省百个特色产业小镇建设工作方案的通知》(琼府〔2015〕88 号）精神，加强部门间统筹协调，形成合力，加快推进百个特色产业小镇建设，经六届省政府 45 次常务会议审议通过，决定建立海南省特色产业小镇产业发展和建设工作联席会议制度。现将有关事项通知如下：

一、组成人员

召集人：毛超峰（省委常委、省政府常务副省长）
成　员：林　涛（省政府副秘书长）
林回福（省发展改革委主任）
陈铁军（省旅游委副主任）
王晓桥（省农业厅副厅长 ）
符传智（省工业和信息化厅副巡视员）
王惠平（省财政厅副厅长）
杨毅光（省文化广电出版体育厅副厅长）
曹　江（省卫生计生委副巡视员）
张信芳（省国土资源厅总工程师）
岳　平（省生态环保厅副厅长）
陈孝京（省住房城乡建设厅副厅长）
刘保锋（省交通运输厅副厅长）
王克强（省商务厅副厅长）
赵庆慧（省科技厅副厅长）
潘建纲（省海洋与渔业厅副巡视员）
沈仲韬（省水务厅副厅长）
周亚东（省林业厅总工程师 ）

王任飞（省农垦总局副局长）

周诗铜（省统计局副局长）

林继军（省政府金融办副主任）

联席会议成员因工作变动需要调整的，由所在单位提出，联席会议确定。

联席会议办公室设在省发展改革委，承担联席会议日常工作，由省发展改革委副主任王长仁担任办公室主任。主要负责收集联席会议议题，起草联席会议通知，组织安排联席会议，印发联席会议纪要，协调督促落实联席会议决定等。

二、主要任务

（一）贯彻落实党中央、国务院和省委、省政府有关产业小镇建设发展工作的决策部署。

（二）研究制定推进百个特色产业小镇建设与发展的政策措施。

（三）统筹审定百个特色产业小镇建设与发展规划，研究提出产业小镇建设与发展年度工作计划，协调解决百个特色产业小镇建设与发展过程中的重大问题，督促落实产业小镇建设与发展工作任务。

（四）研究制定百个特色产业小镇建设与发展年度考核体系和考核办法，组织实施特色产业小镇建设与发展年度考核。

（五）研究制定产业小镇建设与发展验收办法，组织验收特色产业小镇建设与发展成果，审核认定特色产业小镇命名。

（六）承办省委、省政府交办的其他事项。

三、工作规则

联席会议原则上每季度召开一次，一般安排在每个季度初，总结交流上季度工作情况，研究部署本季度工作任务，根据工作需要可临时召开。联席会议由召集人或召集人委托的相关部门负责人主持，议题由联席会议办公室负责收集，经召集人审定后提交会议。联席会议以会议纪要形式明确议定事项，印发给各成员单位和有关方面贯彻落实。

四、成员单位工作分工

省发展改革委：承担联席会议办公室日常工作。具体负责全省特色产业小镇的规划布局，整合本部门资源，牵头指导和强力推进全省特色产业小镇加快规划建设。

省旅游委：负责指导旅游特色产业小镇的规划建设，整合本部门资源，支持特色产业小镇强化旅游功能。

省农业厅：负责牵头指导农业产业特色小镇的规划建设，整合本部门资源，支持特色产业小镇打造特色农业。

省工业和信息化厅：具体负责指导全省特色产业小镇的产业转型升级工作。整合本部门资源，支持特色产业小镇加快产业发展。牵头指导互联网产业小镇的规划建设。

省财政厅：负责做好享受财政扶持政策特色产业小镇的审核和兑现工作，引导各地安排资金支持特色产业小镇加快规划建设。

省文化广电出版体育厅：具体负责全省特色产业小镇的宣传工作以及特色产业小镇文化内涵的挖掘和打造。整合本部门资源，支持特色产业小镇强化文化功能建设。

省卫生计生委：具体负责指导全省特色产业小镇的卫生事业发展工作。

省国土资源厅：负责做好享受用地扶持政策特色小镇的审核和兑现工作，指导各地强化特色小镇用地保障，创新节约集约用地机制。

省生态环保厅：负责指导全省特色产业小镇的生态建设工作。

省住房城乡建设厅：负责指导全省特色小镇的建设规划和功能完善，指导全省特色小镇工程建设实施工作。

省交通运输厅：负责指导全省特色产业小镇的交通和物流体系建设。

省商务厅：负责指导全省特色小镇电子商务的提升和涉外业务发展。

省科技厅：负责指导全省特色小镇的科技创新工作，整合本部门资源，支持特色小镇加快科技创新。

省海洋与渔业厅：负责牵头指导渔业产业特色小镇的规划建设。

省水务厅：负责指导全省特色产业小镇的水利建设工作。

省林业厅：负责指导和支持全省特色产业小镇的林业经济发展。

省农垦总局：负责牵头指导农垦总局所属特色产业小镇的规划建设。

省统计局：负责建立全省特色小镇创建工作的数据平台，收集汇总相关数据，研究提出年度考核指标体系。

省政府金融办：负责创新全省特色小镇的投融资机制，整合本部门资源，支持特色小镇创建工作。

五、工作要求

各成员单位要按照职责分工，主动研究特色产业小镇建设与发展工作推进中的有关问题，及时向联席会议办公室提出需联席会议讨论的议题，按要求参加联席会议，认真落实联席会议确定的工作任务和议定事项；要加强沟通，密切配合，相互支持，形成合力，充分发挥联席会议作用，形成高效运行的工作机制。

海南省人民政府办公厅

2015 年 11 月 10 日

海南省人民政府
关于印发《海南省百个特色产业小镇建设工作方案》的通知

琼府〔2015〕88 号

各市、县、自治县人民政府，省政府直属各单位：

《海南省百个特色产业小镇建设工作方案》已经省政府同意，现印发给你们，请认真贯彻落实。

海南省人民政府

2015 年 10 月 19 日

海南省百个特色产业小镇建设工作方案

根据省政府工作部署，全省在“多规合一”中先行选择 100 个特色产业小镇进行规划建设。为加快推进百个特色产业小镇建设工作，落实好省委、省政府推动全省经济转型升级、统筹城乡发展的一系列重大决策，结合实际，制定本方案。

一、总体要求

（一）重要意义。特色产业小镇是相对独立于市区（县城），具有明确产业定位、文化内涵和一定社区功能的发展空间平台，可以区别于行政区划单元规划。规划建设一批特色产业小镇，是各市县“多规合一”的重要内容，是推进就地城镇化的重要突破口，是带动农民群众脱贫致富奔小康的重要抓手。加快全省百个特色产业小镇建设发展，有利于推动各市县积极谋划产业发展，找准建设项目，扩大有效投资；有利于利用好当地自然、文化资源，加强产业培育，推动资源整合；有利于促进县域尤其是农村经济发展，增加农民收入，促进农村贫困人口脱贫；有利于加快推进产业融合、产业集聚、产业创新和产业升级，形成新的经济增长点。

（二）产业定位。从实际出发，结合当地资源、产业条件，以热带特色高效农业、旅游、互联网、医疗健康、渔业、民族文化等产业为发展重点。坚持产业的带动性，产业的发展要带动当地居民脱贫致富并能长期受益；坚持产业的成长性，对具有良好市场前景能带来高收益的项目，即使属于成长期，也给予支持和扶持；坚持产业的生态性，无论是农业的种养加工还是旅游、医疗保健，都以不破坏生态环境为基本准则；根据每个特色产业小镇功能定位实行分类指导，努力做到产业、文化、旅游“三位一体”。

（三）建设目标。力争用3年时间，百个特色产业小镇的产业发展全面提速，一批立足本地资源的产业形成并壮大，全省县域经济的活力、竞争力和可持续性全面加强。通过特色产业小镇的产业发展，全省产业结构得到优化调整，产业融合度有效提升，新的经济增长点逐步形成，居民收入尤其是农村居民收入明显提高。新型城镇化全面推进，产城融合进一步深化，生产、生活、生态相融合得到强化，一批新的独具风格的风情小镇得以形成。

二、主要任务

（一）明确建设思路。考虑到我省镇（乡）绝大多数以农业为主体，产业化发展滞后，人均收入少，消费水平低，镇区建设落后，特色产业小镇按照以下原则进行建设：一是以产兴镇，即针对现状比较落后，暂时还不具备对镇区进行大规模投资建设但具有优势产业的小镇，以培育优势产业为主。在产业的发展中，居民增加收入、企业壮大实力、镇（乡）财政增收。经过一个阶段的发展后，再开展镇区建设。二是以镇促产，对于产业基础、区位条件好的小镇，创造条件进行镇域局部或全面改造，通过镇区等改造促进旅游等相关产业发展，提高就地城镇化水平。（省发展改革委、省住房城乡建设厅、省国土资源厅、省财政厅、各市县政府负责，排第一位者为牵头负责部门，其他部门及市县政府按照职责分工负责或者配合，下同）

坚持政府引导、企业主体、市场化运作。政府加强引导和服务保障，在规划编制、基础设施配套、资源要素保障、文化内涵挖掘传承、生态环境保护等方面更好发挥作用。企业（合作社）作为特色产业小镇项目的主要投资建设主体，负责推进项目建设。（各市县政府负责）

（二）落实“六个一”目标和工作机制。具体如下：

一个发展目标，每个小镇都要确立明确的、切合实际的产业发展目标。（各市县政府负责，2015年10月31日前完成）

一个产业规划定位，明确产业方向、定位、项目工程安排。抓紧组织编制特色产业小镇产业发展及建设规划，将特色产业小镇和12个重点产业发展相衔接，明确每个小镇的产业目标、方向和重点项目，并纳入到“多规合一”当中。（各市县政府负责，2015年11月30日前完成）

一个议事协调机构，省及各市县要建立特色产业小镇发展的议事协调机构。（省发展改革委、各市县政府负责，2015年10月31日前完成）

一个具体机构，省、市县、各产业小镇要设立产业小镇发展的办事机构。（省发展改革委、各市县政府负责，2015年10月31日前完成）

一批扶持资金，一是设立产业小镇产业发展引导基金，重点用于产业小镇的产业培育；二是各方面的财政专项资金（基金）在符合投向的情况下，要向产业小镇的产业发展及相关基础设施建设等项目倾斜；三是多渠道解决小镇产业发展的融资问题。（省发展改革委、省财政厅、省政府金融办、国家开发银行海南省分行、中国农业发展银行海南省分行、省农村信用社联合社负责，2015 年 11 月 31 日前完成）

一套支持政策措施，系统完善特色产业小镇的产业、建设等政策措施，加强产业、住房城乡建设、国土和环保等方面在小镇上的“多规合一”，为小镇发展提供政策支持。（省发展改革委、省财政厅、省住房城乡建设厅、省国土资源厅、省生态环保厅、省工业和信息化厅、省国税局、省地税局、省统计局负责，2015 年 10 月 31 日前完成）

（三）完善创建程序。

1. 规划审核。由各市县组织编制特色产业小镇产业发展及建设规划。规划先分别由省政府相关职能部门进行初审，再由省特色产业小镇产业发展和建设工作联席会议办公室组织联审，报省特色产业小镇产业发展和建设工作联席会议审定。（省发展改革委、省国土资源厅、省住房城乡建设厅、省生态环保厅、省林业厅、省海洋与渔业厅、省水务厅负责，2015 年 10 月 31 日前完成）

2. 年度考核。对确定的省重点培育的特色产业小镇，建立年度考核制度，考核结果纳入各市、县政府目标考核体系。（省统计局、省发展改革委、省财政厅、省国土资源厅、省住房城乡建设厅、省生态环保厅、省林业厅、省海洋与渔业厅、省水务厅负责）

3. 验收命名。对实现规划建设目标、达到特色产业小镇标准要求的，由省特色产业小镇产业发展和建设工作联席会议组织验收，通过验收的予以认定。（省发展改革委、省财政厅、省国土资源厅、省住房城乡建设厅、省生态环保厅、省林业厅、省海洋与渔业厅、省水务厅、省统计局负责）

三、政策措施

（一）土地要素保障。各市县特色产业小镇产业发展及建设规划经审核批准后，纳入规划的项目建设用地要纳入各市县“多规合一”中予以保障。特色产业小镇项目建设要按照节约集约用地要求，首先着眼于盘活存量建设用地。具体的保障办法及奖惩措施由省国土资源厅牵头提出，报省特色产业小镇产业发展和建设工作联席会议审定。（省国土资源厅、省生态环保厅、省住房城乡建设厅、省发展改革委负责，2015 年 10 月 31 日前完成）

（二）财政支持。特色产业小镇在创建期间及验收命名后，其规划范围内的新增财政收入部分，省财政可考虑给予一定返还，具体政策由省财政厅牵头提出，报省特色产业小镇产业发展和建设工作联席会议审定。（省财政厅、省国税局、省地税局、省国土

资源厅、省生态环保厅、省住房城乡建设厅、省发展改革委负责，2015 年 11 月 31 日前完成）

（三）金融支持。通过多渠道、多形式解决特色产业小镇规划项目融资问题。由省发展改革委会同省政府金融办，联合有关开发性金融机构，研究制定支持百个产业小镇重点工程建设的指导意见，报省特色产业小镇产业发展和建设工作联席会议审定。（省发展改革委、省财政厅、省政府金融办、国家开发银行海南省分行、中国农业发展银行海南省分行、省农村信用社联合社负责，2015 年 10 月 31 日前完成）

（四）政策整合。各地和省级有关部门要积极研究制订具体政策措施，整合优化政策资源，简化审批程序，加强沟通协调和具体服务，给予特色产业小镇规划建设强有力的政策支持。（省发展改革委、省财政厅、省住房城乡建设厅、省国土资源厅、省生态环保厅、省林业厅、省海洋与渔业厅、省水务厅、省国税局、省地税局、省统计局负责，2015 年 12 月 31 日前完成）

四、组织领导

（一）建立协调机制。省政府设立省特色产业小镇产业发展和建设工作联席会议制度，由常务副省长担任召集人，省发展改革委、省旅游委、省农业厅、省工业和信息化厅、省财政厅、省文化广电出版体育厅、省卫生计生委、省国土资源厅、省住房城乡建设厅、省生态环保厅、省交通运输厅、省商务厅、省科技厅、省海洋与渔业厅、省水务厅、省林业厅、省农垦总局、省统计局、省政府金融办等单位负责人为成员。联席会议办公室设在省发展改革委，承担联席会议日常工作。（省发展改革委、省编办负责，2015 年 10 月 31 日前完成）

（二）推进责任落实。各市县是特色产业小镇培育创建的责任主体，要建立实施推进工作机制，加强组织协调，搞好规划建设，确保各项工作落实。（各市县政府负责）

（三）加强动态监测。各市县要按季度报送特色产业小镇创建工作进展和形象进度情况，省里在一定范围内进行通报。（省发展改革委、各市县政府负责）

海南省住房和城乡建设厅
关于印发《海南省特色风情小镇建设指导意见》的通知

琼建村〔2014〕53 号

各市县住建（规划）局、洋浦规划建设土地局，海口市龙华区、美兰区、琼山区、秀英区住建局：

为了进一步贯彻落实省委、省政府关于推动海南特色城镇化的战略部署，加快推进我省特色风情小镇建设步伐，现将《海南省特色风情小镇建设指导意见》印发给你们，请结合实际，认真贯彻执行。

附件：海南省特色风情小镇建设指导意见

海南省住房和城乡建设厅

2014 年 4 月 9 日

附件　海南省特色风情小镇建设指导意见

为了进一步贯彻落实省委、省政府关于推动海南特色城镇化的战略部署，加快推进我省特色风情小镇建设步伐，提升国际旅游岛建设品位，根据《海南省人民政府关于加强村镇规划建设管理工作的意见》（琼府〔2011〕53 号）、《海南省社会主义新农村总体规划》（2010～2020）和《海南省村镇规划建设管理条例》等法规，结合我省实际，制定本指导意见。

一、指导思想

全面贯彻落实党的十八大、十八届三中全会和习近平总书记重要讲话精神，按照省六次党代会的战略部署，以科学发展观为指导，遵循科学规划先行，基础设施配套，特色产业支撑，公共服务保障，特色文化包装，绿色田园环抱，社会多元投资，打造营销品牌，吸引外来消费，农民当地就业的总要求，因地制宜建设一批资源节约、环境友好的特色风情小镇，推动海南新型城镇化和城乡一体化发展，谱写美丽中国海南篇章。

二、建设原则

（一）规划先行。以规划统筹各种要素，优化资源配置，合理谋划空间布局，注重发挥优势和突出特色，处理好生产、生活、休闲、交通四大要素关系，明确功能定位。

（二）产业支撑。依托地方资源优势和特色，优化产业结构，积极发展现代精细化农业、渔业、农产品加工业、旅游度假和商贸服务业等，形成规模效应，引导发展“一镇一业”、“一村一品”，吸引当地群众就地就业，带动群众增收致富。

（三）设施完善。以改善居民生产、生活质量为重心，按照适度超前的原则，加快推进基础设施和公共服务设施建设，促进土地、基础设施、公共服务设施等资源合理配置、集约利用。

（四）凸显特色。挖掘小城镇独具魅力和特色的文化内涵，突出打造个性鲜明的建筑风格、绿化景观和人文特色文化，为小城镇的建设发展注入文化元素，提升城镇建设品质，彰显小城镇特色和魅力。

（五）环境优美。围绕海南村镇秀美的田园风光，结合村镇规划建设管理，以打造宜居环境为核心，强化环境保护，营造生态优良、清洁舒适、风貌优美的宜居小城镇。

（六）生态环保，低碳节能。以建立绿色低碳、节能环保的生产生活方式为目标，保护生产环境，发展循环经济、绿色经济和低碳经济，推广太阳能、风能等清洁能源，环保材料在小城镇中广泛应用，力争建设低碳、零碳小城镇。

（七）吸引投资，繁荣经济。小城镇建设和发展要找准定位，突出特点和优势产业，积极引进社会资本，投资发展优势产品、产业和服务业，吸引外来消费，带动当地的经济繁荣。

三、建设目标

通过特色风情小镇带动，加快我省城镇化进程，逐步实现城乡基础设施、公共服务、就业和社会保障的城乡一体化，根据经济社会基础良好、区位优势明显、交通设施便利、人口聚集度高、资源环境承载力强等标准和要求，省每年选择 2～3 个示范镇，各市县至少选择 1 个重点镇，通过省、市县两级集中投入，逐年推进，建成一批功能齐备、设施完善、生活便利、环境优美、特色鲜明、经济繁荣、社会和谐的特色风情小城镇，推动海南新型城镇化协调发展。

——完成总体规划、详细规划编制任务结合年度建设计划，编制修建性详细规划，突出抓好城市设计和建筑方案设计特色风情小镇每年都要建成并启用若干标志性项目，为小城镇经济和社会发展注入新的活力。

——基础设施、市政公用设施基本配套。镇乡道路形成网络，交通便捷，道路硬化率 90%以上，路灯装设率 90%以上，镇区自来水普及率 100%，水质符合国家规定卫生标准，镇区排水管覆盖率 90%以上，街区地面无积水，污水处理达标，电信设施配套，通讯畅通，镇区绿化率 35%以上，建立完善的村收集、镇转运的垃圾收运体系，宽带网络普及率 90%以上，城乡电网改造完成，供电可靠。

——环境综合整治成效显著。垃圾清扫保洁机制健全，生活垃圾有固定的堆放场地，且做到日产日清，定时进行燃烧和填埋等无害化处理，乱搭建乱占现象全面清理，城乡“脏、乱、差”基本消除，镇区至少有 2 座以上符合卫生标准的公共厕所，停车场配套合理，车辆停放整齐有序，镇区街道、公共场所、机关及居民庭院做到见缝插绿，绿树成荫。每个重点小城镇初步建成一座具有一定规模的供居民休闲的公共活动场所或公共绿地。

——按照“一镇一业”、“一村一品”的产业发展思路，突出优势和特色，优化产业结构、着力培育当地特色主导产业，形成规模效应。

四、建设内容

（一）抓好规划设计。一是在完成总体规划、专项规划和详细规划编制基础上，提高详细规划的覆盖率，着力提高项目设计水平。二是重点抓好城镇主要出入口、主干道沿线、规模大的安置房小区、滨水地段、商贸街区、中心广场、园林景观项目等重点地段和节点地区的城市设计，积极开展外部空间和形体环境设计。三是建立科学的设计评审机制，重点地段和节点地区的城市设计及重要建筑的设计方案，由市县规划建设主管部门和乡镇人民政府，联合组织审查把关，并提高城市设计和建筑设计的民主参与度。

（二）推进市政基础设施建设。加快推进交通、能源、市政公用事业、信息网络和防灾减灾等重点项目建设，提高道路、供排水、人行道、燃气、候车亭、公厕、绿化、电力、垃圾收运、通信等基础设施水平，增强小城镇的服务功能。

（三）加大民生和公共服务设施建设投入力度，提高公共服务配套水平，建成一批教育、文化、卫生、体育、住房、安防、养老等公共服务设施，大幅度提升小城镇综合承载能力和公共服务功能。有条件的小城镇要成为区域性的教育和卫生服务中心。

（四）培育特色产业项目。一是立足实际，合理布局建设符合规划和环保要求、吸纳就业、带动城镇发展的休闲旅游度假养老服务性项目，逐步提高第三产业增加值占全镇经济增加值的比重。二是培育主导产业和特色产业，因地制宜发展农业、渔业、物流、旅游、商贸、文化等产业，打造各具特色的农业重镇、渔业重镇、商贸重镇、旅游旺镇和历史文化名镇等。三是拉长产业链，促进产业集聚发展，推动规模做大，结构优化，鼓励广大民间投资，结合引进大企业大项目，建设特色产业基地，强化产业支撑。

（五）突出打造特色景观。一是加快推进主要街道和环境景观综合整治，对景观欠佳的沿街建筑进行立面改造，通过管线下地，统一防盗网，清理各类广告牌，改造公厕，完善人行道铺装，道路照明和绿化等措施，完成1~2条以上主要街道的特色建筑景观整治工作。二是做好小城镇园林绿化，推进公园、绿化带、街头绿地、庭院绿化建设，抓好河、溪、渠、湖、海绿化整治，增加绿量，提高绿化水平。三是开展旅游景区景点及绿道系统建设，充分结合现有地形、水系、植被等，串联旅游区、公园、历史古迹、公共建筑、特色村落等节点，相互串联形成贯通的绿带，构建乡村旅游休闲线路，有条件的乡镇，应充分利用优质的自然景观资源，建设具有独特魅力的风景名胜区。

（六）推广绿色低碳节能技术。要切实增强节能减排能力，重点开展以下绿色生态设施建设，一是在污水和垃圾处理等采用无害化、低耗能、低成本技术，二是加大太阳能、风能等可再生能源在建筑新建、既有居住建筑节能改造方面的运用集成绿色低碳技术，建设生态低碳特色风情小镇。

五、特色风情小镇选定参考条件

1. 固定重点示范镇、绿色低碳重点小城镇、特色景观旅游名镇等国家级重点小城镇及乡镇、国有农场一体的小城镇优先考虑建设。

2. 地理位置优越，交通便捷。主要指沿路、沿海、城郊、景区和靠近旅游区的小城镇，可以兼顾全省区域的平衡。个别条件优越的小城镇、少数民族乡、镇条件可以放宽。

3. 经济基础好，产业特色明显，对本地区经济起支撑和带动作用，乡镇企业具备一定规模，城乡居民年人均收入处于本市、县领先水平。

4. 资源丰富独特。主要指具有乡镇企业主导型、农业综合开发型、旅游开发型、滨海渔业开发型、综合贸易性特点的小城镇。

5. 开发潜力大。目前已具有一定开发条件，即基础设施相对比较配套，具有成片开发的可能，周边有大型开发企业进驻，项目已启动或已建成。

6. 小城镇应编制建设规划和城市设计，并经市县政府批准。

六、保障措施

（一）各市县要大力支持特色风情小镇的建设发展，帮助乡镇引进资金和项目，在项目和资金上给予优先照顾和支持。建议各级政府每年都应在年度预算中安排一定的资金支持特色风情小镇建设。具体数额可由市县建设、财政部门提出，报市县政府审批，纳入市县财政支出预算安排。鼓励各金融机构每年应安排一定的贷款，支持特色风情小镇小城镇的基础设施建设。在村镇规划区内建设项目缴交的基础设施配套费，要全额返还给小城镇，投入小城镇基础设施建设。

（二）把市场机制引入特色风情小镇小城镇，鼓励各种经济性质的客商包括外商，在特色风情小镇投资路、水、电、通信、市场、文化娱乐等市政公用设施建设。实行谁投资，谁经营，谁受益，并享有我省规定的从事基础设施建设的优惠政策。有条件的风情小镇可成立镇级小城镇建设投融资平台，统筹负责本乡镇小城镇土地储备经营、基础设施和市政公用设施建设等，增强小城镇建设资金自我造血功能，加强建设力度。

（三）建议在各市、县每年的非农建设用地计划中，优先安排一定数量的用地指标，支持特色风情小镇的开发建设。为利于小城镇规划的实施，在镇区规划范围内的农村建设用地，优先办理有关用地审批手续。鼓励农村集体经济组织和村民以土地入股，集体建设用地使用权转让、租赁等方式有序地进行农家乐、家庭旅馆、农庄旅游等旅游开发项目试点。

（四）加强部门协作和资源整合，形成工作合力。市县各部门包括发改、住建、国土、旅游、农业等要密切配合，形成合力，统筹资金安排，共同推动特色风情小镇各项建设工作。住建部门要结合农村危房改造，绿色低碳重点小城镇，国家历史文化名镇、村，特色景观旅游名镇等民生项目和特色小城镇创建工作统筹考虑，加大建设力度。

河北省特色小镇规划建设工作联席会议办公室关于公布河北省第一批特色小镇创建类和培育类名单的通知

冀特镇联办〔2017〕1号

各市（含定州、辛集市）人民政府，省直有关部门：

按照《中共河北省委河北省人民政府关于建设特色小镇的指导意见》（冀发〔2016〕30号）、《河北省特色小镇创建导则》（冀特镇联办〔2016〕1号）要求，经省特色小镇规划建设工作联席会议按程序审定，现公布河北省第一批特色小镇创建类和培育类名单，并将有关要求通知如下。

一、加快特色小镇建设。列入创建类的特色小镇要将概念性规划细化为实施方案，制定年度建设计划，明确目标任务和投资额度，于3月31日前由各市统一报省联席会议办公室备案。创建类特色小镇要按年度计划加快建设进度，加速要素集合、产业聚合、产城人文融合，尽快打造成经济增长新高地、产业升级新载体、城乡统筹新平台。列入培育类的特色小镇要抓紧完善相关手续，落实资金，尽早开工建设。创建类和培育类小镇按照特色小镇统计指标体系（具体统计要求另行通知），定期将有效投资、营业收入、市场主体数量、常住人口数量等各项指标完成情况、工作进展和形象进度报送省联席会议办公室。

二、加大工作推进力度。省直有关部门要结合职责分工，加强指导，落实相关支持政策，支持特色小镇加快发展。各市要加强对辖区内特色小镇规划、申报、创建等工作的指导，加快推进特色小镇建设，并根据当地资源优势和区位特点，继续做好新的特色小镇谋划和申报工作。各县（市、区）是特色小镇规划建设的责任主体，要建立工作推进机制，协调落实建设条件和扶持政策，明确年度工作目标任务，确保创建工作按时间节点和进度要求有序推进。

三、实施动态管理。按照“批次创建、滚动实施、动态调整”原则，对完成有效投资多、创建形象进度好、达到创建类条件的培育类特色小镇，由所在市提出申请，可优先纳入下一批次创建名单。省联席会议办公室对创建类特色小镇进行年度考核，连续2年未完成建设进度的小镇，退出创建名单。创建类特色小镇完成各项建设任务并达标后，即可按程序向省联席会议办公室申请验收，经省联席会议办公室组织验收合格后正式命名。

附件：河北省第一批特色小镇创建类和培育类名单

河北省特色小镇规划建设工作联席会议办公室

2017 年 2 月 27 日

附件　河北省第一批特色小镇创建类名单（30 个）

石家庄市 3 个：

栾城区航空小镇

平山县西柏坡红色旅游小镇

灵寿县漫山花溪旅游小镇

承德市 2 个：

围场皇家猎苑小镇

承德县德鸣大数据小镇

张家口市 2 个：

崇礼冰雪文化小镇

察北乳业小镇

秦皇岛市 2 个：

北戴河新区医疗康养旅游小镇

昌黎县干红小镇

唐山市 4 个：

滦县滦州古城小镇

迁西县露营小镇

曹妃甸匠谷小镇

路北区陶瓷文化小镇

廊坊市 4 个：

安次区第什里风筝小镇

永清县云裳小镇

安次区北田曼城国际小镇
香河县运河文化创客小镇

保定市 5 个：

易县恋乡·太行水镇
涞水县四季圣诞小镇
白沟特色商贸小镇
涞水县京作古典家具艺术小镇
定兴县非遗小镇

沧州市 2 个：

肃宁县华斯裘皮小镇
青县中古红木文化小镇

衡水市 2 个：

武强县周窝音乐小镇
枣强县玫瑰小镇

邢台市 2 个：

清河县羊绒小镇
宁晋县小河庄电缆小镇

邯郸市 2 个：

馆陶县寿东粮画小镇
涉县赤水湾太行民俗小镇

河北省第一批特色小镇培育类名单（52 个）

石家庄市 7 个：

正定县艺术小镇
正定县木都小镇
藁城区（滹沱河）康怡乐生态小镇
藁城区宫灯小镇

赞皇县天山电商主题小镇
新华区杜北生态健康小镇
高邑县物流小镇

承德市 4 个：

丰宁中国马镇
丰宁汤河温泉小镇
滦平县古城国际庄园小镇
隆化县枫水满乡小镇

张家口市 3 个：

蔚县国际艺术小镇
怀来县鸡鸣驿国际旅游度假小镇
张北县光伏小镇

秦皇岛市 4 个：

青龙满韵小镇
海港区秦皇印象小镇
山海关古御道明清文化旅游小镇
海港区圆明山生态小镇

唐山市 4 个：

遵化市满清文化小镇
滦南县中国钢锹小镇
迁西县花乡果巷小镇
玉田县养生小镇

廊坊市 6 个：

永清县幸福创新小镇
霸州市足球运动小镇
香河县机器人小镇
大厂创意田园小镇
广阳区西部金融小镇
文安县鲁能生态健康小镇

保定市 7 个:

涞水县健康谷小镇
清苑区好梦林水小镇
雄县京南花谷小镇
蠡县绒毛小镇
安国市药苑小镇
易县易文化小镇
易县燕都古城小镇

沧州市 4 个:

任丘市中医文化小镇
沧州市武术文化小镇
吴桥县杂技旅游小镇
任丘市白洋淀水乡风情小镇

衡水市 3 个:

景县广川董子文化小镇
枣强县吉祥文化小镇
景县智能物流装备小镇

邢台市 5 个:

广宗县自行车风情小镇
内丘县太行山苹果小镇
邢台县路罗旅游康养小镇
宁晋县农机小镇
柏乡县牡丹小镇

邯郸市 5 个:

曲周县世界童车小镇
魏县糖果小镇
磁县磁州童装小镇
鸡泽县辣椒小镇
曲周县循环农业示范小镇

河北省委　省人民政府
关于建设特色小镇的指导意见

冀发〔2016〕30号

特色小镇是按照创新、协调、绿色、开放、共享的发展理念打造，具有明确产业定位、科技元素、文化内涵、生态特色、旅游业态和一定社区功能的发展空间平台，呈现产业发展“特而精”、功能集成“聚而合”、建设形态“小而美”、运作机制“活而新”的鲜明特征。为加快打造体现河北特点、引领带动区域发展的特色小镇，现提出如下意见。

一、重要意义

（一）建设特色小镇是落实新发展理念的重要举措。特色小镇是经济社会发展中孕育出的新事物，贯穿着创新、协调、绿色、开放、共享五大发展理念在基层的探索和实践。加快特色小镇建设，有利于破解资源瓶颈、聚集高端要素、促进创新创业，能够增加有效投资，带动城乡统筹发展和生态环境改善，提高居民生活质量，形成新的经济增长点。

（二）建设特色小镇是全面深化改革的有益探索。特色小镇是改革创新的产物，也是承接、推进改革的平台。加快特色小镇建设，可以更好地发挥市场在资源配置中的决定性作用，激发企业和创业者的创新热情和潜力，也能推动政府转变职能，营造良好发展环境，形成企业主体、政府引导、市场化运作、多元化投资的开发建设格局。

（三）建设特色小镇是推进产业转型升级的有效路径。特色小镇突出新兴产业培育和传统特色产业再造，是推进供给侧结构性改革、培育发展新动能的生力军。加快特色小镇建设，既能增加有效供给，又能创造新的需求；既能带动工农业发展，又能带动旅游业等现代服务业发展；既能推动产业加快聚集，又能补齐新兴产业发展短板，形成引领产业转型升级的示范区。

（四）建设特色小镇是统筹城乡发展的重要抓手。特色小镇是联接城乡的重要节点和产城人文一体的复合载体。加快特色小镇建设，能够推动产业之间、产城之间、城乡之间融合发展，有利于落实新型城镇化和城乡统筹示范区功能定位，破解城乡二元结构，提速农民就地城镇化进程，助力美丽乡村建设，形成独具魅力的城乡统筹发展新样板。

二、总体要求

（一）基本思路。牢固树立和贯彻落实新发展理念，准确把握特色小镇的内涵特征，坚持因地制宜、突出特色、企业主体、政府引导，坚守发展和生态底线，注重特色打造，注重有效投资，注重示范引领，注重改革创新，加速要素集合、产业聚合、产城人文融合，努力把特色小镇打造成为经济增长新高地、产业升级新载体、城乡统筹新平台，为建设经济强省、美丽河北提供有力支撑。力争通过3~5年的努力，培育建设100个产业特色鲜明、人文气息浓厚、生态环境优美、多功能叠加融合、体制机制灵活的特色小镇。

（二）建设要求。

1. 坚持规划引领。特色小镇不是行政区划单元的“镇”，也不是产业园区、景区的“区”，一般布局在城镇周边、景区周边、高铁站周边及交通轴沿线，适宜集聚产业和人口的地域。选址应符合城乡规划、土地利用总体规划要求，相对独立于城市和乡镇建成区中心，原则上布局在城乡结合部，以连片开发建设为宜。特色小镇规划要突出特色打造，彰显产业特色、文化特色、建筑特色、生态特色，形成“一镇一风格”；突出功能集成，推进“多规合一”，体现产城人文四位一体和生产生活生态融合发展；突出节约集约，合理界定人口、资源、环境承载力，严格划定小镇边界，规划面积一般控制在3平方公里左右（旅游产业类特色小镇可适当放宽），建设用地面积一般控制在1平方公里左右，聚集人口1万~3万；突出历史文化传承，注重保护重要历史遗存和民俗文化，挖掘文化底蕴，开发旅游资源，所有特色小镇要按3A级以上景区标准建设，旅游产业类特色小镇要按4A级以上景区标准建设，并推行“景区+小镇”管理体制。

2. 明确产业定位。特色小镇要聚焦特色产业集群和文化旅游、健康养老等现代服务业，兼顾皮衣皮具、红木家具、石雕、剪纸、乐器等历史经典产业。每个小镇要根据资源禀赋和区位特点，明确一个最有基础、最有优势、最有潜力的产业作为主攻方向，差异定位、错位发展，挖掘内涵、衍生发展，做到极致、一流。每个细分产业原则上只规划建设一个特色小镇（旅游产业类除外），新引进的重大产业项目优先布局到同类特色小镇，增强特色产业集聚度，避免同质化竞争。

3. 突出有效投资。坚持高强度投入和高效益产出，每个小镇要谋划一批建设项目，原则上3年内要完成固定资产投资20亿元以上，其中特色产业投资占比不低于70%，第一年投资不低于总投资的20%，金融、科技创新、旅游、文化创意、历史经典产业类特色小镇投资额可适当放宽，对完不成考核目标任务的予以退出。

4. 集聚高端要素。打破惯性思维和常规限制，根据产业定位量身定制政策，打造创新创业平台，吸引企业高管、科技创业者、留学归国人员等创新人才，引进新技术，开发新产品，做大做强特色产业。建设特色小镇公共服务APP，提供创业服务、商务商贸、文化展示等综合功能。积极应用现代信息传输技术、网络技术和信息集成技术，实现公共Wi-Fi和数字化管理全覆盖，建设现代化开放型特色小镇。

5. 创新运作方式。特色小镇建设要坚持政府引导、企业主体、市场化运作，鼓励以社会资本为主投资建设特色小镇。每个小镇要明确投资建设主体，注重引入龙头企业，以企业为主推进项目建设，鼓励采取企业统一规划、统一招商、统一建设的发展模式。政府主要在特色小镇的规划编制、基础设施配套、资源要素保障、文化内涵挖掘传承、生态环境保护等方面加强引导和服务，营造良好的政策环境，吸引市场主体投资建设特色小镇。

三、创建程序

（一）自愿申报。由各县（市、区）结合实际提出申请，由各市（含定州、辛集市）向省特色小镇规划建设工作联席会议办公室报送创建书面材料。各县（市、区）制定创建方案，明确特色小镇的四至范围、产业定位、投资主体、投资规模、建设计划，并附概念性规划。

（二）分批审核。根据申报创建特色小镇的具体产业定位，坚持统分结合、分批审核，先分别由省级相关职能部门进行初审，再由省特色小镇规划建设工作联席会议办公室组织联审、报省特色小镇规划建设工作联席会议审定后公布。对各地申报创建特色小镇数额不搞平均分配，凡符合特色小镇内涵和质量要求的，纳入省重点培育特色小镇创建名单。

（三）动态管理。特色小镇实行创建制，按照“宽进严定、分类分批”的原则推进。制定年度考核办法，以年度统计数据为依据，公布年度达标小镇，兑现奖惩政策；对连续 2 年没有完成建设进度的特色小镇，退出创建名单。

（四）验收命名。制定《河北省特色小镇创建导则》。通过 3 年左右的创建期，对实现规划建设目标、达到特色小镇标准要求的，由省特色小镇规划建设工作联席会议组织验收，通过验收的认定为省级特色小镇。

四、政策措施

（一）加强用地保障。各地要结合土地利用总体规划调整和城乡规划修编，将特色小镇建设用地纳入城镇建设用地扩展边界内。特色小镇建设要按照节约集约用地的要求，充分利用低丘缓坡、滩涂资源和存量建设用地，统筹地上地下空间开发，推进建设用地多功能立体开发和复合利用。土地计划指标统筹支持特色小镇建设。支持建设特色小镇的市、县（市、区）开展城乡建设用地增减挂钩试点，连片特困地区和片区外国家扶贫开发工作重点县，在优先保障农民安置和生产发展用地的前提下，可将部分节余指标用于特色小镇。在全省农村全面开展“两改一清一拆”（改造城中村和永久保留村，改造危旧住宅，清垃圾杂物、庭院和残垣断壁，拆除违章建筑等）行动，建立健全全省统一的土地占补平衡和增减挂钩指标库，供需双方在省级平台对接交易，盘活存量土地资源。

（二）强化财政扶持。省级财政用以扶持产业发展、科技创新、生态环保、公共服务平台等专项资金，优先对接支持特色小镇建设。鼓励和引导政府投融资平台和财政出资的投资基金，加大对特色小镇基础设施和产业示范项目支持力度。省市县美丽乡村建设融资平台对相关特色小镇的美丽乡村建设予以倾斜支持，对符合中心村申报条件的特色小镇建设项目，按照全省中心村建设示范点奖补标准给予重点支持，并纳入中心村建设示范点管理，对中心村建设示范县（市、区），再增加100万元奖补资金，专门用于特色小镇建设。

（三）加大金融支持。按照谁投资谁受益原则，加大招商引资力度，探索产业基金、私募股权、PPP等融资路径，拓宽投融资渠道，广泛吸引社会资本参与特色小镇建设。鼓励在特色小镇组建村镇银行和小额贷款公司，鼓励和引导金融机构到特色小镇增设分支机构和服务网点，加大对特色小镇基础设施建设、主导产业发展和小微企业支持力度，探索开展投贷联动业务。鼓励保险机构通过债券、投资基金、基础设施投资计划、资产支持计划等方式参与特色小镇建设投资。加强特色小镇项目谋划，积极与国家开发银行、农业发展银行沟通对接，争取国家专项建设基金和低息贷款支持。

（四）完善基础设施。加强统筹谋划，积极支持特色小镇完善水、电、路、气、信等基础设施，提升综合承载能力和公共服务水平。加快完善内部路网，打通外部交通连廊，提高特色小镇的通达性和便利性。加快污水处理、垃圾处理和供水设施建设，实现特色小镇供水管网、污水管网和垃圾收运系统全覆盖。完善电力、燃气设施，推进集中供气、集中供热或新能源供热。加大特色小镇信息网络基础设施建设力度，推动网络提速降费，提高宽带普及率，加快实现Wi-Fi全覆盖。加强特色小镇道路绿化、生态隔离带、绿道绿廊和片林建设，构建“山水林田湖共同体”系统生态格局。合理配置教育、医疗、文化、体育等公共服务设施，完善特色小镇公共服务体系。

（五）支持试点示范。把特色小镇作为改革创新的试验田，国家相关改革试点，特色小镇优先上报；国家和省相关改革试点政策，特色小镇优先实施；符合法律法规要求的改革，允许特色小镇先行先试。

各地和省直有关部门要积极研究制定具体政策措施，整合优化政策资源，给予特色小镇建设有力的政策支持。

五、组织领导

（一）建立协调机制。为加强对特色小镇建设工作的组织领导和统筹协调，省委、省政府建立省特色小镇规划建设工作联席会议制度，省委副书记担任召集人，省政府常务副省长担任副召集人，省委宣传部、省农工办、省发展改革委、省科技厅、省财政厅、省国土资源厅、省环境保护厅、省住房城乡建设厅、省交通运输厅、省工业和信息化厅、省林业厅、省商务厅、省文化厅、省旅游发展委、省金融办、省统计局、省通信管理局等单位负责同志为成员。联席会议办公室设在省发展改革委，负责联席会议日常工作。

（二）推进责任落实。各县（市、区）党委、政府是特色小镇规划建设的责任主体，要加强组织协调，勇于改革创新，建立工作落实推进机制，分解落实年度目标任务，及时协调解决问题，确保按时间节点和进度要求规范有序推进，务求取得实效。省直有关部门根据特色小镇的产业类别，结合职责分工，加强指导协调和政策扶持，支持特色小镇加快发展。

（三）加强督导考核。加强工作调度，组织考察培训，及时总结、评估特色小镇建设成果和有效做法，树立一批产业鲜明、主题突出的特色小镇，发挥好典型示范带动作用。以有效投资、营业收入、新增税收、市场主体数量、常住人口等为主要指标，对特色小镇建设实行年度专项考核。各地要按季度报送特色小镇创建工作进展和形象进度情况，省特色小镇规划建设工作联席会议办公室将定期进行通报。

（四）搞好宣传推广。发挥舆论导向作用，充分利用传统媒体和微博、微信、客户端等新兴媒体，加大对特色小镇建设的宣传力度，营造全社会关心支持特色小镇建设的浓厚氛围，调动市场主体和干部群众的积极性，树立典型、唱响品牌、提高知名度，增强吸引力，扩大影响力。

各地各部门要进一步提高认识，把特色小镇建设与新型城镇化、美丽乡村建设、产业转型升级和建设旅游强省有机结合起来，统筹推进，强化责任，形成合力，最大限度地释放特色小镇的综合效益。

2016 年 8 月 12 日

河北省特色小镇规划建设联席会议办公室关于印发《河北省特色小镇创建导则》的通知

冀特镇联办〔2016〕1 号

各市（含定州、辛集市）人民政府，各县（市、区）人民政府，省直有关部门：

为进一步规范特色小镇创建程序，明确特色小镇申报、审核、监管、验收等环节具体要求，根据中共河北省委、河北省人民政府《关于建设特色小镇的指导意见》（冀发〔2016〕30 号）精神，我们研究制定了《河北省特色小镇创建导则》，经省特色小镇规划建设工作联席会议召集人、副召集人审核同意，现印发给你们，请结合实际，认真执行。

河北省特色小镇规划建设联席会议办公室

2016 年 9 月 12 日

河北省特色小镇创建导则

第一条　总则

根据《中共河北省委　河北省人民政府关于建设特色小镇的指导意见》要求，为加快打造一批体现河北特点、引领带动区域发展的特色小镇，助力我省产业转型升级、城乡统筹发展，推动美丽乡村和旅游强省建设，特制定本导则。

第二条　申报条件

（一）产业定位：特色小镇要聚焦特色产业集群和文化旅游、健康养老等现代服务业，兼顾皮衣皮具、红木家具、石雕、剪纸、乐器等历史经典产业。每个小镇要根据资源禀赋和区位特点，明确一个最有基础、最有优势、最有潜力的产业作为主攻方向，突出“一镇一主业”。

（二）规划布局：以现有城镇、景区、产业园区为依托，根据产业和人口聚集发展趋势和连片开发条件，合理确定规划布局。一般位于城镇周边、景区周边、高铁站周边及交通轴沿线，选址应符合城乡规划、土地利用总体规划要求，相对独立于城市和乡镇建成区中心，原则上布局在城乡结合部。严格划定小镇边界，规划面积一般控制在 3 平方公里左右（旅游产业类特色小镇可适当放宽），建设用地面积一般控制在 1 平方公里左右。特色小镇规划要注重特色打造，突出“一镇一风格”。

（三）有效投资：3 年内完成固定资产投资 20 亿元以上（商品住宅项目和商业综合体除外），金融、科技创新、旅游、文化创意、历史经典产业类特色小镇的总投资额可放宽至不低于 15 亿元，特色产业投资占比不低于 70%，第一年投资不低于总投资的 20%。

（四）功能定位：立足特色产业，培育独特文化，衍生旅游功能以及必需的社区功能，实现产业、文化、旅游和一定社区功能的有机融合。一般特色小镇要按 3A 级以上景区标准建设，旅游产业类特色小镇要按 4A 级以上景区标准建设。建有特色小镇公共服务 APP，提供创业服务、商务商贸、文化展示等综合功能。加快实现公共 Wi-Fi 和数字化管理全覆盖。

（五）运作方式：坚持政府引导、企业主体、市场化运作。特色小镇要有明确的投资建设主体，以企业为主推进项目建设，尽可能采取企业统一规划、统一招商、统一建设的发展模式。政府引导和服务到位，统筹做好规划编制、基础设施配套、资源要素保障、文化内涵挖掘传承、生态环境保护、统计数据审核上报等方面工作。

（六）综合效益：创建过程中能够带动和形成大规模有效投资，建成后能够创造大量的新增税收、新增就业岗位、营业收入，集聚一大批工商户、中小企业、中高级人才，培育具有核心竞争力的特色产业和品牌，形成新的经济增长点。

第三条　申报材料

（一）规划方案：有符合土地利用总体规划、城乡规划、环境功能区规划的特色小镇概念性规划，包括空间布局图、功能布局图、项目示意图，如已经开工的要有实景图，明确特色小镇的四至范围、产业定位。

（二）建设计划：有分年度的投资建设计划，明确每个建设项目的投资主体、投资额、投资计划、用地计划、建设规模、项目建成后产生的效益，以及相应的年度推进计划。以表格形式进行汇总。

（三）业主情况：简明扼要说明特色小镇建设主体的公司名称、实力、资金筹措计划等。可附上已建成运营项目案例。

（四）扶持举措：特色小镇所在设区市、县（市、区）政府支持申报省级特色小镇创建对象的服务扶持举措或政策意见。

（五）基本情况：如实、完整地填写《特色小镇基本情况表》（详见附表，略）。

第四条　申报程序

（一）申报范围：所有符合基本条件的特色小镇。

（二）申报时间：由省特色小镇规划建设工作联席会议办公室（以下简称省联席会议办公室）发文通知，原则上每年集中申报 1 次。

（三）申报数量：总体上坚持上不封顶，不平均分配名额。为集中力量、突出重点，每个县（市、区）每次申报数量为 1 个，最多不超过 2 个。

（四）申报方式：由各县（市、区）结合实际自愿提出申请，经各市（含定州、辛集市）甄别筛选，整体排序后上报省联席会议办公室。

第五条　审核程序

（一）审核分类：根据规划建设工作深度和实际进度，每批次分创建类、培育类两类审核确认。

（二）部门初审：省联席会议办公室将各市申报材料提交省联席会议成员单位，分别提出审核、推荐意见。

（三）评估论证：省联席会议办公室会同省住房城乡建设厅对初审意见进行汇总梳理，并委托第三方机构，组织专家组，对申报材料进行评估论证，确定备选名单。

（四）审定公布：省联席会议办公室根据第三方机构论证意见，将特色小镇创建、培育名单报请省特色小镇规划建设联席会议审定，由联席会议办公室向社会公布。

第六条　监督管理

（一）定期监测：省统计局会同省发展改革委建立省特色小镇统计指标体系，以有效投资、营业收入、市场主体数量、常住人口数量为主要指标，对省级特色小镇创建和培育对象开展统一监测，实行季度和年度通报。

（二）动态管理：按照“批次创建、滚动实施、动态调整”原则，分类推进。对列入创建名单并按时完成年度建设任务的特色小镇，公布为年度达标小镇，对连续2年没有完成建设进度的特色小镇，退出创建名单。对列入培育名单的特色小镇，完成有效投资多、创建形象进度好的，次年可优先纳入创建名单。

（三）扶持指导：省有关部门要认真落实支持特色小镇发展的土地、财政、金融、基础设施、改革创新等政策措施，并根据特色小镇的产业类别，结合职责分工，加强指导、辅导和督导。各设区市要加强对辖区内特色小镇规划、申报、创建等工作的指导和服务。各县（市、区）党委、政府是特色小镇规划建设的责任主体，要建立工作推进机制，分解落实年度目标任务，及时协调解决问题，确保按时间节点和进度要求规范有序推进。

第七条　验收命名

（一）验收条件：如期完成各项建设目标，符合特色小镇的内涵特征，有广泛的知名度、公认度和影响力。

（二）验收程序：由省级特色小镇创建对象所在市向联席会议办公室提交要求验收命名的申请报告和当地市政府提供的初验报告。省联席会议办公室组成专家组，经实地查看、专家打分形成一致意见后，报省联席会议审议。对于首次验收不通过的，一年内可申请一次复验。

（三）命名公布：经省联席会议审定合格的特色小镇，正式命名为省级特色小镇，由省联席会议办公室发文公布，并授予河北省特色小镇牌匾。

本办法自发布之日起实施，由省联席会议办公室负责解释。

湖北省住房和城乡建设厅
关于做好2017年特色小（城）镇申报工作的通知

鄂建办〔2017〕25号

各市、州、直管市、神农架林区住建委：

根据省政府《关于加快特色小（城）镇规划建设的指导意见》（鄂政发〔2016〕

78 号，以下简称“78 号文件”）要求，为做好我省 2017 年特色小（城）镇培育工作，现将有关事项通知如下。

一、申报数量

今年在全省范围内规划建设 20 个特色小镇，请各市、州结合各县（市、区）经济发展现状、近年来小城镇建设工作及县（市、区）支持政策情况，推荐 2~3 个特色小（城）镇候选（直管市和林区推荐 1~2 个）。

二、申报要求

1. 产业定位：符合“78 号文件”要求，包括新兴产业与传统特色产业，要求方向明确，特色鲜明。

2. 申报类型：包括特色小镇与特色小城镇两种类型。

3. 投资规模：新建类特色小（城）镇原则上 3 年内要完成固定资产投资 20 亿元左右（不含商品住宅和商业综合体项目），改造提升类 10 亿元以上。须明确投资来源，依据充分，测算合理。

4. 建设方式：坚持企业主体、政府引导、市场化运作，由企业为主推进项目建设，地方有配套支持政策。

5. 其他要求：符合“78 号文件”要求。近 5 年无重大安全生产事故、重大环境污染、重大生态破坏、重大群体性社会事件、历史文化遗存破坏现象。

三、申报材料

1. 特色小（城）镇申请表（见附件 1，略）。各项信息要客观真实。

2. 小城镇建设工作情况报告及 PPT（编写提纲见附件 2）。报告要紧紧围绕申报条件编写，同时提供能直观、全面反映小（城）镇培育情况的 PPT。

3. 建设规划。符合培育要求、能够有效指导特色小（城）镇建设的规划（总体规划或其他规划）。

4. 相关政策支持文件。申报镇列为市、县支持对象的证明资料及县级以上支持政策文件。

以上材料均需提供电子版。

四、相关要求

请各市、州组织各县（市、区）认真做好推荐工作，包括资料审查、评估把关、实地考核等，征求相关部门意见并经地方政府同意，于 2017 年 2 月底前上报省住建厅。

联系人：省住建厅村镇处　刘铁军

电　话：68873391

邮　箱：731208482@ qq. com

附件：1. 特色小（城）镇申请表（略）

2. 小城镇建设工作情况报告编写提纲

附件 2　小城镇建设工作情况报告编写提纲

（字数不超过 5000 字）

一、近 3 年小城镇建设工作情况

要求：简述小城镇区位、交通、人口、经济水平、产业基础等社会经济发展基本情况。简述近 3 年小城镇建设情况，主要实施项目，特色化方面开展的工作情况。

二、小城镇建设培育工作评估

要求：按照《通知》中申报条件 8 个方面的情况，逐项评估。

三、当前小城镇培育面临的困难和问题

四、发展目标及政策措施

（一）到 2020 年总体发展目标及年度目标

（二）近期工作安排

（三）县级支持政策

湖北省人民政府
关于加快特色小（城）镇规划建设的指导意见

鄂政发〔2016〕78 号

各市、州、县人民政府，省政府各部门：

特色小（城）镇规划建设是推进供给侧结构性改革的重要平台，是深入推进新型城镇化的重要抓手，也是推动大众创业万众创新和加快区域创新发展的有效路径，有利于推动经济转型升级和发展动能转换，有利于促进大中小城市和小城镇协调发展，有利

于充分发挥城镇化对新农村建设的辐射带动作用。为加快特色小（城）镇规划建设，现结合我省发展实际，提出如下意见：

一、指导思想

牢固树立和贯彻落实创新、协调、绿色、开放、共享的发展理念，按照党中央、国务院部署，深入推进供给侧结构性改革，坚持以特色为灵魂、以产业为支撑、以项目为载体、以创新为动力、以人才为保障，规划建设一批特色小（城）镇，打造一批集产业链、投资链、创新链、人才链、服务链于一体的创新创业生态系统，形成一批生产、生活、生态有机融合的重要功能平台，加快培育新的经济增长点，促进经济转型升级，推动新型城镇化建设。

二、发展目标

力争通过3~5年的培育创建，在全省范围内规划建设50个产业特色鲜明、体制机制灵活、人文气息浓厚、生态环境优美、建筑风格雅致、卫生面貌整洁、多种功能叠加、示范效应明显、群众生产生活环境与健康协调发展的国家及省级层面的特色小（城）镇。

三、总体要求

（一）坚持规划引领。特色小（城）镇包括特色小镇和特色小城镇两种形态。特色小镇主要指聚焦特色产业和新兴产业，集聚发展要素，具有明确产业定位、文化内涵、兼具旅游和社区功能的不同于行政建制镇和产业园区的创新创业平台，规划区域面积一般控制在3平方公里左右，建设用地规模一般控制在1平方公里左右。特色小城镇是指以传统行政区划为单元，特色产业鲜明、具有一定人口和经济规模的建制镇。特色小（城）镇建设要坚持精而美，按照节约集约发展、“多规融合”的要求，严守生态保护红线，充分利用现有区块的环境优势和存量资源，合理规划生产、生活、生态等空间布局。特色小（城）镇要按国家3A级景区标准建设，旅游产业类特色小（城）镇按湖北省旅游名镇标准建设。支持建设具有游览观光功能的特色文化旅游街区、商贸文化区、文化旅游创意园区、传统工艺美术和特产加工销售园区、非物质文化遗产的展示和体验区等，统筹考虑接待功能，科学布局游客中心、厕所、交通导览、休憩等配套设施，同步规划周边道路、停车场和公共交通设施。特色小（城）镇规划要依法进行环境影响评价，加强土壤环境保护。

（二）培育产业特色。特色小（城）镇要充分利用原有的小城镇建设和产业园区发展基础，利用湖北独特的文化优势、科教优势、生态优势，聚焦产业转型升级，引导高端要素集聚，推动经济创新发展，促使传统产业提档升级、战略性新兴产业茁壮成长。要充分发挥省长江经济带产业基金作用，为特色小（城）镇发展导入新兴产业、特色产业，以产业引领特色小（城）镇发展。重点瞄准新一代信息技术、互联网经济、高端装备制造、新材料、节能环保、文化创意、体育健康、养生养老等新兴产业，兼顾香菇、茶叶、小龙虾、酒类、纺织鞋服等传统特色产业。各地可选择一个具有当地特色和比较优势的细分产业作为主攻方向，力争培育成为支撑特色小（城）镇未来发展的大产业。

（三）搭建双创载体。特色小（城）镇要把人才引进作为首要任务，把为企业构筑创新平台、集聚创新资源作为重要工作，在平台构筑、文化培育、社区建设等方面鼓励小（城）镇内企业、社会组织、从业者等充分参与。在投资便利化、商事仲裁、负面清单管理等方面改革创新，努力打造有利于创新创业的营商环境，最大限度集聚人才、技术、资本等高端要素，建设创新创业样板，助推产业转型升级。

（四）强化项目支撑。发挥项目带动支撑作用，夯实特色小（城）镇发展基础。新建类特色小（城）镇原则上 3 年内要完成固定资产投资 20 亿元左右（不含商品住宅和商业综合体项目），改造提升类 10 亿元以上，国家级和省级扶贫开发工作重点县可放宽至 5 年，投资金额可放宽至 8 亿元和 10 亿元以上，其中特色产业投资占比不低于 70%。互联网经济、金融、科技创新、旅游和传统特色产业类特色小（城）镇的总投资额可适当放宽至上述标准的 80%。突出实体经济投资，防止单纯搞房地产开发。支持各地以特色小（城）镇理念改造提升产业集聚区和各类开发区（园区）的特色产业。

（五）强化市场运作。创新特色小（城）镇建设投融资机制，大力推进政府和社会资本合作，坚持企业主体、政府引导、市场化运作的模式，鼓励以社会资本为主投资建设，充分发挥市场在资源配置中的决定性作用。每个特色小（城）镇均应明确投资建设主体，由企业为主推进项目建设。投资建设主体可以是国有投资公司、民营企业或混合所有制企业。地方政府重点做好规划引导、基础设施配套、资源要素保障、文化内涵挖掘传承、生态环境保护、投资环境改善等工作。

四、创建程序

按照深化投资体制改革要求，采用“宽进严定”的创建方式推进特色小（城）镇规划建设，务实、分批筛选创建对象。

（一）自愿申报。在县级推荐的基础上，市、州政府向省特色小（城）镇规划建设工作联席会议办公室报送创建特色小（城）镇书面材料，制订创建方案，明确特色小（城）镇的区域范围、产业定位、投资主体、投资规模、建设计划，并附概念性规划。

（二）分批审核。根据申报创建特色小（城）镇的具体产业定位，省特色小（城）镇规划建设工作联席会议办公室提出初审意见，报省特色小（城）镇规划建设工作联席会议审查，经省政府审定后分批公布创建名单。对各地申报创建特色小（城）镇不平均分配名额，凡符合特色小（城）镇内涵和质量要求的，纳入省重点培育特色小（城）镇创建名单。

（三）年度考核。制定《湖北省特色小（城）镇考核细则》。对纳入创建名单的特色小（城）镇建立年度考核制度，考核合格的兑现扶持政策。考核结果纳入各市、州、县政府和牵头部门目标考核体系，并在省级主流媒体公布。对连续两年未完成年度目标考核任务的特色小（城）镇，实行退出机制，下一年度起不再享受特色小（城）镇相关扶持政策。

（四）考核验收。制订《湖北省特色小（城）镇创建导则》。通过3~5年创建，对实现规划建设目标、达到特色小（城）镇标准要求的，由省特色小（城）镇规划建设工作联席会议组织考核验收，通过验收的认定为省级特色小（城）镇，继续兑现扶持政策，实行动态管理。

五、政策措施

（一）强化用地保障。特色小（城）镇建设要作为国土资源节约集约示范省创建工作的重要内容，按照节约集约用地的要求，充分利用低丘缓坡和存量建设用地，以及充分利用城乡建设用地增减挂钩政策，积极探索人地挂钩。涉及新增建设用地的，各地依法办理农用地转用及供地手续。省里将于2017年起单列下达每个特色小（城）镇500亩增减挂钩指标用以支持建设（属于21个省级“四化同步”示范乡镇的除外）。各地要结合城乡规划修编和土地利用总体规划调整完善工作，优先保障特色小（城）镇建设用地。

在符合相关规划的前提下，经市（州）、县（市、区）人民政府批准，利用现有房屋和存量建设用地，兴办文化创意、科研、健康养老、众创空间、现代服务业、“互联网+”等新业态的，可实行继续按原用途和土地权利类型使用土地的过渡期政策，过渡期为5年，过渡期满后需按新用途办理用地手续。对存量工业用地，在符合相关规划和不改变用途的前提下，经批准在原用地范围内进行改建或利用地下空间而提高容积率的，不再收取土地出让价款。

（二）加强政策支持。省级特色小（城）镇范围内的建设项目整体打包列入年度省重点项目的，所含子项目可享受省重点项目优惠政策。市、州、县财政通过统筹相关资金，对特色小（城）镇建设给予支持。对纳入省级创建名单的特色小镇，在创建期间及验收命名后累计5年，其规划空间范围内的新增财政收入上交部分，由征收地政府前3年全额返还、后2年减半返还。对省级特色小（城）镇内为服务特色产业而新设立的符合条件的公共科技创新服务平台，政府给予资助。

特色小（城）镇范围内符合条件的项目，优先申报国家专项建设基金和相关专项资金，优先享受省级产业转型升级、服务业发展、互联网经济、电子商务、旅游、文化产业、创业创新等相关专项资金补助或扶持政策。省级财政整合相关小城镇及农村补助资金，对特色小（城）镇完善生活污水处理设施、生活垃圾处理收运设施及其他基础设施建设，给予“以奖代补”资金补助和支持。

（三）拓宽融资渠道。特色小（城）镇建设要调动各方积极性，通过政府和社会资本合作（PPP）、招商引资等方式广泛筹集建设资金。充分发挥长江经济带产业基金作用，引导和带动社会资本支持特色小（城）镇产业发展。鼓励专业投资机构、民间资本和有实力的企业积极参与特色小（城）镇建设。优先支持项目方向国家开发银行、中国农业发展银行等开发性、政策性银行争取长期低息贷款。支持相关企业通过发行城投债和专项债券等方式筹集资金用于特色小（城）镇公共基础设施建设。各地和省有关部门要积极研究制订具体政策措施，整合优化政策资源，给予特色小（城）镇规划建设强有力的政策支持，同时对少数民族地区和国家级贫困县在申报及项目安排上予以倾斜。

（四）提供人才扶持。实施人才强镇计划，由组织人事部门研究具体实施办法，将市、州、县分管负责同志及主管单位主要负责同志纳入培训计划，每年开展特色小（城）镇领导干部专题轮训。结合产业发展需要，加强与高校合作，加大就（创）业培训力度。建设特色小（城）镇的急需紧缺专业技术人才和高层次人才，可采取人才引进方式进入特色小（城）镇工作。在特色小（城）镇工作的人员，符合住房保障条件的，可向所在地政府住房保障部门申请公共租赁房，承租商品房的可向所在地政府住房保障部门申请租赁住房补贴。

六、组织领导

（一）建立协调机制。加强对特色小（城）镇规划建设工作的组织领导和统筹协调，建立省特色小（城）镇规划建设工作联席会议制度，省发展改革委、省住建厅、省经信委、省科技厅、省财政厅、省人社厅、省国土资源厅、省民政厅、省商务厅、省文化厅、省农业厅、省环保厅、省旅游委、省卫计委、省统计局、省政府研究室、省政府金融办等单位负责人为成员。联席会议办公室设在省住建厅，承担联席会议日常工作。建立例会制度，定期对重大事项和问题进行会商。

（二）推进责任落实。各县（市、区）政府是特色小（城）镇培育创建的责任主体，主要领导是第一责任人，投资企业是项目实施主体。各县（市、区）要建立以乡镇政府为主的长效管理机制，科学制定实施方案，充分发挥职能部门作用，建立部门联动机制，确保各项工作按照时间节点和计划要求规范有序推进。省政府各有关部门要按照职责分工，建立制度和严格的责任体系。

（三）加强动态监测。有关市（州）、县（市、区）要定期向省特色小（城）镇规划建设工作联席会议办公室报送纳入省重点培育名单的特色小（城）镇创建工作进展情况，各地进展情况将在一定范围内进行通报。各地、各有关部门在创建过程中，要抓好典型，总结经验，及时宣传推广成功经验和做法，推动特色小（城）镇规划建设工作不断向前发展。

2016 年 12 月 30 日

江西省人民政府
关于印发《江西省特色小镇建设工作方案》的通知

赣府字〔2016〕100 号

各市、县（区）人民政府，省政府各部门：

现将《江西省特色小镇建设工作方案》印发给你们，请结合实际，认真组织实施。

2016 年 12 月 20 日

江西省特色小镇建设工作方案

特色小镇主要指以某种产业为特色，既有城市功能，又有乡村风貌，大小适宜的人口聚集区，主要包括以传统行政区划为单元的建制镇和不同于行政建制镇、产业园区的创新创业平台两种形态。建设特色小镇是推进供给侧结构性改革的重要平台，是深入推进新型城镇化的重要抓手，有利于推进经济转型升级和发展动能转换，有利于促进大中小城市和小城镇协调发展，有利于发挥城镇化对新农村建设的辐射带动作用。为深入贯彻落实习近平总书记、李克强总理等中央、国务院领导同志关于特色小镇建设的重要批示指示精神，根据《住房城乡建设部　国家发展改革委　财政部关于开展特色小镇培育工作的通知》（建村〔2016〕147 号）、《国家发展改革委关于加快美丽特色小城镇建设的指导意见》（发改规划〔2016〕2125 号）精神和省政府工作部署，决定开展省级特色小镇建设工作。现制定本工作方案。

一、总体要求

（一）指导思想。深入贯彻党的十八大和十八届三中、四中、五中、六中全会精神，全面贯彻习近平总书记系列重要讲话特别是视察江西时的重要讲话精神，牢固树立和贯彻落实创新、协调、绿色、开放、共享的发展理念，尊重城镇化发展规律、自然规律和市场经济规律，因地制宜、突出特色，发挥市场主体作用，创新建设理念，转变发展方式，大力培育特色鲜明、产业发展、绿色生态、美丽宜居的特色小镇，促进经济转型升级和新型城镇化发展，为决胜全面建成小康社会、建设富裕美丽幸福江西作出新贡献。

（二）基本原则。坚持突出特色，结合现状、实际，科学确定建设对象，壮大特色产业，传承传统文化，注重生态环境保护，完善市政公用设施。坚持市场主导，充分发挥市场主体作用，政府搭建平台、提供服务，依据产业发展确定建设规模。坚持深化改革，加大体制机制改革力度，创新发展理念，创新发展模式，创新规划建设管理，创新社会服务管理。

（三）目标任务。按照全面提升小城镇建设水平和发展质量的要求，在全省分两批选择60个左右建设对象（含行政建制镇和不同于行政建制镇、产业园区的创新创业平台），由省、市、县三级共同扶持打造。力争到2020年，建成一批各具特色、富有活力的现代制造、商贸物流、休闲旅游、传统文化、美丽宜居等特色小镇，坚定不移加快发展转型，推动我省国家生态文明试验区建设，努力打造美丽中国“江西样板”。

二、工作重点

（一）编制规划方案。按照创新、协调、绿色、开放、共享的发展理念，因地制宜、突出特色，科学编制特色小镇建设专项规划和工作方案。建设专项规划要明确特色小镇发展定位，重点围绕打造优势产业、提升设施水平、传承历史文化、保护生态环境和完善体制机制五个方面，分年度确定目标体系和谋划空间布局。工作方案要制定特色小镇发展目标实施路径，结合创新体制机制，研究组织领导、项目审批、投资优惠、资金和用地保障等方面的扶持政策。每批省特色小镇名单公布后3个月内，有关设区市要将经县级政府审定的专项规划和工作方案，报省特色小镇建设工作联席会议办公室备案。

（二）打造特色产业。依据资源禀赋和区位优势，精准定位产业布局，合理规划产业结构，大力实施“一镇一策”，精心打造特色鲜明、优势突出的主导产业。加快新兴产业成长和传统产业升级，推动产业向做特、做精、做强发展，不断优化经济结构和提升发展效益，新增大量财税和就业岗位。强化校企合作、产研融合、产教融合，培育特色产业发展所需各类人才。深化市场主体培育，发挥市场在资源配置中的决定性作用，以企业投资为主体，催生一批市级以上特色优势产业项目。引导企业分行业、分品种研究市场，培育自身品牌，提升产业附加值和产品市场占有率。充分利用“互联网+”等新兴手段，推动产业链向研发、营销延伸。有条件的特色小镇要积极吸引高端要素集聚，发展先进制造业和现代服务业。

（三）营造宜居环境。牢固树立“绿水青山就是金山银山”的绿色发展理念，探索生态文明建设新模式。结合周边自然环境、地域特色开展镇村建设、整治，“不砍树、不挖山、不填湖”，塑造小镇典型风貌。确定小镇生态环境保护与建设目标，开展河湖水系、绿化、环境等保护、整治和建设，保护地形地貌、河湖水系、森林植被、动物栖息地等自然景观，开展水土保持、污染防治等工程，保护和修复自然、田园景观。开展旧镇区有机更新，逐步改善旧镇区生产、生活环境。推进镇容镇貌综合治理，重点治理镇区出入口、车站广场、交易市场、占道经营、沟渠水塘、环境卫生、垃圾污水等。鼓励建设开放式住宅小区。鼓励有条件的小镇按照不低于3A级景区标准规划建设特色旅游景区。

（四）彰显特色文化。充分挖掘、整理、记录地方传统文化，保护和利用好历史文化遗存，在经济发展和社会管理中充分弘扬优秀传统文化，形成独特的地方文化标识。制定历史文化遗产、历史文化街区、风景名胜等的保护措施，制定传统村落保护发展规划，完善历史文化名村、传统村落和民居名录，建立健全保护和监管机制。保护独特风貌，挖掘文化内涵，彰显乡愁特色，建设有历史记忆、文化脉络、地域风貌的特色小镇。加强规划管理，集约节约利用土地，提倡街坊式居住区布局，开展房屋、店铺及院落风貌整治，建筑彰显传统文化和地域特色，防止外来建筑风格对原有风貌的破坏。发展城乡社区文化、主题文明教育和农村公益性文化事业，更新居民思想观念和提高法制意识，大力提高居民思想道德和文化素质。

（五）完善设施服务。全面提升特色小镇建设水平和群众生活质量，健全农村基础设施投入长效机制，推动城镇公共服务向农村延伸，按照适度超前、综合配套、集约利用的原则，统筹实施市政公用设施改造，加快完善道路、供水、供电、供气、广播电视、排水、防洪、农贸市场、垃圾处理、污水处理、公共交通、通信网络等设施，逐步实现城乡基本公共服务制度并轨、标准统一。加强小城镇信息基础设施建设，加速光纤入户进程，加强步行和自行车等慢行交通设施建设，推进公共停车场建设。全面收集生活污水并达标排放，生活垃圾百分之百无害化处理，道路交通停车设施完善便捷，防洪、排涝、消防等各类防灾设施符合标准。实施医疗卫生服务能力提升计划，加快推进义务教育学校标准化建设。教育、医疗、文化、商业等公共服务覆盖农村地区，服务质量较高。利用小城镇基础设施及公共服务设施，整体带动提升农村人居环境质量。

（六）创新体制机制。进一步创新发展理念和发展模式，提升社会管理服务水平，大力探索省、市、县扶持政策。深化简政放权、放管结合、优化服务改革，加快转变政府职能、提高政府效能，破除体制机制障碍，增强创新能力，激发内生动力。提供双创服务，深化投资便利化、负面清单管理等改革创新。处理好政府和市场的关系，使市场在资源配置中起决定性作用和更好发挥政府作用。充分发挥社会力量作用，充分调动各方面的积极性和创造性，最大限度激发市场主体活力和企业家创造力，鼓励企业、其他社会组织和市民积极参与特色小镇投资、建设、运营和管理。创新规划建设管理方式，试点多规合一，促进公共服务覆盖农村、产业发展合理布局、经济要素有序流动，实现城乡协调发展和镇村功能融合。建立低效用地再开发激励机制，健全进城落户农民农村土地承包权、宅基地使用权、集体收益分配权自愿有偿流转和退出机制。探索利用国家和省、市科研项目资金，支持特色小镇内企业研发平台建设，引导企业开展产品研发和创新，支持企业研发成果转化。

三、组织申报

（一）申报范围。①以传统行政区划为单元的建制镇（不含城关镇）。②聚焦特色产业和新兴产业、集聚发展要素，不同于行政建制镇和产业园区的创新创业平台。

（二）申报时间。由省特色小镇建设工作联席会议办公室印发通知，2017 年、2018 年的每年 4 月底分别集中申报一次。

（三）申报数量。为重点扶持条件成熟、发展较好的特色小镇，省特色小镇建设工作联席会议 2017 年、2018 年的每年 6 月底分别确定公布一批省特色小镇名单，两年合计确定公布 60 个左右省特色小镇名单。

（四）申报方式。2017 年、2018 年的每年 4 月底，由设区市建设局（建委）会同发改委、财政局向省特色小镇建设工作联席会议办公室汇总上报各县（市、区，含省直管试点县）申报材料。申报条件和评选程序由省住房城乡建设厅会同省发改委等省直部门另行确定。

四、保障措施

（一）加强组织领导。建立省特色小镇建设工作联席会议制度，由省住房城乡建设厅牵头组织实施，省发改委、省财政厅、省委农工部、省统计局、省国土资源厅、省工信委、省地税局作为成员单位参加，联席会议办公室设在省住房城乡建设厅。各市、县（区）要将特色小镇建设工作作为加快小城镇建设和促进新型城镇化发展、促进创新创业的重点，摆上重要工作日程，明确责任，强化措施，在工作部署、项目落地、用地指标、财力安排上统筹协调，加强督导，确保目标任务落到实处。各有关部门要根据职能分工，发挥部门优势，整合政策、资金、项目，重点支持特色小镇建设工作，形成推进合力。

（二）明确工作责任。省特色小镇建设工作联席会议负责组织开展省特色小镇建设工作，明确建设要求，制定政策措施，开展指导检查，公布和调整特色小镇名单，推荐上报全国特色小镇。设区市政府负责对县（市、区）特色小镇建设工作进行督查，对申请纳入省级特色小镇建设的建制镇和创新创业平台进行初审上报。县级政府作为特色小镇建设责任主体，负责制定建设专项规划、工作方案、年度计划等，建立用地、财力保障制度和监督考核机制，确保特色小镇建设快速有效推进。建制镇政府和创新创业平台管理主体具体实施特色小镇建设工作。

（三）落实经费保障。县级政府是特色小镇建设经费的筹措主体，要建立“以县为主、乡镇为辅、省市奖补”的经费保障机制。县级政府设立特色小镇产业发展基金或风险资金，提供企业融资服务和创业补贴。特色小镇按规定计提各项基金后的土地出让金净收益全部留镇用于公共设施建设。入选省特色小镇名单后，省财政每年安排每个特色小镇建设奖补资金 200 万元，用于对特色小镇建设年度考核合格的进行奖励。对特色小镇年度考核不合格的，对当年建设奖补资金不予奖励。

（四）用足土地政策。坚持节约集约用地原则，支持各地从省下达的年度新增建设用地计划中安排一定数量的用地计划用于特色小镇建设，并予以优先安排、足额保障。支持有条件的特色小镇通过开展低丘缓坡荒滩等未利用地开发利用、工矿废弃地复垦利用和城乡建设用地增减挂钩试点，增减挂钩的周转指标扣除农民安置用地以外，剩余指标的20%~50%留给特色小镇使用，有节余的可安排用于城镇经营性土地开发。特色小镇现有的存量行政划拨用地，依据规划，依法经县级以上国土资源、城乡规划主管部门同意，县级以上人民政府批准，可转为经营性用地。

（五）深化“放管服”改革。以商事制度改革为重点，降低市场准入门槛，强化事中事后监管，着力在“放、管、服”上下功夫，以放促活、以管促优、以服促强，努力营造特色小镇宽松便捷的准入环境、公平有序的市场环境、高效优质的服务环境，促进经济转型发展，助力实体经济做大做强。创新特色小镇建设投融资机制，大力推进政府和社会资本合作，鼓励利用财政资金撬动社会资金，共同发起设立特色小镇建设基金。特色小镇纳入省级小微企业创业园同步创建，提供融资服务、技术支持、证照办理等相关便利，依法给予税费减免，在投资项目审批中，进一步简化程序、缩短时限、提高效率。

五、运行、监管和验收

（一）日常运行。坚持政府引导、企业主体、市场运作，县级政府主要做好建设专项规划和工作方案编制、市政公用设施配套、项目监管、文化内涵挖掘、生态环境保护、统计数据审核上报等工作，项目建设推进以企业为主。

（二）动态监管。省特色小镇建设工作联席会议办公室牵头建立省特色小镇评价指标体系，采取半年度通报和年度考核的办法，对省特色小镇建设名单、观察名单开展统一监测。省特色小镇建设采取动态监管的方式，以年度统计数据、项目推进情况为依据，评出年度优秀、合格、不合格特色小镇。对年度考核优秀的特色小镇，落实省级财政、土地扶持政策并予以适当奖励，推荐上报全国特色小镇；对年度考核合格的特色小镇，落实省级财政扶持政策；对年度考核不合格的特色小镇，次年取消其省级财政扶持政策，调整进入观察名单，并向设区市政府发函督促问责。对进入观察名单的镇，一年后由省特色小镇建设工作联席会议办公室对其整改情况进行实地复核，对整改不到位的，终止观察并通报全省。

（三）联动指导。省特色小镇建设工作联席会议办公室具体负责对特色小镇规划建设的前期辅导、协调指导、日常督查和协调政策落实。各设区市要加强对所辖县（市、区）特色小镇规划、申报、建设等工作的督促和指导。各县（市、区）要参照省特色小镇建设工作联席会议部门职责分工，明确责任、分工合作，形成省、市、县联动推进的工作机制。

（四）期末验收。特色小镇要如期完成专项建设规划确定的各项目标，确保真正符合特色小镇的内涵特征，在社会上有较大的知名度，在行业内有一定的公认度。省特色小镇建设工作联席会议办公室在2020年底组织有关成员单位实地察看，形成验收意见报省特色小镇建设工作联席会议审议。具体验收办法另行制定。

江苏省人民政府
关于培育创建江苏特色小镇的指导意见

苏政发〔2016〕176号

各市、县（市、区）人民政府，省各委办厅局，省各直属单位：

为深入贯彻党中央、国务院关于特色小镇建设的重要指示精神，落实国家部委有关文件，推进江苏特色小镇建设，现提出如下意见。

特色小镇是遵循创新、协调、绿色、开放、共享发展理念，聚焦特色优势产业，集聚高端发展要素，不同于行政建制镇和产业园区的“非镇非区”创新创业平台。培育创建一批特色小镇是新常态下推进供给侧结构性改革的重要抓手，推动经济转型升级和发展动能转换的重要平台，落实“聚力创新、聚焦富民”的重要载体。

一、总体要求

全面贯彻党的十八大和十八届三中、四中、五中、六中全会精神，深入落实习近平总书记系列重要讲话特别是视察江苏重要讲话精神，牢固树立和认真践行五大发展理念，按照省第十三次党代会作出的战略部署，以人为本、因地制宜、突出特色、创新机制，夯实产业基础、完善服务功能，优化生态环境、提升发展品质，力争通过3~5年努力，分批培育创建100个左右产业特色鲜明、体制机制灵活、人文气息浓厚、生态环境优美、多种功能叠加、宜业宜居宜游的特色小镇。

——坚持创新导向，高标准培育特色小镇。创新培育特色小镇的理念、思路和方法，防止“新瓶装旧酒”、“穿新鞋走老路”。适当提高创建要求，不搞区域平衡、产业平衡和数量限制，不搞“运动式”部署推进。

——坚持因地制宜，差异化打造特色小镇。从实际出发，发掘特色优势，防止照搬照抄、一哄而上。根据区域要素禀赋和比较优势，宜工则工，宜商则商，宜农则农，宜游则游，打造具有持续竞争力的独特产业生态，防止“千镇一面”。

——坚持以人为本，高起点创建宜业宜居宜游小镇。以人为核心，进行高起点规划，统筹生产、生活、生态空间布局，完善城镇功能，补齐城镇基础设施、公共服务短板，树立绿色发展理念，走节能低碳发展之路，提高人民群众获得感和幸福感，防止搞“形象工程”。

——坚持市场主导，多元化构建小镇建设主体。按照政府引导、市场运作的要求，创新建设管理机制和服务模式，提高多元化主体共同推动特色小镇发展的积极性。政府做好规划编制、设施配套、文化建设、生态保护、资源要素保障等，防止政府“大包大揽”。

——坚持节约用地，集约化提升土地产出效益。充分发挥土地利用总体规划的管控和引领作用，统筹安排特色小镇建设用地，保障合理用地空间，优化建设用地布局。按照节约集约用地要求，积极盘活存量土地和未利用地，大力推进低效产业用地再开发，着力提升节地水平和土地资源配置效率，防止借机“圈地造城”。

二、分类施策

特色小镇应主要聚焦于高端制造、新一代信息技术、创意创业、健康养老、现代农业、历史经典等特色优势产业，或聚力打造旅游资源独特、风情韵味浓郁、自然风光秀丽的旅游风情小镇。

聚焦特色优势产业的小镇，要学习借鉴浙江创建特色小镇的经验做法，强化功能叠加、突出项目推动、集聚高端要素、创新运营机制，立足产业发展“特而精”、功能集成“聚而合”、建设形态“小而美”、运作机制“活而新”，做精做强本地最有基础、最具潜力、最能成长的主导特色产业，培育一批有竞争力的创新集群、有影响力的细分行业冠军，成为我省创新创业新高地、发展动能转换新样板。

打造旅游风情小镇，要突出地域文化、乡土民俗、历史遗存等独特旅游资源，坚持精致打造、凸显“风情”，适应大众旅游时代特点，提供多元化旅游产品，满足差异性消费需求。做到形态、业态、生态相统一，注重生态环境和文化原真性保护，注重打造美誉度和影响力，培育江苏旅游品牌新亮点。

三、创建要求

（一）彰显特色，打造产业升级新平台。产业是小镇的生命力，特色是产业的竞争力。要立足资源禀赋、区位环境、产业集聚、历史文化等条件，按照加快形成现代产业体系要求，紧扣产业发展趋势，锁定产业主攻方向，加快发展特色优势主导产业，延伸产业链、提升价值链，促进产业跨界融合发展。每个细分产业原则上只培育创建一个特色小镇，构建小镇大产业，努力打造具有世界影响力的产业集群和知名品牌。旅游风情小镇要着力于促进旅游产业，特别是乡村旅游转型升级、提质增效。

（二）突出创新，培育经济发展新动能。发挥小镇创业创新成本低、生态环境好等优势，集聚高端要素，促进产业链、创新链、人才链和资本链的紧密耦合，构建富有活力的创业创新生态圈。依托互联网拓宽市场资源、社会需求与创业创新对接通道，推进专业空间、网络平台和企业内部众创，推动新技术、新产业、新业态蓬勃发展。创新运营管理体制和投融资机制，鼓励企业、社会组织和市民积极参与小镇的投资建设和管理，成为特色小镇建设的主力军，让发展成果惠及广大群众。

（三）完善功能，丰富公共服务新供给。注重功能叠加，着力于打造产业特色、文化特色、生态特色和交往空间，体现产城人文四位一体。按照适度超前、综合配套、集约利用的原则，加强小镇基础设施建设。创新布局公共服务优质资源，提升社区服务功能，建设智慧小镇。聚焦居民日常需求，构建便捷“生活圈”、完善“服务圈”、繁荣“商业圈”和共享“旅游圈”。合理界定人口、资源、环境承载力，严格划定小镇边界，规划面积一般控制在3平方公里左右，建设用地面积1平方公里左右。

（四）绿色引领，建设美丽宜居新小镇。牢固树立“绿水青山就是金山银山”的发展理念，保护特色景观资源，构建生态网络，彰显生态特色，基本达到生态小镇要求，实现绿色低碳循环发展。严格控制开发强度，着力提高开发水平，要把节能、节地等理念贯穿特色小镇整个建设过程，推动生态保护与小镇发展互促共融。特色小镇原则上要按3A级以上景区服务功能标准规划建设，旅游风情小镇原则上要按5A级景区服务功能标准规划建设。

四、组织实施

（一）明确牵头部门。加强对特色小镇建设工作的组织领导和统筹协调，建立相关工作机制。省发展改革委牵头制定培育创建特色小镇的实施方案并组织推进相关工作，省旅游局负责开展培育创建旅游风情小镇的相关工作。省各有关部门和单位要加大协同推进力度，结合部门职能，加强工作指导，创新务实开展相关工作。

（二）强化责任落实。各县（市、区）是培育创建的责任主体，要准确把握特色小镇的内涵特征，建立工作推进机制，因地制宜制定培育计划，明确发展路径。各设区市人民政府要加强对特色小镇规划、申报、创建工作的指导和服务，结合地方实际研究出台配套政策，形成省、市、县三级联动创建机制。

（三）加强政策支持。充分整合现有政策资源，支持特色小镇建设。财政、国土资源等职能部门要明确对特色小镇建设的专项支持政策。创新特色小镇建设投融资机制，激发市场主体活力，推进政府和社会资本合作，鼓励利用财政资金撬动社会资金，共同发起设立特色小镇建设基金。鼓励金融机构加大金融支持力度。支持特色小镇发行企业债券、项目收益债券、专项债券或集合债券用于公用设施项目建设。

（四）实施绩效评价。建立特色小镇统计监测和考核机制。省统计局会同相关牵头部门建立统计指标体系，对特色小镇开展统一监测。牵头责任部门分别制订有针对性的年度考核办法，开展绩效评价，并将考核评价结果与政策兑现相挂钩。加大宣传力度，及时总结推广各地典型经验。对创建过程中出现的弄虚作假、重大责任事故以及人民群众反映强烈的负面事件，经核实，取消创建资格。

江苏省人民政府

2016 年 12 月 30 日

云南省人民政府
关于加快特色小镇发展的意见

云政发〔2017〕20 号

各州、市人民政府，省直各委、办、厅、局：

为认真贯彻落实省第十次党代会和省十二届人大五次会议精神，加快推进全省特色小镇发展，现提出以下意见：

一、重要意义

特色小镇是指聚焦特色产业和新兴产业，具有鲜明的产业特色、浓厚的人文底蕴、完善的服务设施、优美的生态环境，集产业链、投资链、创新链、人才链和服务链于一体，产业、城镇、人口、文化等功能有机融合的空间发展载体和平台。加快特色小镇发展是省委、省政府贯彻落实新发展理念、适应经济发展新常态、深化供给侧结构性改革，从统领全局的高度作出的一项重大决策部署。发展特色小镇有利于推动全省经济转型升级和发展动能转换，有利于推进新型城镇化建设，有利于精准扶贫、精准脱贫，有利于推动大众创业、万众创新，有利于形成新的经济增长点，有利于引领人们生产生活方式转变和促进社会文明进步。

二、总体要求

（一）工作目标。按照“一年初见成效、两年基本完成、三年全面完成”的总体要求，突出重点、突出产业、突出特色，坚持因地制宜、分类指导，2017 年启动全省特色小镇创建工作，鼓励在原有基础上进行提升改造，鼓励州、市、县、区结合本地实际积极培育发展特色小镇，力争通过 3 年的努力，到 2019 年，全省建成 20 个左右全国一流的特色小镇，建成 80 个左右全省一流的特色小镇，力争全省 25 个世居少数民族各建成 1 个以上特色小镇。

（二）规划引领。坚持规划先行，突出规划引领，以人为核心，以产业为支撑，高起点、高标准、宽视野，科学编制特色小镇发展总体规划、修建性详细规划，明确特色小镇的选址、投资建设运营主体、特色内涵、产业定位、建设目标、用地布局、空间组织、风貌控制、项目支撑、建设时序、资金筹措、政策措施、环境影响评价等，确保规划的科学性、前瞻性、操作性。统筹特色小镇生产、生活、生态空间布局，推动特色小镇"多规合一"。

（三）产业定位。按照"错位竞争、差异发展"的要求，瞄准产业发展新前沿，顺应消费升级新变化，紧跟科技进步新趋势，细分产业领域，明确主导产业。每个特色小镇要选择 1 个特色鲜明、能够引领带动产业转型升级的主导产业，培育在全国具有核心竞争力的特色产业和品牌，实现产业立镇、产业富镇、产业强镇。聚焦生命健康、信息技术、旅游休闲、文化创意、现代物流、高原特色现代农业、制造加工业等重点产业，推进重点产业加快发展；聚焦茶叶、咖啡、中药、木雕、扎染、紫陶、银器、玉石、刺绣、花卉等传统特色产业优势，推动传统特色产业焕发生机。

（四）创业创新。充分发挥特色小镇创业创新成本低、进入门槛低、发展障碍少、生态环境好的优势，打造大众创业、万众创新的有效平台和载体。营造吸引各类人才、激发企业家活力的创新环境，为初创期、中小微企业和创业者提供便利、完善的"双创"服务。全面推进众创众包众扶众筹，大力发展服务经济，集聚创业者、风投资本、孵化器等高端要素，推动新技术、新产业、新业态、新经济蓬勃发展。

（五）彰显风貌。按照"多样性、独特性、差异性"的要求，加强风貌形象设计，打造特色小镇的独特魅力。运用地方优秀传统建筑元素，营造具有地域差异的建筑风貌特色，避免盲目模仿、千镇一面。深入挖掘历史文化资源，加大历史遗迹遗存文化保护传承力度，突显文化特色。充分发挥民族风情多样的独特优势，将民族特色打造成为特色小镇的亮丽名片。坚持人与自然和谐共生，突显生态特色，实现特色小镇发展与生态文明建设协调统一。

（六）人口集聚。围绕人的城镇化，完善城镇功能，补齐特色小镇在道路、通信、供水、供电、公厕、污水垃圾处理等公共基础设施和教育医疗、商业娱乐、文化体育等公共服务设施方面的短板，完善防火、防汛、防涝、抗震等安防设施，提升特色小镇的综合配套服务能力，打造宜居宜业生态环境，营造便捷高效的营商环境，促进人口在特色小镇集聚。

（七）投资建设。坚持"政府引导、企业主体、群众参与、市场化运作"的原则，充分发挥市场在资源配置中的决定性作用，强化政府在规划编制、基础设施配套、公共服务提供、生态环境保护等方面的作用，吸引和撬动民间资本参与特色小镇建设。引入战略投资者，每个特色小镇必须有与投资规模相匹配的、有实力的投资建设主体。创建全国一流特色小镇的，原则上要引入世界 500 强、中国 500 强或在某一产业领域公认的领军型、旗舰型企业。

（八）运营管理。按照“小政府、大服务”工作思路，推进体制机制创新，建立以市场化为主的运营模式。通过投资建设主体自身参与运营、实行政企合作和引入理念新、实力强、专业化的运营商等多种模式，推动特色小镇建成后的高效运营和可持续发展。

三、创建标准

（一）用地标准。每个特色小镇规划面积原则上控制在 3 平方公里左右，建设面积原则上控制在 1 平方公里左右。根据产业特点和规模，旅游休闲类、高原特色现代农业类、生态园林类特色小镇可适当规划一定面积的辐射带动区域。

（二）投入标准。2017~2019 年，创建全国一流特色小镇的，每个累计新增投资总额须完成 30 亿元以上；创建全省一流特色小镇的，每个累计新增投资总额须完成 10 亿元以上。2017 年、2018 年、2019 年，每个特色小镇须分别完成投资总额的 20%、50%、30%。建成验收时，每个特色小镇产业类投资占总投资比重、社会投资占总投资比重均须达到 50%以上。

（三）基础设施标准。创建全国一流旅游休闲类特色小镇的，须按照国家 4A 级及以上旅游景区标准建设；创建全省一流旅游休闲类特色小镇的，须按照国家 3A 级及以上旅游景区标准建设。每个特色小镇建成验收时，集中供水普及率、污水处理率和生活垃圾无害化处理率均须达到 100%；均须建成公共服务 APP，实现 100M 宽带接入和公共 Wi-Fi 全覆盖；均须配套公共基础设施、安防设施和与人口规模相适应的公共服务设施；至少建成 1 个以上公共停车场，有条件的尽可能建设地下停车场。

（四）产出效益标准。2017~2019 年，创建全国一流特色小镇的，每个特色小镇的企业主营业务收入（含个体工商户）年均增长 25%以上，税收年均增长 15%以上，就业人数年均增长 15%以上；创建全省一流特色小镇的，每个特色小镇的企业主营业务收入（含个体工商户）年均增长 20%以上，税收年均增长 10%以上，就业人数年均增长 10%以上。

州、市、县、区培育发展特色小镇，达到省级创建标准的，纳入省级支持范围。

四、创建程序

采取“自愿申报、宽进严定、动态管理、验收命名”的创建方式，推进特色小镇建设。

（一）自愿申报。分为创建全国一流和全省一流特色小镇 2 个类型，由各州、市人民政府向省特色小镇发展领导小组办公室（以下简称领导小组办公室）统一报送特色小镇创建方案，明确每个特色小镇的特色内涵、四至范围、产业选择、投资建设运营主体、投资规模、资金来源、建设进度、综合效益及与大型企业主体合作的思路等。

（二）方案审查。由领导小组办公室牵头，会同省直有关部门和专家，对各州、市报送的特色小镇创建方案进行审查，提出创建特色小镇建议名单报省特色小镇发展领导小组（以下简称领导小组）审定。对各地创建特色小镇的名额，不搞平均分配。

（三）名单公布。创建特色小镇建议名单经领导小组审定后，由领导小组办公室公布。

（四）规划审查。进入创建名单的特色小镇，由所在地的县市、区人民政府组织编制特色小镇发展总体规划、修建性详细规划。各州、市人民政府认真组织审查后，将本地编制完成的特色小镇规划报送领导小组办公室，领导小组办公室会同省直有关部门和专家进行审查，审查结果报领导小组审定。没有编制规划或未通过省级规划审查的特色小镇，不享受有关支持政策，不予审批项目，不安排项目资金。

（五）项目建设。特色小镇所在地的县、市、区人民政府，要以产业发展和特色小镇功能提升为重点，按照审查通过的规划，加快推进特色小镇项目建设。

（六）考核评价。由领导小组办公室制定考核办法，按照“自查自评、第三方评估、随机抽查、综合考核、结果报审”的程序组织年度和验收考核，形成年度和验收考核结果报领导小组审定。年度考核合格的兑现年度扶持政策，考核不合格的停止扶持政策支持，退出创建名单。年度考核或验收考核不合格的，通过扣减特色小镇所在地的州、市、县、区一般性财政转移支付，收回相应阶段的省财政支持资金。

（七）验收命名。由领导小组办公室牵头，于 2019 年底进行验收，提出特色小镇命名建议名单报领导小组审定后命名。

五、支持政策

（一）保障建设用地。坚持节约集约用地的原则，充分利用存量建设用地，鼓励利用低丘缓坡土地，鼓励低效用地再开发，盘活闲置建设用地。2017~2019 年，省级单列下达特色小镇建设用地 3 万亩。在符合有关规划的前提下，经县、市、区人民政府批准，利用现有房屋和土地兴办文化创意、健康养老、众创空间、“互联网+”等新业态的，可实行继续按原用途和土地权利类型使用土地的过渡期政策，过渡期为 5 年，过渡期满后需按新用途办理用地手续，符合划拨用地目录的可依法划拨供地。在符合有关规划和不改变现有工业用地用途的前提下，对工矿厂房、仓储用房进行改建及利用地下空间，提高容积率的，可不再补缴土地价款差额。在符合有关规划和用途管制前提下，在特色小镇规划区范围内，探索集体经营性建设用地入市，允许以出租、合作等方式盘活利用宅基地，允许通过村民自愿整合、采取一事一议，在现有宅基地基础上进行统一集中规划建设。

（二）加大财税支持。凡纳入创建名单的特色小镇，2017 年，省财政每个安排 1000 万元启动资金，重点用于规划编制和项目前期工作。2018 年底考核合格，创建全国一流、全省一流特色小镇的，省财政每个分别给予1亿元、500万元奖励资金，重点用于项目贷款贴息。2019年底验收合格，创建全国一流、全省一流特色小镇的，省财政每个分别给予9000万元、500万元奖励资金，重点用于项目贷款贴息。特色小镇规划建设区域内的新建企业，从项目实施之日起，其缴纳的各种新增税收省、州市分享收入，前3年全额返还、后2年减半返还给特色小镇所在地的县、市、区人民政府，专项用于特色小镇产业培育和扶持企业发展支出。

（三）拓宽融资渠道。健全政府和社会资本合作机制，大力吸引民间资本参与特色小镇建设。通过财政资金引导、企业和社会资本投入、政策性银行和保险资金项目贷款以及特色小镇居民参与等多种渠道筹措项目建设资金。2017~2019年，由省发展改革委每年从省重点项目投资基金中筹集不低于300亿元作为资本金专项支持特色小镇建设，实现资本金全覆盖，并向贫困地区、边境地区、世居少数民族地区和投资规模大的特色小镇倾斜。积极支持具备条件的特色小镇建设开发企业发行企业债进行融资。支持各州、市利用财政资金和社会资金设立特色小镇发展基金。

（四）优先给予项目支持。特色小镇申报符合条件的项目，省发展改革委、财政厅、住房城乡建设厅等省直有关部门在审核批准、投资补助等方面加大倾斜支持力度，优先支持申请中央预算内投资和国家专项建设基金，优先列入省级统筹推进的重点项目计划和省“十、百、千”项目投资计划以及有关基金支持，优先安排城镇供排水、“两污”、市政道路等城镇基础设施建设专项补助资金。

六、保障措施

（一）加强组织领导。成立由省人民政府主要领导任组长，分管住房城乡建设工作的副省长任副组长，省直有关部门主要负责同志为成员的省特色小镇发展领导小组，主要负责特色小镇建设重大事项的统筹协调、政策制定、创建和奖惩名单审定等。领导小组下设办公室在省发展改革委，具体牵头负责特色小镇建设的综合协调、审查创建方案和规划、动态管理、考核评价、监督检查等工作。

（二）落实主体责任。各县、市、区人民政府是特色小镇建设的责任主体。各州、市人民政府要出台扶持政策、建立工作机制、强化工作措施、倒排时间节点，督促指导所属县、市、区做好特色小镇建设工作，避免另起炉灶、重复建设、大拆大建和搞房地产开发，确保工作实效。

（三）强化分工协作。省发展改革委具体承担领导小组办公室的日常工作，做好协调推进特色小镇发展有关工作；省住房城乡建设厅负责特色小镇的建设监管，制定建设导则，与省发展改革委共同做好规划审查、考核评价等有关工作，积极申报国家级特色小镇；省财政厅负责财税支持政策的兑现落实，配合做好考核评价工作；省工业和信息化委负责指导做好工业转型升级工作；省科技厅负责指导做好科技创新工作；省人力资源社会保障厅负责做好就业指导和培训工作；省国土资源厅负责做好用地支持政策的兑现落实工作；省农业厅负责指导做好高原特色现代农业类特色小镇建设工作；省商务厅负责指导做好电子商务发展及口岸类特色小镇建设工作；省民族宗教委、文化厅负责指导做好民族文化挖掘、传承和保护工作；省旅游发展委负责指导做好旅游休闲类特色小镇景区标准建设工作；省招商合作局负责指导做好招商引资工作。领导小组其他成员单位要按照职能职责，加强协调配合，积极支持特色小镇发展。

（四）抓实招商引资。创新招商方式，搭建合作平台，完善激励机制，围绕特色小镇发展方向和产业定位，盯大引强，采取项目推介、整体包装营销、委托招商、以商招商、专业招商等方式，提高招商引资针对性和成功率。各州、市、县、区要在特色小镇申报创建的前期阶段，加大招商引资力度，促进以企业为主体推进特色小镇的项目建设。

（五）强化项目支撑。按照“论证储备一批、申报审核一批、开工建设一批、投产运营一批”的要求，建立全省特色小镇发展重大项目库，创新项目管理模式，以项目为载体引导各类政策、资金、要素向特色小镇集聚。

（六）加强督查监测。由省政府督查室牵头，加大对特色小镇建设工作的督查检查力度。省重点项目稽查特派员办公室要将特色小镇创建纳入稽查工作范围，加强对特色小镇建设项目的稽查。由省统计局会同省直有关部门，于2017年上半年前建立全省特色小镇发展统计监测指标体系。各州、市人民政府要按季度报送特色小镇建设进展情况，由领导小组办公室汇总后向全省通报。

（七）加大宣传力度。充分发挥舆论引导作用，通过新闻发布、专题报道、项目推介、经验交流等，大力宣传特色小镇建设的重要意义、政策措施及成功经验，营造有利于加快推进特色小镇建设的良好社会环境和舆论氛围。

附件：云南省特色小镇发展领导小组组成人员名单

云南省人民政府

2017年3月30日

附件　云南省特色小镇发展领导小组组成人员名单

组　长：阮成发　省长

副组长：刘慧晏　副省长

成　员：黄云波　省政府副秘书长、省扶贫办主任

李　微　省政府办公厅副主任、督查室主任

马文亮　省政府副秘书长

杨礼华　省委农办主任

杨洪波　　省发展改革委主任
杨福生　　省工业和信息化委主任
周　荣　　省教育厅厅长
徐　彬　　省科技厅厅长
李四明　　省民族宗教委主任
段丽元　　省民政厅厅长
陈建国　　省财政厅厅长
崔茂虎　　省人力资源社会保障厅厅长
黄文武　　省国土资源厅厅长
张纪华　　省环境保护厅厅长
李文冰　　省住房城乡建设厅厅长
何　波　　省交通运输厅厅长
王敏正　　省农业厅厅长
冷　华　　省林业厅厅长
刘　刚　　省水利厅党组书记
和良辉　　省商务厅厅长
李　涛　　省文化厅厅长
李玛琳　　省卫生计生委主任
余　繁　　省旅游发展委主任
唐新民　　省地税局局长
张荣明　　省工商局局长
何池康　　省体育局局长
汤忠明　　省安全监管局副局长
张云松　　省统计局局长
李春晖　　省金融办主任
李　茜　　省新闻办主任
杜　勇　　省招商合作局局长
张树学　　省国税局局长
向　剑　　省通信管理局局长
洪正华　　国家开发银行云南省分行行长
江卫国　　农业发展银行云南省分行党委书记
薛　武　　云南电网公司总经理

领导小组下设办公室在省发展改革委，由杨洪波兼任办公室主任。领导小组成员如有变动，由成员单位相应职务人员自行递补并报领导小组办公室备案，不再另行发文。

内蒙古自治区人民政府办公厅关于特色小镇建设工作的指导意见

内政办发〔2016〕128号

各盟行政公署、市人民政府，各旗县人民政府，自治区各委、办、厅、局，各大企业、事业单位：

小城镇是新型城镇化的重要载体，是实现城乡统筹发展的重要节点。加快规划建设一批产业定位明确、文化内涵深厚、景观风貌独特的特色小镇，推进小城镇健康快速发展，是新时期促进全区新型城镇化和城乡一体化发展的重要举措。为进一步加快我区特色小镇规划建设，充分发挥小城镇在城乡建设和经济社会发展中的作用，推动新型城镇化和城乡一体化发展，经自治区人民政府同意，现提出以下意见。

一、总体要求、基本原则和发展目标

（一）总体要求。全面贯彻落实党的十八大和十八届三中、四中、五中全会精神，深入贯彻落实习近平总书记系列重要讲话和考察内蒙古重要讲话精神，按照自治区新型城镇化发展的战略部署，以促进县域经济发展为目标，因地制宜选择一批具有产业、资源、区位优势的一般建制镇，准确定位发展模式，突出产业和文化特点，加大各级财政投入，积极引进社会资本，投资发展优势产品、产业和服务业，促进当地和吸引外来消费，带动当地的经济发展。通过特色小镇引领，推动全区小城镇健康快速发展，为加快我区新型城镇化进程，逐步实现城乡基础设施、公共服务、就业和社会保障的城乡一体化提供保障。

（二）基本原则。

——统筹谋划，规划先行。以规划统筹各种要素，优化资源配置，合理谋划空间布局，注重发挥优势和突出特色，处理好生产、生活、休闲、交通四大要素关系，明确生态功能定位。

——定位明确，产业支撑。依托地方资源优势和特色，优化产业结构，积极发展现代工业，精细化农业、牧业，农畜产品加工业，旅游度假和商贸服务业等，形成规模效应，引导发展“一镇一业”，吸引当地群众就地就业，带动群众增收致富。

——小而精美，凸显特色。挖掘小城镇独具魅力和特色的文化内涵，突出打造个性鲜明的建筑风格、绿化景观和人文特色文化，为小城镇的建设发展注入文化元素，提升城镇建设品质，彰显小城镇特色和魅力。

——绿色低碳，生态宜居。以建立绿色低碳、节能环保的生产生活方式为目标，保护生产环境，发展循环经济、绿色经济和低碳经济，推广太阳能、风能等清洁能源，环保材料在小城镇中得到广泛应用，力争建设低碳、零碳小镇。

——政府引导，市场运作。充分发挥市场在资源配置中的决定性作用，加强政府引导和服务保障，明确投资建设主体，引入龙头企业，充分发挥龙头企业在规划建设中的主体作用。

（三）发展目标。根据经济社会基础良好、区位优势明显、交通设施便利、人口聚集度高、资源环境承载力强等标准和要求，自治区按照工业、农业、牧业、林业、旅游、物流、商贸、口岸、文化等几种类型，每年选择 8～12 个示范镇，各旗县（市、区）至少选择 1 个示范镇，通过自治区、盟市、旗县三级集中投入，逐年推进，建成一批功能齐备、设施完善、生活便利、环境优美、特色鲜明、经济繁荣、社会和谐的特色小镇，推动全区新型城镇化发展。到 2020 年，全区的特色小镇基本实现产业特色鲜明、基础设施和公共服务功能比较完善、人居生态环境良好、城镇建设风貌独特、居民就业和社会保障水平较高、对县域经济带动能力较强的发展目标。

二、主要任务

（一）制定特色小镇创建方案。各旗县（市、区）要优先从国家和自治区重点示范镇、特色景观旅游名镇中选择地理位置优越、交通便捷、经济基础好、产业特色明显、资源丰富独特、开发潜力大的建制镇，制定特色小镇创建方案，高起点谋划特色小镇发展，确保与国民经济和社会发展规划、城乡规划、土地利用总体规划等统筹衔接，找准特点，明确定位，打造具有核心竞争力的商业运行模式。要制订量化可行的工作计划，落实投资计划，包括建设主体、建设项目、形象进度等，实施项目化管理。

（二）培育特色产业。以独特的产业定位为核心，形成具有市场竞争力和可持续发展特征的产业体系。加快推动产业转型升级，注重产业融合、项目组合、资源整合。加快培育特色产业项目，立足实际，合理布局建设符合规划和环保要求、吸纳就业性强、可带动城镇发展的休闲旅游度假养老服务性项目，逐步提高第三产业增加值占全镇经济增加值的比重。积极培育主导产业和特色产业，因地制宜发展工业、农业、牧业、林业、旅游、物流、商贸、口岸、文化等产业，打造各具特色的工业重镇、农业重镇、牧业重镇、商贸重镇、旅游旺镇和历史文化名镇等。拉长产业链，促进产业集聚发展，推动产业规模做大、结构优化，鼓励民间投资，结合引进大企业大项目，建设特色产业基地，强化产业支撑。

（三）突出打造特色景观。按照“一镇一特色，一镇一风情”的思路，统筹做好小城镇发展规划。在完成总体规划、专项规划和详细规划编制和修编的基础上，提高详细规划的覆盖率，着力提高项目设计水平，形成鲜明的建筑风格、景观设施和人文环境，积极营造绿色、洁净、舒适的和谐发展格局。要重点抓好镇区主要出入口、主干道沿线、规模大的安置房小区、商贸街区、中心广场、园林景观项目等重点地段和节点地区的城市设计，积极开展外部空间和形体环境设计。以改善居民生产、生活质量为重心，按照适度超前的原则，加快推进基础设施和公共服务设施建设，促进土地、基础设施、公共服务设施等资源合理配置、集约利用。

（四）加强生态保护。依托乡村田园风光，以打造生态宜居为核心，强化乡村规划建设管理，加大环境保护力度，打造生态优良、清洁舒适、风貌优美的宜居小镇。要切实增强节能减排能力，大力开展绿色生态设施建设。在污水和垃圾处理等方面采用无害化、低耗能、低成本技术。在新建建筑、既有居住建筑节能改造方面大力推广太阳能、风能等可再生能源和绿色集成节能技术。

三、保障措施

（一）深化改革推进管理体制机制创新。通过推进小城镇机构和管理体制改革，完善体制机制，创新发展模式，统筹城乡经济社会协调发展。各旗县（市、区）要出台扩权强镇意见，将能够下放的各种管理权限依法下放到镇级，赋予小城镇享有与目标责任相匹配的权限和资源。明确承担小城镇建设管理职能的部门，合理配备人员，并从经费上予以保障，解决有人干事、有钱干事的问题。

（二）拓宽小城镇建设投融资渠道。进一步规范和完善公共财政投入，各级财政统筹整合各类已设立的相关专项资金，重点支持特色小镇市政基础设施建设。在镇规划区内建设项目缴交的基础设施配套费，要全额返还小城镇，用于小城镇基础设施建设。大力支持村镇银行、小额贷款公司的发展，构建政策性金融、商业金融相结合的农村牧区金融体系。国有政策性银行应在开展产业基金合作方面给予试点城镇以地市级同等待遇。把市场机制引入特色小镇，按照谁投资，谁经营，谁受益的原则，鼓励各种经济性质的资本在特色小镇投资路、水、电、通信、市场、文化娱乐等市政公用设施建设，投资者享受自治区现行的有关优惠政策。

（三）保障用地指标。旗县（市、区）每年的非农建设用地计划中，优先安排一定数量的用地指标，支持特色小镇的开发建设。为有利于小城镇规划的实施，在镇区规划范围内的农村牧区建设用地，优先办理有关用地审批手续。鼓励农村牧区集体经济组织和农牧民以土地入股，集体建设用地使用权转让、租赁等方式有序地进行农家乐、牧家乐、家庭旅馆、农庄旅游等旅游开发项目试点。

（四）加强组织领导，形成工作合力。调整自治区小城镇建设工作领导小组成员组成和职能分工。自治区住房城乡建设厅具体负责指导全区特色小镇的规划建设和功能完善，指导全区特色小镇基础设施建设和工程建设项目实施工作；自治区发展改革委协调指导特色小镇列入自治区、盟市重点建设项目，整合本部门资源，支持特色小镇加快规划建设；自治区财政厅具体负责做好享受财政扶持政策的特色小镇审核和兑现工作，引导各地区安排资金支持特色小镇加快规划建设；自治区农牧业厅负责整合本部门资源，支持特色小镇打造特色农业、牧业；自治区国土资源厅具体负责做好享受用地扶持政策的特色小镇审核和兑现工作，指导各地区强化特色小镇用地保障，创新节约集约用地机制；自治区商务厅具体负责指导全区特色小镇电子商务创建、提升和涉外业务的指导；自治区环保厅具体负责指导全区特色小镇污染防治和生态环境建设；自治区科技厅具体负责指导全区特色小镇的科技创新工作；自治区经济和信息化委具体负责指导全区特色小镇的产业转型升级工作。各盟市、旗县（市、区）要对小城镇建设工作领导小组成员单位的职能进行相应调整。

2016 年 9 月 14 日

山东省人民政府办公厅
关于印发《山东省创建特色小镇实施方案》的通知

鲁政办字〔2016〕149 号

各市人民政府，各县（市、区）人民政府，省政府各部门、各直属机构，各大企业，各高等院校：

《山东省创建特色小镇实施方案》已经省政府同意，现印发给你们，请认真组织实施。

山东省人民政府办公厅

2016 年 9 月 1 日

山东省创建特色小镇实施方案

为全面贯彻党中央、国务院关于特色小镇建设的要求，牢固树立和落实“创新、协调、绿色、开放、共享”的发展理念，充分发挥特色小镇在推动新型城镇化、促进经济转型升级等方面的作用，结合我省实际，制定本实施方案。

一、创建目标

特色小镇是区别于行政区划单元和产业园区，具有明确产业定位、文化内涵、旅游特色和一定社区功能的发展空间平台。到2020年，创建100个左右产业上“特而强”、机制上“新而活”、功能上“聚而合”、形态上“精而美”的特色小镇，成为创新创业高地、产业投资洼地、休闲养生福地、观光旅游胜地，打造区域经济新的增长极。

二、创建标准

（一）定位明确，特色突出。以产业为基础，一业为主，多元发展，特色突出。

（二）以产兴城，以城兴业。围绕打造创新创业载体，做大做强主导产业，就业岗位和税收有较大增长，主导产业税收占特色小镇税收总量的70%以上。

（三）产城融合，功能配套。优化功能布局，集聚大批工商户、中小企业、中高级人才，实现产业、文化、旅游和社区有机结合，实现生产、生态、生活融合发展。

（四）规模集聚，品牌示范。主导产业在行业内有较大影响力，特色产业和品牌具有核心竞争力，在全省或全国有较大知名度。

（五）宜居宜游，生态优美。人文气息浓厚，旅游特色鲜明，每年接待一定数量游客，达到省级特色景观旅游名镇标准，其中旅游类小镇达到国家级特色景观旅游名镇标准。

三、创建内容

（一）明确产业定位。尊重经济规律，按照一镇一业、一镇一品要求，因势利导，突出主导产业，拉长产业链条，壮大产业集群，提升产业层次，做大做强特色经济。聚集人才，培育海洋开发、信息技术、高端装备、电子商务、节能环保、金融等新兴产业；挖掘资源禀赋，发展旅游观光、文化创意、现代农业、环保家具等绿色产业；依托原有基础，优化造纸、酿造、纺织等传统产业。

（二）科学规划布局。特色小镇规划符合城镇总体规划，并与经济社会发展、土地利用、生态环境保护、历史文化保护、旅游发展等相关专业规划有效衔接。规划面积一般控制在3平方公里左右，起步阶段建设面积一般控制在1平方公里左右。将城市设计贯穿特色小镇规划建设全过程，塑造特色风貌。

（三）增加有效投资。原则上5年完成固定资产投资30亿元以上，每年完成投资不少于6亿元。西部经济隆起带的特色小镇和信息技术、金融、旅游休闲、文化创意、农副产品加工等产业特色小镇的固定资产投资额不低于20亿元，每年完成投资不少于4亿元。

（四）完善功能配置。高标准配套建设基础设施和教育、医疗等公共服务设施。建设具有创业创新、公共服务、商贸信息、文化展示、旅游信息咨询、产品交易和信息管理等功能的综合服务平台，积极应用现代信息技术，实现公共Wi-Fi和数字化管理全覆盖。

（五）创新运营方式。发挥政府服务职能，积极做好规划编制设计、基础设施配套、资源要素保障、文化内涵挖掘传承、生态环境保护等工作；发挥市场在资源配置中的决定性作用，以企业为主推进项目建设；发挥第三方机构作用，为入驻企业提供电子商务、软件研发、产品推广、技术孵化、市场融资等服务，将特色小镇打造为新型众创平台。

四、创建程序

（一）自愿申报。特色小镇申报每年组织1次，按照创建内容，凡具备创建条件的均可申报。凡列入新生小城市和重点示范镇的不再列为特色小镇。设区市政府向省城镇化工作领导小组办公室报送书面申报材料（包括创建方案，特色小镇的建设范围、产业定位、投资主体、投资规模、建设计划、营商环境改善措施，并附概念性规划）。

（二）审核公布。省城镇化工作领导小组办公室将申报材料送省有关部门初审，并在初审基础上组织联审，根据联审结果提出建议名单分批报省政府审定后公布。

（三）年度评估。对列入创建名单的小镇，省城镇化工作领导小组办公室委托第三方评价机构进行年度评估，达到发展目标要求的兑现扶持政策。

（四）验收命名。对经过创建，达到创建内容标准要求，通过省城镇化工作领导小组办公室评价验收的，由省政府命名为山东省特色小镇。

五、政策措施

（一）用地支持。各地要结合土地利用总体规划调整完善工作，将特色小镇建设用地纳入城镇建设用地扩展边界内。特色小镇建设要按照节约集约用地的要求，充分利用低丘缓坡、滩涂资源和存量建设用地，对如期完成年度规划目标任务的，省里按实际使用指标一定比例给予奖励；对连续2年内未达到规划目标任务的，加倍倒扣省奖励的用地指标。各地在分配新增建设用地指标时要积极支持特色小镇创建。

（二）财政支持。从2016年起，省级统筹城镇化建设等资金，积极支持特色小镇创建，用于其规划设计、设施配套和公共服务平台建设等。鼓励省级城镇化投资引导基金参股子基金加大对特色小镇创建的投入力度，支持其特色产业、人才项目建设等。各地也要出台有针对性的财政支持政策，筹集相应资金予以扶持。

（三）金融支持。引导金融机构加大对特色小镇的信贷支持力度。创新融资方式，探索产业基金、股权众筹、PPP等融资路径，加大引入社会资本的力度，用于特色小镇公共配套基础设施、公共服务平台以及创新孵化平台等项目的建设。

（四）人才支持。牢固树立人才是第一资源的理念，落实扶持创新创业政策，吸引、支持泰山学者、泰山产业领军人才、科技人员创业者、留学归国人员，积极投入特色小镇创建，运用现代新技术，开发新产品，加快特色产业转型发展、领先发展。

六、组织领导

（一）建立协调机制。省城镇化工作领导小组办公室负责特色小镇创建的统筹、协调工作，及时分解工作任务，落实责任单位，加大推进力度。有关部门要各司其职，研究制定有利于特色小镇创建的配套措施，在资金、土地、人才、技术、项目等方面给予支持和倾斜，要建立信息交流制度，协调互动，密切配合，形成合力。

（二）推进责任落实。各市、县（市、区）政府要科学引导特色小镇培育创建，建立工作推进机制，搞好规划建设，加强组织协调，推动技术标准应用，确保各项工作规范有序进行。特色小镇创建主体要积极作为、真抓实干，确保创建目标任务落实，不断取得实效。

（三）加强动态监管。将特色小镇创建工作推进情况，纳入新型城镇化考核。建立考核指标体系和评价制度，引入第三方评价机构，每年评价 1 次。实行动态管理制度，对第一年没有完成规划建设投资目标的，给予黄牌警告；对连续 2 年没有完成规划建设投资目标的，取消特色小镇创建资格。

（四）优化发展环境。各地要积极开辟“绿色通道”，精简审批事项，优化审批服务，提高审批效率，提升政府服务质量和服务水平，努力把特色小镇建设成“创业最佳、服务最优、环境最美、宜居宜游”的新型发展增长极。

附件：特色小镇创建标准指标体系（略）

山东省人民政府办公厅

2016 年 9 月 1 日

陕西省住建厅
关于报送 2015 年度省级重点示范镇、文化旅游名镇（街区）建设目标任务及考核指标的通知

陕建发〔2014〕358 号

各设区市住房和城乡建设局（规划局、建委），杨凌示范区规划建设局，韩城市住房城乡建设局，神木县住房城乡建设局，有关县住房和城乡建设局，有关镇人民政府：

根据省委办公厅　省政府办公厅《关于加快建设全省重点示范镇和文化旅游名镇（街区）有关事项的通知》（陕办字〔2013〕43 号）文件精神，现就报送 2015 年度省级重点示范镇、文化旅游名镇（街区）建设目标任务及考核指标有关事项通知如下：

一、报送范围

省委省政府确定的35个省级重点示范镇、31个文化旅游名镇（街区）。

二、制订目标任务的原则

1. 重点示范镇

原31个重点示范镇要按照“五年建成达标”的要求确定目标，2015年建设目标任务为规划模块内市政基础设施、公共服务设施、住房项目所有未完工项目要全部建成，建成区改造提升项目全部竣工。

新增4个沿渭重点示范镇2015年建设的重点为规划模块内的市政基础设施、公共服务设施、住房以及建成区改造提升项目。各镇（街区）上报的年度工作目标任务不得低于5年任务总量的1/5。

各镇上报的目标任务应包括项目名称、建设规模和年度投资。其中，建设规模应有具体量化指标，跨年度建设项目需在备注栏注明建设期限及总投资（填写要求详见附件1）。

2. 文化旅游名镇（街区）

文化旅游名镇（街区）要按照“保护修复老区、打造特色新区、完善配套设施、带动旅游产业”的总体要求安排建设项目，2015年度目标任务应重点安排镇区市政基础设施、文物古迹、历史建筑、传统民居保护修复、旅游公共服务设施、镇区环境整治提升和住房建设项目。各镇上报的目标任务应包括项目名称、建设规模和年度投资。各镇（街区）上报的年度工作目标任务不得低于5年任务总量的1/5。其中，建设规模应有具体量化指标，跨年度建设项目需在备注栏注明建设期限及总投资（填写要求详见附件2）。

三、制定目标任务的要求

1. 年度目标任务下达后一般不再变动，确因特殊原因需要调整的，在年度投资总量不变的情况下，须经市、县建设行政主管部门书面同意，报省住房和城乡建设厅批准。

2. 各市、县建设行政主管部门汇总审核各镇年度目标任务后，由所在设区市建设行政主管部门报所在市人民政府同意后，于2014年11月30日前将审核确认的《2015年度城镇建设目标任务及考核指标》以及电子文档报送省住房和城乡建设厅，我厅将会同省级有关部门审核后印发给各地执行，同时报送省委考核办，作为省委省政府2015年考核各市（区）的年度目标责任考核指标。

3. 2015年各镇上报的建设项目须包括《关于做好2015年省级重点示范镇、文化旅游名镇（街区）专项资金申报的通知》（陕建发〔2014〕297号）文件中的申报项目，防止出现错报漏报现象。

联系人：黄素华　张晓刚

电话：（029）87291871

传真：（029）87293472　87294020

电子邮箱：405380129@ qq. com（文化旅游名镇报送邮箱）

电子邮箱：740883988@ qq. com（重点示范镇报送邮箱）

相关附件可在陕西建设网—建设厅文件下载。

附件：1. 2015年度重点示范镇城镇建设目标任务及考核指标（样表）

2. 2015年度文化旅游名镇（街区）建设目标任务及考核指标（样表）

陕西省住房和城乡建设厅

2014年10月10日

附件1　2015年度重点示范镇城镇建设目标任务及考核指标（样表）

<table>
<tr><th>考核项目</th><th>主要指标</th><th colspan="5">评价要点</th><th>备注</th></tr>
<tr><td rowspan="5">新区市政基础设施及公共服务设施</td><td>完成投资</td><td colspan="5">3900万元</td><td></td></tr>
<tr><td rowspan="4">项目6项</td><td>类别</td><td>序号</td><td>项目名称</td><td>建设规模</td><td>年度投资估算（万元）</td><td></td></tr>
<tr><td rowspan="3">市政基础设施项目</td><td>1</td><td>××路及附属设施</td><td>市政二级路。长1200米，宽28米。双向4车道，主车道12米，两边非机动车道3米，两边人行道各3米。配套隔离带、绿化带、路灯等设施。2015年完成非机动车道人行道及其他配套设施</td><td>1000</td><td>总投资2000万元，建设时限2013~2015年</td></tr>
<tr><td>2</td><td>污水处理厂</td><td>占地15亩，日处理3000/立方米，包括沉淀池、滤池、清水池、加氯间、办公楼等相关配套设施。2015年完成管道和相关配套设施</td><td>600</td><td>总投资1500万元，建设时限2012~2015年</td></tr>
<tr><td>3</td><td>市政管网铺设</td><td>给水管网总长度15公里，雨水管网总长度13公里，污水管网总长度12公里，供热管道总长度13公里。燃气管道总长度20公里。2013年完成雨水管网5公里，燃气管道4公里</td><td>900</td><td>总投资4000万元，建设时限2011~2016年</td></tr>
</table>

续表

<table>
<tr><th>考核项目</th><th>主要指标</th><th colspan="5">评价要点</th><th>备注</th></tr>
<tr><td rowspan="3">新区市政基础设施及公共服务设施</td><td rowspan="3">项目 6 项</td><td rowspan="3">公共服务设施项目</td><td>1</td><td>××小学</td><td>占地 40 亩，5 层教学楼建筑面积 1.2 万平方米，其他设施建筑 2 万平方米。2015 年完成除教学楼外其他设施建筑</td><td>500</td><td>总投资 1000 万元，建设时限 2012~2016 年</td></tr>
<tr><td>2</td><td>镇中心医院</td><td>占地 80 亩，住院楼 3000 平方米，门诊楼 5000 平方米及其他附属设施</td><td>500</td><td>总投资 1000 万元，建设时限 2012~2016 年</td></tr>
<tr><td>3</td><td>街心公园</td><td>占地 300 亩，包括景观绿化、照明、给排水和公园相关配套设施</td><td>400</td><td></td></tr>
<tr><td rowspan="4">住房项目</td><td>完成投资</td><td colspan="5">16000 万元</td><td></td></tr>
<tr><td rowspan="3">项目 3 项</td><td rowspan="3">住房项目</td><td>1</td><td>阳光小区（商品房）</td><td>15 栋 7 层砖混住宅楼，建筑面积 15 万平方米。2015 年完成 7 栋主体建设及小区配套设施</td><td>6000</td><td>总投资 2 亿元，建设时限 2012~2015 年</td></tr>
<tr><td>2</td><td>光明小区（保障房）</td><td>10 栋 7 层砖混住宅楼，建筑面积 12 万平方米，共 280 套。2015 年完成 4 栋主体建设、沿街商铺和小区配套设施</td><td>4000</td><td>总投资 1.6 亿元，建设时限 2012~2015 年</td></tr>
<tr><td>3</td><td>移民搬迁安置房</td><td>占地面积 300 亩，总建筑面积 4 万平方米，共 200 套 2 层独院小楼。2015 年完成 150 套房主体建设部分内部道路及配套设施</td><td>6000</td><td>总投资 1.8 亿元，建设时限 2012~2016 年</td></tr>
<tr><td rowspan="6">建成区改造提升</td><td>完成投资</td><td colspan="5">1800 万元</td><td></td></tr>
<tr><td rowspan="5">项目 5 项</td><td rowspan="5">建成区内市政基础设施、公共服务设施、住房以及绿化、亮化、净化、美化等项目</td><td>1</td><td>老镇区环境综合整治</td><td>道路两边植树绿化，人行道瓷砖铺设，路灯更新维护</td><td>200</td><td></td></tr>
<tr><td>2</td><td>西大街沿街门头牌匾改造亮化</td><td>统一更换仿古牌匾，亮化美化</td><td>200</td><td></td></tr>
<tr><td>3</td><td>东大街道路改造</td><td>平整路面、人行道花砖铺设</td><td>300</td><td></td></tr>
<tr><td>4</td><td>高压线路改造</td><td>改造高压线路 15 公里</td><td>400</td><td></td></tr>
<tr><td>5</td><td>环境改造</td><td>垃圾清理、绿化补植、环卫设施购置、中心区街景改造</td><td>700</td><td></td></tr>
<tr><td colspan="2">合　计</td><td colspan="6">共 14 个项目，2015 年投资估算 21700 万元</td></tr>
</table>

注：1. 跨年度建设项目需在备注栏注明建设期限及总投资。

2. 可根据需要加页。

附件 2　2015 年度文化旅游名镇（街区）建设目标任务及考核指标（样表）

<table>
<tr><th>考核项目</th><th>主要指标</th><th colspan="5">评价要点</th><th>备注</th></tr>
<tr><td rowspan="8">镇区市政基础设施及公共服务设施</td><td>投资估算</td><td colspan="5">3900 万元</td><td></td></tr>
<tr><td rowspan="7">项目 6 项</td><td>类别</td><td>序号</td><td>项目名称</td><td>建设规模</td><td>年度投资估算（万元）</td><td></td></tr>
<tr><td rowspan="3">市政基础设施项目</td><td>1</td><td>××路及附属设施</td><td>市政二级路。长 1200 米，宽 28 米。双向 4 车道，主车道 12 米，两边非机动车道 3 米，两边人行道各 3 米。配套隔离带、绿化带、路灯等设施。2015 年完成非机动车道人行道及其他配套设施</td><td>1000</td><td>总投资 2000 万元，建设时限 2014~2015 年</td></tr>
<tr><td>2</td><td>污水处理厂</td><td>占地 15 亩，日处理 3000/立方米，包括沉淀池、滤池、清水池、加氯间、办公楼等相关配套设施。2015 年完成管道和相关配套设施</td><td>600</td><td>总投资 1500 万元，建设时限 2013~2015 年</td></tr>
<tr><td>3</td><td>市政管网铺设</td><td>给水管网总长度 15 公里，雨水管网总长度 13 公里，污水管网总长度 12 公里，供热管道总长度 13 公里。燃气管道总长度 20 公里。2013 年完成雨水管网 5 公里，燃气管道 4 公里</td><td>900</td><td>总投资 4000 万元，建设时限 2014~2015 年</td></tr>
<tr><td rowspan="3">公共服务设施项目</td><td>1</td><td>××小学</td><td>占地 40 亩，5 层教学楼建筑面积 1.2 万平方米，其他设施建筑 2 万平方米。2015 年完成除教学楼外的其他设施建筑</td><td>500</td><td>总投资 1000 万元，建设时限 2012~2016 年</td></tr>
<tr><td>2</td><td>镇中心医院</td><td>占地 80 亩，住院楼 3000 平方米，门诊楼 5000 平方米及其他附属设施</td><td>500</td><td>总投资 1000 万元，建设时限 2012~2015 年</td></tr>
<tr><td>3</td><td>街心公园</td><td>占地 300 亩，包括景观绿化、照明、给排水和公园相关配套设施</td><td>400</td><td></td></tr>
<tr><td rowspan="4">保护修缮类建设项目</td><td>投资估算</td><td colspan="5">4700 万元</td><td></td></tr>
<tr><td rowspan="3">项目 3 项</td><td rowspan="3">保护、修缮类建设项目</td><td>1</td><td>塘子旧街立面仿古改造</td><td>老镇区街道 80 余户立面仿古改造，街面石材打造</td><td>2000</td><td>总投资 0.6 亿元，建设时限 2012~2016 年</td></tr>
<tr><td>2</td><td>明清古街改造项目</td><td>街面 2 层仿古改造、修缮维护、立面统一改造</td><td>1200</td><td>总投资 0.4 亿元，建设时限 2012~2014 年</td></tr>
<tr><td>3</td><td>西北革命军事委员会旧址保护</td><td>安置修复、保护</td><td>1500</td><td></td></tr>
</table>

续表

<table>
<tr><th>考核项目</th><th>主要指标</th><th colspan="5">评价要点</th><th>备注</th></tr>
<tr><td rowspan="2">旅游设施建设项目</td><td>投资估算</td><td colspan="5">800 万元</td><td></td></tr>
<tr><td>项目 1 项</td><td>旅游设施建设项目</td><td>1</td><td>游客服务中心</td><td>占地 12 亩，1 栋 3 层砖混建筑，面积 2500 平方米</td><td>800</td><td></td></tr>
<tr><td rowspan="4">住房建设项目</td><td>投资估算</td><td colspan="5">16000 万元</td><td></td></tr>
<tr><td rowspan="3">项目 3 项</td><td rowspan="3">住房项目</td><td>1</td><td>阳光小区（商品房）</td><td>15 栋 7 层砖混住宅楼，建筑面积 15 万平方米。2015 年完成 7 栋主体建设及小区配套设施</td><td>6000</td><td>总投资 2 亿元，建设时限 2012~2015 年</td></tr>
<tr><td>2</td><td>光明小区（保障房）</td><td>10 栋 7 层砖混住宅楼，建筑面积 12 万平方米，共 280 套。2015 年完成 4 栋主体建设、沿街商铺和小区配套设施</td><td>4000</td><td>总投资 1.6 亿元，建设时限 2012~2015 年</td></tr>
<tr><td>3</td><td>移民搬迁安置房</td><td>占地面积 300 亩，总建筑面积 4 万平方米，共 200 套 2 层独院小楼。2015 年完成 150 套房主体建设部分内部道路及配套设施</td><td>6000</td><td>总投资 1.8 亿元，建设时限 2012~2016 年</td></tr>
<tr><td rowspan="6">镇区环境整治提升</td><td>投资估算</td><td colspan="5">1800 万元</td><td></td></tr>
<tr><td rowspan="5">项目 5 项</td><td rowspan="5">镇区内绿化、亮化、净化、美化环境综合整治等改造项目</td><td>1</td><td>老镇区环境综合整治</td><td>道路两边植树绿化，人行道瓷砖铺设，路灯更新维护</td><td>200</td><td></td></tr>
<tr><td>2</td><td>西大街沿街门头牌匾改造亮化</td><td>统一更换仿古牌匾，亮化美化</td><td>200</td><td></td></tr>
<tr><td>3</td><td>东大街道路改造</td><td>平整路面、人行道花砖铺设</td><td>300</td><td></td></tr>
<tr><td>4</td><td>高压线路改造</td><td>改造高压线路 15 公里</td><td>400</td><td></td></tr>
<tr><td>5</td><td>环境改造</td><td>垃圾清理、绿化补植、环卫设施购置、中心区街景改造</td><td>700</td><td></td></tr>
<tr><td colspan="2">合　计</td><td colspan="6">共 18 个项目，2015 年投资估算 27200 万元</td></tr>
</table>

注：1. 跨年度建设项目需在备注栏注明建设期限及总投资。

2. 可根据需要加页。

陕西省住建厅　陕西省财政厅
关于做好2015年省级重点示范镇和文化旅游名镇（街区）专项资金申报工作的通知

陕建发〔2014〕297号

各设区市住房和城乡建设局（规划局、建委）、财政局，杨凌示范区规划建设局、财政局，韩城市、神木县住房城乡建设局、财政局：

按照省委办公厅、省政府办公厅《关于加快建设全省重点示范镇和文化旅游名镇（街区）有关事项的通知》（陕办字〔2013〕43号）精神，现就做好2015年重点示范镇和文化旅游名镇（街区）省级专项资金申报工作有关事项通知如下：

一、申报对象

省级35个重点示范镇、31个文化旅游名镇（街区）。

二、资金使用范围

省级重点示范镇新区市政基础设施建设项目、公共服务设施的配套建设项目；文化旅游名镇（街区）镇区市政基础设施建设项目。

三、专项资金额度

2011年省政府确定的31个省级重点示范镇每镇700万元专项资金，新列入的4个沿渭重点示范镇每镇1000万元专项资金。31个文化旅游名镇（街区）每镇500万元专项资金。

四、申报程序

1. 各镇填写《省级重点示范镇（文化旅游名镇）2015年省级专项资金申请表》（见附件），将申请表（一式4份）及电子文档分别报送所在县（区）住房城乡建设局（规划局、建委）、财政局。

2. 各县（区）建设行政主管部门会同财政部门对各镇申报的项目进行审核、筛选、排序，将符合条件的项目汇总上报省级财政专项资金项目库（项目库系统网址http：//xmk. sf. gov. cn/）。同时，以正式文件上报各设区市住房和城乡建设部门和财政部门。

韩城市和神木县直接报省住房和城乡建设厅与省财政厅，并抄送设区市住房城乡建设局(规划局、建委)、财政局。

3. 各设区市住房城乡建设局（规划局、建委）会同财政部门通过省级财政专项资金项目库管理系统，对各县（区）上报的项目进行审核，于2014年9月20日前，以正式文件形式将各镇符合条件的项目申报材料及电子文档报送省住房和城乡建设厅（1份）和省财政厅（2份)。并注明联系人及联系方式。

4. 省住房和城乡建设厅会同省财政厅将于9月底前对各设区市申报的项目进行审核，符合条件的项目纳入省级财政专项资金项目库，并从2015年省级财政预算资金中予以支持。

五、其他要求

1. 各设区市和省直管县住房城乡建设局（规划局、建委)、财政局要密切配合，认真组织好本辖区2015年省级专项资金的申报工作。

2. 请严格按照《陕西省省级财政专项资金项目库管理办法》要求，做好财政专项资金项目库项目申报，纸质文件与系统文件要求一致，确保内容完整、真实，未纳入项目库管理的项目不予安排专项资金。

3. 请各地务必按照时限要求完成项目申报，省住房和城乡建设厅将把专项资金项目申报工作作为信息报送的重要内容纳入各镇年终综合考评。

联系人及联系方式：

黄素华　张晓刚　省住房和城乡建设厅村镇建设处

电话：029-87291871　传真：029-87293472

电子邮箱：czc@ shaanxijs. gov. cn

丰志美　　省财政厅经济建设处

电话及传真：029-87623356

电子邮箱：fengzm@ sf. gov. cn

附件：1. 省级重点示范镇（文化旅游名镇）2015年省级专项资金申请表（略）

2. 财政支出绩效目标申报表（略）

陕西省住房和城乡建设厅

陕西省财政厅

2014年8月25日

中共四川省委　四川省人民政府
关于《深化拓展“百镇建设行动”、
培育创建特色镇的意见（代拟稿）》征求意见

为深化拓展“百镇建设行动”，培育创建“小而美”、“特而优”的特色镇，全面推动并引领四川小城镇的建设发展，促进我省城镇化质量和水平明显提升，现就《中共四川省委四川省人民政府关于深化拓展“百镇建设行动”、培育创建特色镇的意见（代拟稿）》向社会公众公开征求意见。请将您的宝贵意见以书面信函的方式于2017年2月20日前反馈四川省住房和城乡建设厅。谨此，感谢您对我省小城镇发展建设工作的理解和大力支持！

特此通告。

联系方式：

1. 信函请寄至：四川省住房和城乡建设厅村镇建设处，邮编：610041
2. 传真：028-85521751（省住建厅）
3. 电子邮箱：1972483612@ qq. com

四川省住房和城乡建设厅

2017年2月14日

中共四川省委　四川省人民政府
关于深化拓展“百镇建设行动”、培育创建
特色镇的意见（代拟稿）

为深化拓展“百镇建设行动”，培育创建“小而美”、“特而优”的特色镇，充分发挥小城镇联结城乡、辐射农村的重要作用，进一步彰显小城镇自然、生态、文化的特色和优势，现提出如下意见。

一、总体思路和主要目标

（一）总体思路。

全面贯彻党的十八大和十八届三中、四中、五中、六中全会精神，认真落实党中央、国务院推进新型城镇化和特色小镇建设的部署要求，以创新、协调、绿色、开放、

共享的发展理念为指导，通过实施“两个一批”行动计划（巩固提升一批示范镇和培育创建一批特色镇）、“两个千亿”提升工程（千亿公共设施建设工程和千亿特色产业提升工程），培育一批形态适宜、规模适度、生态宜居、文化特色突出的美丽小镇，促进新型城镇化和新农村建设融合发展，不断夯实多点多极底部基础，支撑起四川全面小康的时代伟业。

（二）基本原则。

——坚持绿色发展。尊重自然生态环境，严格保护绿水青山格局，突出山水田园风光特色；发展绿色产业，把良好的生态优势转化为产业发展优势；完善基础设施和公共服务，培育生态文化，倡导绿色生活方式，建设生态文明美丽小城镇。

——坚持彰显特色。充分挖掘、保护和传承历史文化，彰显地域和民族特色，避免“千镇一面”；提高规划设计水平，强化服务“三农”功能，突出小城镇景观风貌和建筑特色，避免照搬城市规划和建设的思路与方法。

——坚持形态适宜。尊重小城镇发展规律，结合区位条件和资源禀赋，合理确定城镇定位；根据资源环境承载能力，遵循“小而美”发展理念，按照规模适度的要求，合理确定用地布局和空间形态，避免贪大求洋。

——坚持改革创新。顺应新型城镇化要求，创新发展理念，转变政府职能，积极推进扩权强镇；创新发展模式，引导民间资本积极参与小城镇建设，增强小城镇发展的内生动力；创新公共服务管理，强化规划建设管理和服务“三农”的作用。

（三）主要目标。

到2020年，300个镇的承载能力明显提升、经济实力明显增强、城镇面貌明显改善，成为生态环境优良、功能设施齐备、产业特色鲜明、公共服务完善的县域经济社会发展副中心。300个镇中，镇区常住人口5万以上的达到10个，3万以上的达到50个，1万以上的达到100个，带动全省小城镇年均吸纳农业人口40万以上，城镇化率年均贡献0.4个百分点。聚焦环境“青而绿”、形态“小而美”、产业“特而优”、机制“新而活”目标，培育创建100个左右各具特色、富有活力的生态宜居、休闲旅游、教育科技、先进制造、商贸物流、现代农业等特色镇，示范带动全省2000余个小城镇竞相发展。

二、主要任务

（四）做实配套设施，巩固提升一批示范镇。实施“千亿公共设施建设”工程。以道路建设为重点，加强供水、供气、管网、通信、污水和垃圾处理等市政基础设施建设；以山水田林本底为基础，加快山地公园、生态湿地、绿廊绿道等生态基础设施建设；以中心镇规划标准为依据，完善教育、卫生、文化、科技、商贸、体育等公共服务设施建设。推进“9+N”公共设施项目建设（即符合标准的城镇路网、生态绿地系统、九年制义务教育学校、卫生院、敬老院、集贸市场、供水设施、污水处理设施、垃圾处理设施9类项目及其他公共设施项目）。到2020年，完成1000亿元左右公共设施投资，增强试点镇综合承载能力。

牵头单位：住房城乡建设厅

责任单位：各市（州）党委政府、省发展改革委、教育厅、民政厅、财政厅、国土资源厅、环境保护厅、交通运输厅、水利厅、商务厅、省卫生计生委

（五）做深产业发展，培育创建一批特色镇。实施“千亿特色产业提升”工程。坚持生态优先、绿色发展，严格控制落后淘汰产业向小城镇转移，优先发展资源消耗低、环境污染少的产业，鼓励资源综合循环利用，大力培育绿色主导产业。按照“3+N”的发展模式（即以特色工业园区、商贸物流、旅游休闲镇为基础，积极发展生态宜居、现代农业、创新创业等新型产业镇），着力发展产业集群，引导中小企业围绕主导产业发展配套加工，推进产供销一条龙、科工贸一体化，不断延伸产业链，形成企业群。深入推进产镇融合发展，促进基础设施和公共服务设施共建共享。到2020年，完成2000亿元左右产业投资，提升试点镇产业集聚发展水平。

牵头单位：省发展改革委

责任单位：各市（州）党委政府、省经济和信息化委、财政厅、国土资源厅、住房城乡建设厅、农业厅、商务厅、省旅游发展委

（六）创新发展理念，提高城镇管理水平。加快推动管理模式转变，建立健全管理机制，合理配置与试点镇经济社会发展需要相适应的工作力量，提升城镇管理水平。将行政许可和政务服务事项向便民服务中心集中，实行“开放式”办公、“一站式”服务。加快建立城乡统一的就业制度，将转移就业的农村劳动者纳入统一的就业政策和服务范围。加快建立统筹城乡的社会保障制度，已在试点镇就业、与用人单位建立劳动关系的人员，应按规定参加各项社会保险，逐步缩小城乡社会保障待遇差距。创新管理模式，探索市场化的社区服务机制，通过政府购买公共服务、有序培育各类中介服务组织等方式，强化环境卫生、设施运行、社区服务等社会管理工作。

牵头单位：住房城乡建设厅

责任单位：各市（州）党委政府、公安厅、民政厅、人力资源社会保障厅

（七）坚持统筹推进，放大特色示范效应。落实城乡统筹发展理念，推进基础设施向农村延伸、公共服务向农村覆盖，努力将试点镇发展成为以城带乡、镇村联动的重要载体。按照“三化联动”要求，促进一、二、三产业融合发展，积极培育“特而优”的主导产业，增强试点镇可持续发展能力、综合承载能力和辐射带动能力，促进农村人口向试点镇转移集聚。各地要大力推广“百镇建设行动”的成功经验和发展模式，结合当地实际，制定出台推动小城镇发展的政策意见，不断深化小城镇管理体制机制改革，促进特色产业发展，完善公共服务和基础设施，形成上下联动、统筹协调的发展

格局。

牵头单位：住房城乡建设厅

责任单位：各市（州）党委政府、省委农工委、省委编办、财政厅、农业厅

三、改革措施

（八）扩大管理权限。按照“依法放权、权责一致、能放则放、按需下放”原则，兼顾试点镇承接能力，依法向试点镇赋予县级经济类项目核准、备案权和市政设施、社会治安、就业社保、户籍管理等方面的社会管理权。规划、城建、城管、环保、水利等行政许可事项，可由县级部门在试点镇统筹设立综合派出机构或派驻工作人员就地办理；也可按照“统一签订委托协议、统一规范操作流程、统一组织业务培训、统一授牌授印”要求，依法委托试点镇行使职权。试点镇所在市、县政府要编制出台试点镇扩权事项目录，试点镇要做好管理权限下放的承接工作，建立职责明确、权责对应的责任机制，确保扩权事项有效落实、规范运行。

牵头单位：省委编办

责任单位：各市（州）党委政府、公安厅、住房城乡建设厅

（九）改革财政体制。合理划分县、镇财政收支范围，建立和完善有利于试点镇发展的财政体制，县级财政加大对试点镇转移支付力度和提高一般性转移支付比重，增强试点镇保障能力和水平。在试点镇镇域内产生的土地出让收益、城市基础设施配套费、社会抚养费等非税收入，属市以下部分，除国家和省规定有明确用途外，要重点用于试点镇建设。

牵头单位：财政厅

责任单位：国土资源厅、省地税局

（十）创新投资机制。按照“渠道不变、管理不乱、统筹安排”原则，整合各级城建、交通、水利、环保、民政、商贸、旅游等各类补助资金，适度向试点镇倾斜，重点扶持“千亿公共设施建设”和“千亿特色产业提升”项目。从2017年起，省级财政每年继续安排专项资金支持试点镇建设，鼓励市、县财政加大投入力度。引导金融机构加大对试点镇的信贷支持力度，鼓励金融机构将新增存款一定比例用于在当地发放贷款。鼓励金融机构在试点镇新设网点或分支机构，积极支持条件成熟的试点镇设立村镇银行分支机构，改善对小微企业、个体工商户和农户的融资服务。支持试点镇运用政府与社会资本合作（PPP）、财政贴息、直接补助等多种方式吸收社会资本参与基础设施、公共服务设施和产业园区建设，支持有条件的试点镇设立创业投资引导基金，支持符合条件的试点镇重点建设项目发行企业债券。

牵头单位：财政厅

责任单位：省发展改革委、省政府金融办、住房城乡建设厅、交通运输厅，人行成

都分行、四川银监局、四川证监局

（十一）保障发展用地。充分发挥土地利用总体规划对小城镇土地利用的统筹协调作用，优化用地结构和布局。科学安排建设规模、时序，促进小城镇节约集约发展。对在现行土地规划确定的建设用地范围内无法安排的重大项目，依法按程序及时局部调整。对试点镇城镇建设所需用地指标，各地要在土地利用年度计划中予以统筹安排，并进行单列管理，保障用地。鼓励试点镇因地制宜盘活利用存量土地，用好城乡建设用地增减挂钩、工矿废弃地复垦利用等试点政策，并在增减挂钩周转指标、工矿废弃地复垦利用指标分配方面予以倾斜支持。对试点镇符合条件的“千亿公共设施建设”和“千亿特色产业提升”工程项目用地，优先保障用地。

牵头单位：国土资源厅

责任单位：省经济和信息化委、住房城乡建设厅

（十二）深化户籍改革。完善试点镇户籍制度改革配套保障措施，健全试点镇农村产权流转交易市场和医疗、教育、住房、社保等基本公共服务体系，建立符合农业转移人口就地就近低成本转移要求的政策，吸引农业转移人口在试点镇落户。创新试点镇流动人口服务管理体系，完善试点镇人口服务管理人、财、物保障体系，全面开展“一标三实”信息采集和流动人口信息申报登记，全面推进居住证制度实施，变静态的户口登记为动态的实有人口居住登记，保障外来流动人口享受基本公共服务。

牵头单位：公安厅

责任单位：省委农工委，民政厅、财政厅、人力资源社会保障厅、国土资源厅、住房城乡建设厅、农业厅、省卫生计生委

（十三）推进区划调整。优化行政区划设置，聚集发展要素。根据发展需要，采取撤乡并镇、镇乡合并、村组（社）并入等方式，适时稳妥调整试点镇行政区划，适当扩大试点镇行政区域范围，将人口、土地、项目、资金等发展要素向试点镇聚集，提升试点镇辐射带动能力，提高试点镇经济发展空间。

牵头单位：民政厅

责任单位：省委编办、省发展改革委、财政厅、国土资源厅

（十四）培养引进人才。打破身份、地域限制，把优秀专业管理人才和领导人才选派到试点镇党政领导岗位，鼓励政府职能部门、高等学校、国有企业干部及专业人才到试点镇任职、挂职或兼职。通过购买社会服务和专业技术院校下乡服务等措施，积极推行乡村规划师制度，多渠道加强专业技术岗位力量，逐步实现300个镇乡村规划师全覆盖。积极开展多层次的城镇规划建设管理培训，提高专业管理队伍的整体素质。

牵头单位：省委编办

责任单位：省委组织部、教育厅、人力资源社会保障厅

（十五）优化机构设置。配优配强试点镇党政领导班子，试点镇主要负责人可由县

级领导班子成员兼任。按照“精简、统一、高效”原则，整合优化试点镇党政综合办事机构和事业单位。根据新型工业、现代农业、商贸流通、文化旅游等各自不同的产业特点和功能定位，按照“设置科学、布局合理、服务高效”的原则，在规定的机构限额内自主设立党政机关综合办事机构和下属事业单位。其中城镇常住人口 3 万和 5 万以上的试点镇，按程序报批后可在规定的限额外分别增设 1 个和 2 个党政综合办事机构（或增挂相应机构牌子）以及 1 个和 2 个体现地域特色的事业单位。支持县（市、区）在行政区划内统筹调剂使用乡镇编制，着力为发展势头良好的试点镇充实工作力量。创新县级部门与其派驻试点镇机构的管理体制，建立“事权接受上级主管部门指导、财政以试点镇属地管理为主、干部任免书面征求试点镇党委意见、赋予试点镇党委人事动议权”的双重管理制度。

牵头单位：省委编办

责任单位：各市（州）党委政府，住房城乡建设厅

四、工作保障

（十六）加强组织领导。成立由省政府分管领导任组长的四川省小城镇建设领导小组，办公室设在住房城乡建设厅，省发展改革委、国土资源厅、省委编办、省经济和信息化委、教育厅、公安厅、财政厅、人力资源社会保障厅、商务厅、省卫生计生委、省旅游发展委等为成员单位。住房城乡建设厅主要领导任办公室主任，省发展改革委、国土资源厅分管领导任副主任，其他部门分管领导为小组成员，形成各司其职、密切配合的工作机制。市（州）党委、政府对试点镇建设总体负责，县（市、区）党委、政府是责任主体，试点镇党委、政府是实施主体。各级各地应建立相应的工作机制，将试点镇建设作为各级党委、政府的重点工作，加大推进力度。

（十七）建立考核机制。制定“百镇建设行动”年度工作目标和考核指标体系，建立“季度通报、年度考核”绩效考核机制，对各地试点镇工作推进情况进行全面考核评价。试点镇建设工作纳入市（州）、县（市、区）党委、政府责任目标，工作成效纳入市（州）、县（市、区）政府正职述职述廉范畴，作为干部考察的重要内容。对工作进展不力、发展缓慢、连续 2 年考评达不到要求的，取消其试点镇资格；对发展速度快、建设成效明显的试点镇，省级财政将采取以奖代补的方式，加大资金补助力度。

（十八）加大宣传力度。发挥舆论导向作用，充分利用广播、电视、报纸、网络、宣传栏等多种形式，大力宣传小城镇建设的重要意义和政策措施，及时报道小城镇特别是试点镇建设的新进展和典型经验及做法，激发广大干部群众的积极性、创造性，引导社会各界广泛参与“百镇建设行动”，在全省上下形成良好的舆论氛围。

西藏自治区人民政府办公厅
关于印发《西藏自治区特色小城镇示范点建设工作实施方案》的通知

藏政办发〔2015〕29号

各地（市）行署（人民政府），自治区各委、办、厅、局：

《西藏自治区特色小城镇示范点建设工作实施方案》已经自治区人民政府同意，现印发给你们，请认真贯彻执行。

2015年5月8日

（此件发至县级人民政府）

西藏自治区特色小城镇示范点建设工作实施方案

为贯彻自治区推进新型城镇化工作会议精神，积极探索特色小城镇示范点建设发展的模式，加快特色小城镇示范点建设步伐，推进我区新型城镇化健康发展，自治区决定开展特色小城镇示范点建设工作，特制订本实施方案。

一、总体要求

（一）指导思想。

深入贯彻落实党的十八大，十八届三中、四中全会和习近平总书记系列重要讲话精神，特别是“治国必治边、治边先稳藏”的重要战略思想，以全区推进新型城镇化工作会议精神为指导，协调推进“四个全面”战略布局，把加快特色小城镇示范点建设作为推进新型城镇化和城乡一体化的重要抓手，按照特色鲜明、功能完善、集约节约、宜居宜业宜游的总体要求，通过加强政策扶持与引导，创建一批生态环境良好、基础设施完善、产业基础扎实、人居环境优良、管理机制健全、经济社会发展协调的特色示范小城镇，为提高我区小城镇建设的质量和水平提供示范，为建立符合我区区情的小城镇建设发展模式积累经验。

（二）基本原则。

特色小城镇示范点建设工作应坚持以下基本原则：

1. 以人为本，注重民生。坚持以人为本，优先发展民生。加快特色小城镇示范点教育、卫生、科技、文化、公共安全等公共服务体系建设步伐。注重调整产业结构、提升吸纳就业能力、改善人居环境、强化社会保障，着力促进城乡公共服务均等化，促进社会事业协调发展。

2. 规划先行，突出特色。以规划为龙头，结合交通区位、自然资源、产业构成、历史文化、民族风情等实际，坚持将城镇传统风貌保护与城镇现代化建设相结合，实行分类指导和建设，着力提升示范小城镇特色和品位，集中力量打造一批宜居、宜业、宜游的新型特色小城镇。

3. 保护生态，和谐发展。针对小城镇所处的地理位置、环境特征、功能定位和经济基础，合理确定小城镇产业结构和发展规模，坚持环境建设与小城镇建设同步规划、同步实施、同步发展。坚持以人为本，以创造良好的人居环境为中心，加强城镇生态环境综合整治，解决好小城镇建设与发展中的生态环境问题，实现环境效益、经济效益、民生效益、社会效益的统一。

4. 项目带动，完善功能。以推进项目为抓手，狠抓项目落地，优先实施基础设施项目、民生项目、产业项目，切实改善小城镇基础设施和公共服务设施，提高城镇综合承载力，引导和推动农牧区人口向示范小城镇有序转移，引领、带动其余乡（镇）和周边农牧区加快发展。

5. 产城互动，强化支撑。根据小城镇资源、地缘和产业基础，集聚发展要素，选准主攻方向，大力培育主导产业，不断延长产业链，促进产城互动、园镇合一，构建小城镇产业发展支撑体系。

6. 强化管理，确保稳定。创新城镇管理机制，完善城镇管理措施，确保城镇基础设施功能高效发挥、城镇产业经济持续健康发展、城镇社会秩序长期稳定。

（三）主要目标。

依据《西藏自治区城镇体系规划》和《西藏自治区新型城镇化规划（2014~2020年)》，按照自治区党委、政府的决策部署，积极作为、扎实工作，绵绵用力、久久为功，敢于探索、勇于实践，先行先试、不断创新，为全区小城镇建设提供可复制、可推广的经验和模式，走出一条中国特色、西藏特点的城镇化道路。结合地方发展实际，从交通沿线、江河沿线、边境沿线中，遴选出 20 个经济社会基础较好、特色产业优势明显的小城镇作为自治区级特色小城镇示范点（示范点和领导联系点名单见附件），利用 3 年时间予以重点打造，建成各具特色的小城镇，使特色小城镇示范点在推进新型城镇化建设、统筹城乡发展方面发挥引领示范作用。

1. 特色小城镇示范点城镇居民的生产生活条件明显改善。以改善特色小城镇示范点居民的生产生活质量为重点，按照适度超前的原则，加快特色小城镇示范点基础设施和公共服务设施建设，促进土地、基础设施、公共服务设施等资源合理配置、集约利用；以高效、便捷为目标，规范生产生活秩序，营造优雅、祥和的生活消费氛围；以打造宜居环境为核心，营造生态优良、环境优美、独具风貌的宜居小城镇；以强化公共管理和公共服务为重点，提升特色小城镇示范点居民保障水平，加快建立适应特色小城镇特点的医疗、就业、就学、养老、生活保障等制度，促进基本公共服务均等化。

2. 特色小城镇示范点自我发展能力明显增强。通过加强特色小城镇示范点建设，使特色小城镇示范点自我发展能力显著提高，成为我区实现全面建成小康社会目标、推进新型城镇化、转变经济增长方式的重要载体。基本形成产镇一体发展格局，特色产业具备一定规模，经济实力明显增强。

3. 特色小城镇示范点综合承载能力和公共服务水平大幅提升。进一步强化城镇风貌整治和园林绿化工作，保护传承城镇人文气息，彰显个性发展魅力。特色小城镇功能进一步完善，生态环境、生活环境、生产环境明显改善。城镇道路、供水、排水、环卫等市政基础设施水平进一步提升，城镇综合承载能力明显增强。特色小城镇公共服务设施进一步完善，公共服务水平进一步提升。为特色产业发展提供有力的硬件支撑和良好的发展环境。

4. 特色小城镇示范点生态宜居建设成效明显。适应人民群众对环境友好、生态保护、健康安全的需求，开展环境综合治理，开展污水和垃圾处理设施建设，科学保护河湖水系，因地制宜实施绿化美化工程，大力开展节能减排和再生资源利用。

5. 特色小城镇示范点管理水平显著提升。特色小城镇设置包括经济发展、社会事务管理、社会治安综合管理、综合行政执法、国土资源和规划建设环保等在内的综合性管理机构，探索创新特色小城镇集约化城镇管理机制。

二、重点任务

（一）强化规划统领，科学推进小城镇建设。

以地（市）、县（区）城市总体规划为依据，与各行业部门规划相衔接，围绕特色小城镇发展目标，编制或修编特色小城镇总体规划及其控制性详细规划。开展城市设计，按照“核心区、发展区”的层级要求，对各种物质要素在实现预定统一目标的前提下进行统筹安排，使小城镇各种设施功能相互协调，空间形式统一、完美。配套完善相关专项规划，探索推进“多规合一”。加强小城镇风貌特色研究，探索编制与城镇发展目标和定位相适应的城镇风貌规划，塑造富有特色与活力的城镇风貌，展现历史沿革和传统文化，传承城镇特质个性和民俗风情。

（二）强化产业支撑，增强小城镇经济实力。

坚持把发展实体经济、促进产业集聚作为特色小城镇示范点发展的核心。根据特色小城镇示范点区位优势、资源条件、历史沿革和经济基础，按照“一镇一主业、多业融合发展”的思路，宜工则工、宜农则农、宜商则商、宜游则游，构建特色小城镇示范点产业发展支撑体系，科学确定特色小城镇示范点主导产业，打造民族手工业强镇、特色生态农牧业大镇、商贸物流业重镇、休闲旅游业名镇。积极扶持本土企业、大力吸纳社会资本，鼓励有条件的特色小城镇示范点建设区域商贸物流中心，发挥镇级流通辐射集聚能力。围绕世界旅游目的地建设，打造主题鲜明、环境优美、功能完善、服务配套、具有核心竞争力的，集观光旅游、休闲度假和宜居宜业宜游于一体的新型特色小城镇示范点。完善特色小城镇示范点农牧业产业布局，优化农牧业产业结构，加快规模化、标准化、市场化步伐，推动现代农牧业产业体系建设，创建一批生态农牧产品品牌。引导和扶持农牧民工进镇务工经商办实体，推动农牧区人口向特色小城镇示范点有序集聚。

（三）完善城镇功能，提升小城镇承载能力。

按照统一规划、适度超前、统筹兼顾、确保重点的要求，建设与特色小城镇示范点经济社会发展相适应的城镇基础设施。

1. 加快市政基础设施建设。按照先地下、后地上的原则，加强特色小城镇示范点道路、电力、通信、给排水、环卫、地下管网等基础设施建设，加快推进城乡一体的公共交通体系，构建给排水、垃圾污水处理等市政基础服务体系，促进特色小城镇示范点基础设施向周边农牧区延伸。

——交通设施：加强特色小城镇示范点建设规划与公路建设规划的衔接，做到“近路而不占路”，确保城路同步建设、交通顺畅。积极完善镇区道路网络，提高路网承载能力和运行效率。加强主次干道的建设和改造，因地制宜推进自行车和步行交通系统建设。特色小城镇示范点镇区道路铺装率达到60%以上，路灯、绿化、消防、视频监控等设施同步配套完善。规划实施交通管理系统和停车场建设。

——给水设施：规范保护城镇饮用水水源地。加快特色小城镇示范点自来水厂和供水管网建设及技术改造，提高供水水质，实现常态化供水，保障居民用水安全。到2017年底，特色小城镇示范点建成区内自来水供水普及率达到100%。

——排水设施：建设完善排水（雨水）防涝工程体系。重点支持特色小城镇示范点污水收集管网及处理设施建设，因地制宜选择污水处理方式和技术工艺。到2017年年底，特色小城镇示范点镇区生活污水收集达到80%，处理率达到75%。

——环卫设施：特色小城镇示范点要按照清洁化、秩序化、优美化、制度化的标准，建立健全环境卫生体系。在地（市）、县（区）生活垃圾处理设施服务范围内的特色小城镇示范点，要完善“户集、村收、镇运、市（县）处理”的处理模式；不在地（市）、县（区）生活垃圾处理设施服务范围内的特色小城镇示范点，要规划建设区域性的生活垃圾处理设施。到2017年底，特色小城镇示范点镇区生活垃圾处理率达到100%，周边农牧区生活垃圾处理率达到90%。

——电力设施：加强特色小城镇示范点供电设施的改造和建设，确保电网布局合理、供电系统安全可靠。

——通信设施：积极推进特色小城镇示范点信息化建设，健全和完善广播、电视、互联网、通信等网络设施，建立电子政务、电子商务、电子金融等公共服务平台。

——防灾设施：合理安排特色小城镇示范点各项功能用地布局，避开自然灾害高发地段。加强防灾减灾基础设施和避险应急场所建设，保障应急和救援物资储备，合理确定防洪标准，建立地质灾害防治和地质环境保护体系，规范设置和合理布局消防站点，提高小城镇防灾减灾能力。

2. 完善公共服务设施。着力改善特色小城镇示范点的人居环境质量，提升带动周围农牧区发展的能力，加大对特色小城镇示范点公共服务设施建设的投入，加强公共服务综合信息平台建设，完善特色小城镇示范点行政管理、教育科技、文化旅游、体育、医疗卫生、商业金融、社会福利等公共服务设施建设。特色小城镇示范点达到《镇规划标准》（GB50188—2007）中的各项公共服务设施标准要求。

——教育设施：以确保适龄儿童、青少年接受学前“双语”教育和义务教育为重点，与城镇住宅区、城镇新区同步建设教育设施。特色小城镇示范点设置学前“双语”和义务教育阶段学校，并充分考虑寄宿要求。建设标准按国家和自治区相关标准执行。

——医疗卫生设施：加快建设和完善卫生院等医疗机构，特色小城镇示范点设置标准化乡（镇）卫生院或社区卫生服务中心。

——养老服务设施：每个特色小城镇示范点规划建设 1 所标准化社会福利院。

——文体服务设施：各特色小城镇示范点要建设与人口规模相适应的文化娱乐、体育健身等设施，每个特色小城镇至少建设一个集休闲、娱乐、健身、游览于一体的市民广场或公园（应急避难场所），在镇区广场、公园绿地配置群众健身器材。特色小城镇示范点镇区广场或公园用地面积比例不小于规划建设用地的 12%。

——商业金融设施：特色小城镇示范点至少设置 1 家金融服务网点，满足镇域及镇区生产生活需要。

——农贸市场：每个特色小城镇示范点规划建设 1 个标准化农贸市场，取消马路摊点。

——旅游服务设施：根据特色小城镇示范点实际，合理规划建设旅游住宿、旅游购物和旅游厕所等旅游服务设施。

3. 加快建设宜居住宅小区。按照布局合理、结构安全、设施配套、环境舒适、造型优美、特色浓郁的要求，统筹异地扶贫搬迁，加快建设包括农牧民安居、乡（镇）干部职工周转房在内的宜居住宅小区。特色小城镇示范点至少建成一个环境优美的宜居社区。

（四）突出绿色生态，打造美丽特色小城镇。

依托现有山水脉络等独特风光，将特色小城镇示范点融入大自然，让居民望得见山、看得见水、记得住乡愁；慎砍树、禁挖山、不填湖、少拆房，把生态文明理念和原则全面融入特色小城镇建设示范的全过程，走集约、循环、绿色、低碳的新型城镇化道路。推进有机、绿色、无公害农产品基地建设，推广城镇特色农产品，打造特色农产品品牌，提升农产品市场竞争能力。

1. 推进特色小城镇示范点自然生态系统保护和治理。切实加强山体、河流、湿地、林地等自然生态系统的保护，促进林草植被和自然生态恢复，利用当地原生和多年生树种、适当引进优质树种建设生态绿化系统，为特色小城镇示范点创造良好的生态本底。

2. 抓好镇区绿化美化工程。在镇区提升改造和新区建设中，加强公共绿地、附属绿地和防护绿地建设，抓好道路绿化、庭院绿化和建设项目配套绿化，做好镇周边、主要街道、河流沿线等重要节点绿化整治，推进特色小城镇示范点休闲广场和小游园建设，在有条件的地方建设森林公园、山体公园、湿地公园。

3. 做好自然景观和人文景观的保护。切实保护好山岭、河流、湿地、林地等自然景观及老建筑、古街巷、特色民居等人文景观，延续传统格局、保护历史风貌，保护具有民族特色的传统村落、传统民居、古树名树、文物古迹和非物质文化遗产，发掘、弘扬当地民居的建筑风格，突出地域文化特色。加强城镇风貌保护，结合生态优势、山水脉络和民族风情，推动特色小城镇示范点“一镇一风貌”建设，着力打造一批特色小城镇示范点精品。

4. 强化特色小城镇示范点镇容镇貌治理。加强规划实施过程监管，加大综合执法力度，深入开展打击违法违规建设行为专项行动。建立健全镇容镇貌管理相关规章制度，广泛开展镇区环境和主要街道景观综合整治，鼓励城镇居民以多种形式参与城镇建设和城镇管理。

5. 加快推进能源使用清洁化。坚持能源清洁化战略，因地制宜开发使用新能源和可再生能源，努力构建清洁能源体系。积极开展节能示范，适度推广绿色建筑。

（五）坚持深化关键领域改革，为特色小城镇示范点建设提供动力。

按照扩权、让利、松绑、开绿灯的原则，积极整合政策资源，凝聚改革合力，破除制约小城镇经济社会发展的体制机制障碍，在户籍改革、土地政策、财政政策、金融政策、税收政策、环保政策、人才政策等方面，建立横向到边、纵向到底的支持示范小城镇建设政策体系，着力推进扩权强镇改革，为示范小城镇发展提供动力。

三、方法步骤

（一）进度安排。

按照“一年有变化、两年大变样、三年基本建成”的总体要求，特色小城镇示范点建设工作2015年至2017年3年的工作任务如下：

1. 2015年（前期准备阶段）。完成特色小城镇示范点总体规划、控制性详细规划、城市设计及其实施方案的编制及其审查、审批。开展项目申报、项目选址、土地征用、初步设计、招投标等项目建设的前期工作。研究制定具体配套政策，建立支持特色小城镇示范点建设工作的政策体系。

2015年开工建设一批工作基础较好，完成有关前期工作的特色小城镇示范点。

2. 2016年（全面实施阶段）。全面推进特色小城镇示范点建设工作。自治区、地（市）两级领导机构加强督促指导，进行阶段性考核。

3. 2017年（考核验收阶段）。自治区、地（市）两级特色小城镇示范点建设工作领导机构按照《西藏自治区特色小城镇建设评价标准》（另文印发），组织开展考核验收工作。

（二）工作程序。

特色小城镇示范点总体规划、控制性详细规划、城市设计方案及其实施方案，经地（市）审核同意后，报自治区推进城镇化工作领导小组审批；特色小城镇示范点建设项目初步设计，由住房城乡建设厅会同财政厅、发展改革委联合审批并下达投资。特色小城镇示范点建设的其他审批，按照基本建设项目管理的有关法律法规办理。

鼓励各地（市）、县（区）在保证质量的前提下，加快工作进度，抓紧开展特色小城镇示范点规划编制和项目前期工作。有关部门要开通行政审批绿色通道，简化审批手续，提高审批效率，成熟一个、审批一个，先报先批。自治区将对在特色小城镇示范点建设工作中进度较快、效果好的地（市）、县（区）给予奖励，并在资金项目上予以倾斜。

四、保障措施

（一）加强组织领导。

自治区推进城镇化工作领导小组负责统一领导、统筹协调特色小城镇示范点建设各项工作，在住房城乡建设厅设立特色小城镇示范点建设工作办公室，负责日常工作。各地（市）、县（区）要充实相应的工作机构，研究制订具体的实施方案，扎实、有序推进特色小城镇示范点建设工作。

严格落实“一城一班、一城一规、一城一策、一城一案”工作要求。一城一班是指地（市）委、行署（人民政府）主要领导要分别抓一个示范点，特色小城镇示范点所在地县人民政府住房城乡建设、发展改革、财政、环境保护等部门以及特色小城镇示范点人民政府负责人组成一套工作班子。县人民政府是特色小城镇示范点建设的项目法人，实行县长负责制。一城一规是指一个城镇要有一套规划，包括总体规划、控制性详细规划和城市设计方案等。一城一策是指要根据特色小城镇示范点的实际确定具体的扶持政策。一城一案是指一个小城镇要有一套实施方案，明确目标、任务、责任、分工，明确进度和时间表，明确投资安排。

（二）完善政策体系。

自治区有关部门和地（市）、县（区）要在户籍改革、土地政策、财政政策、金融政策、税收政策、环保政策、人才政策、项目安排等方面，建立横向到边、纵向到底的支持示范小城镇建设政策体系，并加强行业指导，形成加快推进特色小城镇示范点建设的强大合力。

（三）加大资金投入。

自治区财政安排10亿元特色小城镇示范点建设工作启动资金。地（市）、县（区）人民政府要以规划为统领，以基础设施项目、产业项目、民生项目为重点，进一步整合交通运输、住房城乡建设、农牧、水利、林业、电力等部门资源，调整资金结构，按照“渠道不乱、用途不变、统筹安排、集中投入、各负其责、各记其功、形成合力”的原则，加大对特色小城镇建设的投入力度。同时，要广泛吸纳社会资金和民间资本支持特色小城镇示范点建设。充分发挥援藏资金在小城镇建设中的重要作用。

特色小城镇示范点风貌改造涉及居民房屋的，房屋所有权人或实际使用人应当积极配合，并合理分担有关费用。

（四）加强技术支持。

县（区）、乡（镇）人民政府要建立和充实乡（镇）规划建设管理机构（村镇建设服务中心）、管理干部和专业技术人才队伍。自治区和地（市）住房城乡建设部门要牵头成立乡（镇）规划建设管理专家服务组，适时赴各特色小城镇示范点对规划编制与实施、重点项目建设等进行技术指导，对各乡（镇）配备的规划建设管理员进行培训。

（五）加强规划建设管理。

强化规划的统筹引导作用，增强规划的执行力。严格落实领导责任制、项目法人制、施工图审查制、招标投标制、工程监理制、合同管理制和竣工验收备案制。建立健全质量管理体系，落实监管责任，确保工程质量。增强安全意识，加强安全检查，排查安全隐患，防范安全风险，确保安全生产。推动特色小城镇建设工作法治化进程，积极推进公共决策的社会公示、公众听证和专家咨询论证制度，确保特色小城镇建设工作决策民主、程序正当、结果公开，严格依法规划、建设、管理特色小城镇。

（六）加强督促考核。

对特色小城镇示范点建设工作建立动态评价和激励机制，将示范小城镇建设工作纳入领导干部和领导班子的工作实绩考核中，加大对特色小城镇示范点建设的督查力度，加强对特色小城镇示范点建设的动态跟踪、监控评估和高效管理，严格执行“月度报告、季度检查、半年通报、年度考核”机制，确保各项任务如期保质完成。对有特色、有成效、有影响的特色小城镇示范点要树立典型，引导特色小城镇示范点建设工作比学赶超。

（七）加大宣传力度。

发挥舆论导向作用，利用广播、电视、报纸、网络、宣传栏等多种形式，大力宣传特色小城镇示范点建设工作的重要意义和政策措施，扩大社会影响。组织新闻媒体，及时报道特色小城镇示范点建设的新进展，宣传好的典型及经验做法，激发广大干部群众的积极性、创造性，引导社会各界广泛参与，形成良好舆论氛围。

附件：西藏自治区第一批特色小城镇示范点建设（20个）和领导联系点名单

附件　西藏自治区第一批特色小城镇示范点建设（20个）和领导联系点名单

拉萨市（3个）

1. 当雄县羊八井镇（张延清　拉萨市委副书记、市长）
2. 墨竹工卡县甲玛乡（张延清　拉萨市委副书记、市长）
3. 尼木县吞巴乡（王晖　拉萨市委常委、常务副市长）

日喀则市（4个）

1. 桑珠孜区甲措雄乡（丹增朗杰　自治区人大常委会副主任、日喀则市委书记）
2. 江孜县江孜镇（张洪波　日喀则市委副书记、市长）
3. 吉隆县吉隆镇（陈来尼玛　日喀则市委常委、常务副市长）
4. 萨迦县吉定镇（张秀武　日喀则市副市长、萨迦县委书记）

山南地区（3个）

1. 错那县勒门巴民族乡（其美仁增　山南地委书记）
2. 贡嘎县杰德秀镇（张永泽　山南地委副书记、行署专员）
3. 扎囊县桑耶镇（喻昌　山南行署副专员）

林芝地区（3个）

1. 林芝县鲁朗镇（赵世军　林芝地委书记）
2. 察隅县察瓦龙乡（旺堆　林芝地委副书记、行署专员）
3. 工布江达县巴河镇（李海波　林芝地委副书记、行署常务副专员）

昌都市（3个）

1. 芒康县曲孜卡乡（罗布顿珠　自治区党委常委、昌都市委书记）
2. 江达县岗托镇（阿布　昌都市委副书记、市长）
3. 八宿县然乌镇（马陵田　昌都市副市长）

那曲地区（2个）

1. 安多县雁石坪镇（高扬　自治区政协副主席、那曲地委书记）
2. 索县荣布镇（松吉扎西　那曲地委副书记、行署专员）

阿里地区（2个）

1. 普兰县巴嘎乡（万超岐　阿里地委书记）
2. 日土县多玛乡（白玛旺堆　阿里地委副书记、行署专员）

浙江省人民政府办公厅
关于旅游风情小镇创建工作的指导意见

浙政办发〔2016〕144号

各市、县（市、区）人民政府，省政府直属各单位：

加快培育建设一批旅游风情小镇是省委、省政府补齐低收入农户增收致富短板，加快培育旅游业成为万亿产业，推动全省旅游产业转型提升和城乡统筹发展的一项重要举措。为加快旅游风情小镇规划建设，现提出如下意见：

一、目标要求

旅游风情小镇创建命名坚持以小乡小镇人文个性体现魅力，以风采、意趣、韵味打造旅游休闲体验人居地，实现文化传承、产业兴旺、农民增收、事业发展的目标，按照成熟一个、命名一个，确保创建质量的要求，利用5年左右时间在全省验收命名100个左右民俗民风淳厚、生态环境优美、旅游业态丰富的省级旅游风情小镇，所有省级旅游风情小镇建成3A级以上旅游景区。

二、申报条件及材料

省级旅游风情小镇的申报主体为拥有独特的原生态历史文化风土人情资源，并满足以下基本条件的行政建制乡镇（街道）。

（一）申报条件。

1. 拥有独特的历史文化风土人情资源。有进入省级以上物质与非物质文化遗产名录或被列为其他省级以上自然、文化保护系统的资源，有历史建筑和可供游客参与、体验的独特地方风土人情资源。

2. 拥有可满足游客需求的旅游业态。有各类旅游业态。有满足不同旅游者的2~3种住宿设施、不同特色的地方餐饮、可供主客共享的公共休闲体验场所、体现当地特色的旅游文化活动和旅游商品。

3. 拥有较为完整的旅游公共服务体系。有完善的游客咨询服务、公共交通服务、智慧旅游服务、旅游慢行系统、旅游标识标牌、公共休闲区域、星级旅游厕所等旅游公共服务设施。

4. 拥有良好的生态环境基础。历史人文环境保存完整，自然环境保护有序，生活污水和垃圾集中处理，镇区保洁工作完善。

5. 拥有较好的旅游管理机制。有统一的旅游管理机构和专兼职管理人员，有政策要素保障，有完善的旅游投诉和安全保障机制，有专人负责旅游统计工作等。

（二）申报材料。

1. 申报表。真实完整填写《浙江省旅游风情小镇创建申报表》。

2. 创建方案。有较详细的创建工作方案和实施计划，包括可行性研究报告、具体实施路线图等。

3. 资源认定资料。列入各级政府及行业组织认定名录的文化与历史资源证书、证明等体现身份和价值的材料，已开发和具有开发价值的文化与旅游资源实景图片等。

4. 服务质量证明。县级相关主管部门提供的申报前3年未发生重大旅游安全事故证明；申报前1年度自然、人文旅游资源保护管理工作未受到国家主管部门警告（含）以上处罚的证明。

三、创建程序

（一）自愿申报。由具备条件的乡镇（街道）向所在县（市、区）政府提出申请，县（市、区）政府向设区市旅游主管部门提交经审核的申报材料。申报创建不设名额限制，凡符合旅游风情小镇内涵和质量要求的均可申报。

（二）创建审核。根据申报创建旅游风情小镇的乡镇（街道）行政区域划分，分别由设区市旅游主管部门组织审核，经省旅游主管部门牵头组织专家审定后公布创建名单。

（三）动态验收。省级创建名单公布后实行动态评审及复核监督，建立奖惩挂钩机制。优秀的进行奖励并可提前进行评审命名，不合格的给予警告直至退出省级创建名单和摘牌处理；创建达到省级旅游风情小镇要求的，由设区市旅游主管部门提出书面申请，省旅游主管部门会同相关职能部门根据《浙江省旅游风情小镇认定办法》（另行制定）组织验收，通过验收的认定为省级旅游风情小镇。

（四）联动指导。各级政府相关职能部门要加强对旅游风情小镇创建前期辅导、协调指导、日常督查、政策制定和认定验收工作的协调指导，形成省市县联动推进的工作机制。

四、保障措施

（一）加大财政资金支持力度。各地要充分发挥财政资金的引导作用，将旅游风情小镇创建作为统筹城乡和旅游业发展的重点工作进行扶持。省级旅游风情小镇创建工作列入省旅游补助及贴息专项资金分配因素。

（二）用好土地要素保障政策。各地要结合贯彻国土资源部、住房和城乡建设部、国家旅游局《关于支持旅游业发展用地政策的意见》（国土资规〔2015〕10号），积极落实风情小镇旅游建设项目用地。省国土资源主管部门要积极落实相关政策，指导旅游风情小镇所在地国土资源部门做好规划选址工作，充分利用“坡地村镇”建设用地试点等政策合理保障旅游用地需求。

（三）创新市场投融资机制。各地要积极引导各类资金参与旅游风情小镇建设，鼓励各类资本投资小镇旅游业态。省旅游主管部门要与各大金融机构加强战略合作，共同支持小镇开发相关金融产品及民宿、私人博物馆等旅游业态。省旅游产业基金将把旅游风情小镇建设列为重点投资方向。

（四）加强宣传营销力度。各地要充分利用各种媒体，采用多种形式，广泛宣传旅游风情小镇创建工作，以旅游风情小镇的创建扩大影响力，提高吸引力。要加大对旅游风情小镇品牌打造和营销推广的支持，积极开展促进供需对接、扩大游客客源市场的营销推广活动，在对外宣传推广，境内外展会营销上对旅游风情小镇予以倾斜。省旅游主管部门要将命名的省级旅游风情小镇设定为乡村旅游“十三五”优先发展重点区域。

（五）完善工作机制。各地各有关部门要各司其职，分批分类做好旅游风情小镇各项工作，确保创建工作按计划安排和时间节点规范有序推进；要加强旅游风情小镇创建工作的信息通报，各旅游风情小镇创建工作进度、经验成效、问题困难等情况要及时上报。各地各有关部门要把旅游风情小镇创建成果作为申报国家级和省级旅游类示范项目的重要内容。

浙江省人民政府办公厅

2016年11月22日

浙江省科学技术厅
关于发挥科技创新作用推进浙江特色小镇建设的意见

浙科发高〔2016〕90号

各市、县（市、区）科技局（委），各高等学校、科研院所，有关单位：

为了充分发挥科技创新支撑和引领作用，更好服务和助力特色小镇建设，根据《浙江省人民政府关于加快特色小镇规划建设的指导意见》，特制定本意见。

一、充分认识特色小镇对转型升级的重要作用。规划建设一批特色小镇是浙江践行创新、协调、绿色、开放、共享发展理念的重要功能平台，是加强供给侧改革、持续增强增长动力的重要举措，是加快推动经济转型升级、统筹城乡发展的一项重大决策。各级科技部门要充分认识特色小镇建设在创新改革发展中的重要性，充分发挥科技支撑和引领作用，积极参与和助力特色小镇建设，集聚创新人才，转化科技成果，打造创业平台，营造创业生态，把特色小镇打造成为创新创业、培育发展新兴产业的重要载体，成为创新驱动发展、引领浙江经济转型升级的重要基地。

二、结合特色小镇建设规划布局建设众创空间或星创天地。市县科技部门要加强与特色小镇建设单位的沟通和联系，立足特色小镇主导产业发展技术需求，主动谋划并建设众创空间（星创天地），通过提供工作和社交空间，搭建创新资源共享平台，形成良好的创新创业生态，吸引科技人员入驻特色小镇创新创业，将特色小镇打造成科技人员创新创业的重要基地。鼓励支持有条件的市县打造以创新创业为主题的特色小镇，对布局特色小镇建设的众创空间（星创天地），符合条件的优先认定为省级众创空间（星创天地）并报国家众创空间备案，纳入国家科技企业孵化器体系管理。

三、支持特色小镇建设科技企业孵化器。根据特色小镇主导产业定位，支持有条件的特色小镇规划建设专业科技企业孵化器。已建有科技企业孵化器并有条件整体搬迁入驻特色小镇的，支持整体迁入特色小镇，根据有关规定，给予相应的政策补偿。鼓励国家和省级科技企业孵化器结合特色小镇的产业定位和技术需求，在特色小镇设立分孵化器，充分发挥和利用已有的资源和管理经验为特色小镇创新创业提供支撑和服务。

四、在特色小镇布局建设技术市场。市县科技部门要结合特色小镇建设的产业定位，谋划建设专业网上技术市场或分市场，充分利用浙江网上技术市场，实现网上信息发布、成果展示、对接洽谈、签约交易等功能，形成技术转移、科技成果转化产业化的创新服务链，打通特色小镇科技与经济结合的通道，加强有效科技成果供给。鼓励有条件的特色小镇规划建设实体技术市场。

五、围绕特色小镇主导产业布局建设企业研发机构和公共科技创新服务平台。根据特色小镇主导产业创新研发、创意设计等需求，支持地方高新技术龙头企业牵头或若干家企业联合在特色小镇建设企业研发机构或公共科技创新服务平台。符合省重点企业研究院创建要求的，优先纳入省重点企业研究院建设计划，并给予省重点企业研究院建设相应政策的支持。

六、把特色小镇作为集聚科技创新创业人才重要载体。要充分发挥特色小镇产业定位明确、自然生态优美、人文气息浓郁、配套设施齐全的优势，以重大人才工程、重大人才平台为抓手，围绕重点产业、重点领域、重点项目，大力引进培育一批高水平的创新创业人才和团队。要顺应创业主体从“小众”、精英走向大众的态势，打造为大众创业万众创新提供新型的众创空间、创业基地等承载并集聚科技创业人员的载体，吸引科技人员赴特色小镇创新创业，发展新业态、新模式和新产业。鼓励并支持领军人才和创新团队到特色小镇创业，符合省领军型创新创业团队条件的，优先认定为省领军型创新创业团队给予支持。

七、谋划设计并启动实施一批特色小镇科技项目。市县科技部门要结合特色小镇主导产业技术需求和建设规划，在产业技术创新、科技与文化融合、智慧旅游、产品创意设计和创意生态农业等方面主动谋划设计并启动实施一批科技项目，符合省级科技计划项目要求的，优先给予立项支持。要结合特色小镇生产、生态、生活相互融合，旅游、文化、产业三位一体的发展要求，深化产学研合作，积极推广应用“互联网+”、大数据应用、智慧制造、机器换人、农业农村信息化等先进技术和产品，构建适合新业态发展的运行环境，探索和创新一批适应市场机制的新模式，推进互联网技术与小镇主导产业的深度融合。

八、要为特色小镇开放共享创新资源。要积极引导和支持高等学校、科研院所加强与特色小镇的科技合作。公共财政支持的国家和省级重点实验室、工程技术研究中心要向特色小镇开放共享科研仪器设备等科技资源，充分发挥自身的专业特长，为特色小镇提供技术咨询、检验检测、合作研发、创意设计、知识产权等服务，全力支持特色小镇建设。发挥“创新券”作用，支持特色小镇的科技型企业充分利用创新载体的科技资源，降低企业和创业者的研发成本。

九、对接特色小镇做好科技精准服务。已规划启动建设特色小镇的市县科技部门要尽快建立科技部门重点联系制度，主要负责人为服务特色小镇建设的联系人，牵头做好调研，协调并解决科技方面存在的问题，全力支持特色小镇建设工作。要将特色小镇建设作为重点服务对象，当好科技“店小二”，做到“精准对接、精准服务”。加强与特色小镇建设单位的合作，整合现有科技资源倾斜支持特色小镇建设。要做好入驻特色小镇科技型企业的培育和发展，落实好企业研发费加计扣除等政策，符合科技型中小企业条件的认定为省级科技型中小企业，符合国家高新技术企业的辅导做好高新技术企业申报工作。充分发挥科技特派员的专业特长，围绕地方特色小镇建设技术需求，主动做好对接和服务。要主动跟踪并加强对特色小镇建设发展的调研，征集技术难题、项目合作和人才引进等需求，解决特色小镇和企业发展的困难和问题。

本意见自2016年6月8日起正式施行。

浙江省科学技术厅

2016年5月9日

浙江省人民政府
关于加快特色小镇规划建设的指导意见

浙政发〔2015〕8号

各市、县（市、区）人民政府，省政府直属各单位：

特色小镇是相对独立于市区，具有明确产业定位、文化内涵、旅游和一定社区功能的发展空间平台，区别于行政区划单元和产业园区。加快规划建设一批特色小镇是省委、省政府从推动全省经济转型升级和城乡统筹发展大局出发作出的一项重大决策。为加快特色小镇规划建设，现提出如下意见：

一、总体要求

（一）重要意义。在全省规划建设一批特色小镇，有利于推动各地积极谋划项目，扩大有效投资，弘扬传统优秀文化；有利于集聚人才、技术、资本等高端要素，实现小空间大集聚、小平台大产业、小载体大创新；有利于推动资源整合、项目组合、产业融合，加快推进产业集聚、产业创新和产业升级，形成新的经济增长点。

（二）产业定位。特色小镇要聚焦信息经济、环保、健康、旅游、时尚、金融、高端装备制造等支撑我省未来发展的七大产业，兼顾茶叶、丝绸、黄酒、中药、青瓷、木雕、根雕、石雕、文房等历史经典产业，坚持产业、文化、旅游“三位一体”和生产、生活、生态融合发展。每个历史经典产业原则上只规划建设一个特色小镇。根据每个特色小镇功能定位实行分类指导。

（三）规划引领。特色小镇规划面积一般控制在3平方公里左右，建设面积一般控制在1平方公里左右。特色小镇原则上3年内要完成固定资产投资50亿元左右（不含住宅和商业综合体项目），金融、科技创新、旅游、历史经典产业类特色小镇投资额可适当放宽，淳安等26个加快发展县（市、区）可放宽到5年。所有特色小镇要建设成为3A级以上景区，旅游产业类特色小镇要按5A级景区标准建设。支持各地以特色小镇理念改造提升产业集聚区和各类开发区（园区）的特色产业。

（四）运作方式。特色小镇建设要坚持政府引导、企业主体、市场化运作，既凸显企业主体地位，充分发挥市场在资源配置中的决定性作用，又加强政府引导和服务保障，在规划编制、基础设施配套、资源要素保障、文化内涵挖掘传承、生态环境保护等方面更好发挥作用。每个特色小镇要明确投资建设主体，由企业为主推进项目建设。

二、创建程序

按照深化投资体制改革要求，采用“宽进严定”的创建方式推进特色小镇规划建设。全省重点培育和规划建设100个左右特色小镇，分批筛选创建对象。力争通过3年的培育创建，规划建设一批产业特色鲜明、体制机制灵活、人文气息浓厚、生态环境优美、多种功能叠加的特色小镇。

（一）自愿申报。由县（市、区）政府向省特色小镇规划建设工作联席会议办公室报送创建特色小镇书面材料，制订创建方案，明确特色小镇的四至范围、产业定位、投资主体、投资规模、建设计划，并附概念性规划。

（二）分批审核。根据申报创建特色小镇的具体产业定位，坚持统分结合、分批审核，先分别由省级相关职能部门牵头进行初审，再由省特色小镇规划建设工作联席会议办公室组织联审、报省特色小镇规划建设工作联席会议审定后由省政府分批公布创建名单。对各地申报创建特色小镇不平均分配名额，凡符合特色小镇内涵和质量要求的，纳入省重点培育特色小镇创建名单。

（三）年度考核。对申报审定后纳入创建名单的省重点培育特色小镇，建立年度考核制度，考核合格的兑现扶持政策。考核结果纳入各市、县（市、区）政府和牵头部门目标考核体系，并在省级主流媒体公布。

（四）验收命名。制订《浙江省特色小镇创建导则》。通过3年左右创建，对实现规划建设目标、达到特色小镇标准要求的，由省特色小镇规划建设工作联席会议组织验收，通过验收的认定为省级特色小镇。

三、政策措施

（一）土地要素保障。各地要结合土地利用总体规划调整完善工作，将特色小镇建设用地纳入城镇建设用地扩展边界内。特色小镇建设要按照节约集约用地的要求，充分利用低丘缓坡、滩涂资源和存量建设用地。确需新增建设用地的，由各地先行办理农用地转用及供地手续，对如期完成年度规划目标任务的，省里按实际使用指标的50%给予配套奖励，其中信息经济、环保、高端装备制造等产业类特色小镇按60%给予配套奖励；对3年内未达到规划目标任务的，加倍倒扣省奖励的用地指标。

（二）财政支持。特色小镇在创建期间及验收命名后，其规划空间范围内的新增财政收入上交省财政部分，前3年全额返还、后2年返还一半给当地财政。

各地和省级有关部门要积极研究制订具体政策措施，整合优化政策资源，给予特色小镇规划建设强有力的政策支持。

四、组织领导

（一）建立协调机制。加强对特色小镇规划建设工作的组织领导和统筹协调，建立省特色小镇规划建设工作联席会议制度，常务副省长担任召集人，省政府秘书长担任副召集人，省委宣传部、省发改委、省经信委、省科技厅、省财政厅、省国土资源厅、省建设厅、省商务厅、省文化厅、省统计局、省旅游局、省政府研究室、省金融办等单位负责人为成员。联席会议办公室设在省发改委，承担联席会议日常工作。

（二）推进责任落实。各县（市、区）是特色小镇培育创建的责任主体，要建立实施推进工作机制，搞好规划建设，加强组织协调，确保各项工作按照时间节点和计划要求规范有序推进，不断取得实效。

（三）加强动态监测。各地要按季度向省特色小镇规划建设工作联席会议办公室报送纳入省重点培育名单的特色小镇创建工作进展和形象进度情况，省里在一定范围内进行通报。

浙江省人民政府

2015年4月22日

浙江省人民政府办公厅
关于高质量加快推进特色小镇建设的通知

浙政办发〔2016〕30号

各市、县（市、区）人民政府，省政府直属各单位：

为进一步贯彻落实习近平总书记等中央领导同志对我省特色小镇建设的重要批示

精神，高质量加快推进我省特色小镇规划建设，经省政府同意，现将有关事项通知如下：

一、强化政策措施落实。严格贯彻执行《浙江省人民政府关于加快特色小镇规划建设的指导意见》（浙政发〔2015〕8号）明确的有关政策措施。各市和省特色小镇规划建设工作联席会议成员单位应进一步制订完善具体的支持政策。适时对政策有关落实情况开展专项检查，确保有关政策措施落实到位。

二、发挥典型示范作用。进一步加大工作推进力度，着力推动建设一批产业高端、特色鲜明、机制创新、具有典型示范意义的高质量特色小镇，力争每个市都有示范性小镇、每个重点行业都有标杆性小镇。对在全省具有示范性的特色小镇，省给予一定的用地指标奖励，省产业基金及区域基金要积极与相关市县合作设立专项子基金给予支持。

三、引导高端要素集聚。充分整合利用已有资源，积极运用各类平台，加快推动人才、资金、技术向特色小镇集聚。省级有关行业主管部门应充分利用行业优势，积极推荐行业领军人物参与特色小镇建设，推动最新技术在特色小镇推广应用。鼓励指导有条件的特色小镇召开区域性、全国性乃至全球性的行业大会。加强招商引资，依托浙洽会、浙商大会等平台，开展特色小镇推介活动，吸引骨干企业、优质项目落户特色小镇。

四、开展“比学赶超”活动。建立健全特色小镇创建对象长效交流机制，分行业、分区域、分主题组织开展“比学赶超”现场推进会。围绕特色小镇的建设速度、产业高度、创新力度和特色亮度，加强各地、各特色小镇之间的交流、互鉴，营造互比互学、你追我赶的良好氛围。

五、加强统计监测分析。省统计主管部门要完善特色小镇统计监测制度，加强指导和培训，会同有关部门开展统计监测工作检查和数据质量核查。各县（市、区）政府要建立健全特色小镇统计工作机制，明确部门职责分工，夯实特色小镇统计基础，确保统计数据质量。建立特色小镇统计监测数据共享机制。

六、完善动态调整机制。坚持宽进严定的创建制，高质量推进特色小镇规划建设。严格执行年度考核和验收命名制度，对不符合“三生融合”（生产、生态、生活）、“四位一体”（产业、文化、旅游和一定社区功能）等内涵特征、有效投资带动作用弱、新开工建设项目少、新增税收等预期成效差的特色小镇创建单位予以调整，对原奖励或预支的新增建设用地计划指标予以扣回。

七、做好舆论宣传引导。积极发挥省内主流媒体阵地作用，加强与中央媒体的对接联络，创造条件开展灵活多样、经常性的宣传报道，全面展现特色小镇工作亮点。要认真总结特色小镇建设的创新实践，挖掘好亮点，提供好素材，并以此为契机查找特色小镇规划建设中的短板，制订改进举措，尽快补齐补好短板，增创新优势。

浙江省人民政府办公厅

2016 年 3 月 16 日

浙江省质量技术监督局　浙江省发展和改革委员会
关于发挥质量技术基础作用服务特色小镇建设的意见

浙质联发〔2016〕11 号

各市、县（市、区）质量技术监督局（市场监督管理局）、发展和改革委员会（局）：

为贯彻落实《浙江省人民政府关于加快特色小镇规划建设的指导意见》（浙政发〔2015〕8 号）和《浙江省人民政府办公厅关于高质量加快推进特色小镇建设的通知》（浙政办发〔2016〕30 号）要求，现就发挥质量技术基础作用服务特色小镇建设提出如下意见。

一、加强特色小镇质量技术支撑。结合产业需求，在特色小镇建立质量技术基础公共服务平台，提供检验检测、计量、标准、认证认可等公共服务。鼓励民营企业和其他社会资本在特色小镇投资检验检测认证服务，支持具备条件的生产制造企业申请相关资质。积极稳妥推进基层技术机构整合改革，支持具备条件的机构转为特色小镇公共技术服务平台。在特色小镇开展省级质检中心建设主体多元化试点，优先支持特色小镇新建省级质检中心，并提升创建国家质检中心。支持全省已建国家和省级质检中心在特色小镇设立服务站点或窗口。加强特色小镇新兴产业发展亟须的计量标准建设，为小镇产业和企业技术创新提供计量技术支撑和保障。

二、优化特色小镇建设过程的质量和标准化服务。鼓励和支持按照国际先进标准开展特色小镇相关领域规划、设计和具体建设。优化基础设施建设、设备安装调试等过程质量控制服务，优化锅炉、电梯、游乐设施等特种设备安全管理服务，优化企业和各类机构建设运行的质量管理服务。根据特色小镇建设运行实践，适时总结提炼特色小镇有关建设、运营、维护、管理、评价的通用性和特色化要求，制定构建以通用性标准为基础、特色化标准为补充的“1+X”特色小镇地方标准体系，并积极争取上升为国家标准。

三、积极培育创建特色小镇品牌。对制造业特色小镇中占领全国产业高地且技术领先的重点企业，优先纳入“浙江制造”品牌培育，并指导其主导或参与制定“浙江制造”标准，通过“浙江制造”认证，助力开拓国内国际市场。对特色小镇内的块状产业，优先推荐浙江省区域名牌。支持特色小镇创建服务业名牌。对基本符合条件的特色小镇，优先向国家质检总局推荐创建全国知名品牌示范区。

四、提升特色小镇产业标准化水平。加快特色小镇承接的信息经济、环保、健康、高端装备制造等七大产业和丝绸、黄酒、青瓷等历史经典产业标准体系建设。鼓励特色小镇积极开展标准化试点示范项目和技术标准创新基地建设，支持特色小镇内创业创新主体将创新成果转化为标准，积极参与国际标准、国家标准、行业标准、地方标准和团体标准制修订工作。对特色小镇标准化工作，实施省级标准化战略专项资金补助。围绕省级示范特色小镇，建设一批特色小镇标准化基地。

五、优化质量技术领域行政审批及公共服务。依法在特色小镇扩大制造计量器具许可、检验机构资质认定、工业产品生产许可等领域“当场许可”试点范围，完善审批方式，优化审批流程。各级质监技术机构为特色小镇质量技术领域行政许可涉及的检验、检测、检定或校准、鉴定、评审开辟绿色通道，优先办理、优化服务，并通过开放实验室、专家入企帮扶、联合科研攻关等方式，帮助特色小镇内创业创新主体解决市场准入、自主创新、对外贸易等方面的质量技术难题。

六、维护公平有序市场环境。加强特色小镇重点产品质量监督抽查和风险监测，开展专项质量比对，保障质量安全，促进质量提升。支持符合条件的特色小镇创建国家级产品质量提升示范区。加大重点领域执法打假和专项执法力度，严厉打击假冒伪劣侵权违法行为，加大对特色小镇名优产品和企业的保护力度，切实维护特色小镇企业的合法权益。加强特色小镇区域内地理标志产品保护。

七、支持创建质量技术领域特色小镇。贯彻落实《浙江省人民政府办公厅关于“精准对接精准服务”支持特种设备产业发展的若干意见》（浙政办发〔2015〕64号）、《浙江省人民政府办公厅关于加快检验检测高技术服务业发展的意见》（浙政办发〔2015〕80号）等文件要求，支持具备条件的地区培育创建电梯、计量仪器仪表等高端装备制造的特色小镇。

各级质监（市场监管）和发改部门要高度重视质量技术基础作用的发挥，强化标准提档、质量提升、品牌增效，结合本地区特色小镇培育建设实际，研究制定贯彻落实的具体举措。工作进展和遇到的问题请及时向省质监局和省发改委报告。

本意见自2016年9月15日起实施。

浙江省质量技术监督局

浙江省发展和改革委员会

2016年8月15日

浙江省文化厅
关于加快推进特色小镇文化建设的若干意见

浙文法〔2016〕7号

为贯彻落实中央领导重要批示精神和省委、省政府关于特色小镇规划建设的战略部署，充分发挥文化在特色小镇建设中的积极作用和独特功能，推进文化建设与特色小镇创建工作有机融合，加快推进特色小镇文化建设，根据《浙江省人民政府关于加快特色小镇规划建设的指导意见》（浙政发〔2015〕8号）、《浙江省特色小镇创建导则》（浙特镇办〔2015〕9号）和《浙江省人民政府办公厅关于高质量加快推进特色小镇建设的通知》（浙政办发〔2016〕30号）精神，现提出如下意见：

一、重要意义

特色小镇是具有明确产业定位、文化内涵、旅游和一定社区功能的发展平台。规划建设一批特色小镇，是省委、省政府推动经济转型升级的一项重大决策。在特色小镇建设中塑造文化灵魂，树立文化标识，留下文化印象，是文化作为特色小镇内核的必然要求。加快推进特色小镇文化建设，着力推动“文化+特色小镇”融合发展，有利于统筹城乡发展和小城镇建设，打造文化与新型城镇化建设有机结合的新样本；有利于强化特色小镇的文化功能、融入特色小镇的文化元素、提升特色小镇的文化品质，实现文化让特色小镇更加美好、特色小镇让文化更具魅力的双重目标；有利于各级文化文物行政部门整合汇聚全省文化资源，更好地服务省委、省政府中心工作，推动特色小镇成为创新、协调、绿色、开放、共享发展的重要功能平台。

二、总体要求

运用“文化+”的动力和路径有效助推特色小镇建设，充分发挥文化在塑魂、育人、兴业、添乐、扬名等方面不可替代的独特作用，指导特色小镇挖掘文化资源、提供文化服务、提炼文化品质，使特色小镇文化遗产传承有序、人文气息浓郁深厚、文化产业特色鲜明、文化生态优美精致、多种功能互动叠加，实现特色小镇文化功能“聚而合”、文化形态“精而美”、文化产业“特而强”、文化机制“活而新”。

三、主要任务

按照生产、生态、生活“三生融合”和产、城、人、文“四位一体”的要求，强化特色小镇文化遗产保护传承，保护和弘扬优秀传统文化，保护文化遗存和历史遗迹，传承有价值的传统民俗和文化习俗，延续历史文脉，传承文化精神，弘扬文化价值。提升特色小镇公共文化服务效能，加强文化服务功能和导向功能，凸显文化特色服务，营造文化艺术氛围，示范引领所在地区的公共文化服务体系创建。推动特色小镇文化产业跨界融合，立足文化特色，集聚发展文化产业，开发适销对路的特色文化产品，推进文化旅游、文化创意产业的融合发展。推进特色小镇对外文化交流合作，扩大文化开放和文化贸易，传播和推介浙江地域特色文化，活跃双向交流与互鉴，拓展境外文化市场。

四、支持重点

（一）支持特色小镇历史文化资源的保护传承利用。加强特色小镇区域内文物资源的调查、挖掘和保护，通过文物建筑、工业遗产、传统村落、大遗址等的保护修缮和展示利用，鼓励和扶持特色小镇多渠道筹资建设特色博物馆、艺术馆，探索建立若干历史文化资源展示区，彰显文化特色，优化人文环境。推动全省历史文化资源为特色小镇建设服务，充分调动各级文化文物单位积极性，鼓励社会力量参与，发挥市场主体作用，创新合作载体和平台，共同开发文化创意产品，推动形成特色小镇形式多样、特色鲜明、富有创意、竞争力强的文化创意产品体系。支持特色小镇区域内的文物资源申报各级文物保护单位，指导相关历史城镇、街区申报历史文化街区、名镇、名村。

（二）支持特色小镇搭建公共文化服务平台。推动文化走亲等特色文化活动和优质文化资源向特色小镇倾斜，有条件的地方可在特色小镇设立文化站、文化礼堂，派驻文化员，鼓励文化志愿者加入特色小镇文化建设，培育特色小镇居民文化素养，丰富特色小镇文化生活。支持和鼓励民间资本多渠道投资特色小镇图书馆、文化馆特色分馆、美术馆、纪念馆、大剧院、文化中心等相关公共文化设施建设，鼓励各地采取政府购买服务等多种方式加强公共文化产品供给，在特色小镇优先搭建更加有效、更具特色的公共文化服务平台。充分发挥特色小镇文化建设先进典型在推进我省基层公共文化服务体系建设中的示范引领作用，结合省级文化强镇、民间文化艺术之乡、文化示范村（社区）评选，加大对特色小镇文化建设的扶持力度。

（三）支持特色小镇打造文化艺术品牌。强化特色小镇文化品牌创建，扶持文化主题特色小镇建设，立足当地文化积淀和文创产业特色，打造以传统戏曲、音乐舞蹈、美术书画等为特色的文化主题小镇。搭建专业艺术院校、艺术院团与特色小镇的对接平台，依托音乐、舞蹈、戏剧、曲艺、杂技、美术、书法、摄影等适合地方特色的文化载体，搭建文化艺术展示表演平台，为特色小镇建设提供文化艺术人才资源等支持，指导建设一批文化主题特色小镇。支持、鼓励已经形成一定知名度的各类文化节庆活动和文化展会，与特色小镇合作开展展览展示、演出交流等特色文化品牌活动。支持特色小镇申办国际、国内知名文化活动。

（四）支持特色小镇历史经典产业传承发展。深入挖掘茶叶、丝绸、黄酒、中药、木雕、根雕、石刻、文房、青瓷、宝剑十大历史经典产业的文化内涵，重点挖掘历史文化，保护非物质文化遗产，延续历史文化根脉，传承工艺文化精髓。会同省级有关部门组织开展文化产业项目与特色小镇对接活动，召开历史经典产业现场推进会，建设一批历史经典产业园区，创建一批历史经典产业特色小镇，延伸产业链。以特色非遗资源为基础，创建一批非遗主题小镇和民俗文化村，实施非遗中青年传承人群研修研习培训计划，设立非遗项目生产性保护基地和教学研究基地，在非遗主题小镇试点非遗工作站建设，搭建企业、高等院校与小镇对接平台，培育和孵化新的浙江历史经典产业类特色小镇。

（五）支持特色小镇文化旅游融合发展。强化特色小镇文化、旅游、产业功能融合，以文化资源为内涵，以产业资源为引导，以旅游业态为载体，充分发挥我省历史文化、民俗文化、海洋文化、生态文化、农耕文化等文化资源多样性、丰富性、独特性优势，结合当地文化特色和自然生态，加强静态和活态展示，大力发展文化旅游业，实现文化资源与旅游发展深度融合。鼓励支持文旅企业进驻特色小镇，打造文旅众创空间，开发建设文旅创客综合体，投资开发文旅创客景区、创客街区、创客公寓。以文化创意推动特色小镇旅游产业提升发展，重点开发具有地域特色、民族风情、文化品位的旅游商品、纪念品和文化创意体验产品。支持非遗与旅游融合发展较好的特色小镇申报评选浙江省非物质文化遗产旅游景区。支持具备条件的特色小镇适时申报省级非物质文化遗产生态保护区试点，争创国家文化生态保护试验区。

（六）支持特色小镇文化产业加快发展。支持、指导特色小镇创建省级文化产业示范园区（基地）和申报国家文化产业示范园区（基地）。扶持特色小镇龙头文化企业规模化、产业化发展，帮助指导规范经营，争取政策支持，鼓励上市融资。鼓励和引导规模企业和民间资本投资特色小镇文化产业。支持各地盘活“三改一拆”存量空间，鼓励企业将老厂房、旧仓库、存量商务楼宇等资源改造成新型文化众创空间。鼓励特色小镇企业探索文化新业态，培育新的文化消费增长模式。指导各地运用税收、财政、金融等各种政策措施加强对特色小镇小微文化企业的扶持力度。加强与中国（义乌）文交会、中国国际动漫节、深圳文博会等省内外综合性展会和文化产业展会的联系协调，面向特色小镇文化企业提供针对性服务。促进特色小镇文化市场繁荣健康发展，推进商事制度和审批制度改革，对特色小镇文化经营场所的设立和文化活动的开展给予支持，营造有利于创业创新的市场环境。

（七）支持特色小镇发挥文化创意和设计服务对产业的助推优势。把文化基因植入产业发展全过程，围绕省委、省政府提出的万亿产业框架，推进文化创意和设计服务与特色小镇信息经济、环保、健康、时尚、金融、高端装备制造等产业的融合发展。将“文化+”理念融入特色小镇建设，在小镇规划、产业布局、项目建设中嵌入文化元素、创新文化发展，支持文化创意与工业设计、建筑设计、农业开发的深度融合，实现文化创意和设计服务对特色小镇产业转型升级的助推作用。不断完善特色小镇文化创意与科技、金融协同创新发展的体制机制，重点培育一批协同创新发展的文创示范企业。支持文化创意设计企业入驻特色小镇，鼓励众创、众包、众扶、众筹，开发文化创意产品。探索建立特色小镇文化资源知识产权许可服务等利益共享机制，打击侵权行为，加强特色小镇文化创意品牌建设和保护。推动高等院校、知名企业、园区、文物文化单位、文创机构等开展联合，培养特色小镇文化创意与设计人才。

（八）支持特色小镇开展文化外贸和交流。鼓励特色小镇探索走国际化道路，支持特色小镇打造精品文化交流项目，开发特色文化产品和服务，借助跨境电子商务等新兴交易模式拓展国际业务，结合“一带一路”战略、“美丽浙江文化节”等活动“走出去”，扩大文化产品和文化服务出口。支持特色小镇与国外及台湾地区特色小镇建立交流合作关系。组织特色小镇文化企业参加国际知名会展，邀请海外文化机构、知名人士考察特色小镇，拓展境外文化市场。推进浙江文化服务贸易示范区建设。

五、工作机制

（一）加强组织领导。省文化厅成立加快推进特色小镇文化建设领导小组，厅主要领导任组长，相关厅领导任副组长，相关处室负责人为成员。领导小组下设办公室，办公室设在厅政策法规处，牵头会同相关处室做好各项工作落实，加强组织协调和督促检查。各级文化文物行政部门也要建立相应的工作机制和组织保障，主动对接、融入当地特色小镇建设，争取有所作为。

（二）明确工作职责。省文化厅加快推进特色小镇文化建设领导小组各成员处室要切实落实举措，明确职责内容，注重横向协调，强化上下联动，加强分类指导，主动为特色小镇文化建设出谋划策、添砖加瓦。各级文化文物行政部门要勇于担当落实，敢于突破创新，充分调动各类文化资源和有利因素，发挥行政和市场两方面的积极性，加快推进特色小镇文化建设。

（三）增强服务引导。省文化厅将从组织领导、发展规划、工作计划、文化项目、文化活动、服务保障等方面研究制定特色小镇文化建设评价办法，并适时择优评选全省特色小镇文化建设示范区，组织召开现场会，推广典型和先进经验。各级文化文物行政部门要推进各类文化专项资金、以奖代补等政策实施上对特色小镇进行倾斜；要成立文化专家指导服务组，人才下沉到一线，资源下沉到基层，蹲点服务指导，帮助特色小镇在规划编制中融入文化元素，提高特色小镇文化发展水平；每半年向省文化厅报送一次特色小镇文化建设进展情况。

（四）加大宣传力度。各级文化文物行政部门要向党委政府和相关部门汇报沟通特色小镇文化建设各项工作进展，争取支持；要充分借助各类媒体和新型传播媒介，加强对特色小镇文化建设的宣传报道，发布文化信息，组织成果展示，策划主题展览，提升文化形象，扩大示范效应，努力提高特色小镇文化建设的社会知名度和关注度，加快形成人人参与特色小镇文化建设的浓厚氛围。

附件：1. 浙江省文化厅关于《成立加快推进特色小镇文化建设领导小组》的通知

2. 浙江省文化厅《加快推进特色小镇文化建设 2016 年工作要点》

3. 两批省级特色小镇汇总名单

浙江省文化厅

2016 年 6 月 7 日

附件 1 浙江省文化厅关于《成立加快推进特色小镇文化建设领导小组》的通知

为全面贯彻落实省委、省政府特色小镇规划建设的战略部署，高质量挖掘特色小镇的文化内涵，加快打造特色小镇的文化特色，着力强化特色小镇的文化功能，经研究，决定成立浙江省文化厅加快推进特色小镇文化建设领导小组，现将名单通知如下：

组　长：

金兴盛　厅党组书记、厅长

副组长：

陈　瑶　厅党组副书记、副厅长

褚子育　厅党组成员、副厅长、浙江音乐学院党委书记

黄健全　厅党组成员、副厅长

柳　河　厅党组成员、省文物局局长

端木义生　厅党组成员、浙江省纪律检查委员会派驻浙江省文化厅纪律检查组组长

蔡晓春　厅党组成员、副厅长

刁玉泉　厅党组成员、副厅长

李　莎　副巡视员

任　群　副巡视员

办公室、计财处、艺术处、公共文化处、文化产业与科技处、文化市场处、政策法规处、非遗处、外事处、省文物局文物保护与考古处、省文物局博物馆处主要负责人为领导小组成员。

领导小组下设办公室，办公室设在厅政策法规处。以上成员如有变动，由所在部门接任领导自然更替。

职责分工：

（一）领导小组办公室（政策法规处）

1. 牵头制订省文化厅贯彻落实省委、省政府特色小镇建设工作的方针政策、规划任务；

2. 牵头下发相关通知文件；

3. 督查特色小镇文化建设工作；

4. 总结推广特色小镇文化建设工作经验和成果。

（二）厅办公室

1. 参与组织加快推进特色小镇文化建设相关工作会议；

2. 参与宣传推广特色小镇文化建设工作经验和成果；

3. 协调其他有关事项。

（三）艺术处

1. 统筹指导专业艺术院校、艺术院团与特色小镇的工作对接；

2. 指导特色小镇打造文艺演出等特色文化品牌活动；

3. 指导建设一批艺术主题特色小镇。

（四）公共文化处

1. 推动开展特色小镇文化走亲等相关文化活动；

2. 指导推动特色小镇建设各类公共文化服务平台；

3. 在省级文化强镇、民间文化艺术之乡、文化示范村（社区）的建设和评选中加大对特色小镇文化建设的扶持力度。

（五）文化产业与科技处

1. 推进十大历史经典产业中的文化产业建设，建设一批产业园区，创建一批特色小镇；

2. 推动特色小镇中文化产业与旅游等相关产业的融合发展；

3. 支持、指导特色小镇创建省级文化产业示范园区（基地）和申报国家文化产业示范园区（基地）；

4. 扶持特色小镇内各类文化企业的发展；

5. 指导推动各地完善相关文化产业扶持政策；

6. 指导推进特色小镇文化消费。

（六）文化市场管理处

1. 指导督促各地文化市场审批部门为特色小镇文化产业项目、文化经营场所设立和文化活动的开展提供优质服务；

2. 指导当地文化行政部门，推动特色小镇文化新业态的发展；

3. 会同当地文化市场管理机构，加强特色小镇文化市场管理；

4. 协调省级有关部门和当地文化市场管理机构，重点打击侵权行为，加强特色小镇文化创意品牌保护。

（七）非物质文化遗产处

1. 创建一批非遗主题小镇和民俗文化村；

2. 实施非遗中青年传承人群研修研习培训计划；

3. 推出一批非遗项目生产性保护基地和研究教学基地；

4. 在非遗主题小镇试点非遗工作站建设，搭建企业、高等院校与小镇对接平台；

5. 支持非遗与旅游融合发展较好的特色小镇申报评选浙江省非物质文化遗产旅游景区；

6. 继续开展省级非物质文化遗产生态保护区试点建设，争创国家文化生态保护实验区。

（八）外事处

1. 支持特色小镇打造精品文化交流项目，加强对外文化贸易；

2. 支持特色小镇与国外及中国台湾地区特色小镇建立交流合作关系；

3. 组织特色小镇文化企业参加国际知名会展；

4. 邀请海外文化机构、知名人士考察特色小镇。

（九）省文物局文物保护与考古处

1. 加强特色小镇区域内文物资源的调查、挖掘和保护；

2. 探索建立若干特色小镇历史文化资源展示区；

3. 支持指导特色小镇区域内的文物资源申报各级文物保护单位和相关历史城镇、街区申报历史文化街区、名镇、名村。

（十）省文物局博物馆处

1. 扶持特色小镇多渠道筹资建设特色文化博物馆；

2. 组织指导特色小镇策划文化文物资源主题展览。

其他部门按照各自职责分工做好相关工作。

附件2 浙江省文化厅《加快推进特色小镇文化建设2016年工作要点》

处室	2016年工作要点
领导小组办公室（政策法规处）	1. 开展调研，召开座谈会，拟订完善《浙江省文化厅关于加快推进特色小镇文化建设的若干意见》； 2. 拟订《浙江省文化厅关于成立加快推进特色小镇文化建设领导小组的通知》，明确各处室职责分工； 3. 制订加快推进特色小镇文化建设处室2016年工作要点； 4. 组织开展特色小镇文化建设督查调研工作。
厅办公室	1. 协调有关重要事项； 2. 宣传特色小镇文化建设工作。
艺术处	1. 指导嵊州越剧小镇、遂昌汤显祖戏曲小镇、西湖艺创小镇等艺术主题特色小镇建设； 2. 支持桐乡乌镇国际戏剧节、莲都古堰新韵国际音乐节、西湖艺创小镇中国青年音乐节等特色小镇文化活动的举行； 3. 开展5次以上特色小镇蹲点采风活动； 4. 与有条件的特色小镇合作开展地方文艺精品创作。
公共处	1. 组织文化走亲等活动进特色小镇； 2. 推进特色小镇图书馆、文化馆特色分馆等公共文化服务设施建设； 3. 推荐2~4个特色小镇参与民间文化艺术之乡的评选。
产业处	1. 会同省发改委、省经信委、省科技厅等部门开展文化产业项目与特色小镇对接活动，召开历史经典产业现场推进会； 2. 指导特色小镇创建省级文化产业示范园区（基地）； 3. 协调省内外综合性展会和各类文化产业展会面向特色小镇小微文化企业提供有针对性的服务； 4. 指导推动特色小镇中文化产业与旅游等相关产业的融合发展。
市场处	1. 指导督促各地文化市场审批部门为特色小镇文化产业项目、文化经营场所设立和文化活动开展提供优质服务； 2. 指导当地文化行政部门推动特色小镇文化新业态的发展； 3. 会同当地文化市场管理机构加强特色小镇文化市场管理； 4. 协调省级有关部门和当地文化市场管理机构，重点打击侵权行为，加强特色小镇文化创意品牌保护。
非遗处	1. 深化17个非遗主题小镇和13个民俗文化村建设，试点非遗工作站，搭建设计企业、高等院校与小镇的对接平台； 2. 推出30个非遗项目生产性保护基地和教学研究基地； 3. 实施非遗中青年传承人群研修研习培训计划，培训1000人次以上； 4. 指导嵊州越剧小镇开展省级非物质文化遗产生态保护区试点建设，争创国家文化生态保护试验区。

续表

处室	2016年工作要点
外事处	1. 组织有关特色小镇参加“美丽浙江文化节”对外交流活动； 2. 指导特色小镇对外文化交流活动； 3. 邀请一批海外文化机构、知名人士考察特色小镇。
省文物局文物保护与考古处	1. 指导特色小镇文物资源保护，提请省人民政府批准公布第七批省级文物保护单位，提升特色小镇中相应文物资源的保护级别； 2. 推介评选浙江省不可移动文物保护优秀案例，总结推广特色小镇内文物资源保护展示的成功经验； 3. 以特色小镇建设区域为重点，会同省建设厅提请省人民政府批准公布第五批省级历史文化街区、名镇、名村； 4. 指导、协调杭州市余杭区、丽水市莲都区、桐乡市等地做好余杭梦想小镇、梦栖小镇、莲都古堰画乡小镇、桐乡乌镇互联网小镇区划内文物保护单位修缮展示及相关建设工程审核报批等工作。
省文物局博物馆处	1. 支持特色小镇建设特色文化博物馆； 2. 策划特色小镇文化文物资源主题展览。

附件3 两批省级特色小镇汇总名单

一、杭州市

第一批创建名单：上城玉皇山南基金小镇、江干丁兰智慧小镇、西湖云栖小镇、西湖龙坞茶镇、余杭梦想小镇、余杭艺尚小镇、富阳硅谷小镇、桐庐健康小镇、临安云制造小镇

第二批创建名单：下城跨贸小镇、拱墅运河财富小镇、滨江物联网小镇、萧山信息港小镇、余杭梦栖小镇、桐庐智慧安防小镇、建德航空小镇、富阳药谷小镇、天子岭静脉小镇

第二批培育名单：上城吴山宋韵小镇、江干钱塘智造小镇、江干东方电商小镇、拱墅上塘电商小镇、西湖云谷小镇、西湖西溪谷互联网金融小镇、滨江创意小镇、萧山机器人小镇、淳安千岛湖乐水小镇、临安颐养小镇、临安龙岗坚果电商小镇、大江东汽车小镇、大江东巧客小镇

二、宁波市

第一批创建名单：江北动力小镇、梅山海洋金融小镇、奉化滨海养生小镇

第二批创建名单：鄞州四明金融小镇、余姚模客小镇、宁海智能汽车小镇、杭州湾新区滨海欢乐假期小镇

第二批培育名单：海曙月湖金汇小镇、江北前洋 E 商小镇、鄞州现代电车小镇、宁海森林温泉小镇

三、温州市

第一批创建名单：瓯海时尚智造小镇、苍南台商小镇

第二批创建名单：瓯海生命健康小镇、文成森林氧吧小镇、平阳宠物小镇

第二批培育名单：乐清雁荡山月光小镇、永嘉玩具智造小镇、泰顺氡泉小镇、温州汽车时尚小镇

四、湖州市

第一批创建名单：湖州丝绸小镇、南浔善琏湖笔小镇、德清地理信息小镇

第二批创建名单：吴兴美妆小镇、长兴新能源小镇、安吉天使小镇

第二批培育名单：南浔智能电梯小镇、安吉影视小镇、湖州智能电动汽车小镇、湖州太湖健康蜜月小镇

五、嘉兴市

第一批创建名单：南湖基金小镇、嘉善巧克力甜蜜小镇、海盐核电小镇、海宁皮革时尚小镇、桐乡毛衫时尚小镇

第二批创建名单：秀洲光伏小镇、平湖九龙山航空运动小镇、桐乡乌镇互联网小镇、嘉兴马家浜健康食品小镇

第二批培育名单：秀洲智慧物流小镇、嘉善归谷智造小镇、平湖光机电智造小镇、海盐集成家居时尚小镇、海宁潮韵小镇、海宁厂店小镇、桐乡时尚皮草小镇

六、绍兴市

第一批创建名单：越城黄酒小镇、诸暨袜艺小镇

第二批创建名单：柯桥酷玩小镇、上虞 e 游小镇、新昌智能装备小镇

第二批培育名单：柯桥兰亭书法小镇、诸暨环保小镇、嵊州领尚小镇

七、金华市

第一批创建名单：义乌丝路金融小镇、武义温泉小镇、磐安江南药镇

第二批创建名单：东阳木雕小镇、永康赫灵方岩小镇、金华新能源汽车小镇

第二批培育名单：金东金义宝电商小镇、永康众泰汽车小镇、浦江仙华小镇、磐安古茶场文化小镇、金华互联网乐乐小镇

八、衢州市

第一批创建名单：龙游红木小镇、常山赏石小镇、开化根缘小镇

第二批创建名单：江山光谷小镇、衢州循环经济小镇

第二批培育名单：龙游新加坡风情小镇、衢州莲花现代生态循环农业小镇

九、台州市

第一批创建名单：黄岩智能模具小镇、路桥沃尔沃小镇、仙居神仙氧吧小镇

第二批创建名单：岭泵业智造小镇、天台山和合小镇

第二批培育名单：椒江绿色药都小镇、临海时尚眼镜小镇、玉环生态互联网家居小镇

十、丽水市

第一批创建名单：莲都古堰画乡小镇、龙泉青瓷小镇、青田石雕小镇、景宁畲乡小镇

第二批创建名单：龙泉宝剑小镇、庆元香菇小镇、缙云机床小镇、松阳茶香小镇

第二批培育名单：青田欧洲小镇、庆元百山祖避暑乐氧小镇、遂昌农村电商创业小镇、丽水绿谷智慧小镇

十一、舟山市

第二批创建名单：定海远洋渔业小镇、普陀沈家门渔港小镇、朱家尖禅意小镇

十二、合作创建

第二批创建名单：

省农发集团和上虞区：杭州湾花田小镇

中国美院、浙江音乐学院和西湖区：西湖艺创小镇

第二批培育名单：

省物产集团和余杭区：长乐创龄健康小镇

浙江大学和西湖区：西湖紫金众创小镇

浙江省林业厅
关于推进森林特色小镇和森林人家建设的指导意见

浙林产〔2015〕66 号

各市、县（市、区）林业局：

为深入贯彻省委、省政府《关于加快推进林业改革发展全面实施五年绿化平原水乡十年建成森林浙江的意见》（浙委发〔2014〕26 号）精神，落实省政府《关于加快特色小镇规划建设的指导意见》（浙政发〔2015〕8 号）的有关要求，现就推进森林特色小镇和森林人家培育建设提出如下意见：

一、重要意义

以提升林业特色产业为基础，重点发展森林休闲养生新兴产业，兼顾涉林历史经典产业，在全省培育一批森林特色小镇、森林人家，有利于加快推进现代林业经济发展，推动资源整合、产业融合，促进林业产业集聚、创新和转型升级；有利于发挥森林的多种功能，满足城乡居民日益增长的休闲和健康需求，推动一流森林休闲养生福地建设；有利于促进山区经济发展、农民增收，以实际行动践行“绿水青山就是金山银山”的发展理念。

二、指导思想

依据现代林业经济发展理念，立足森林资源和生态优势，以林业特色产业为基础、森林文化为主线、森林休闲养生为重点，坚持文化传承与产业提升并重、创新发展与产业融合并举，因地制宜，优化产业空间布局，创新经营体制机制，加大政策扶持，促进要素集聚，推动林业三产融合，将森林特色小镇、森林人家打造成为我省现代林业经济增长新高地、产业升级新载体、要素集聚新平台、森林休闲养生新业态、促进农民增收新样板。

三、产业定位

森林特色小镇和森林人家建设立足地方特色，明确产业定位，以提升木业、竹业、花卉苗木、森林食品、野生动植物驯养与繁殖等林业特色产业为基础，重点发展森林休闲养生新兴产业，兼顾木艺（木雕、根雕、红木制作、木制玩具等）、竹艺（竹雕、竹编、竹碳、竹文具、竹餐具、竹乐器等）、山货（特色干果、木本粮油、竹笋等山货传统采制技艺）等具有地方特色的历史经典产业。

四、创建内容

（一）森林特色小镇。根据产业、文化、旅游“三位一体”的特色小镇建设要求，依托森林资源和生态优势，以林业特色产业为基础，重点发展森林休闲养生业，兼顾历史经典产业，实施三产融合发展。森林特色小镇的创建单位为乡镇或社区、省级以上森林公园等。森林特色小镇区域森林覆盖率60%以上，小镇及其毗邻区域的森林面积不小于200公顷。森林特色小镇林业主导产业特色明显，产业集聚度和优势位居省内前列，并开展电子商务进行品牌建设和营销服务。经3年创建，森林特色小镇林业总产值达到5亿元以上，林业产值占当地总产值50%以上；以森林休闲养生为特色的小镇林业总产值达到2亿元以上；以涉林历史经典产业为特色的小镇林业总产值达到1亿元以上。森林特色小镇可参照《浙江森林休闲养生区建设指导意见》（浙林产〔2015〕8号）实施。

（二）森林人家。以良好的森林生态环境和森林村庄、古村落、自然生态村落等为依托，以林特业生产基地为基础，结合具有地方特色的历史经典产业，以农户、家庭林场、工商业主等为经营主体，建设融森林文化与民俗风情为一体，提供吃、住、游、购等服务要素的生态友好型观光休闲森林人家集聚区。森林人家的创建单位为行政村或自然村等。森林人家所在区域森林覆盖率70%以上，所在地实施美丽乡村、森林村镇、特色文化村落保护等建设，乡村自然景观和特色文化村落受到较好保护。森林人家周边有森林古道、健康森林群落等提供休闲养生场所；配备相应的游憩、体育、娱乐等休闲设施；结合竹林、果园、茶园、花木等生产基地开展参与式农事体验活动。开展民宿餐饮服务的总接待床位数量不少于100张，总接待餐位数量不少于100个，并符合相关规定。

五、创建程序

森林特色小镇采用创建方式，森林人家采用命名方式，分批筛选创建和命名。力争通过3年创建，全省培育建设20个左右森林特色小镇、100户以上森林人家。

（一）自愿申报。各县（市、区）林业主管部门结合当地实际，组织有关单位自愿申报。申报材料包括实施计划、建设方案，产业定位、投资主体及规模、四至范围、现有基础和成效。

（二）审核筛选。各县（市、区）林业主管部门将申报材料上报市林业部门。各市林业部门对各县（市、区）上报材料进行审查后上报省林业厅。

（三）创建和命名。省林业厅组织有关专家对各申报材料进行综合评选，将符合森林特色小镇创建条件、确具特色的单位公布列入森林特色小镇创建名单。通过3年左右的创建，对实现培育建设目标，达到森林特色小镇要求的，由省里组织验收，通过验收的认定为“浙江省森林特色小镇”。对符合森林人家条件的申报单位，命名为“浙江省森林人家”。

六、政策措施

（一）机制创新，市场运作。森林特色小镇建设要坚持政府引导、企业主体、市场化运作的理念，充分发挥市场在资源配置中的决定性作用，着力深化体制机制改革，激发创业创新活力。积极引进工商资本发展现代林业经济和森林休闲养生业，引导其与林场、农户等建立利益联结机制，实现资源优化配置和集约化、规模化经营。在稳定森林旅游资源权属的基础上，按所有权、管理权与经营权分离的原则，放活经营权，对森林旅游资源实行市场化配置。遵循市场经济规律，对森林旅游资源实行有偿使用，允许森林旅游资源使用权依法抵押、入股和作为合资、合作的资本或条件。

（二）要素保障，加大扶持。按照省财政支农体制机制改革的要求，加大对林业主导产业、森林旅游休闲业等的财政支持力度。积极争取落实省特色小镇、历史经典产业相关扶持政策。在森林旅游休闲方面重点支持森林景观提升、森林古道修复及森林休闲养生设施、服务设施和配套基础设施建设，支持森林生态文化科普教育设施建设，电子商务及营销服务等。加大土地要素保障，涉及林业生产用房及相关附属设施占用林地的，按《省林业厅关于进一步简化林地审批强化林地监管工作的通知》（浙林资〔2014〕89号）执行。设计旅游休闲、绿色产业项目，可按《省国土资源厅等9部门关于开展“坡地村镇”建设用地试点工作的通知》（浙土资发〔2015〕13号）的规定申报，争取列入试点。涉及征占用林地的，优先安排征占用林地定额。

（三）加强领导，规范发展。各地要加强对森林特色小镇、森林人家的组织领导和统筹协调，充分利用现有林业特色产业优势、区位优势和市场条件，深度挖掘地方特色和比较优势，以规模化、生态化、专业化和集约化的第一产业为基础，加快发展综合加工利用等第二产业，重点发展森林休闲养生、电子商务产品营销等第三产业和历史经典产业。通过体制机制创新，主体培育壮大，生产要素集聚，推动一二三产融合发展。加强政府引导和服务保障，在规划编制、基础设施配套、资源要素保障、文化挖掘传承、生态环境保护等方面更好发挥作用。加快发展森林休闲养生业，在抓好试点县的同时，抓紧启动森林特色小镇、森林人家的培育工作，建立县、乡镇、村三级的森林休闲养生发展新格局，把生态优势转化为富民优势、产业优势，为建设一流的森林休闲养生福地提供经验和样板。

本文件自2015年12月1日起施行。

浙江省林业厅

2015年10月21日

浙江省工商局
关于发挥职能作用支持省级特色小镇加快建设的若干意见

浙工商企〔2015〕8号

各市、县（市、区）市场监督管理局（工商行政管理局）：

为贯彻落实全省特色小镇规划建设工作现场推进会精神，以“干在清除障碍的实处、走在优质服务的前列”为目标，现就充分发挥工商职能作用，支持省级特色小镇加快建设提出如下意见：

一、试行全程电子化登记。加快推进工商登记全程电子化，今年7月底前率先在特色小镇试点，提供涵盖网上申请、网上受理、网上审核等功能的一条龙在线服务，以新的服务模式推动特色小镇发展。

二、设立工商事务服务室和会商协调机制。鼓励各地在特色小镇设立工商事务服务室，派驻工作人员提供企业名称预先核准、企业登记、品牌培育、消费投诉处理等业务受理、咨询和指导，对接会计事务所、专利事务所、商标事务所等中介机构，为入驻企业提供有针对性的、更加便捷的政务服务；建立省、市工商局（市场监管局）和特色小镇三方会商协调机制，第一时间研究解决小镇发展中遇到的新情况、新问题。

三、加快推进“五证合一”登记制度。对入驻企业全面实行“五证合一”登记制度，由工商部门统一收件，与质监、国税、地税、人力社保、统计等部门并联审批，统一核发加载“一照五码”的营业执照，使企业“五证合一”登记制度率先全面覆盖特色小镇。

四、放宽新兴市场主体名称、经营范围核定条件。根据特色小镇的功能定位和产业导向，积极探索登记新兴行业主体，允许企业在名称和经营范围中使用符合国际惯例、行业标准的用语。鼓励互联网金融、科技产业发展，允许企业申请含“互联网金融信息服务”、“财富管理”、“云科技”、“空间科技”等字样的企业名称和经营范围。入驻企业申请取冠省名的，注册资本（金）从1000万元降低至500万元（法律法规另有规定的除外）。

五、支持发展商务秘书企业。为了降低入驻企业的创业成本，针对特色小镇内创业群体的需求，支持特色小镇发展商务秘书企业，为电子商务、软件研发、创意设计、文案策划等企业提供住所托管、代理企业登记、代理记账、代理收递法律文件等服务。受托管的企业以商务秘书企业的地址作为其住所，用商务秘书企业的营业执照副本复印件代替住所使用证明办理工商登记。商务秘书企业应当在企业信用信息公示系统中公示其托管的企业名称、联系人和联系方式等信息。

六、实行集群化住所登记。入驻企业可以利用特色小镇管理机构提供的集中办公场所作为住所，凭镇乡人民政府（街道办事处）或者特色小镇管理机构出具的证明办理工商登记。允许“一室多照”住所登记，对股权投资企业、电子商务企业、文化创意、软件设计、动漫游戏设计等现代服务业企业，只要符合多个主要办事机构共同日常办公的合理需要，同一办公场所可以作为 2 个以上企业的住所。

七、加强知识产权保护力度。加大对侵犯入驻企业的注册商标、企业名称、商业秘密等违法行为的查处力度，有效保护创业创新的积极性，维护公平竞争的市场秩序。

八、指导建立消费纠纷处理机制。针对入驻企业 O2O 新型商业模式的特点，积极指导其建立消费投诉的自我协调解决机制，鼓励引导经营者首问和先行赔付，实现消费纠纷的快速处理。

浙江省工商行政管理局

2015 年 7 月 12 日

杭州市人民政府
关于加快特色小镇规划建设的实施意见

杭政函〔2015〕136 号

各区、县（市）人民政府，市政府各部门、各直属单位：

为主动适应和引领发展新常态，在全市加快规划建设一批产业特色鲜明、功能集成完善、示范效应明显的特色小镇，根据《浙江省人民政府关于加快特色小镇规划建设的指导意见》（浙政发〔2015〕8 号）精神，特制订本实施意见：

一、明确总体要求

（一）重要意义。特色小镇是具有明确产业定位、文化内涵、旅游功能、社区特征的发展载体，是同业企业协同创新、合作共赢的平台。规划建设一批特色小镇，对加快我市经济转型升级、推进创业创新、扩大有效投资、促进城乡统筹发展和传承展示独特文化具有十分重要的意义。

（二）产业定位。每个特色小镇要根据我市“一基地四中心”的城市定位和支撑我省未来发展的七大产业，聚焦信息经济、旅游休闲、文化创意、金融、健康、时尚、高端装备制造、环保等重点产业，兼顾茶叶、丝绸等历史经典产业以及地域特色产业，并选择一个具有当地特色和比较优势的细分产业作为主攻方向，使之成为支撑特色小镇未来发展的大产业。鼓励各区、县（市）重点发展以制造类、研发类产业为主体的特色小镇。

（三）规划引领。每个特色小镇要按照节约集约发展、多规融合的要求，充分利用现有区块的环境优势和存量资源，合理规划产业、生活、生态等空间布局，规划区域面积一般控制在3平方公里左右，核心区建设面积控制在1平方公里左右为宜。鼓励有条件的小镇建设3A级以上景区，旅游产业类特色小镇要按5A级景区标准建设。支持各地以特色小镇提升各类开发区（园区）的特色产业。各区、县（市）要结合“十三五”国民经济和社会发展规划的编制，统筹谋划本地区特色小镇布局和重大项目安排，对每个细分产业只规划建设一个特色小镇，并对新引进的重大产业项目根据其产业类型优先布局到同类型的特色小镇内，以增强特色小镇特色产业的集聚度，形成差异化发展，避免同质化竞争。同时，要对各种产业类型的特色小镇合理布局、控制数量、提升质量。

（四）投资效益。坚持高强度投入和高效益产出，每个特色小镇均要谋划一批新的建设项目，市级特色小镇3年内固定资产投资一般应达到30亿元以上（不含商品住宅和公建类房地产开发投资），金融、文创、科技创新、旅游等产业以及茶叶、丝绸等历史经典产业类特色小镇投资额可适当放宽，县（市）级特色小镇投资额完成期限可放宽到5年，申报省级特色小镇的投资额原则上提高到50亿元。新增建设用地应符合《杭州市人民政府关于实施“亩产倍增”计划促进土地节约集约利用的若干意见》（杭政〔2014〕12号）规定的准入标准，力争3~5年后集聚一大批同业企业和中高级人才，小镇税收增幅显著。

（五）运作模式。特色小镇应坚持企业主体、政府引导、市场化运作的模式，鼓励以社会资本为主投资建设。每个特色小镇均应明确投资主体，投资主体可以是国有投资公司、民营企业或混合所有制企业。各地政府要重点做好特色小镇建设的规划引导、资源整合、服务优化、政策完善等工作。

二、确立发展目标

特色小镇实行创建制，按照“宽进严定、分类分批”的原则统筹推进，省、市、区（县、市）三级特色小镇总数3年内力争达到100个左右，实现“引领示范一批、创建认定一批、培育预备一批”的目标。

（一）引领示范一批。重点推荐产业特色鲜明、生态环境优美、人文气息浓厚、投资项目落实、示范效应显著的小镇列入省级特色小镇创建和培育名单，该类小镇同时享受市级特色小镇扶持政策。

（二）创建认定一批。筛选出一批产业、文化、旅游和一定社区功能融合叠加的特色小镇列入市级特色小镇创建名单，通过 3~5 年的扶持培育，经验收通过后，可命名为市级特色小镇。

（三）培育预备一批。对基本条件与省、市级特色小镇存在一定差距，但产业有特色、发展有潜力的小镇，区、县（市）政府可自行制定扶持政策，作为区（县、市）级特色小镇进行培育，待发展壮大后再视情申请认定为省、市级特色小镇。

三、规范创建程序

（一）组织申报。在市产业发展协调委员会下设杭州市特色小镇建设协调小组（以下简称协调小组）。由各区、县（市）政府和大江东产业集聚区管委会、杭州经济开发区管委会按照省、市特色小镇建设发展的要求，结合本地实际，提出本区域内拟培育的市级特色小镇名单，按照要求组织编制特色小镇创建方案和概念规划，明确四至范围和产业定位、落实投资主体和投资项目、分解三年（或五年）建设计划。

（二）分批审核。由协调小组办公室组织市级相关部门，分批次对特色小镇创建方案进行审核，择优选出市级特色小镇创建对象，报协调小组同意后予以公布。同时，由协调小组办公室向省特色小镇规划建设工作联席会议办公室重点推荐省级特色小镇创建和培育对象名单。

（三）培育建设。各区、县（市）政府和大江东产业集聚区管委会、杭州经济开发区管委会要根据省、市级特色小镇的创建要求，组织相关建设主体按照创建方案和建设计划有序推进各项建设任务。协调小组办公室每季度对各地特色小镇规划建设情况进行通报，并定期组织现场会，交流培育建设经验。

（四）年度考核。市级特色小镇年度建设任务纳入市政府对各区、县（市）政府和大江东产业集聚区管委会、杭州经济开发区管委会的年度目标考核体系，由协调小组办公室会同市考评办制定考核办法。对未完成年度目标考核任务的特色小镇，实行退出机制，下一年度起不再享受市级特色小镇扶持政策。

（五）验收命名。市级特色小镇完成各项目标任务的，由协调小组办公室组织市级相关部门进行评估验收，验收合格的报协调小组同意后，可命名为杭州市特色小镇。

四、落实保障措施

（一）强化组织领导。市特色小镇建设协调小组组长由常务副市长担任，副组长由市政府分管副秘书长和市发改委主任担任，成员单位包括市委宣传部、市农办、市考评办、市发改委、市经信委、市建委、市旅委、市科委、市财政局、市国土资源局、市规划局、市商务委、市文广新闻出版局、市统计局、市金融办、市政府研究室以及各区、县（市）政府、大江东产业集聚区管委会、杭州经济开发区管委会等部门和单位，协调小组下设办公室（设在市发改委），并建立例会制度，定期对重大事项和问题进行会商。各区、县（市）政府以及大江东产业集聚区、杭州经济开发区也要建立相应的协调机构，负责指导、协调、推进本地区特色小镇的规划建设工作。

（二）加强用地保障。各地要按照节约集约用地的要求建设特色小镇，积极盘活存量土地和利用低丘缓坡资源；按照多规融合的要求，结合城乡规划修编和土地利用总体规划调整完善工作，优先保障特色小镇建设用地。对纳入市本级新增建设用地项目计划的重大项目，所需农转用计划指标由市本级统筹安排。

（三）加大政策扶持力度。市级特色小镇享受以下优惠政策：

1. 市级特色小镇范围内的建设项目整体打包列入年度市重点项目的，所含子项目可享受市重点项目优惠政策。

2. 对符合我市产业导向的战略性新兴产业、先进制造业、信息经济产业等属于优先发展且用地集约的工业用地项目，可按不低于所在地土地等别对应工业用地出让最低限价标准的70%确定土地出让起价。

3. 财政支持政策。

（1）市级特色小镇在创建期间及验收命名后，其规划空间范围内的新增财政收入上交市财政部分，前3年全额返还、后2年减半返还给当地财政。

（2）对市级特色小镇内的众创空间，同时被认定为市级众创空间的，在杭州市小微企业创业创新基地城市示范期内，每年给予补助20万元；被认定为省级、国家级科技企业孵化器的，在示范期内每年分别给予补助25万元和30万元。

（3）对市级特色小镇内为服务特色产业而新设立的公共科技创新服务平台，按平台建设投入的20%~30%给予资助，单个平台资助额最高不超过200万元；对特别重大的公共科技创新服务平台，可按“一事一议”的原则，由协调小组办公室研究制订相关扶持政策报市政府批准。各区、县（市）政府和大江东产业集聚区管委会、杭州经济开发区管委会要制定辖区内特色小镇扶持政策，明确省、市扶持资金用于特色小镇规划建设。

4. 市蒲公英天使投资引导基金和市创投引导基金要加强与特色小镇项目的对接，鼓励其与特色小镇相关投资主体、其他社会投资机构合作新设基金，加大对特色小镇相关项目的投入力度；市产业投资基金要加强与社会资本的合作，对特色小镇核心产业的重大投资项目，按实际投资额的一定比例实施跟投。

5. 市级特色小镇引进的各类人才可享受《中共杭州市委、杭州市人民政府关于杭州市高层次人才、创新创业人才及团队引进培养工作的若干意见》（市委〔2015〕2号）所规定的各项政策。

（四）创新体制机制。鼓励各区、县（市）政府和大江东产业集聚区管委会、杭州经济开发区管委会创新特色小镇建设、管理的体制机制，通过综合运用财税政策、打造高效便利的公共服务体系、集聚低成本全要素的创新资源、举办国际国内有影响力的行业大会或论坛等手段，加大对高端产业项目和人才的招引力度；通过引入各类基金、发行债券以及运用PPP等建设模式，发挥间接融资与直接融资协同作用，拓宽融资渠道，以市场化机制带动社会资本投资特色小镇建设。

本意见自2015年11月1日起施行，由市发改委负责牵头组织实施。

杭州市人民政府

2015年9月25日

宁波市人民政府
关于加快特色小镇规划建设的实施意见

甬政发〔2015〕148号

各县（市）区人民政府，市直及部省属驻甬各单位：

为加快规划建设一批产业特色鲜明、创新要素集聚、生产生活生态融合、示范带动效应明显的特色小镇，根据《浙江省人民政府关于加快特色小镇规划建设的指导意见》（浙政发〔2015〕8号），特制订本实施意见。

一、总体目标

（一）主要目标。按照“创新、协调、绿色、开放、共享”的发展新理念，围绕特定产业，挖掘培育特色优势，将特色小镇打造成为扩大有效投资的新抓手、发展新兴主导产业的新标杆、推进新型城市化的新平台、展示宁波独特地方文化的新载体，为我市经济转型升级和城市国际化注入新活力。到2018年，力争建成省、市、县（市）区三级特色小镇100个，其中，省级特色小镇20个左右，市级特色小镇35个左右，县（市）区级特色小镇45个左右；省、市两级特色小镇3年完成总投资2000亿元以上。

二、创建要求

（二）产业要求。特色小镇要立足我市实际，聚焦发展智能制造、高端装备制造、节能环保、新材料、金融、信息经济、旅游、健康、时尚等优势产业和新兴产业，兼顾彰显传统工艺、特色食品、民俗文化等经典产业；要围绕核心优势产业，凸显和放大小镇特色，延伸完善产业链，建立全产业链协作配套体系，提高产业附加值。鼓励各地重点规划建设制造类特色小镇。

（三）规划要求。特色小镇选址应符合城乡规划要求，原则上相对独立于城市和乡镇建成区中心，以连片开发建设为宜。省级特色小镇规划面积一般控制在 3 平方公里左右，市级特色小镇规划面积一般为 2~3 平方公里，建设面积一般控制在 1 平方公里左右。申报省级特色小镇要在创建期内建成 3A 级以上景区，旅游类特色小镇按 5A 级景区标准建设；鼓励有条件的市级特色小镇按照上述标准建设。支持以特色小镇理念改造提升各类产业集聚区、功能区。

（四）投资要求。市级特色小镇原则上 3 年内完成固定资产投资 30 亿元左右（不含住宅和商业综合体项目），金融、信息经济、旅游、时尚、经典产业类特色小镇可适当放宽要求；申报省级特色小镇的投资额原则上提高到 50 亿元。

（五）运作方式。培育创建特色小镇实行政府引导、企业主体、市场化运作。每个特色小镇须明确投资建设主体，可以是国有投资公司、民营企业或混合所有制企业，以企业为主推进项目建设，充分发挥市场在资源配置中的决定性作用；各地政府要在规划引导、基础设施配套、资源要素整合、优化投资创业环境、文化内涵挖掘传承等方面做好服务保障。

三、创建程序

（六）组织申报。特色小镇实行创建制，按照“宽进严定、分级创建”的原则统筹推进。由各县（市）区政府、各开发园区管委会结合本地实际，选择符合创建要求的县（市）区级特色小镇向市特色小镇联席会议办公室提出申请，申请文件须附送特色小镇创建方案和概念性规划。创建方案应明确建设范围、产业定位、特色内涵、投资主体、投资规模、建设计划。

（七）审核评选。由市特色小镇联席会议办公室组织市级相关职能部门对各县（市）区和各开发园区申报的特色小镇创建方案进行初审，初审名单报市特色小镇联席会议审定并提出建议名单，报市政府同意后公布市级特色小镇创建名单。省级特色小镇创建申报对象，原则上在市级特色小镇中择优产生。

（八）考核管理。对列入省、市级创建名单的特色小镇，实行年度考核，考核办法由市特色小镇联席会议办公室另行制定。对考核合格的特色小镇兑现相应扶持政策，连续 2 年未完成年度目标任务的市级特色小镇，实行退出机制，下一年度不再享受相关扶持政策。将特色小镇工作纳入对各县（市）区政府、各开发园区管委会的目标考核体系。

（九）验收命名。通过 3 年左右的创建培育，对实现既定目标、达到市级特色小镇标准的，由市特色小镇联席会议办公室组织验收，验收合格的报市政府批准后，认定命名为宁波市级特色小镇。省级特色小镇的创建命名按照省有关规定执行。

四、政策保障

（十）加强规划用地保障。坚持规划引领，高起点、高标准科学编制特色小镇规划，各地要结合土地利用总体规划调整和城乡规划修编，将特色小镇建设用地有序纳入城镇建设用地扩展边界，推进低效用地再开发，调剂出的规划用地指标优先用于特色小镇建设。实行集约高效开发，鼓励特色小镇盘活存量建设用地，实施城镇低效用地再开发，对转型升级项目优先安排土地指标。对列入省、市级创建名单且确需新增建设用地的特色小镇，建设用地计划指标由市和县（市）区按照7∶3配套比例给予全额保障，使用城乡建设用地增减挂钩指标的特色小镇全额安排解决挂钩指标额度。

（十一）强化财政扶持。对列入省、市级创建名单的特色小镇，在每年年度考核合格后，规划空间范围内新增财政收入上缴市财政统筹部分，5年内予以全额返还。各市级部门牵头管理的现有各类专项资金（除有明确用途和性质等限制的以外）应优先向特色小镇倾斜。在市级地方政府债券资金中，安排一定数额用于专项支持特色小镇建设。

（十二）加大金融支持。创新投融资体制，将特色小镇列为市产业发展基金的重点投资对象，以市场化手段引导各类社会资本参与特色小镇发展，鼓励运用PPP模式推动特色小镇基础设施建设。支持各县（市）区设立特色小镇专项基金。

（十三）增强人才支撑。特色小镇引进的各类人才优先享受《关于实施人才发展新政策的意见》（甬党发〔2015〕29号）所规定的各项政策，有效激发创业创新活力，增强人才智力保障。对特色小镇亟须的高端人才、特殊人才，实行"一人一议"。

（十四）突出精准服务。根据特色小镇的产业类别，分别制定细化扶持政策，实行重大项目"一事一议"，增强政策支持力度和针对性。优化审批流程，建立特色小镇投资项目审批"绿色通道"制度，提高审批效率。

五、组织保障

（十五）加强组织领导。建立市特色小镇规划建设工作联席会议制度，由常务副市长担任召集人，市政府秘书长担任副召集人，市级相关单位负责人为成员（具体名单附后）。联席会议下设办公室，办公室设在市发改委，负责处理日常事务。各地可参照建立相应的联席会议制度及办公室。建立特色小镇联络员工作交流制度、统计报送制度和监测评估机制。各地要按季度向市特色小镇联席会议办公室报送列入省、市级创建名单的特色小镇进展情况，联席会议办公室将在一定范围内进行通报。

（十六）落实责任分工。各县（市）区政府和各开发园区管委会是特色小镇规划建设的责任主体，要建立工作落实推进机制，完善配套政策，分解落实年度工作任务，及时协调解决问题，确保各项工作有序推进。市级相关部门要根据特色小镇的产业类别，结合自身职能，尽快研究制定“一类一策”扶持政策，整合部门资源，指导和支持特色小镇发展。

（十七）加大宣传力度。及时评估总结特色小镇创建成果和有效做法，强化宣传引导，创新宣传方式，不断提升特色小镇影响力和知名度，为特色小镇创建营造良好的社会氛围。

本意见自2016年1月1日起施行，各地可参照本意见自行制定县（市）区级特色小镇的规划建设要求和扶持政策。

附件：宁波市特色小镇规划建设工作联席会议制度

宁波市人民政府

2015年12月22日

附件　宁波市特色小镇规划建设工作联席会议制度

一、联席会议组成人员

召集人：陈奕君

副召集人：王建社　市政府

成　　员：王洪平　市政府

李　可　市委宣传部

李万春　市政府办公厅（市政府研究室）

柴利能　市发改委

王兆波　市发改委

戴　云　市经信委

陈建章　市科技局

高国平　市财政局

周力丰　市国土资源局

张晓斌　市规划局

陈明乐　市住建委

缪永法　市商务委

韩小寅　市文广新闻出版局

朱必余　市旅游局

王迪熙　市统计局

周　凯　市金融办

联席会议可根据工作需要邀请其他有关单位参加。

联席会议办公室设在市发改委，柴利能兼任办公室主任，王兆波兼任办公室常务副主任，市委宣传部、市财政局、市国土资源局、市经信委、市规划局、市商务委、市旅游局、市金融办分管领导兼任办公室副主任。以上成员如有变动，由所在单位接任领导自然更替。

二、联席会议成员单位职责

（一）市委宣传部：承担联席会议办公室副主任工作职责。具体负责全市特色小镇的宣传工作、特色小镇文化内涵的挖掘和打造工作。

（二）市发改委：承担联席会议办公室日常工作。负责全市特色小镇的规划布局、督查考评，协调指导特色小镇列入省、市重点建设项目。整合本部门资源，支持特色小镇加快规划建设。

（三）市经信委：承担联席会议办公室副主任工作职责。具体负责信息经济（电子商务除外）、时尚、制造和部分经典产业特色小镇的规划建设工作。指导全市特色小镇的产业转型升级工作。牵头制定“一类一策”扶持政策，整合部门资源，指导和支持特色小镇发展。

（四）市科技局：负责指导全市特色小镇的科技创新工作。整合本部门资源，支持特色小镇加快科技创新。

（五）市财政局：承担联席会议办公室副主任工作职责。负责做好享受财政扶持政策的特色小镇的审核和兑现工作，引导各地安排资金支持特色小镇加快规划建设。

（六）市国土资源局：承担联席会议办公室副主任工作职责。负责做好享受用地扶持政策特色小镇的审核和兑现工作，指导各地加强特色小镇用地保障，创新节约集约高效用地机制。

（七）市规划局：承担联席会议办公室副主任工作职责。负责指导全市特色小镇的建设规划和功能完善，出台意见指导全市特色小镇加快完善建设发展规划。

（八）市住建委：负责指导全市特色小镇基础设施建设和工程建设项目有关工作。协同市规划局做好全市特色小镇的建设规划和功能完善。

（九）市商务委：承担联席会议办公室副主任工作职责。具体负责指导全市特色小镇电子商务的提升、信息经济（电子商务）小镇和部分经典产业特色小镇的规划建设工作。牵头制定“一类一策”扶持政策，整合部门资源，指导和支持特色小镇发展。

（十）市文广新闻出版局：具体负责特色小镇文化内涵的挖掘、打造。整合本部门资源，支持特色小镇强化文化功能建设。

（十一）市统计局：具体负责建立全市特色小镇统计数据平台，收集汇总相关数据，研究提出季度通报、年度考核指标体系。

（十二）市旅游局：承担联席会议办公室副主任工作职责。具体负责旅游特色小镇和部分经典产业特色小镇的规划建设工作。牵头制定“一类一策”扶持政策，整合部门资源，指导和支持特色小镇发展。出台加快特色小镇创建2A级至5A级景区的指导意见，支持全市特色小镇强化旅游功能。

（十三）市政府研究室：承担联席会议办公室副主任工作职责。具体负责全市特色小镇规划建设工作的政策研究。

（十四）市金融办：承担联席会议办公室副主任工作职责。具体负责全市金融特色小镇的规划建设和指导协调。牵头制定“一类一策”扶持政策，整合部门资源，指导和支持特色小镇发展。负责创新全市特色小镇的投融资机制。

中共青岛市委办公厅　青岛市人民政府办公厅
关于加快特色小镇规划建设的实施意见

（会签稿）

为贯彻落实中央、省关于特色小镇建设的决策部署，借鉴浙江特色小镇建设经验，加快打造一批具有青岛本土优势、特色鲜明、示范带动效应明显的特色小镇，特制定本实施意见。

一、工作目标

特色小镇是区别于行政区划单元和产业园区，具有明确产业定位、文化内涵、旅游功能和一定社区功能的发展空间平台，是以产业为核心、项目为载体、生产生活生态相融合的特定区域。按照“创新、协调、绿色、开放、共享”发展理念，围绕主导或优势产业，挖掘培育特色优势，将特色小镇打造成为我市经济转型升级新抓手和城镇化发展的新平台，为国家沿海重要中心城市建设注入新活力。力争到2020年，在全市建成50个产业特色鲜明、人文气息浓厚、生态环境优美、生产生活融合的特色小镇，其中省、市级特色小镇20个左右，区（市）级特色小镇30个左右。

二、创建要求

（一）规划要求。特色小镇要突出“多规合一”的理念，与国民经济和社会发展规划，城市、镇总体规划和土地利用总体规划等相衔接，在满足三区七线规划控制要求的前提下，加强生态保护、景区保护，合理规划生产、生活和生态空间布局。特色小镇规划区域面积一般控制在3平方公里左右，核心区建设面积控制在1平方公里左右；小城市可结合规划实际，采取“一事一议”适当扩大规划范围。特色小镇应规划建设完备基础设施，优良的人居环境、鲜明的城镇风格。省、市级特色小镇建设3A级以上景区，旅游产业类特色小镇按5A级景区标准建设。

（二）产业培育。特色小镇产业培育以“蓝色、高端、新兴”为导向，聚焦家电、轨道交通装备、汽车等十大新型工业千亿级产业，机器人、三维打印、虚拟现实等十大战略性新兴产业，金融、科技服务、现代物流等十大现代服务业，兼顾传统工艺、特色农业、民俗文化等经典产业。每个特色小镇要围绕优势产业，培育一个核心主导产业，不断延伸产业链。市域范围内新引进的同类型产业，原则上要布局到特色小镇，避免同质化竞争。支持各区市重点规划建设制造业类特色小镇。

（三）风貌塑造。全面推进规划设计开放，打造各具特色的特色小镇。充分挖掘当地的历史、传承当地的文化，强化历史文化与城镇建筑风格的结合，加强对特色小镇景观体系、开敞空间以及建筑风格、体量、高度、形态、色彩等方面的控制，塑造与历史文化、地域特征、自然景观相协调的特色小镇风貌。加强体育设施规划建设，丰富小城镇居民的文化生活，营造愉快、积极、向上、健康的人文环境。

（四）项目建设。特色小镇要以项目建设为抓手，省、市级特色小镇5年内固定资产投资应达到30亿元以上（不含住宅建设项目），每年完成投资不少于6亿元；其中，金融、信息技术、旅游休闲、文化创意、医疗健康、特色农业等类型的特色小镇5年投资额不低于20亿元，每年不低于4亿元。区（市）级特色小镇总投资额可适当放宽要求。

（五）功能配置。坚持产业、文化和旅游“三位一体”，通过建立产业博览馆、主题公园等，弘扬产业文化，实现“一镇一风格”。优化面向常住人口和创业就业人员的社区服务，积极搭建兼具创业创新平台、公共服务平台和信息管理平台等综合功能的小镇客厅，应用现代信息技术，把创新要素与产业项目有机结合起来，建设产城融合发展的现代化开放型特色小镇。

（六）运作方式。坚持政府引导、企业主体、市场化运作，发挥市场在资源配置中的决定性作用。每个特色小镇应明确投资建设主体，以企业为主推进项目建设。各级政府重点做好规划引导、基础设施配套、历史文化传承、生态环境保护及资源整合、政策扶持、服务优化等工作。

三、规范程序

（一）组织申报。特色小镇实行创建制，各区（市）政府、功能区管委会选择符合创建要求的预选对象向市城镇化工作领导小组办公室提出申请，申请文件包括特色小镇创建方案和概念性规划。创建方案应明确特色小镇的四至范围、产业定位、特色内涵、投资主体、投资规模、建设计划、PPP实施方案等。

（二）审核评选。市城镇化工作领导小组办公室组织市相关职能部门和专家，对各区（市）和功能区申报的特色小镇创建方案进行初审，初审名单经市城镇化工作领导小组研究通过，报市政府同意后公布。

（三）培育建设。对列入创建名单的特色小镇进行重点扶持，用好用足优惠政策，形成政策合力。各区（市）政府和功能区管委会依据创建方案和建设计划有序推进各项工作，确保创建任务落到实处。市城镇化工作领导小组办公室组织相关部门定期开展巡查，通报进展情况，交流工作经验，提升特色小镇创建水平。

（四）考核管理。对列入创建名单的特色小镇，实行年度考核管理，考核办法由市城镇化工作领导小组办公室另行制定。对考核合格的特色小镇兑现相应扶持政策，对连续2年未完成年度目标任务的特色小镇，实行退出机制，不再享受相关扶持政策。

（五）验收命名。通过3~5年的创建培育，对实现既定目标、达到特色小镇标准的，由市城镇化工作领导小组组织验收，验收合格的报市政府批准后，认定命名为青岛市特色小镇。

四、保障措施

（一）优先保障用地。按照多规融合的要求，结合城乡规划修编和土地利用总体规划调整完善工作，优先保障特色小镇建设用地。坚持节约集约用地，积极盘活存量土地和利用低丘缓坡资源，实行集约高效开发。对新增建设用地的，可先行办理农用地转用及供地手续，区市根据年度用地计划单列用地指标。特色小镇范围内的建设项目可整体打包列入年度市重点项目，所含子项目享受市重点项目优惠政策。

（二）强化财政扶持。对列入创建名单的特色小镇，在每年年度考核合格后，规划范围内新增财政收入上交区（市）级分成部分，5年内可由所在区（市）安排等额资金予以扶持。市级部门牵头管理的各类专项资金（除有明确用途和性质等限制的以外）应优先支持特色小镇发展。市财政出资10亿元，成立规模50亿元特色小镇发展基金，支持特色小镇基础设施建设。

（三）加大金融支持。鼓励金融机构加大信贷支持力度，充分利用与农发行、国开行等签订的意向性融资，支持特色小镇建设。引导各类社会资本参与特色小镇发展，鼓励运用PPP模式推动特色小镇基础设施建设。

（四）增强人才支撑。特色小镇引进的各类人才享受市、区（市）出台的相关人才引进政策，符合条件的高端人才纳入市“青岛英才211计划”。支持特色小镇搭建国际国内有影响力的行业大会或论坛等交流平台，加大对高端人才的招引力度。

（五）突出精准服务。根据特色小镇的产业类别，制定细化扶持政策，实行重大项目“一事一议”，增强政策支持力度和针对性。优化审批流程，提高审批效率，确保特色小镇建设项目按照时间节点和计划有序推进。建立市城镇化工作领导小组成员单位与特色小镇结对服务制度，帮助特色小镇解决发展中遇到的问题。成立特色小镇“多规合一”协调办公室，由规划部门加强对特色小镇规划编制工作的指导。

（六）搭建创新创业平台。支持在特色小镇内构建一批有特色、低成本、便利化、全要素、开放式的创客空间和服务平台。对特色小镇内被认定为市级孵化器的，给予一次性补助100万元；被认定为国家级科技企业孵化器的，给予一次性补助200万元。对特别重大的公共科技创新服务平台，可按“一事一议”的原则制订相关扶持政策。

五、组织领导

市城镇化工作领导小组负责特色小镇规划建设的组织领导和统筹协调工作，各成员单位按职能出台具体扶持政策，整合部门资源，加强对特色小镇规划建设的指导和扶持。各区（市）作为特色小镇创建的责任主体，要完善工作推进机制，确保各项工作按照创建计划时间节点有序推进。

本意见发布后，各区市可参照本意见自行制定区（市）级特色小镇的规划建设要求和扶持政策。

2016年11月14日

厦门市人民政府
关于开展特色小镇规划建设的意见

厦府〔2016〕309号

各区人民政府，市直各委、办、局，各开发区管委会，市属各国有企业：

建设产业特色鲜明、功能集成完善、示范效应明显的特色小镇是我市主动适应和引领经济新常态，推进供给侧改革和新型城镇化的重要举措，有利于各区做强做优主导产业，推进产业链（群）的集聚发展。为做好特色小镇规划建设工作，现根据国务院《关于深入推进新型城镇化建设的若干意见》（国发〔2016〕8号）和《福建省人民政府关于开展特色小镇规划建设的指导意见》（闽政〔2016〕23号）等文件精神，结合本市实际，提出以下实施意见：

一、特色小镇内涵

特色小镇区别于建制镇和产业园区，是具有明确产业定位、文化内涵、兼具旅游和社区功能的发展空间平台。既可以依托现有的特色产业集聚载体优化提升，也可以以具有发展潜力的村庄为中心规划建设。具体分为两种类型：

（一）依托现有特色产业集聚载体优化提升的特色小镇（产业型特色小镇）。要求产业特色鲜明，能形成一定集聚效应，一般规划面积在 3 平方公里左右，其中核心区 1 平方公里左右。原则上 3~5 年完成固定资产投资 15 亿元（改造提升类 9 亿元）以上（商品住宅项目和商业综合体除外）。

（二）以具有发展潜力的村庄为中心规划建设的特色小镇（休闲农业型特色小镇）。要求乡村特色鲜明，具备发展特色产业或休闲农业的基础和潜力，交通条件相对比较便利，自然生态条件较好。一般以村庄为单元，以村集体为主体，可适当引入其他经济体合作开发，依托现有村落设施，进一步挖掘盘活村庄“三农”资源，实现一、二、三产融合发展，形成观光、民宿、农村电商等产业特色。3~5 年建成不少于 3 个特色产业项目并投入运营，投运次年每个特色产业项目当年度产值不低于 1000 万元，3 年后每个特色产业项目当年度产值不低于 2000 万元。

二、总体要求

（一）深化认识。特色小镇是新型工业化、城镇化、信息化和绿色化融合发展的新形式，是带动农民转岗创业、拓宽农民增收渠道的新型发展载体，有利于加快高端要素集聚、产业转型升级和历史文化传承。各区和市直有关部门要高度重视，学习借鉴外地先进经验，力争通过 3~5 年的培育，建成一批产业特色鲜明、体制机制灵活、人文气息浓厚、创业创新活力迸发、生态环境优美、多种功能融合的特色小镇。

（二）产业支撑。特色小镇要坚持产业为根、特色为本，按照创新、协调、绿色、开放、共享发展理念，结合自身特质，找准产业定位，选择一个具有特色和比较优势的细分产业作为主攻方向。休闲农业型特色小镇要围绕“一村一特色”，加强新型农民培训，加快一、二、三产业融合发展，推进产业、文化、旅游“三位一体”，通过吸引专业人才或者企业，引导、培育特色，努力培育支撑村镇可持续发展的产业。

（三）政府引导。各区、镇政府要明确发展目标，全方位调动村民尤其是村“两委”的积极性，加大政策扶持力度，促进村镇充满活力、健康发展。重点做好规划引导、基础设施配套、资源要素保障、文化内涵挖掘传承、生态环境保护、投资环境改善等工作。

（四）规划先行。发改、规划部门要按照节约集约发展、精致宜居、“多规融合”的要求，确定主体功能区，统筹谋划全市特色小镇的发展规划和生产、生活、生态等空间布局。区、镇政府和特色小镇的投资建设主体要根据本地实际，合理规划特色小镇具体空间布局；要充分利用现有的自然环境、风貌建筑，结合景观提升，打造优美的自然和人文景观。特色小镇要按照 3A 级及以上景区标准建设，旅游产业类特色小镇分别按 4A 级及以上景区标准建设。

（五）市场运作。特色小镇建设要坚持政府引导、市场化运作的模式，鼓励社会资本投资建设。每个特色小镇要明确投资建设主体，坚持龙头企业带动，鼓励农民参股，推动产业规模化经营；发挥国企投融资和公共服务平台作用，吸引更多社会资本参与；重视品牌打造，促进品牌增值和农民增收。

（六）乡村治理。要创新村组织治理体制，进一步完善村规民约，实现扁平化快捷管理和服务，营造平安和谐的乡村环境。鼓励小镇内企业、社会组织、从业者和村民等充分参与平台构筑、文化培育和社区建设，培育小镇自治，不设专门机构，不新增人员编制。

三、创建程序

（一）自愿申报。由各区政府按照我市特色小镇建设发展的要求，结合本地实际，提出本区域内拟创建的市级特色小镇名单，向市推进新型城镇化工作领导小组办公室（以下简称城镇化办）报送创建方案，方案中应明确特色小镇的四至范围、产业定位、投资主体、投资规模、建设计划，并附概念性规划。

（二）分批审核。由市城镇化办分批次对特色小镇创建方案进行审核，择优选出市级特色小镇创建对象，报市推进新型城镇化工作领导小组同意后予以公布。同时，由市城镇化办向省城镇化办推荐省级特色小镇创建名单。对各区申报特色小镇不平均分配名额，凡符合特色小镇内涵和质量要求的，纳入特色小镇培育名单，对产业选择处于全市同类产业领先地位的优先考虑。

（三）培育建设。各区政府组织相关建设主体按照创建方案和建设计划有序推进各项建设任务，协调解决建设过程中遇到的问题，并按季度向市城镇化办报送特色小镇规划建设情况。相关行业主管部门具体负责对本行业领域特色小镇规划建设的前期辅导、协调指导、日常督查和政策扶持。市城镇化办不定期组织现场会，交流创建经验。

（四）年度考核。市级特色小镇年度建设任务纳入市政府对各区的年度目标考核体系。由市城镇化办牵头制定考核办法，对连续两年未完成年度目标考核任务的特色小镇，实行退出机制，下一年度起不再享受市级特色小镇扶持政策。

（五）验收命名。市级特色小镇完成各项目标任务的，由市城镇化办组织市级相关部门进行评估验收，验收合格的报市政府审定同意后，命名为厦门市特色小镇。

四、政策措施

（一）土地政策。保障特色小镇建设合理用地需求。特色小镇建设要按照节约集约用地的要求，充分利用低丘缓坡地、存量建设用地等。鼓励利用荒山、荒坡、废弃矿山和农村空闲地发展休闲农业。对纳入省、市特色小镇创建名单，确需新增建设用地的，优先办理农用地转用及供地手续。

在符合相关规划的前提下，经市、区人民政府批准，利用现有房屋和土地，兴办旅游、电商、民宿、文化创意、科研、健康养老、工业旅游、众创空间、“互联网+”等新业态的，可实行继续按原用途和土地权利类型使用土地的过渡期政策，过渡期为5

年。过渡期满后需按新用途办理用地手续，若符合划拨用地目录的，可依法划拨供地。在符合相关规划和不改变现有工业用地用途的前提下，对工矿厂房、仓储用房进行改建及利用地下空间，提高容积率的，可不再补缴土地价款差额。

（二）资金政策。市财政每年统筹安排一定资金，采取以奖代补的方式，重点扶持市级以上特色小镇建设。各区政府安排专项资金扶持特色小镇发展。对纳入市级创建名单的特色小镇，从培育期起累计 5 年内，其规划空间范围内新增财政收入上缴市、区部分，由市、区财政按前 3 年 100%、后 2 年 50%的比例安排用于特色小镇建设。

特色小镇完成总体规划后，市发改委采取以奖代补的方式从预算内基建资金盘子给予 50 万元规划设计补助。市发改委牵头制订奖补办法，对一年内完成特色小镇总体规划、引进 2 个以上特色产业项目落地且单个项目总投资不低于 1500 万元的特色小镇（产业型特色小镇应同时满足：一年内整理可建设用地 30 万平方米以上、实现固定资产投资 3 亿元以上），市财政给予 300 万元的奖补资金。

支持特色小镇组建产业投资发展基金和产业风险投资基金，支持特色小镇发行城投债和相关专项债券。2016~2018 年，新发行企业债券用于特色小镇公用设施项目建设的，按债券当年发行规模给予发债企业 1%的贴息，贴息资金由市级财政和项目所在区财政各承担 50%。

特色小镇范围内符合条件的项目，优先申报国家专项建设基金和相关专项资金，优先享受市级产业转型升级、服务业发展、电子商务、旅游、文化产业、创业创新等相关专项资金补助或扶持政策。优先支持特色小镇向国家开发银行、中国农业发展银行等政策性银行争取长期低息的融资贷款。鼓励特色小镇完善生活污水处理设施和生活垃圾处理收运设施建设，市级财政按现行奖补政策给予支持。

支持市级特色小镇内的众创空间争创市级众创空间，享受现行政策补助，即运营 1 年以内的给予 20 万元补助；运营满 2 年的补足至 30 万元；运营满 3 年的补足至 40 万元。

对市级特色小镇内为服务特色产业而新设立的公共科技创新服务平台，综合考虑公共服务平台服务企业数量、收费标准、客户总体满意度等因素，按不超过年度实际运营成本的 40%予以奖励，单个平台资助额最高不超过 500 万元。

（三）人才政策。开展对特色小镇发展带头人、经营户和专业技术人才的培训，将其优先纳入新型职业农民培育计划。特色小镇引进的各类人才可按规定申报享受“海纳百川”、“双百计划”等人才政策。

（四）改革创新政策。列入省、市级创建名单的特色小镇，优先上报国家相关改革试点；优先实施我市先行先试相关改革试点政策；允许先行先试符合法律法规要求的改革。

（五）民宿政策。本着鼓励、引导、规范民宿业的原则，进一步完善民宿业及治安、消防等政策措施。对经备案，并依法纳税、规范经营的民宿在经营满一定期限后给予开办奖励。组织开展对民宿进行评比，对评定为精品民宿的给予奖励。相关政策由市旅游局、公安局、农业局、财政局等部门另行制定。

（六）品牌政策。

1. 文化方面。对于特色小镇文化内涵挖掘传承，其成果获得国家级认定的，给予50万元/项的奖补资金。其中获得国家级认定的标准包括：展览展示馆获得国家主管部门/国家级专家团队审定；影视剧/专题片在中央电视台播出；舞台剧获得文化部评奖或推荐至境外演出；承办国家级文化体育活动等。

2. 旅游景区方面。对新评定为国家4A级的旅游景区，给予奖励30万元；对新评定为国家5A级的旅游景区，给予奖励100万元。

3. 休闲农业方面。享受《厦门市人民政府办公厅印发〈厦门市关于进一步促进休闲农业发展意见〉的通知》（厦府办〔2015〕80号）的扶持政策规定。

（七）其他方面。对符合省政府《关于开展特色小镇规划建设的指导意见》（闽政〔2016〕23号）等文件要求的特色小镇，市城镇化办积极推荐创建省级特色小镇。经省政府审核公布的特色小镇，同时享受我市特色小镇的扶持政策。在创建特色小镇工作中成效显著，获得国家和省级、市级优秀称号的，给予奖励，奖励办法由市发改委商市财政局另行制定。特色小镇范围内的企业或产品获得国家和省、市表彰的，依照有关规定给予奖励。

五、强化组织领导

（一）建立协调机制。各区和市直有关部门要强化工作联动和协调，整合优化政策资源，合力推动特色小镇培育工作的有力开展，给予特色小镇强有力的政策扶持。要加强本市各特色小镇之间的交流互鉴，营造互比互学、你追我赶的良好氛围。

（二）实行重点扶持。各区政府要根据市特色小镇培育遴选标准和任务，制定培育计划，研究制定具体政策措施，加强宣传推介，实行领导挂钩、部门挂钩、国企挂钩、重点培育、重点发展。市直部门出台的各类扶持政策要对特色小镇给予倾斜支持。对于启动快、前景好、高投入、高产出、年度考核优秀的特色小镇，给予重点扶持。

（三）推进责任落实。全市特色小镇规划建设工作依托市城镇化办，由市发改委牵头，市财政局、规划委、国土房产局、建设局、农业局等部门按照各自工作职责协同推进。区政府是特色小镇创建的责任主体，要建立工作推进机制，加强组织协调，成立区特色小镇建设领导小组，确保各项工作规范有序推进，不断取得实效。

（四）加强动态监测。有关区按季度向市城镇化办报送特色小镇培育工作进展和形象进度情况，市城镇化办在一定范围内进行通报。

厦门市人民政府

2016年10月12日